V&R

BERNDT SCHALLER

Fundamenta Judaica

Studien zum antiken Judentum
und zum Neuen Testament

herausgegeben von
Lutz Doering und Annette Steudel

VANDENHOECK & RUPRECHT
IN GÖTTINGEN

Studien zur Umwelt des Neuen Testaments

Herausgegeben von Christoph Burchard,
Gert Jeremias, Heinz-Wolfgang Kuhn
und Hartmut Stegemann

Band 25

Die Deutsche Bibliothek – CIP-Einheitsaufnahme

Schaller, Berndt:
Fundamenta Judaica: Studien zum antiken Judentum
und zum Neuen Testament / Berndt Schaller.
Hrsg. von Lutz Doering und Annette Steudel. –
Göttingen: Vandenhoeck und Ruprecht, 2001
(Studien zur Umwelt des Neuen Testaments; Bd. 25)
ISBN 3-525-53379-9

VORWORT

Am 28. August 2000 hat Berndt Schaller sein 70. Lebensjahr vollendet. Aus diesem Anlaß legen wir stellvertretend für seine Freundinnen und Freunde, Schüler und Schülerinnen einen Band judaistischer und neutestamentlicher Studien des Jubilars vor.

„Fundamenta Judaica" – den Titel hat Berndt Schaller selbst vorgeschlagen – vereint eine Reihe ausgewählter Arbeiten, die bisher verstreut – teilweise an entlegenen Stellen – publiziert sind, sowie zwei neue Beiträge, die hier erstmals zur Veröffentlichung kommen (zur Sprache der Paralipomena Jeremiou und zu 1 Kor 1,1–10[13]). Der vorliegende Band vermittelt einen Einblick in die Forschungsinteressen Berndt Schallers, zeugt von der Schwerpunktsetzung eines akademischen Lehrers, der viele Theologinnen und Theologen an das antike Judentum und seine Bedeutung für die neutestamentliche Exegese herangeführt hat, und weist hin auf die Überzeugung eines Theologen, dem es entscheidend um die Erneuerung des Verhältnisses von Christen und Juden geht.

Das für diese Aufgaben grundlegende exegetische Handwerk erlernte Berndt Schaller bei seinem Lehrer Joachim Jeremias, dessen weithin bekannter Name den jungen Studenten nach Göttingen gelockt hatte. Nach einigen Semestern bei Karl Barth in Basel kehrte er dorthin zurück, arbeitete am Septuaginta-Unternehmen der Göttinger Akademie der Wissenschaften mit und wurde 1961 mit der Arbeit „Gen. 1.2 im antiken Judentum. Untersuchungen über Verwendung und Deutung der Schöpfungsaussagen von Gen. 1.2 im antiken Judentum" an der Georgia Augusta promoviert. Bis heute ist Berndt Schaller als Forscher und Lehrer der Stadt Göttingen und ihrer Universität verbunden geblieben.

Die vorliegende Sammlung wird durch drei judaistische Studien eröffnet: „Philon von Alexandreia und das ‚Heilige Land'" (13–27) wendet sich einem vernachlässigten Thema der Philon-Forschung zu. Der Aufsatz „Zur Komposition und Konzeption des Testaments Hiobs" (28–66) markiert einen Forschungsschwerpunkt Berndt Schallers, der mit seiner Übersetzung und Kommentierung des Testaments Hiobs (JSHRZ III/3, Gütersloh 1979) ein Standardwerk zu diesem antiken jüdischen Text vorgelegt hat. Ein weiterer Schwerpunkt der judaistischen Arbeit des Jubilars sind die Paralipomena Jeremiou (Übersetzung und Kommentierung in JSHRZ I/8, Gütersloh 1998). In dem hier erstmals in deutscher Sprache publizierten Aufsatz „Die griechische Fassung der Paralipomena Jeremiou: Originaltext oder Übersetzungstext?" (67–103) geht Berndt Schaller der wichtigen Frage nach Ursprache und Herkunft dieses Werks nach.

Unter den sich anschließenden sechs neutestamentlichen Beiträgen widmen sich die ersten beiden in unterschiedlicher Weise dem Themenkreis ‚Das Gesetz

in der synoptischen Tradition' („Die Sprüche über Ehescheidung und Wiederheirat in der synoptischen Überlieferung" [104–124]; „Jesus und der Sabbat"
[125–147]). Der Autor behält dabei insbesondere den jüdischen Diskussionszu-
sammenhang beständig im Blick. Chancen und Probleme einer genauen Verortung Jesu im Judentum führt Berndt Schaller anhand einer Besprechung der
Jesus-Trilogie von Geza Vermes vor („Jesus, ein Jude aus Galiläa" [148–155]).
Drei weitere Aufsätze beschäftigen sich mit dem Themenbereich ‚Paulus und die
Schrift'. Der Jubilar fragt nach der vom Apostel benutzten Septuaginta-Fassung
(„Zum Textcharakter der Hiobzitate im paulinischen Schrifttum" [156–161];
„ΗΞΕΙ ΕΚ ΣΙΩΝ Ο ΡΥΟΜΕΝΟΣ" [162–166]) und sieht die Wurzeln des
paulinischen Schriftgebrauchs vor allem im ‚Land Israel', nicht in der Diaspora
(im erstmals veröffentlichten Beitrag „1 Kor 10,1–10[13] und die jüdischen Vor-
aussetzungen der Schriftauslegung des Paulus" [167–190]).

    Den Abschluß bilden zwei Vorträge, in denen Berndt Schaller Ergebnisse neu-
testamentlich-judaistischer Arbeit vor kirchlichen Foren formuliert („Jesus der
Jude" [191–200]; „Jüdische und christliche Messiaserwartungen" [201–210]).
Sie vertreten den wichtigen Bereich der Kommunikation exegetischer Wissenschaft mit Kirche und Gesellschaft, zu dem Berndt Schaller nicht zuletzt als evan-
gelischer Präsident des deutschen Koordinierungsrates der Gesellschaften für
Christlich-Jüdische Zusammenarbeit einen Beitrag leistet.

    Die bereits publizierten Texte sind auf Druckfehler und Irrtümer durchgese-
hen, ansonsten aber, abgesehen vom Layout, in der Mehrzahl unverändert übernommen worden. Den Aufsatz zu „Ehescheidung und Wiederheirat" hat der Autor geringfügig gekürzt, die Studie „Jesus und der Sabbat" in einigen Anmerkungen aktualisiert. Im Aufsatz „Zur Komposition und Konzeption des Testaments Hiobs" sind um der leichteren Lesbarkeit willen den griechischen Zitaten
teilweise die Übersetzungen Berndt Schallers aus JSHRZ III/3 beigegeben. Auf
eine Vereinheitlichung von Abkürzungen und bibliographischen Konventionen
wurde bewußt verzichtet. Angefügt sind eine Bibliographie des Jubilars sowie ein
Stellen- und Personenregister.

    Herzlich danken wir den Herausgebern der „Studien zur Umwelt des Neuen
Testaments" für ihre spontane Bereitschaft, diesen Band in ihre Reihe aufzuneh-
men, Prof. D. Eduard Lohse für das Grußwort, Jens Behnsen für seine Hilfe
beim Erstellen der Druckvorlage sowie dem Verlag Vandenhoeck & Ruprecht
und seinen Mitarbeiterinnen und Mitarbeitern für die verlegerische Betreuung.
Für Druckbeihilfen sei der Ev.-ref. Kirchengemeinde Göttingen und der Ev.-ref.
Kirche (Synode ev.-ref. Kirchen in Bayern und Nordwestdeutschland) gedankt.

    Wir wünschen Berndt Schaller für die Zukunft alles Gute.

                                                    ‏עד מאה ועשרים !‏

Göttingen   Annette Steudel
Jena   Lutz Doering

GELEITWORT

In diesem Band sind Studien zum Neuen Testament und antiken Judentum zusammengestellt, die mit minutiöser Sorgfalt Texte abhorchen, die uns aus der alten Welt überkommen sind. Der Autor ist dabei jedoch nicht nur daran interessiert, einer vergangenen Geschichte nachzuspüren. Vielmehr dient seine gewissenhaft durchgeführte wissenschaftliche Arbeit einer leitenden Fragestellung, die alle Untersuchungen durchzieht: Wie haben sich einst die Anfänge christlicher Verkündigung vor dem Hintergrund des zeitgenössischen Judentums herausgebildet? Welchen Voraussetzungen jüdischen Erbes bleibt die Predigt des Evangeliums verpflichtet? Und wie wird seine Botschaft in ihrer prägenden Gestalt ausgesagt? Obwohl aus gemeinsamen Wurzeln hervorgegangen, haben sich Synagoge und Kirche in ihrer Geschichte voneinander getrennt; doch können ihre Wege niemals recht verstanden werden, wenn nicht ihre bleibende Zusammengehörigkeit im Blick gehalten wird.

Nach langen Zeiten der Entfremdung und finsterem Dunkel der Verfolgung ist es trotz einer ungemein belastenden Vergangenheit zu neuen Begegnungen zwischen Juden und Christen, einem förderlichen Gedankenaustausch und in die Zukunft weisenden gemeinsamen Anstrengungen gekommen. Hatte man einst in der Bibelwissenschaft das Augenmerk vornehmlich auf Unterschiede und Gegensätze gerichtet, so wird heute in zunehmendem Maß danach gefragt, wo gemeinsame Traditionen wirksam geblieben sind und auf welche Weise sich Möglichkeiten gegenseitigen Verstehens eröffnen lassen.

An der Förderung dieses Dialogs ist der Verfasser der hier vorgelegten Studien mit starkem Einsatz seit langer Zeit beteiligt. Umsicht gelehrter Forschung und persönliches Engagement sind auf das engste miteinander verbunden. Denn nur auf Grund genauer Untersuchungen der überkommenen Texte kann hinreichend bestimmt werden, auf welche Weise Israel und die Christenheit – wie es einst Martin Buber ausgedrückt hat – einander Ungesagtes zu sagen und eine heute kaum erst vorstellbare Hilfe zu leisten hätten. Da die in diesem Band versammelten Abhandlungen, jede an ihrem Teil, zu diesem Dialog beitragen, ist ihnen aufmerksame Beachtung von Herzen zu wünschen.

Eduard Lohse

INHALT

NACHWEIS DER ERSTVERÖFFENTLICHUNGEN

Philon von Alexandreia und das „Heilige Land".

Das Land Israel in biblischer Zeit. Jerusalem-Symposion 1981 der Hebräischen Universität und der Georg-August-Universität, Vorwort N. KAMP, hg. v. G. STRECKER, GTA 25, Göttingen: Vandenhoeck & Ruprecht 1983, 172–187.

Zur Komposition und Konzeption des Testaments Hiobs.

Studies on the Testament of Job, hg. v. M.A. KNIBB/P.W. VAN DER HORST, SNTS.MS 66, Cambridge/New York/Port Chester/Melbourne/Sidney: Cambridge University Press 1989, 46–92 [im vorliegenden Band: mit Beigabe von Übersetzungen griechischer Zitate aus JSHRZ III/3, Gütersloh 1979].

Die griechische Fassung der Paralipomena Jeremiou: Originaltext oder Übersetzungstext?

Unveröffentlicht. Eine englische Übersetzung des Aufsatzes ist in JSPE 22 (2000), 51–89 erschienen.

Jesus und der Sabbat. Franz-Delitzsch-Vorlesung 1992.

FDV Heft 3, Münster: Franz-Delitzsch-Gesellschaft und Institutum Judaicum Delitzschianum 1994.

Die Sprüche über Ehescheidung und Wiederheirat in der synoptischen Überlieferung.

Der Ruf Jesu und die Antwort der Gemeinde. Exegetische Untersuchungen J. Jeremias zum 70. Geburtstag gewidmet von seinen Schülern, hg. v. E. LOHSE mit CHR. BURCHARD/B. SCHALLER, Göttingen: Vandenhoeck & Ruprecht 1970, 226–246.

Jesus, ein Jude aus Galiläa. Zur Trilogie von Geza Vermes.

EvTh 57 (1997), 552–559.

Zum Textcharakter der Hiobzitate im paulinischen Schrifttum.

ZNW 71 (1980), 21–26.

ΗΞΕΙ ΕΚ ΣΙΩΝ Ο ΡΥΟΜΕΝΟΣ. Zur Textgestalt von Jes 59:20f. in Röm 11:26f.

De Septuaginta: Studies in Honour of John William Wevers on his Sixty-Fifth Birthday, hg. v. A. PIETERSMA/C. COX, Mississauga, OT: Benben Publications 1984, 201–206.

1 Kor 10,1–10(13) und die jüdischen Voraussetzungen der Schriftauslegung des Paulus.

Unveröffentlicht.

Jesus der Jude. Gekürzte Fassung eines Vortrages am 2. Februar 1994 in der Marktkirche (Hannover).
Marktkirche 1993/1994, hg. v. Kirchenvorstand der Marktkirchengemeinde, 22–30.

Jüdische und christliche Messiaserwartungen. Vortrag im Pastoralkolleg „Jesus in jüdischer und christlicher Sicht" Loccum 3.2.1993.
FÜI 76 (1993), 5–14.

PHILON VON ALEXANDREIA UND DAS „HEILIGE LAND"

Über die Bedeutung des „Heiligen Landes" im Selbstverständnis der jüdischen Diasporagemeinden der hellenistisch-römischen Welt besteht überraschend wenig Klarheit. Daß es in allen Bereichen der Diaspora rege und enge Beziehungen zum Land der Väter gab, ist zwar – namentlich durch die vielerlei Nachrichten über die dem Tempel in Jerusalem Jahr für Jahr regelmäßig zuströmenden Pilgerscharen und Unterstützungsgelder[1] – hinlänglich bekannt. Welchen Stellenwert das „Land" in der Lebenswirklichkeit und der Gedankenwelt des griechisch sprechenden Diasporajudentums besaß, unter welchem Blickwinkel es dort betrachtet wurde, ist jedoch noch keineswegs zureichend erfaßt.

Das überkommene jüdisch-hellenistische Schrifttum ist hierzu bislang kaum ausgewertet worden. Eine einschlägige, aber recht knapp und entsprechend allgemein gehaltene Untersuchung hat Isaak Heinemann im Jahr der Staatsgründung des neuen Israel vorgelegt[2]. Ansonsten gibt es m.W. nur gelegentliche Bemerkungen zum Thema[3].

Daß hier eine lohnende Aufgabe wartet, liegt auf der Hand. Genauer zu erfassen und im einzelnen aufzuspüren, wie man in der hellenistischen Diaspora zum Land der Väter gestanden und die biblischen Landüberlieferungen verstanden hat, ist von einigem Belang, dürften darin doch die Bewegungen und Spannungen unmittelbar zum Vorschein kommen, denen das Judentum mit seinem biblischen Erbe in einer von hellenistischem Geist geprägten und von römischer Macht bestimmten Umwelt ausgesetzt war.

Die folgenden Ausführungen möchten dazu einen Beitrag leisten. Ich versuche dem benannten Fragenbereich näher zu kommen an Hand der Äußerungen, die sich bei Philon von Alexandreia über das „Land" als Verheißungsgut und Erbbesitz des jüdischen Volkes finden. Diese Beschränkung ist gewiß nicht unproblematisch. Weder gehört das „Land" zu den philonischen Grundthemen, noch verkörpert Philon die Vorstellungs- und Lebenswelt der hellenistischen Judenheit schlechthin. Gemessen an seinen alexandrinischen Glaubens- und Volks-

---

[1] Eine ausführliche und für alle Weiterarbeit grundlegende Darstellung bietet Shmuel Safrai, Ha-ʿalijjāh lᵉ-regel bimē ha-bajit ha-šēnî, Tel Aviv 1965; überarbeitete deutsche Fassung: Die Wallfahrt im Zeitalter des Zweiten Tempels, Forschungen zum jüdisch-christlichen Dialog 3, Neukirchen 1981. Vgl. auch die Ausführungen Safrais über "Relations between the Diaspora and the Land of Israel" in: The Jewish People in the First Century, ed. by S. Safrai and M. Stern, Compendia Rerum Iudaicarum ad Novum Testamentum I/1, Assen 1974, 184–215.

[2] Isaak Heinemann, Ha-jaḥas še-bēn ʿam lᵉ-ʾarṣô ba-jahadût ha-hēllenîstît, Zion 13/14, 1948/49, 1–9.

[3] Auch William David Davies, The Gospel and the Land, Berkeley 1974, widmet dem hellenistischen Judentum nur wenig Raum: S. 121ff.

genossen war er eher ein Vorreiter, wenn nicht gar ein Außenseiter. Und dennoch dürfte es erlaubt sein, sich für die Frage nach der Stellung des Landes in der Sicht des hellenistischen Judentums auf Philon zu beschränken.

Der Quellenbefund legt dies nahe. Philon ist im Kreis der griechisch schreibenden Diasporaschriftsteller der einzige, in dessen Werk sich mehrfach Äußerungen zu Texten der biblischen Landüberlieferung oder zu Verhält- | nissen und Begebenheiten im „Heiligen Land" finden. Abgesehen vom Aristeasbrief, der eine ausführliche Beschreibung des jüdischen Heimatlandes enthält[4], ist im gesamten übrigen Schrifttum des hellenistischen Diasporajudentums[5] – soweit es erhalten blieb – vom „Land" als einer die Vergangenheit, Gegenwart oder Zukunft des Gottesvolkes bestimmenden Größe nur vereinzelt und am Rande die Rede.

I

Was hat Philon, der sich bewußt hellenistischer Geisteskultur verpflichtet fühlte, mit den biblischen Landüberlieferungen anfangen können? In welcher Weise hat das „Land" im Denken und Leben dieses Mannes, der ebenso bewußt Jude sein wollte, eine Rolle gespielt?

In seiner Untersuchung über "Philo's place in Judaism" hat kein geringerer als der vor zwei Jahren verstorbene große Philonkenner Samuel Sandmel diese Frage mit dem lapidaren Satz beantwortet: "It cannot be overemphasized that Philo has little or no concern for Palestine"[6]. Sandmel ist zu diesem Urteil in erster Linie auf Grund der Auslegung von Gen 12,1–6 in Philons Schrift „Über die Wanderung Abrahams" gelangt. Das gleiche Urteil legt sich aber auch von zahlreichen anderen philonischen Schriften her nahe. Überall, wo Philon die bibli-

---

[4] PsAristeas 81–120. Die Darstellung des Landes trägt stark idealisierende Züge und ist von Joshua Gutmann, Moṣā'āh u-mᵉgāmmāh ha-'îqqarît šel 'iggeret Aristeas, Ha-goren 10, 1928, 54ff mit Recht als eine Art Utopie im Stil der ἱερὰ ἀναγραφή des Euhemeros bezeichnet worden; vgl. auch Victor Tcherikover, The Ideology of the Letter of Aristeas, HThR 51, 1958, 64.77ff.

[5] Zu nennen sind, sieht man von der Septuaginta (dazu s.u. Anm. 9; 52) ab, folgende Texte: Artapanos, Fragment 1 (Text nach Euseb, Praep Ev IX 18,1). 3 (Text nach Euseb, Praep Ev IX 27,21); PsHekataios I, Fragment 1 (Text nach Josephos, cAp I,193.195ff); PsHekataios II, Fragment 1 (Text nach Josephos, Ant I,157); 3 Makk 6,(3.)15; Sap 12,3–7; Sib III,732–735; V,281; TestHi 33,4; Tragiker Ez, Fragment 4 (Euseb, Praep Ev IX 29,12; nach der Stichenzählung von Paul Riessler, Altjüdisches Schrifttum außerhalb der Bibel, Augsburg 1928: V. 154f.167); Fragment 6 (Euseb, Praep Ev IX 29,16; Riessler: V. 243–253). Nicht zur eigentlichen Diasporaliteratur gehören: 2 Makk 1,7 sowie die zahlreichen das „Heilige Land" betreffenden Texte aus der Feder des Josephos (vgl. dazu jetzt Betsy Halpern Amaru, Land Theology in Josephus' Jewish Antiquities, JQR 71, 1981, 201–229).

[6] Philo's Place in Judaism: A Study of Conceptions of Abraham in Jewish Literature, New York ²1971, 116; vgl. ferner Sandmel, Philo of Alexandria. An Introduction, New York–Oxford 1979, 102ff.

schen Berichte über die Landverheißung oder die Landnahme behandelt, übergeht
er entweder die in den Texten enthaltenen Bezüge auf das „Land"[7], oder er deutet sie durch die Bank allegorisch[8]. Das verheißene Land erscheint als Symbol
der Weisheit, der Tugend oder der Philosophie. Alle Erzählungen über Reisen in
dieses Land – die Wanderung Abrahams aus dem Land der Chaldäer, die Rückkehr der Patriarchen aus Ägypten oder der Aufbruch des Gottesvolkes unter
Mose aus der ägyptischen Gefangenschaft – gelten als Hinweise auf den Weg,
den der Fromme und Weise zu beschreiten hat, um den Leidenschaften und Bindungen der körperlichen Welt zu entfliehen und um zur Tugend, zum wahren
geistigen Leben zu gelangen. Als ein kleines, aber markantes Beispiel hierfür mag
die Deutung des Gottesspruches Ex 23,20 („Siehe, ich sende meinen Boten vor
dir her, damit er dich behüte auf dem Wege, damit er dich hineinführe in das
Land, das ich dir bereitet habe")[9] genügen, die Philon in seinem nach Art der
Homerexegese in Frage und Antwort gekleideten kurzen Pentateuchkommentar
bietet. Es heißt dort (Quaest Ex II 13)[10]:

> „Der Eintritt in das Land, das ist der Eintritt in die Philosophie. Diese ist ein gutes
> und ergiebiges Land, das Früchte bringt, die die göttlichen Pflanzen, die Tugenden,
> tragen."

Das verheißene Land spielt in solcher Auslegung als reale Größe keine Rolle,
ebensowenig diejenigen, die es betreten oder in ihm leben. Die Aussagen des
biblischen Textes sind gänzlich psychologisiert, individualisiert und ethisiert und
damit ihres geschichtlichen Rahmens entnommen. Unverkennbar äußert sich
darin Philon als durch und durch hellenisierter Jude, der vom Geist der platonisie-
renden Popularphilosophie seiner | Zeit angesteckt ist. Die biblischen Überliefe-

---

7 Vgl. Abr 62.67.85.98; Migr 43.54.70; Heres 277 zu Gen 12,1–3; Quaest Gen III 16 zu
Gen 15,18; Quaest Gen IV 178 zu Gen 26,2–3; Somn I 127 zu Gen 28,11; Somn I 8.159 zu
Gen 28,13f; Fuga 163 zu Ex 3,5; Sacr 97 zu Ex 13,11; Migr 174 zu Ex 23,20f; Praem 79 zu
Lev 26,3.6; Praem 101 zu Lev 26,5; Praem 150 zu Lev 26,32; Fuga 142 zu Dtn 4,29f; Sacr 57
zu Dtn 9,5; Heres 162 zu Dtn 25,13–16; Leg All III 104; Quod Deus 156; Heres 76 zu Dtn
28,12; Conf 197f zu Dtn 30,4.

8 Vgl. Migr 43f zu Gen 12,1–3, Heres 96ff; Quaest Gen II 1 zu Gen 15,7; Heres 101 zu
Gen 15,8; Heres 296 zu Gen 15,16; Heres 314; Somn II 255; Quaest Gen III 17 zu Gen 15,18;
Quaest Gen IV 178; Conf 78ff zu Gen 26,2f; Somn I 174 zu Gen 28,13; Migr 27f zu Gen
31,3; Migr 174; Quaest Ex II 13 zu Ex 23,20f; Plant 95 zu Lev 19,23ff; Somn II 75f zu Lev
23,10; Migr 44f zu Dtn 34,4.

9 Philon zitiert wie üblich den biblischen Text nach der Fassung der Septuaginta, die im
vorliegenden Fall abweichend von der hebräischen Vorlage das Land-Motiv in den Text einträgt:
MT: המקום אשר הכנתי – LXX: τὴν γῆν ἣν ἡτοίμασά σοι.

10 Der vorliegende Text ist nur in der armenischen Überlieferung (Philonis Judaei Paralipomena Armena, ed. J.B. Aucher, Venedig 1826; ins Englische übersetzt durch Ralph Marcus,
Philo. Questions and Answers on Exodus, London–Cambridge, Mass. 1953, 49) erhalten, nicht
in den überkommenen griechischen Fragmenten (vgl. Françoise Petit, Philon d'Alexandrie
Quaestiones in Genesim et Exodum fragmenta graeca, Paris 1978, 248).

rungen der Verheißung des Landes für das Gottesvolk und der Landnahme dienen ihm dazu, den inneren Weg zur Weisheit und zur Tugend zu beschreiben,
den der Einzelne zu gehen hat, um Wahrheit und Heil zu erlangen.

Angesichts dessen erscheint das Urteil Sandmels nicht nur einleuchtend, sondern geradezu zwingend. Wer so die biblischen Texte in ihrer Geschichtsbezo-
genheit aufhebt und zu Belegen der inneren Welt des Menschen macht, der kann
vom eigentlichen Land nicht viel halten, im Grunde muß es ihm gleichgültig sein.

Und in der Tat, über eigene Beziehungen zum Land der Väter hat Philon kaum
etwas verlauten lassen. Nur an einer Stelle in seiner Schrift „Über die Vorse-
hung" erwähnt er, daß er das Land der Väter selbst einmal – offensichtlich in
jungen Jahren anläßlich einer der für jeden halbwegs frommen Juden obligaten
Wallfahrten nach Jerusalem – besucht hat[11]. Einen erkennbar nachhaltigen Eindruck hat diese Reise bei ihm indes nicht hinterlassen. Er berichtet von ihr ganz
beiläufig. Vom „Land" selbst spricht er gar nicht. Die Rede ist von der heiligen
Stadt, vom Tempel, den man aufsucht, um zu opfern und anzubeten. Im Vordergrund seiner Erzählung steht aber noch nicht einmal dieses Ereignis, sondern das
Erlebnis der Hafenstadt Askalon mit ihren heiligen Taubenschwärmen. So äußert
sich keiner, der vom Land der Väter begeistert ist, dem es Wesentliches bedeutet.

Dem entspricht auch die Art, in der in Philon's Schrift „Gegen Flaccus" das
Verhältnis der Diaspora zum ursprünglichen Heimatland beschrieben wird. Flacc
45 steht zu lesen:

„Denn die Juden kann wegen ihrer großen Zahl (διὰ πολυανθρωπίαν) ein Land
(χώρα μία) nicht fassen. Deswegen wohnen sie in den meisten und reichsten Län-
dern Europas und Asiens, auf Inseln und auf dem Festland. Als Mutterstadt
(μητρόπολις) betrachten sie die ‚Heilige Stadt', in der der heilige Tempel des
höchsten Gottes erbaut ist. Was sie aber von ihren Vätern und Großvätern und Ur-
großvätern und den weiteren Vorfahren als Wohnsitz übernommen haben, das halten sie jeweils für ihr Vaterland (πατρίς), in dem sie geboren und aufgewachsen
sind."

Ob man dies mit Franz Rosenzweig als Ausdruck „alexandrinischer Judenherr-
lichkeit"[12] qualifizieren bzw. disqualifizieren darf, sei dahingestellt. Unverkenn-
bar ist: hier spricht kein Advokat einer ungebrochenen Landtheologie, sondern ein
Apologet des Lebens in der Diaspora. Die Entstehung der Diaspora wird ganz im
Gefälle griechisch-römischer Kolonisationsideologie geschildert[13]. Bevölke-
rungsreichtum (πολυανθρωπία) war die Ursache, daß Juden ihr angestammtes
Land verließen und sich über die ganze bewohnte Welt verstreuten. Jerusalem, die
Heilige Stadt, gilt ihnen nach wie vor als Mutterstadt (μητρόπολις), weil sie die

---

[11] Provid II 107.

[12] Franz Rosenzweig, Briefe, Berlin 1935, 591.

[13] Vgl. dazu die eingehende Untersuchung von Jehoshua Amir, Ha-ʿalijjāh lᵉ-regel nûsaḥ
Philon, in der dem Gedenken an Abraham Schalit gewidmeten Sammlung Pᵉraqîm bᵉ-tôlᵉdôt
Jerûsalajim bimē bajit šēnî, hg. von Jiṣḥaq Ben-Zvi, Jerusalem 1981, 154–165, hier: 154ff.

Stätte des Tempels, den allen Juden gemeinsamen Kultort, beherbergt. Das Vaterland, die πατρίς, aber liegt nicht mehr im Land, das die Vorväter einst verließen; Vaterland (πατρίς) ist der Ort, in dem man aufgewachsen ist und I die Familie seit Generationen lebt. Das Leben in der Diaspora, fern vom Land der Väter, trägt in dieser Sicht keinen Makel, es wird nicht, wie es gut biblisch wäre, als Folge der Übertretungen des Gotteswillens erkannt, ja es bedeutet nicht einmal Leben in der Fremde. Es erscheint hier als eine zumindest ebensogute Lebensmöglichkeit wie das Leben im angestammten Land, wie im „Heiligen Land". Die grundlegende Bindung des Gottesvolkes an das verheißene Land ist weitgehend gelockert, wenn nicht gar aufgehoben. Das „Land" ist keine tragende Größe in der Frömmigkeit und im Selbstbewußtsein dessen, der sich so äußert. Vom „Heiligen Land" ist nur der Tempel als Ort der Gottesverehrung im Blick. Ohne Zweifel: auch dieser Befund läuft bündig auf den Satz hinaus: "Philo has little or no concern for Palestine".

Freilich, so klar und eindeutig sich das alles darstellt, die Akten zum Thema „Philon von Alexandreia und das ‚Heilige Land'" können damit trotzdem noch nicht abgeschlossen werden. Es gibt im philonischen Schrifttum einige Aussagen, die sich in das bisher gezeichnete Bild nicht ohne weiteres einfügen lassen.

II

Zunächst ist zu bemerken, daß Philon – obzwar er das Land der Väter dem Augenschein nach kaum kennt – über die Verhältnisse im Palästina seiner Zeit recht gut Bescheid weiß. Vor allem in seiner Schrift „Über die Gesandtschaft an Caligula" zeigt er sich wohlunterrichtet über politische Ereignisse, die sich dort abgespielt haben. Bis in Einzelheiten hinein vermag er über die Spannungen zu berichten, die die Religionspolitik des Caligula unter der jüdischen Bevölkerung in Jerusalem und Judäa hervorgerufen hat[14]. Gewiß stehen für ihn die Geschehnisse im heimischen Alexandreia, der Kampf der dortigen Judenschaft um ihre Lebensrechte in der Stadt und die pogromartigen Ausschreitungen der nichtjüdischen gegen die jüdische Bevölkerung, im Vordergrund. Die Verhältnisse im jüdischen Ursprungsland sind ihm aber durchaus geläufig und wert, ausgiebig behandelt und erörtert zu werden. Beachtenswert ist, daß Philon gerade in diesen Zusammenhängen mehrfach den von ihm sonst äußerst selten[15] verwendeten Begriff „Heiliges Land" benutzt[16] und ihn wenigstens an einer Stelle betont theologisch gefüllt einbringt. Leg Gai 200–202 beschreibt Philon den Versuch der nichtjüdischen Einwohner Jamnias, die Abneigung des Kaisers gegen die Juden sich zu

---

14 Vgl. Leg Gai 188f.198–260.288–320.346.

15 Spec Leg IV 215: ἱερὰ χώρα; Heres 293; Somn II 75: ἱερὰ γῆ. Nicht auf das „Heilige Land", sondern auf eine heilige Stätte bezogen ist ἱερὰ χώρα Somn I 127 (Bethel: Gen 28,11) bzw. γῆ ἁγία Fuga 163 (Ort des brennenden Busches: Ex 3,5) verwendet.

16 Leg Gai 202.205.230: ἱερὰ χώρα.

nutze zu machen und ihre jüdischen Mitbürger durch Errichtung einer Kultstätte zu brüskieren. Er bezeichnet dabei Jamnia „als eine der am meisten bevölkerten Städte Judäas"[17] und erläutert den Vorgang selbst mit den Worten[18]:

„Sie (die Heiden) wußten, daß diese (die Juden) die Verletzung ihrer religiösen Bräuche nicht hinnehmen würden. Und genauso geschah es auch. Kaum hatten die Juden das gemerkt, strömten sie zusammen, empört, daß man die Weihe des ‚Heiligen Landes' schänden wolle und zerstörten den Altar." |

Beides hat mit zeitgenössischen Verhältnissen nichts zu tun[19], sondern spiegelt Vorstellungen biblischer Landtheologie wider. Die Eingliederung Jamnias unter die „Städte Judäas" hängt offenkundig mit der Geographie des „Heiligen Landes" zusammen, wie sie im Josuabuch in der Beschreibung der Grenzen und Städte des Stammes Juda enthalten ist[20]. Die Begründung für die Zerstörung des heidnischen Altars bezieht sich zweifellos auf Texte wie Dtn 7,5ff und 12,2ff, in denen die in das Land ziehenden Stämme die Anweisung erhalten, die Altäre der Bewohner des Landes zu zerstören[21].

Der besondere Heiligkeitscharakter des „Landes" kommt aber nicht nur in diesem Text zum Ausdruck, auch in den Erläuterungen zur Einrichtung des Sabbatjahres und des Omerfestes stellt Philon betont heraus[22], daß diese jeweils nur für den Raum des „Heiligen Landes" gelten.

Daß Philon das „Land" als solches nicht aus dem Blick verloren hat, ergibt sich ferner auch aus den „Hypothetika", der leider nur noch fragmentarisch erhaltenen großen Apologie des Judentums aus seiner Feder[23]. In ihr wird u.a. die Einnahme des verheißenen Landes durch das Gottesvolk behandelt[24]. Philon beschäftigt dabei vor allem die Frage: auf welche Weise ist das Land errungen wor-

---

[17] Ebd. 200.

[18] Ebd. 202.

[19] Jamnia gehörte seit der Einengung des jüdischen Staatsbereiches der Hasmonäer durch Pompeius nicht mehr zu jüdischem Herrschafts- und Verwaltungsgebiet; vgl. Emil Schürer, Geschichte des Jüdischen Volkes im Zeitalter Jesu Christi II, Leipzig [3]1907, 127ff = The History of the Jewish People in the Age of Jesus Christ II, ed. Geza Vermes–Millar Burrows, Edinburg 1979, 109f.

[20] Jos 15,11; vgl. auch LXX Jos 15,46. Zum ganzen s. Othmar Keel–Max Küchler, Orte und Landschaften der Bibel II, Zürich–Göttingen 1982, 33ff.

[21] Zerstörung heidnischer Kultorte kommt auch als Motiv in jüdischen Bekehrungs-Darstellungen vor (vgl. Ri 6,25; Jub 12,12; ApcAbr 5,7ff; JosAs 10,12f; TestHi 10,12f). Andere Stimmen dringen aber nachdrücklich auf Ehrfurcht vor den heidnischen Göttern und den Orten ihrer Verehrung, so bereits LXX Ex 22,27, danach Philon, Spec Leg I 53; Vita Mos II 205; Quaest Ex II 5; Josephos, Ant IV 207; cAp II 237; vgl. dazu Erwin Ramsdell Goodenough, The Jurisprudence of the Jewish Courts in Egypt, New Haven 1929 = Amsterdam 1968, 47f.245.

[22] Spec Leg IV 215; Somn II 75.

[23] Text bei Euseb, Praep Ev VIII 6,1–9; 7,1–20; 11,1–18. Englische Übersetzung bei F.H. Colson, Philon IX, London–Cambridge, Mass. 1941, 414–443.

[24] Hypothetika, Fragment I (Euseb, Praep Ev VIII 6,5–8).

den? Daß Israel als ein Volk ohne Land nicht in ein Land ohne Volk eingedrungen ist, sondern in ein von anderen Völkern bewohntes Land, weiß er aus den biblischen Berichten. Wie wurden die ursprünglichen Einwohner verdrängt? Mit Gewalt oder auf andere Weise? Philon erörtert beide Möglichkeiten und gibt deutlich zu erkennen, daß er den Weg der Gewaltlosigkeit für wahrscheinlicher, weil dem Gottesvolk angemessener hält. Nicht mit Zwang habe Israel das Land eingenommen, dazu seien sie viel zu wenig und viel zu schwach gewesen. Die ursprünglichen Einwohner hätten das Land freiwillig geräumt, da sie in Israel das von Gott erwählte und besonders geliebte Volk erkannt hätten und aus Scheu und Ehrfurcht vor ihm gewichen seien. Philon entpuppt sich hier geradezu als Apologet der Landnahme. Wie weit er mit seinen Erwägungen wirklich erhobenen oder möglichen Einwänden gegen die Landnahme begegnen will, oder ob es ihm wesentlich darum geht, am Beispiel der Landnahme den besonderen Charakter Israels als eines idealen Friedensvolkes zu veranschaulichen, ist schwer zu entscheiden[25]. Unverkennbar ist in jedem Fall: das Ereignis der Landnahme ist ihm hier nicht zur bloßen Metapher verblaßt, sondern als geschichtliche Größe durchaus im Blick.

Der gleiche Sachverhalt tritt noch deutlicher in einem Text aus seiner Schrift „Über die Einzelgesetze" zutage. Spec Leg II 162–170 behandelt Philon das Omerfest, an dem, wie in Lev 23,10ff vorgeschrieben, die Erstlinge des geernteten Getreides, das Omer, dargebracht werden. Die Feier dieses unmittelbar nach Passa begangenen und im Grunde recht unbedeutenden Festes[26] nimmt er zum Anlaß einer groß angelegten und tiefsinnigen Erläuterung, die die eigentliche Bedeutung des Festes weit hinter sich läßt. Das Omerfest steht nach Philon in einem zweifachen Sinnzusammenhang, einem universalen und einem partikularen. Indem das Volk das Fest begeht, dankt es für das ihm zugeteilte Land und verrichtet es gleichzeitig stellver- | tretend für die übrige Menschheit den Dank für die Gaben der Erde.

Die Garbe wird „am Altar dargebracht als Erstling sowohl für das Land, das das (jüdische) Volk erhalten hat zur Heimat, wie für die gesamte Erde"[27]. Sie dient als „ein Opfer für das (jüdische) Volk im besonderen und die gesamte Menschheit im allgemeinen"[28] und gilt „dem Dank für den Überfluß und den Wohlstand, die das (jüdische) Volk und die gesamte Menschheit ersehnt"[29].

Für den Ausleger Philon ist beides von großem Gewicht. Der universale Sinnzusammenhang verdeutlicht auf der einen Seite die Rolle des Gottesvolkes für die gesamte Menschheit:

---

[25] Wie Sap 12,3ff zeigt, ist die Einnahme des Landes und die Vertreibung ihrer ursprünglichen Einwohner auch sonst ein Motiv der jüdisch-hellenistischen Apologetik gewesen; vgl. ferner Tragiker Ez, Fragment 5 (Euseb, Praep Ev IX 29,14, Riessler: V. 210ff.).

[26] Philon bezeichnet das Omerfest entsprechend als „Fest im Feste" (Spec Leg II 162).

[27] Ebd.

[28] Ebd.

[29] Ebd. 171.

„Was für den Staat (πόλις) der Priester, das ist das Volk der Juden für die gesamte bewohnte Welt"[30]. Während die übrigen Völker erdichteten Göttern dienen, „hat das Volk der Juden ... den Fehler der anderen wieder gutgemacht, indem es über alles Gewordene hinwegging ... und allein den Dienst des Ungewordenen und Ewigen wählte"[31]. Unverständlich ist es deswegen, „wie einige es wagen können, Menschenfeindlichkeit (ἀπανθρωπία) diesem Volk vorzuwerfen, das in seinem Gemeinsinn und Wohlwollen gegenüber allen allenthalben so weit geht, daß es Gebete, Feste und Opfer für die gesamte Menschheit verrichtet und (so) dem wirklich seienden Gott dient für sich selbst und für die anderen, die sich der Pflicht dieses Dienstes entzogen haben"[32].

Der partikulare Sinnzusammenhang verdeutlicht auf der anderen Seite die Bedeutung des Landes für das Gottesvolk. Der Dank für das Land geschieht aus folgenden Gründen:

„Erstens, weil sie nicht für immer (οὐκ αἰεί) verstreut über Inseln und Festländer leben, sich heimatlose Fremde schelten lassen brauchen, die auf fremdem Boden hausen und das Gut anderer genießen, denn sie besitzen ja Land und Städte und bebauen seit langer Zeit ihr Erbteil"[33]. „Zweitens, weil ihnen nicht ein beliebiges, minderwertiges Land zuteil wurde, sondern ein ergiebiges"[34]. „Endlich war das Land, das sie erhielten, nicht menschenleer, es hatte vielmehr eine starke Bevölkerung und dichtbewohnte, große Städte, aber diese verloren ihre Bewohner und das ganze Volk ging bis auf einen geringen Bruchteil unter, teils im Krieg, teils durch gottgesandtes Unheil wegen seiner unerhörten, unglaublichen Sünden und wegen seiner frevelhaften Verletzung der Naturgesetze, damit seine Nachfolger durch das Mißgeschick anderer gebessert werden und aus den Ereignissen die Lehre ziehen, daß sie auch das gleiche Geschick erfahren werden, falls sie in solchen Bahnen wandeln, wenn sie aber an einem Leben in der Tugend festhalten, das ihnen zugewiesene Land besitzen und nicht als Beisassen, sondern als Eingesessene gelten werden"[35].

Diese Ausdeutungen des Omerfestes zeigen – noch klarer als die Erläuterung der Landnahme in den „Hypothetika" – Philon als Apologeten des gesamten Judentums und als Advokaten der biblischen Landtheologie. Was er hier äußert, mutet geradezu als ein klassisches Dokument zionistischer | Ideologie an. Das „Land", die Zuteilung, der Besitz des Landes bestimmt das Selbstverständnis des Judentums, gerade auch in der Diaspora. Die Bedrängnisse der Diasporaexistenz, die Philon zum Teil wohl unter Aufnahme zeitgenössischer „antisemitischer"

---

[30] Ebd. 163.
[31] Ebd. 166.
[32] Ebd. 167.
[33] Ebd. 168.
[34] Ebd. 169.
[35] Ebd. 170.

Parolen beschreibt[36], haben kein Gewicht angesichts des Landes, das dem Gottesvolk als eigenes Erbteil zugewiesen ist und von ihm – zum Teil wenigstens – bewohnt und bebaut wird. Von einem eigenständigen Selbstbewußtsein der Diaspora gegenüber dem Mutterland, geschweige denn von „alexandrinischer Judenherrlichkeit" ist hier nichts zu verspüren. Im Verständnis des Textes wird man auch kaum Isaak Heinemann folgen können, der in seinem Buch über „Philons griechische und jüdische Bildung" an dieser Stelle das „doppelte Heimatgefühl"[37] des alexandrinischen Diasporajuden zum Ausdruck gebracht sieht, der sich ganz hellenisch als Bürger zweier Poleis versteht. Das Diasporajudentum, das sich in diesem Text zu Wort meldet, erlebt und versteht sich als Fremdkörper in seiner Umwelt. Sein einziger Rückhalt ist das „Heilige Land", das sich durch seine Fruchtbarkeit auszeichnet und in dessen Besitz Israel dank göttlicher Fügung wegen der Gottlosigkeit seiner früheren Einwohner gelangte. Wie dieser Rückhalt konkret sich darstellt, wird von Philon nicht näher ausgeführt, dürfte aber in zwei kleinen Bemerkungen angedeutet sein.

Die Erläuterung des partikularen Sinnzusammenhangs des Omerfestes beginnt mit der Wendung: οὐκ αἰεὶ σποράδην ἀλώμενοι. Nimmt man das wörtlich, „nicht für immer sind sie verstreut", dann äußert sich hier die Erwartung einer zeitlichen Begrenzung der Diaspora, d.h. im Hintergrund steht die Vorstellung der Rückkehr der Diaspora ins „Heilige Land". Isaak Heinemann hat gegen diese Deutung zwar eingewandt: „Αἰεί dürfte hier kaum *immer* bedeuten; darin läge eine Hoffnung auf Änderung der gegenwärtigen Lage, die an unserer Stelle keineswegs ausgesprochen sein kann"[38]. Seine Begründung hierfür ist aber wenig überzeugend[39]. Daß αἰεί hier „allenthalben" und nicht „immer" meine, ist schon sprachlich schwer zu belegen. Vor allem aber hat Heinemann übersehen, daß die eschatologische Deutung auch vom Schluß des ganzen Abschnittes gestützt wird. Dort ist – geradezu in Art eines Vorbehalts – davon die Rede, daß die Juden nur dann das Land besitzen und als Eingesessene gelten werden, wenn sie an einem Leben der Tugend, der ἀρετή, festhalten[40]. Im Rückblick auf bereits geschehene Ereignisse oder im Blick auf einen gegenwärtigen Zustand läßt sich dieser Satz kaum verstehen. Er kann im Grunde nur im Vorausblick auf die Zukunft gesagt sein. Daß diese eschatologische Deutung sachlich zutrifft, läßt sich darüber hinaus aber auch durch einen weiteren Philontext erhärten. In der langen

---

36 Vgl. Suzanne Daniel, Les Œuvres de Philon d'Alexandrie, 24: De Specialibus Legibus I–II, Paris 1975, 335.

37 Isaak Heinemann, Philons griechische und jüdische Bildung. Kulturvergleichende Untersuchungen zu Philons Darstellung der jüdischen Gesetze, Breslau 1929–1932 = Darmstadt 1962, 127.

38 Ebd. 125 Anm. 2.

39 Heinemann selbst hat in der von ihm gefertigten Übersetzung des Textes (L. Cohn–I. Heinemann [Hg.], Philo von Alexandria. Die Werke in deutscher Übersetzung, II, Breslau 1910 = Berlin 1962, 154) die zeitliche Deutung noch bevorzugt: „nicht für alle Zeiten". In seiner letzten Veröffentlichung zum Text (s.o. Anm. 2; 7) berührt er den Sachverhalt gar nicht.

40 Spec Leg II 170.

Reihe der philonischen Schriften gibt es ein Werk, in dem in ganz ungewöhnlicher Dichte traditionelle Themen eschatologischer Erwartung aufgenommen und verarbeitet sind, die Schrift „Über die Belohnungen und Strafen". In ihr entfaltet Philon, vor allem im Schlußabschnitt[41], überwiegend an den Fluch- und Segensworten aus Lev 26 und Dtn 28 orientiert, ein reichhaltiges eschatologisches Szenarium. Als wesentlichen Endakt stellt er dabei den Aufbruch der über die Länder und Inseln verstreuten Juden dar, die „mit einem Mal sich erheben und von allen Seiten | nach einem ihnen angewiesenen Land eilen, geleitet von einer göttlichen, übermenschlichen Erscheinung, die für andere unsichtbar und nur für die Wiedergeretteten sichtbar ist"[42]. In diesem eschatologischen Akt der Rückkehr ins „Land" spielt die Tugend dieselbe Rolle[43] wie in der Darstellung des zweiten Buches „Über die Einzelgesetze". Die Umkehr zur Tugend ist in beiden Fällen die Voraussetzung für das Ende der Zerstreuung und die Heimkehr in das „Heilige Land". Kurz: Hier wie dort kommt das „Land" als eschatologisches Ziel des Gottesvolkes für Philon in den Blick.

III

Halten wir hier einen Augenblick inne und erinnern wir uns an den eingangs zitierten Satz Samuel Sandmels über das reichlich distanzierte Verhältnis Philons zum „Heiligen Land", so stellt sich die Frage, ob und wie weit Philon in den zuletzt besprochenen Äußerungen selbst überhaupt sich zu Wort meldet. Es liegt nahe – auch angesichts der verhältnismäßig geringen Zahl der Belege –, dies zu verneinen und zu vermuten, die auf das „Land" als konkrete Größe bezogenen Aussagen seien Gelegenheitsnotizen und bei den eschatologischen Bezügen auf das „Land" handele es sich um Treibgut, das Philon aus dem Strom jüdischer Überlieferung aufgefischt habe, ohne es sich aber wirklich zu eigen zu machen. Philon war – wie viele seiner literarischen Zeitgenossen – bekanntlich Eklektiker, der sich gern mit fremden Federn geschmückt und Gedankengut anderer aufgegriffen hat, ohne dies stets eigens zu vermerken und – was noch wichtiger ist – ohne dies sachlich voll zu übernehmen.

In seiner Arbeit über „Eschatologie und Jenseitserwartung im hellenistischen Diasporajudentum" hat Ulrich Fischer vor wenigen Jahren genau diese These im Hinblick auf die eschatologischen Abschnitte in Philons Schrift „Über die Belohnungen und Strafen" vertreten. Seiner Ansicht nach sind die von Philon „aufgenommenen nationalen Heilserwartungen für ihn nicht mehr als Bilder für das durch moralische Besserung und Rückkehr zur Tugendhaftigkeit zu erlan-

---

[41] Praem 153–171.
[42] Ebd. 165.
[43] Ebd. 163f, vgl. auch 115.

gende universale Heil des Individuums"[44]. Es ist nicht zu bestreiten, daß für diese Sicht vieles ins Feld geführt werden kann[45]. Dennoch erscheint es mir zweifelhaft, ob Philons Absichten damit voll getroffen und wirklich erfaßt sind. Bei dieser Deutung ist ein Philonbild im Spiel, das ihn ausschließlich als Philosophen, als psychologisierenden und ethisierenden Denker zeichnet, dem es allein um die Frage nach der Seele und ihrem Heil, nach der Tugendhaftigkeit und der Vollkommenheit des Einzelnen geht. Ein solches Bild Philons ist – so verbreitet es ist – höchst einseitig. In ihm ist völlig ausgeblendet, daß Philon nicht nur das kontemplative Leben eines philosophischen und religiösen Esoterikers geführt, sondern sich persönlich auch ganz aktiv als Politiker betätigt hat. Er war, wie Walther Völker es einmal ausgedrückt hat, „zugleich der glühende Vorkämpfer für sein Volk, dem er nicht ohne Lebensgefahr in einer schwierigen Lage die Treue hält, und der Freund der griechischen Philosophie"[46]. Wie er beides miteinander verbunden hat, ist eine Frage, die von der Philonforschung bislang nur selten erörtert, ge- | schweige denn hinreichend beantwortet worden ist. Nur Erwin Ramsdell Goodenough hat in seinen Philon-Arbeiten, insbesondere in

---

[44] Ulrich Fischer, Eschatologie und Jenseitserwartung im hellenistischen Diasporajudentum, BZNW 44, Berlin 1978, 210.

[45] Fischer, a.a.O., 184–213, hat mit Recht auf zahlreiche allegorisierende Züge in Philons Abhandlung „Über die Belohnungen und Strafen" hingewiesen. Seine These, Philon habe durch diese Allegorisierungen allen Elementen der nationalen Heilserwartung ihren realen Gehalt genommen und sie völlig einer individuellen Vergeltungslehre einverleibt, wird den Texten kaum gerecht. Das Eigentümliche der philonischen Äußerungen besteht gerade darin, daß die individuellen und die „nationalen" Bezüge nebeneinander herlaufen und sich miteinander verweben, ohne daß das eine das andere aufhebt oder gar verdrängt. Es sei hier nur auf die Stellen verwiesen, in denen das Gottesvolk als Gesamtgröße ausdrücklich in den Blick kommt: Praem 57.67.83f. 162.166.168.170.171 und in denen zwischen dem Angehörigen des Gottesvolkes als dem wahren Adeligen und dem Proselyten deutlich unterschieden wird: Praem 152.171. Angesichts dieser Texte ist es kaum stichhaltig zu behaupten, Philon mache „nirgends das jüdische Volk selbst zum Träger der Verheißungen und Verwünschungen" (Fischer, a.a.O., 191). Auch vermeintlich so neutrale Bezeichnungen wie „die in den Wegen Gottes wandeln und stets und überall an seinen Geboten festhalten" (Praem 98), „die seine heiligen Gebote beobachten" (Praem 101), „die tugendhaften und gesetzestreuen Menschen" (Praem 126, vgl. 110.119), „die die heiligen Gesetze mißachten" (Praem 138, vgl. 142), „die die von ihren Vätern ererbte Lehre vergaßen" (Praem 162), „die das väterliche Gesetz brachen" (Praem 171) lassen sich kaum auf jeden beliebigen Menschen beziehen, sie sind klar auf Glieder des erwählten Gottesvolkes gemünzt. Fischer, der im übrigen den für das ganze Problem nicht unwichtigen Text Spec Leg II 162–170 gar nicht zur Kenntnis genommen hat, ist über all das zu schnell hinweggegangen. Wenn er am Ende seiner Ausführungen dennoch zugesteht, Philon habe so etwas wie „die glückliche Zukunft des jüdischen Volkes" im Blick und diese sei eine „wichtige Vorbedingung zur Erreichung des universalen Heils" (a.a.O., 212f), und anmerkt, „so könnte man auch das in PraemPoen 162ff erwähnte nationale Heilsziel der Sammlung aller Juden als eine Vorbedingung für die Durchsetzung des universalen Heils ansehen" (a.a.O., 213 Anm. 83), dann liegt das zwar nicht auf der Linie des von ihm vorher Gesagten, zeigt aber, daß er sich der Grundintention der philonischen Aussagen nicht ganz verschließen konnte.

[46] Walther Völker, Fortschritt und Vollendung bei Philo von Alexandrien, TU 49.1, Berlin 1938, 1.

seiner Untersuchung über "The politics of Philo Judaeus"[47] auf Philon's politische Praxis und Theorie und ihre Zusammenhänge mit der ihm eigenen Vehemenz aufmerksam gemacht. Viel Gehör hat er dabei aber nicht gefunden. Zu Unrecht. Daß Philons Tätigkeit als homo politicus – zumindest gegen Ende seines Lebens –, sein Eintreten für die jüdische Gemeinde Alexandreias und für das Judentum insgesamt vor der römischen Staatsmacht, sich auch in seinem Denken niedergeschlagen hat, beides nicht beziehungslos nebeneinander gestanden hat, ist – zumal wenn man die Stellung und Bedeutung des Philosophen in seiner Zeit mitbedenkt – von vornherein wahrscheinlich. Wie der philosophische und theologische Theoretiker Philon und der religiöse und politische Praktiker Philon aber sich im einzelnen zueinander verhalten, ist noch immer nicht deutlich erfaßt. Ich möchte im folgenden die These vertreten, daß man an dieser Stelle am ehesten mit der Annahme einer Entwicklung Philons weiter kommt, und versuchen, von hier aus auch das Verhältnis der verschiedenen Äußerungen Philons über das „Heilige Land" zu beleuchten.

Gewiß, man wird namentlich bei antiken Autoren, über deren Lebensumstände gewöhnlich nicht allzu viel auszumachen ist, vorsichtig sein müssen, Entwicklungen aufspüren zu wollen. Bei Philon sind wir jedoch in der günstigen Lage, einige Anhaltspunkte zu besitzen, die es gestatten, Grundlinien seines Wirkens nachzuziehen. Leopold Cohn, der Altmeister der neuzeitlichen Philonforschung, hat dazu die entscheidenden Vorarbeiten geleistet. In seiner bis heute nicht überholten Untersuchung über „Einteilung und Chronologie der Schriften Philos"[48] hat er nachgewiesen, daß das philonische Schrifttum sich nicht nur sachlich, sondern auch zeitlich in den meisten Fällen gut einander zuordnen läßt. Danach hat Philon in seiner Frühzeit zunächst Schriften rein philosophischen Inhalts verfaßt, dann sind in einer zweiten Schaffensperiode seine allegorischen Kommentare zum Pentateuch entstanden, nach einer weiteren Epoche seines Schaffens, zu der u.a. die Kurzkommentare über Genesis und Exodus gehören, hat er schließlich in seiner Spätzeit die historischen-apologetischen Werke – „Gegen Flaccus", „Über die Gesandtschaft an Caligula" sowie die „Hypothetika" – geschrieben und ungefähr zur gleichen Zeit auch die historisch-exegetischen Abhandlungen über die Gesetzgebung des Mose beendet. Ob diese Reihenfolge Lebensstationen Philons widerspiegelt, ist von Cohn zwar nicht weiter verfolgt worden. Einzelne Andeutungen weisen aber unverkennbar in diese Richtung[49]. Am Anfang steht der im Geist hellenischer Bildung erzogene Jüngling, der seine ersten literarischen Fingerübungen wie üblich philosophischen Themen widmet und dabei seine jüdische Abkunft weithin verbirgt. Es folgt eine als Rückbesinnung auf das Judentum in-

---

[47] Erwin Ramsdell Goodenough, The Politics of Philo Judaeus, New Haven 1938 = Hildesheim 1967; vgl. ferner ders., Philo and Public Life, Journal of Egyptian Archaeology 12, 1926, 77–79.

[48] Leopold Cohn, Einteilung und Chronologie der Schriften Philos, Philologus Suppl. VII, 1899, 387–435.

[49] Vgl. Cohn, a.a.O., 433.

terpretierbare Kehre zu biblischen Themen und Texten, die aber noch ganz im
Bann philosophischer Fragestellungen sich bewegt. Zum Ende des Lebens kommen geschichtliche Gegebenheiten biblischer Tradition stärker in den Blick und
zum Zug, wird das Judentum, die Gesamtheit des Gottesvolkes wieder bedeutsam
und nimmt entsprechend die Apologetik zu. |

Daß die unterschiedlichen Positionen zum Land, die das philonische Schrifttum aufweist, mit diesem Entwicklungsgefälle zusammenhängen, ist ein naheliegender Gedanke. Wie weit läßt er sich vom Textbefund her stützen?

Gehen wir die Texte durch, so zeichnet sich folgendes ab: Die Äußerungen, in
denen sich ein konkretes, geschichtliches oder eschatologisches Verhältnis zum
„Heiligen Land" abzeichnet, gehören allesamt Schriften an, die Philon gegen sein
Lebensende geschrieben hat, als die jüdische Gemeinde unmittelbar bedroht war.
Das trifft für „Gegen Flaccus", für „Die Gesandtschaft zu Caligula" und die
„Hypothetika", aber ebenso auch für Schriften wie „Über die Einzelgesetze"
und „Über die Belohnungen und Strafen" zu. Alle setzen die aktuelle Bedrohung
der jüdischen Gemeinde in Alexandreia voraus, die Philon im hohen Alter ge-
zwungen hat, neben seiner Arbeit in der Studierstube sich mit den Angelegenhei-
ten der Öffentlichkeit des politischen Alltags zu beschäftigen.

Die anderen Texte hingegen, in denen das Land wesentlich als symbolische
Größe behandelt wird, stammen überwiegend aus Schriften der frühen und mittleren Schaffenszeit Philons.

Daß diese Zusammenhänge auf einem bloßen Zufall beruhen, ist recht unwahrscheinlich. Der Umstand, daß erst und ausschließlich in den Spätschriften
Philons, die in einer Zeit der akuten Bedrohung des Judentums verfaßt wurden,
das „Land" als bestimmende Größe in der Geschichte des Gottesvolkes in den
Blick kommt, spricht für sich. Das eine dürfte mit dem anderen zusammenhängen: die gegen Ende der Regierungszeit des Tiberius und vor allem unter der
Herrschaft des Caligula sich in Alexandreia ausbreitenden antijüdischen Bewegungen, die massiven Unterdrückungen und Verfolgungen, die in diesem Zusammenhang sich ereigneten und z.T. sogar durch die römischen Behörden gestützt oder geduldet wurden[50], dürften wesentlich dazu beigetragen haben, daß
Philon sich wieder den geschichtlichen Faktoren des Judentums zugewendet hat
und sich dabei auch der Stellenwert des „Landes" in seinem Denken verändert
hat. Mit dieser Annahme wäre erklärt, warum Philon im Unterschied zu den
Schriften seiner jüngeren und mittleren Schaffenszeit in den Spätschriften das
„Land" als geschichtliche Größe mehrfach zu würdigen weiß und vor allem von
ihm eschatologisch reden kann.

Es wäre dabei allerdings verfehlt, von einem Bruch in Philons Denken zu sprechen. Er hat, das zeigen die oben behandelten Abschnitte aus dem zweiten Buch
„Über die Einzelgesetze" und der Schrift „Über die Belohnungen und Strafen",

---

[50] Die eindrücklichste Schilderung bietet nach wie vor Harold Idris Bell, Juden und Griechen
im römischen Alexandria, Beihefte zum Alten Orient 9, Leipzig 1926 = [2]1927.

das allegorische Verständnis des „Landes" keineswegs völlig aufgegeben[51]. Vor allem hat er die damit verknüpfte ethisierende und individualisierende Ausdeutung durchaus beibehalten. Er hat sie aber mit der eschatologischen Landerwartung verwoben, indem er die Rückkehr der Diaspora ins Land verbunden hat mit der Umkehr des Einzelnen zu der durch das Land symbolisierten Tugend. Gewiß steht für Philon der Ruf zur individuellen Tugendhaftigkeit auch in seiner Spätzeit im Vordergrund, die konkreten geschichtlichen Erfahrungen dürften ihn jedoch dazu | veranlaßt haben, die land- und auch die volksbezogenen Elemente der biblischen Überlieferung neu wahrzunehmen und zu entfalten. Daß er darüber kein Apokalyptiker geworden ist, überrascht nicht, sondern versteht sich angesichts seiner Bildung und Lebensumstände von selbst. Immerhin, unter den uns bekannten Zeugen jüdisch-hellenistischer Diasporaliteratur der römischen Zeit ist Philon der einzige, der das „Heilige Land" als eschatologisches Ziel für die in die Welt verstreute Judenheit benannt hat[52]. Wenn ich es recht sehe, gibt es sonst keine Stimme aus diesem Kreis, die sich auch nur in ähnlicher Weise geäußert hätte. Entweder hat man, wie das Testament Hiobs[53] oder nichtliterarisch die römische Grabinschrift der Regina[54] bezeugen, das „Heilige Land" gänzlich transzendiert, zu einer rein himmlischen Größe gemacht, oder man hat, wie das dritte Makkabäerbuch[55] zu erkennen gibt, die Diasporaexistenz als Leben in der Fremde zwar heftig beklagt, aber darüber nicht die Heimkehr ins „Land" erfleht, sondern sich darauf beschränkt, die Gegenwart Gottes auch in der Fremdlingschaft zu erbitten. Wie weit Philon mit seinen auf das „Heilige Land" als eschatologisches Ziel ausgerichteten Äußerungen eine Ausnahme bildet oder er sich doch auf eine unter seinen Glaubens- und Volksgenossen in der hellenistischen Diaspora verbreitete Stimmung stützt, bleibt angesichts dessen zu fragen. Im Hinblick auf das geringe Echo, das selbst der große Aufstand gegen die Römer im „Heiligen Land", kaum zwei Jahrzehnte nach dem Auftreten Philons für die Judenheit vor Caligula, in der hellenistischen Diaspora gefunden hat[56], erscheint mir letzteres gar nicht so si-

---

51 Der Apologet Philon kann auch weiterhin der Assimilation das Wort reden; so wird verständlich, daß Flacc 45 (s.o. S. 16) die jüdische Diaspora als Phänomen allgemeiner Kolonisation beschreibt.

52 LXX Jes 61,7 bietet einen Beleg für die Eschatologisierung der Landverheißung aus hellenistischer Zeit: οὕτως ἐκ δευτέρας (,zum zweiten Mal'; MT: משנה = ,zweifach') κληρο–νομήσουσιν τὴν γῆν.

53 TestHi 33,5.

54 Inschrift aus dem Anfang des 2. Jahrhunderts n.Chr., gefunden in der jüdischen Katakombe am Monteverde, vgl. Nikolaus Müller–Nikos A. Bees, Die Inschriften der jüdischen Katakombe am Monteverde zu Rom, Leipzig 1919, 133–136. Der Text ist abgedruckt im CIJ, 476; ferner bei Adolf Deißmann, Licht vom Osten, Tübingen [4]1923, 387–390; Fischer, a.a.O., 233ff, vgl. dazu auch Gerhard Delling, Speranda Futura, ThLZ 76, 1951, 521–526, hier: 523ff = in: ders., Studien zum Neuen Testament und zum hellenistischen Judentum, hg. von F. Hahn–T. Holtz–N. Walter, Berlin = Göttingen 1970, 39–44, hier: 42f.

55 3 Makk 6,3.15, unter Aufnahme von Lev 26,(40–)44.

56 An den vorhandenen Nachrichten gemessen, haben die jüdischen Gemeinden der westlichen Diaspora sich weithin ruhig verhalten. Die von Josephos erwähnten Unruhen in Alexan-

cher, wie es bisweilen behauptet wird. Aber das sei dahingestellt und die Antwort weiteren Untersuchungen vorbehalten. Was Philons Äußerungen zum „Heiligen Land" widerspiegeln, ist in jedem Fall wert, festgehalten zu werden: Sie machen deutlich, daß die biblischen Landverheißungen und Landerwartungen für die Judenheit in der hellenistischen Diaspora leicht unter dem Drang und der Nötigung der Assimilation zu Symbolen individueller Frömmigkeit verblassen konnten. Sie zeigen aber ebenso eindrücklich, daß die biblischen Landverheißungen und Landerwartungen wieder lebendig werden konnten und lebendig wurden, wenn geschichtliche Verhältnisse jüdische Lebenswirklichkeit und -möglichkeit in der Diaspora in Frage stellten.

---

dreia (Bell II 487–498, vgl. dazu Victor A. Tcherikover, Prolegomena zum Corpus Papyrorum Judaicarum I, Cambridge, Mass. 1957, 78ff) fallen zwar zeitlich mit dem Beginn des Aufstandes in Judäa zusammen, ein direkter Zusammenhang mit diesem besteht aber – zumindest nach dem Bericht des Josephos – nicht. Erst nach 70 ist es – offenkundig durch aus Judäa geflüchtete Aufständische – zu Unruhen in Alexandreia und in der Kyrenaika gekommen (vgl. Josephos, Bell VII 409ff.437ff).

ZUR KOMPOSITION UND KONZEPTION DES TESTAMENTS HIOBS*

Die Erforschung des Testaments Hiobs hat in den letzten zwanzig Jahren – entscheidend angestoßen durch die von S. Brock besorgte neue, kritische Ausgabe des griechischen Textes[1] – einen merklichen Aufschwung genommen. Das Werk ist mehrfach in ihm eigens gewidmeten Untersuchungen insgesamt oder zu einzelnen Fragen bearbeitet worden.[2] Es ist inzwischen in verschiedenen modernen Übersetzungen zugänglich gemacht[3] und wird in der judaistischen wie in der neutestamentlichen Forschung[4] zunehmend beachtet. | Unsere Kenntnis dieses

---

* Überarbeitete und durch Anmerkungen erweiterte Fassung eines vor der Pseudepigrapha-Gruppe der SNTS am 25.8.1987 in Göttingen gehaltenen Vortrags [für den Wiederabdruck wurden den Zitaten aus dem griechischen Text z.T. Übersetzungen aus B. Schaller, Das Testament Hiobs, JSHRZ III, 3 beigegeben – die Hg.].

[1] S.P. Brock, Testamentum Iobi, PsVTG, 2 (Leiden, Brill, 1967).

[2] S. die Literaturübersicht von R.P. Spittler in Studies on the Testament of Job, ed. M.A. Knibb–P.W. van der Horst, SNTSt, MonSer, 66 (Cambridge University Press, 1989), 7–32.

[3] *Deutsch*: B. Schaller, Das Testament Hiobs, JSHRZ, III, 3 (Gütersloh, Gütersloher Verlagshaus G. Mohn, 1979), 325-74.

Englisch: R.P. Spittler, Testament of Job, in: The Old Testament Pseudepigrapha, ed. J.H. Charlesworth, I (London, Darton, Longman & Todd; New York, Doubleday, 1983), 839–68; R. Thornhill, The Testament of Job, in: The Apocryphal Old Testament, ed. H.F.D. Sparks (Oxford, Clarendon Press, 1984), 622–48.

Französisch: M. Philonenko, Le Testament de Job, Semitica 18 (1968), 25–59; ders., Testament de Job, in: La Bible. Ecrits intertestamentaires, ed. A. Dupont-Sommer–M. Philonenko (Paris, Editions Gallimard, 1987), 1605–45.

Spanisch: A. Piñero, Testamento de Job, in: Apócrifos del Antiguo Testamento V, ed. A. Díez-Macho (Madrid, Ediciones Cristianidad, 1987), 157–213.

[4] S. dazu Schaller, JSHRZ, III, 3, 321; ferner: K. Berger, Die Amen-Worte Jesu, BZNW, 39 (Berlin, de Gruyter, 1970), 52ff., 126f.; ders., Die Gesetzesauslegung Jesu, I, WMANT, 40 (Neukirchen-Vluyn, Neukirchener Verlag, 1972), *passim;* ders., Materialien zur Form- und Überlieferungsgeschichte neutestamentlicher Gleichnisse, NovTest 15 (1973), 2–9; ders., Die Auferstehung des Propheten und die Erhöhung des Gerechten, StUNT, 13 (Göttingen, Vandenhoeck & Ruprecht, 1976), *passim;* H.C.C. Cavallin, Life After Death, CB, NTSer, 7, 1 (Lund, Gleerup, 1974), 160ff.; G. Dautzenberg, Glossolalie, RAC, 11 (1981), 233f.; A. von Dobbeler, Glaube als Teilhabe, WUNT, II, 22 (Tübingen, Mohr-Siebeck, 1987), 28.131; A.L. Lincoln, Paradise Now and Not Yet, SNTSt, MonSer, 43 (Cambridge University Press, 1981), 112.149; H.-P. Müller, Hiob und seine Freunde, ThSt B, 103 (Zürich, EVZ-Verlag, 1970), 9–16.19; G. Nebe, „Hoffnung" bei Paulus, StUNT, 16 (Göttingen, Vandenhoeck & Ruprecht, 1983), 349–54; E. Noort, Een duister duel. Over de theologie van het boek Job, Kampen cahiers 59 (Kampen, 1986), 19–23; E. von Nordheim, Die Lehre der Alten I, ALGHJ, 13 (Leiden, Brill, 1980), 119–35; E. Schürer, G. Vermes, F. Millar und M. Goodman, The History of the Jewish People in the Age of Jesus Christ, III, 1 (Edinburgh, Clark, 1986), 552ff.; G. Theißen, Psychologische Aspekte paulinischer Theologie, FRLANT, 131

umfänglichsten und wohl bedeutendsten Zeugnisses der Hiobhaggada des antiken Judentums ist dadurch deutlich verbreitet und vertieft worden. Man kann – gemessen an der älteren Forschung – ohne Übertreibung von nicht unerheblichen Fortschritten sprechen. Dennoch läßt sich nicht übersehen: an manchen, auch an entscheidenden Stellen gibt es nach wie vor mehr Fragen als Antworten.

Das trifft u.a. auch im Hinblick auf die literarische Komposition und die darin zum Ausdruck kommende sachliche Konzeption des ganzen Werkes zu.

Wie ist das Testament Hiobs literarisch gestaltet? Warum und wozu ist es geschrieben worden?

Diese für das Verständnis der Schrift grundlegenden Fragen sind bis heute nicht wirklich geklärt. In der Forschung hat man sich zwar mehrfach dazu geäußert. Zu einem befriedigenden, fundierten und darum weithin anerkannten Ergebnis ist man indes nicht gelangt. Im Gegenteil, die Ansichten gehen nach wie vor weit auseinander. Bald wird von einer Werbe- und Missionsschrift,[5] bald von einem paränetischen Traktat,[6] bald von einer mystischen Abhandlung,[7] bald von einem apologetischen Propagandatext[8] gesprochen. Ebenso unterschiedlich eingeschätzt wird die literarische Eigenart. Das Werk gilt teils als zusammenhängende, von einer Hand gestaltete | Komposition,[9] teils als Ergebnis einer mehrstufigen Entwicklung und darum als literarisches Konglomerat.[10]

Wie weit es gelingt, in diesen Fragen noch zu einer Klärung zu gelangen, kann angesichts dieser Meinungsvielfalt zweifelhaft erscheinen. Dennoch soll im folgenden ein neuer Versuch unternommen werden.

I

Methodisch ist es angebracht, zunächst die Frage nach der Komposition zu erörtern.

(Göttingen, Vandenhoeck & Ruprecht, 1983), 289ff.; E.E. Urbach, The Sages (Jerusalem, Magnes Press, 1979[2]), 411f., 867f.

[5] D. Rahnenführer, Das Testament des Hiob in seinem Verhältnis zum Neuen Testament, Diss. theol. Halle, 1967, 180–5; ders., Das Testament des Hiob und das Neue Testament, ZNW 62 (1971), 88ff.; I. Jacobs, Literary Motifs in the Testament of Job, JJS 21 (1970), 1–10.

[6] Schaller, JSHRZ, III, 3, 314.

[7] K. Kohler, The Testament of Job, in: Semitic Studies in Memory of Rev. Dr. Alexander Kohut, ed. G.A. Kohut (Berlin, Calvary, 1897), 272; M. Philonenko, Le Testament de Job et les Thérapeutes, Semitica 8 (1958), 49.

[8] Spittler, Testament of Job (s. Anm. 3), 834.

[9] J.J. Collins, Structure and Meaning in the Testament of Job, SBL 1974 Seminar Papers, 1 (1974), 46ff.; Schaller, JSHRZ, III, 3, 304ff.

[10] M. R. James, The Testament of Job, Apocrypha Anecdota, II, TSt V, 1 (1897), lxxxix, xcvi; Philonenko, Semitica 8 (1958), 47ff.; ders., Semitica 18 (1968), 10; Rahnenführer, Diss., 76, 129; Spittler, Testament of Job (s. Anm. 3), 834.

Von der äußeren Disposition her kann man das Testament Hiobs durchaus als „durchsichtig"[11] bezeichnen. Es gibt einen Erzählkern und einen Erzählrahmen. Der Kern besteht aus einem Bericht Hiobs über sein Leben und Leiden (Kap. 2–45). Er ist in zwei Teile geteilt. Der erste (2–27) erzählt vom Kampf Hiobs mit dem Satan, der zweite (28–44) von den Auseinandersetzungen Hiobs mit den Freunden. Beide Teile schließen jeweils mit einer Paränese (27,7/45,1–3). Der Rahmen ist am Anfang (Kap. 1) gestaltet als knapp gehaltene Einleitung, die den Ort und Anlaß beschreibt; das Ende (Kap. 46–53) bildet ein längerer Schluß, der von der Verteilung des Erbes Hiobs und dem Tod Hiobs handelt.

Daß diese Disposition auf eine bewußte Gestaltung hinweist, steht zu vermuten; dennoch gibt es Anlaß zu fragen, ob sie sich einer durchgehend und einheitlich gestalteten Komposition verdankt. Hier sind durchaus Zweifel angebracht. Genau besehen enthält das Testament Hiobs in Stil und Darstellungsweise, vor allem aber auch im Erzählstoff mancherlei Spannungen, ja Brüche. Was erzählt und | dargestellt wird, setzt sich aus recht verschiedenen Szenen- und Motivkreisen zusammen, die in der Sache oft wenig zusammenpassen und in der Form nicht immer recht zusammengepaßt sind. Besonders auffällig ist dies im Verhältnis der Schlußkapitel zu den beiden Hauptteilen der Fall. Die Erzählung vom wunderwirkenden Erbe, das Hiob seinen Töchtern vermacht, und vom ebenso wundersamen Ende Hiobs hebt sich von den vorausgehenden Berichten über Hiobs Auseinandersetzungen mit dem Satan und seinen Freunden stark ab. Nicht nur hat die Person des Erzählers von Hiob zu einem vorher nicht genannten, plötzlich auftauchenden Hiob-Bruder namens Nereus gewechselt, vor allem stellt sich auch das Sprach- und Sachmilieu völlig anders dar: Im Mittelpunkt stehen die Töchter Hiobs, nicht Hiob selbst; es ist von wunderwirkenden Gürteln die Rede; geradezu mystische, ja magische Verwandlungen finden statt, die himmlische Welt, Engelmächte treten in Erscheinung. Von dem allen war vorher so nicht die Rede.

Diese Diskrepanz ist bereits von M. R. James[12] in seiner vor neunzig Jahren veröffentlichten und die gesamte Forschung lange bestimmenden Untersuchung über das Testament Hiobs beobachtet worden und hat ihn zu einer umfassenden, literarkritischen Bearbeitungs- und Ergänzungshypothese veranlaßt.

Nach James ist das Testament Hiobs ein in zwei Stufen entstandenes Werk. Die Grundlage bildet ein ursprünglich vermutlich hebräisch geschriebener Hiob-Midrasch. Dieser ist später frei ins Griechische übertragen und zugleich durch eingeschobene bzw. angehängte Zusätze erweitert worden. Neben den Schlußkapiteln (46–52) gelten als solche Zusätze – ohne daß dies weiter begründet wird – die in die eigentliche Hiob-Erzählung eingestreuten Hymnen (25,1–8; 32,2–12; 33,3–9; 43,4–17) sowie auch die Gleichnisabschnitte (18,6–8; 27,3–6), ferner – ohne genauer bezeichnet zu werden – einige längere Redestücke.

---

[11] F. Spitta, Das Testament Hiobs und das Neue Testament, in: ders., Zur Geschichte und Litteratur des Urchristentums, III, 2 (Göttingen, Vandenhoeck & Ruprecht, 1907), 153.
[12] James (s. Anm. 10), xciii–xcvi.

Mit dieser Sicht hat sich James zwar nicht restlos durchgesetzt, aber doch die
weitere Forschung entscheidend bestimmt.[13] In der neueren | Zeit ist sie vor allem
von R. Spittler[14] neu belebt worden. Der Unterschied zwischen James und
Spittler besteht wesentlich in der historischen Einordnung und der sachlichen
Bestimmung der hinter dem Testament Hiobs stehenden Textbearbeitung. Während James von einer hebräisch verfaßten Grundschrift ausgeht und diese in Palästina ansiedelt und die Endfassung einem griechisch sprechenden Judenchristen
zuschreibt, der im zweiten oder dritten Jahrhundert in Ägypten lebte, denkt
Spittler an eine griechisch verfaßte Grundschrift, die der in Ägypten lebenden
jüdischen Gruppe der Therapeuten entstammen soll; die spätere Überarbeitung
weist er einem gegen Ende des zweiten Jahrhunderts in Phrygien beheimateten,
christlichen Montanistenkreis zu und stuft sie als Ausdruck montanistischer
Apologetik und Propaganda ein. Es ist hier nicht der Ort, die Berechtigung der
einen oder anderen Position zu beurteilen.[15] In der literarkritischen Analyse fußt
Spittler ganz auf den Überlegungen von James. Er hat sie zwar durch ein paar
sprachliche Beobachtungen ergänzt,[16] im übrigen aber nicht weiter ausgebaut
oder am Gesamttext des Testaments Hiobs überprüft. Eine solche Überprüfung
ist in jedem Fall aber nötig. Denn jedes Einzelstück eines Textes kann literarkritisch sinnvoll nur beurteilt werden, wenn die literarische Eigenart des Gesamttextes erfaßt ist.

Diesen Grundsatz nicht beachtet zu haben, ist ein entscheidender Mangel bei
allen bisherigen Bemühungen, die Frage nach der Entstehungsgeschichte des
Testaments Hiobs literarkritisch zu lösen.

Freilich wird man nicht verschweigen dürfen, daß auch bei den gegenläufigen
Versuchen, das Testament Hiobs als literarisch geschlossen darzustellen, eine
umfassende Textanalyse noch nicht geliefert worden ist.

J.J. Collins,[17] der erstmals eine eigene Untersuchung über die Struktur und
die Bedeutung des Testaments Hiobs vorgelegt und | sich mit Nachdruck gegen
die Ergänzungs- und Überarbeitungsypothese von James und Spittler gewandt
hat, hat sich im wesentlichen darauf beschränkt, in den verschiedenen Teilen des
Testaments Hiobs die tragenden Leitmotive samt den jeweiligen Kompositions-
strukturen herauszuarbeiten und die neben den vorhandenen Differenzen beste-
henden Gemeinsamkeiten aufzuzeigen. Dabei kommen in der Tat mancherlei Beziehungen zutage, aber diese betreffen wesentlich nur die beiden Hauptteile der
Hioberzählung und nicht auch die für die ganze Frage nach der literarischen Ei-

---

[13] S. die in Anm. 10 aufgeführten Autoren, ferner: H. Fuchs, Hiobs Testament, JüdLex, II
(1928), 1613; R. Meyer, Hiobstestament, RGG[3], III (1959), 361; B.Z. Wacholder, Testament
of Job, EncJud[2], 10 (1971), 129f.; Müller (s. Anm. 4), 9; P. Schäfer, Testament des Hiob,
Kleines Lexikon des Judentums (Stuttgart, Katholisches Bibelwerk, 1981), 143.

[14] R.P. Spittler, The Testament of Job, Diss. phil., Harvard, 1971, 58–69; ders.,
Testament of Job (s. Anm. 3), 833f.

[15] Vgl. dazu meine Bemerkungen in JSHRZ, III, 3, 306, 369.

[16] Spittler, Diss., 62ff.

[17] Collins (s. Anm. 9), 35–52.

genart des Testaments Hiobs doch zumindest mitentscheidenden Schlußkapitel.[18] Aber auch abgesehen davon ist Collins Vorgehen unzureichend, denn er hat den zweiten Schritt vor dem ersten getan. Eine solche Motivanalyse ist erst dann wirklich sinnvoll, wenn die vorausgesetzten Beziehungen auch literarisch umfassend abgesichert sind.

In der Einleitung der von mir vorgelegten Übersetzung und Kommentierung des Testaments Hiobs in JSHRZ[19] habe ich selbst auf solche literarischen Verklammerungen und Verzahnungen und auf sonstige Anzeichen planvoller Zusammenstellung hingewiesen, daraus gefolgert, das Testament Hiobs sei „als ganzes konzipiert und aller Wahrscheinlichkeit nach von einer Hand geschrieben",[20] und die Unausgeglichenheiten auf die schlichte Tatsache zurückgeführt, „daß der Verfasser aus unterschiedlichen Quellen geschöpft hat und nicht sonderlich bemüht war, die vorgegebenen Stoffe und Überlieferungen zu einem in sich abgerundeten Werk zu verarbeiten".[21] Die Belege für diese These konnten aber nur anmerkungsweise und auszugsweise geliefert werden. Eine spätere Untersuchung sollte die fehlenden Einzelnachweise liefern. Dies ist aber bisher unterblieben.

Am ausführlichsten und eingehendsten hat sich zuletzt P.H. Nicholls[22] in einer leider nicht veröffentlichten und daher bislang wenig bekannten und beachteten Jerusalemer Dissertation geäußert. | Nicholls hat ebenfalls – ohne meinen Beitrag zu kennen – die literarische Geschlossenheit des Testaments Hiobs mit der Annahme von verarbeiteten Quellen verfochten. Sein Hauptaugenmerk ist dabei darauf gerichtet, den Nachweis für die Benutzung von Quellen im Gesamttext des Testaments Hiobs zu führen. Methodisch setzt er ähnlich wie Collins bei der Verteilung der Leitmotive ein, darüber hinaus spielen im Text vorhandene formale und sachliche Brüche und Spannungen eine Rolle. Insgesamt meint Nicholls, im Testament Hiobs vier verschiedene literarische Quellen erheben zu können.[23] Ob seine Quellenanalyse im Ergebnis wirklich stichhaltig ist, wird noch zu prüfen sein. Im methodischen Ansatz verdient sie in jedem Fall beachtet zu werden. Denn wenn es zutrifft, daß die Kernerzählung des Testaments Hiobs Anzeichen für die Benutzung von Quellen enthält, dann ist die auf die Besonderheit der Schlußkapitel begründete Annahme einer sekundären Überarbeitung und Ergänzung alles andere als zwingend.

Um die These belegen zu können, das Testament Hiobs sei in seiner heute vorliegenden Gestalt als ein Gesamtwerk konzipiert, genügt es freilich nicht, auf die Benutzung von Quellen abzuheben; ebenso wichtig, ja wichtiger ist es, der

---

[18] Ebd., 47f.

[19] JSHRZ, III, 3, 304ff.

[20] Ebd., 306.

[21] Ebd., 306.

[22] P.H. Nicholls, The Structure and Purpose of the Testament of Job, Diss. phil., Jerusalem, 1982.

[23] Ebd., 57; s.u. S. 57f.

literarischen Gestaltung auf die Spur zu kommen. Was läßt sich darüber im Text des Testaments Hiobs ausmachen?

II

Bereits eine oberflächliche Lektüre des Testaments Hiobs zeigt, daß die in ihm dargebotene Erzählung nicht einspurig, sondern auf verschiedenen Ebenen verläuft und die beteiligten Personen und die verhandelten Themen vielfach wechseln. Vom Handlungsablauf her ergibt sich ein Aufriß in folgende Erzählblöcke:[24]

	Einleitung:
A	(1, 1–6): Ort und Anlaß der Erzählung, beteiligte Personen und ihre Vorgeschichte.
B	*Erster Hauptteil:*
	Die Auseinandersetzung Hiobs mit dem Satan.
B I	(2,1–5,3) Hiobs Zweifel an der Verehrung eines Götzen und sein Vorgehen gegen das Götzenheiligtum, veranlaßt und bestärkt durch eine himmlische Offenbarung und Verheißung.
B II	(6,1–8,3) Die erste Auseinandersetzung zwischen Hiob und dem Satan.
B III	(9,1–15,9) Hiobs Wohltätigkeit gegenüber Armen, Witwen, Waisen und Fremden aufgrund seines Reichtums.
B IV	(16,1–20,9) Erneutes Vorgehen des Satans gegen Hiob, seinen Besitz und seine Kinder sowie seine eigene Person.

---

[24] Der Aufriß (vgl. bereits JSHRZ, III, 3, 304) richtet sich nach dem Handlungsablauf, nicht nach dem Umfang des Erzählstoffes. – Eine etwas andere Einteilung nimmt Spittler, Testament of Job (s. Anm. 3), 839–68 vor:

Prologue (1)
I.   Job and the Revealing Angel (2–5)
II.   Job and Satan (6–27)
    A. Satan's attack and Job's tragedy (6–8)
    B. Job's generosity and piety (9–15)
    C. Job's losses (16–26)
    D. Job's triumph and Satan's defeat (27)
III. Job and the three kings (28–45)
    A. Job recognized and the kings astonished (28–30)
    B. Eliphas laments Job's losses (31–4)
    C. Baldad tests Job's sanity (35,1–38,5)
    D. Sophar offers the royal physicians (38,6–8)
    E. Sitis laments her children, dies, and is buried (39–40)
    F. Job's recovery and vindication (41–5)
IV.   Job and his three daughters (46–50)
Epilogue (51–3).

B V   (21,1–26,6) Auftreten der Frau Hiobs: Ihre Fürsorge für Hiob und ihre
           Vorwürfe gegen Hiob.
B VI   (27,1–7) Erneute Auseinandersetzung Hiobs mit dem Satan: Sieg der
           Standhaftigkeit Hiobs.
C   *Zweiter Hauptteil:*
           Die Begegnung und Auseinandersetzungen Hiobs mit seinen Freunden.
C I   (28,1–38,8) Besuch der befreundeten Könige bei und ihre ersten Aus-
           einandersetzungen mit Hiob.
C II   (39,1–40,14) Erneutes Auftreten der Frau Hiobs, ihre Klage über Hiobs
           Geschick, ihre Bitte für die verstorbenen Kinder, ihr Ende.
C III   (41,1–6) Weiteres Vorgehen der Könige, insbesondere des Elihu gegen
           Hiob.
C IV   (42,1–43,17) Das Kommen Gottes, sein Urteil über die Könige. |
C V   (44,1–5) Die Wiederherstellung Hiobs, seiner Gesundheit und seiner
           Besitztümer.
C VI   (45,1–4) Abschiedsrede Hiobs an seine Kinder.
D   *Schlußteil:*
           Das Erbe der Hiob-Töchter und Hiobs Ende.
D I   (46,1–51,6) Die Erbschaft der Hiob-Töchter.
D II   (52,1–53,8) Hiobs Ende: Die Himmelfahrt seiner Seele, Begräbnis des
           Leibes und Totenklage.

Wie weit steht hinter der Zusammenstellung und Gestaltung dieser Erzählblöcke
ein erkennbares Verfahren kompositorischer Arbeit? Um diese Frage zu beantworten, darf man nicht allein auf inhaltliche, sachliche Stimmigkeiten achten. Gerade wenn es zutreffen sollte, daß im Testament Hiobs vorgegebenes Material, ja
Quellen verarbeitet sind, führen Vergleiche der Inhalte nicht weiter. In erster Linie
wird man nach formalen Anzeichen kompositorischer Arbeit zu fragen haben.
Gibt es Verklammerungen zwischen aufeinanderfolgenden Erzählblöcken? Bestehen Verzahnungen im Motiv- und Sprachmaterial? Wie weit sind bestimmte
Sprach- und Stileigentümlichkeiten verbreitet?
     Geht man des Text des Testaments Hiobs durch, so ergibt sich folgendes Bild:

1. Verklammerungen
Verklammerungen zwischen den einzelnen Erzählblöcken sind nahezu überall zu
erkennen. Sie zeigen sich in der Form von Stichwortverknüpfungen. In den meisten Fällen verlaufen diese unmittelbar zwischen den jeweiligen End- und An-
fangssätzen:

1. B I/II   5,3   καὶ οὕτως ἀνεχώρεσα εἰς τὸν   Dann kehrte ich wieder in mei-
                    οἶκόν μου κελεύσας ἀσφαλισ-   nen Palast zurück und befahl,
                    θῆναι τὰς θύρας   die Tore zu schließen

	6,2	ἅμα γὰρ εἰσῆλθον <u>εἰς τὸν</u> <u>οἶκόν μου</u> καὶ <u>τὰς θύρας μου</u> <u>ἀσφαλισάμενος</u> ἐνετειλάμην	Sobald ich <u>in meinen Palast</u> gekommen war und <u>die Tore hatte</u> <u>schließen lassen</u>
2. B II/III	8,3	καὶ <u>ἦρέν μοι</u> σύμ<u>παντα</u> τὸν πλοῦτον	und <u>nahm mir allen</u> Reichtum
	9,1	ὑποδείξω γὰρ ὑμῖν <u>πάντα</u> ... τὰ <u>ἀρθέντα</u> μοι	Ich will euch kundtun <u>alles</u>, ... was mir <u>weggenommen wurde</u>
3. B IV/V	20,6f.	καὶ ἐπάταξέν με <u>πληγὴν</u> <u>σκληρὰν</u> ... καὶ ... <u>ἐξῆλθον τὴν</u> <u>πόλιν</u> καὶ καθεσθεὶς <u>ἐπὶ τῆς</u> <u>κοπρίας</u>	Und er schlug mich ... mit einer furchtbaren <u>Plage</u>. Und ... entsetzt <u>verließ ich die Stadt</u> und setzte mich <u>auf die Müllhalde</u>
	21,1	καὶ ἐποίησα ἔτη... <u>ἐν τῇ</u> <u>κοπρίᾳ ἐκτὸς τῆς πόλεως ἐν</u> <u>ταῖς πληγαῖς</u>	Und ich verbrachte <u>in d(ies)en</u> <u>Plagen</u> ... Jahre <u>auf der Müll-</u> <u>halde außerhalb der Stadt</u>
4. B V/VI	26,6	ἆρα σὺ οὐχ ὁρᾶς <u>τὸν διάβολον</u> <u>ὄπισθέν σου στήκοντα</u> ...; βού- λεται γὰρ σε δεῖξαι ὥσπερ μίαν τῶν ἀφρόνων <u>γυναικῶν</u>	Siehst du denn nicht <u>den Teufel</u> <u>hinter dir stehen</u> ...? Er möchte dich nämlich hinstellen als eine der törichten <u>Frauen</u>
	27,1	ἐγὼ δὲ πάλιν στραφεὶς πρὸς <u>τὸν Σατανᾶν</u> εἶπον, <u>ὄπισθεν</u> <u>ὄντα</u> τῆς <u>γυναικός μου</u>	Ich aber wandte mich unterdes <u>zum Satan</u>, der <u>hinter meiner</u> <u>Frau stand</u>
5. B VI/C I	27,5	οὕτω καὶ σύ, Ιωβ, ὑποκάτω ἧς καὶ <u>ἐν πληγῇ</u>	So auch du, Job, du hast unten <u>gelegen</u> und wurdest <u>gepeinigt</u>
	28,1	καὶ ὅτε ἐπλήρωσα ... ἔτη <u>τυγχάνων ἐν</u> τῇ <u>πληγῇ</u>	Und als ich bereits ... Jahre <u>in</u> der <u>Plage zugebracht</u> hatte
6. C I/II	38,1	<u>καὶ ἐγὼ</u> πρὸς ταῦτα <u>εἶπον</u>	Daraufhin <u>sagte ich</u>
	38,8	ἀποκριθεὶς δὲ <u>εἶπον</u>	<u>Ich</u> aber antwortete [und <u>sagte</u>]
	39,1	<u>καὶ ἐμοῦ</u> ταῦτα πρὸς αὐτοὺς <u>λέγοντος</u>	<u>Und während ich</u> dies zu ihnen <u>sagte</u>
7. C II/III	40,14	τὸν μὲν οὖν θρῆνον ... εὑρήσετε ἐν τοῖς παραλειπομένοις ‹Ελιφα›[25]	Das Klagelied ... könnt ihr finden in den Denkwürdigkeiten ‹des Eliphas›
	41,1	<u>Ελιφας</u> δὲ καὶ οἱ λοιποὶ μετὰ ταῦτα παρεκάθισάν μοι	<u>Eliphas</u> aber und die übrigen ... setzten sich danach zu mir
8. C VI/D I	45,4	ἰδοὺ οὖν, τεκνία μου, <u>διαμερί-</u> <u>ζω</u> ὑμῖν <u>πάντα ὅσα</u> μοι ὑπάρ- χει πρὸς τὸ δεσπόζειν ἕκαστον τοῦ <u>μέρους</u> ἑαυτοῦ ἀκωλύτως	Und nun, meine Kinder, <u>verteile</u> ich unter euch <u>alles</u>, <u>was</u> ich besitze, damit ein jeder über seinen <u>Anteil</u> frei verfügen kann

---

[25] In den Handschriften fehlt der Name, was jedoch kaum ursprünglich sein kann (vgl. 41,6; 49,3; 50,3). Wie bereits Spitta (s. Anm. 11), 152 erkannt hat, liegt eine Haplographie zugrunde.

	46,1	οἱ δὲ παρήνεγκαν τὰ ὄντα εἰς μερισμόν	Man brachte aber … herbei, was … verteilt werden sollte

Zum Teil reichen sie aber auch in den weiteren Kontext zurück: |

9. A/B I	1,1	βίβλος λόγων Ιωβ τοῦ καλουμένου Ιωβαβ	Buch der Worte des Job, der (auch) Jobab genannt wurde
	2,1f.	ἐγὼ γάρ εἰμι Ιωβαβ πρὶν ἢ ὀνομάσαι με ὁ κύριος Ιωβ. ὅτε Ιωβαβ ἐκαλούμην	Ich hieß Jobab, bevor mir der Herr den Namen Job gab. Als ich Jobab genannt wurde
10. C III/IV	41,1	παρεκάθισάν μοι ἀνταποκρινό- μενοι καὶ μεγαλορημονοῦντες κατ᾽ ἐμοῦ	setzten sich danach zu mir, rede- ten hin und her und äußerten sich heftig gegen mich
	42,1	μετὰ τὸ παύσασθαι αὐτὸν τῆς μεγαλορημοσύνης αὐτοῦ	Als er aber aufgehört hatte, sich so heftig zu äußern
11. C IV/V	43,2f.	ἀναλαβὼν Ελιφας πνεῦμα εἶπεν ὕμνον ἐπιφωνούντων αὐτῷ τῶν ἄλλων φίλων καὶ τῶν στρατευμάτων πλησίον τοῦ θυσιαστηρίου	Eliphas empfing den Geist und sang ein Lied, in das die anderen Freunde und ihre Leute nahe beim Altar einstimmten
	44,1	μετὰ δὲ τὸ παύσασθαι Ελιφαν τοῦ ὕμνου ὑποφωνούντων αὐτῷ πάντων καὶ κυκλούντων τὸ θυσιαστήριον	Sobald aber Eliphas sein Lied beendet hatte – alle hatten in es eingestimmt und waren dabei um den Altar herumgegangen –
12. C V/VI	44,3f.	καὶ παρεγένοντο πρός με πάντες οἱ φίλοι μου καὶ ὅσοι ᾔδεισαν εὐποιεῖν καὶ ἠρώτησάν με λέγοντες Τί παρ᾽ ἡμῶν νῦν αἰτεῖς; ἐγὼ δὲ ἀναμνησθεὶς τῶν πτωχῶν τοῦ πάλιν εὐποιεῖν ᾐτησάμην …	Und es kamen zu mir alle meine Freunde und alle, die Gutes zu tun wußten, und sie fragten mich: „Was möchtest du jetzt von uns?" Ich aber erinnerte mich der Armen, daß ich (ihnen) wieder Gutes tun wollte
	45,2	εὐποιήσατε τοῖς πτωχοῖς	Tut Gutes den Armen!
13. D I/II	51,3	ἐκαθεζόμην πλησίον τοῦ Ιωβ ἐπὶ τῆς κλίνης μου	da setzte ich … mich in Jobs Nähe hin auf mein Lager
	52,1	μετὰ τρεῖς ἡμέρας ποιουμένου Ιωβ νοσεῖν ἐπὶ τῆς κλίνης	Und nach drei Tagen – Job lag krank auf seinem Lager …

Keine Anbindung durch Stichwortverknüpfung gibt es nur in einem Fall: zwi- schen den Blöcken B III/IV (9–15/16–20). Der Block B IV setzt übergangslos nach Block B III ein; immerhin bezieht er sich deutlich auf den Abschluß des Blockes B II, so daß man auch hier von einer kompositorischen Verklammerung sprechen kann. |

14. B II/IV   8,1ff. ἀπελθὼν ὑπὸ τὸ στερέωμα   er ... kehrte zur (Himmels)Feste
ὥρκωσεν τὸν κύριον ἵνα λάβῃ   zurück und beschwor den Herrn
ἐξουσίαν ... καὶ τότε λαβὼν   um Macht ... Und sie wurde
τὴν ἐξουσίαν ἦλθεν καὶ ἦρέν   ihm zugestanden. Dann kam er
μοι σύμπαντα τὸν πλοῦτον   ... u. nahm mir allen Reichtum

16,1ff. ἐμοῦ δὲ τοῦτο ποιοῦντος ἐν   So wirkte ich sieben Jahre lang
τοῖς ἑπτὰ ἔτεσιν ... εἶτα μετὰ   ... Dann kam schließlich der
τὸ εἰληφέναι τὴν ἐξουσίαν τὸν   Satan, nachdem er die Macht er-
Σατανᾶν, τότε λοιπὸν ἀνηλεῶς   halten hatte, unbarmherzig
κατῆλθεν καὶ ἐφλόγισεν ...   herab und verbrannte ...

2. Verzahnungen

Beispiele sachlicher Verzahnungen finden sich – was zu erwarten ist – innerhalb einzelner Erzählblöcke, darüber hinaus aber auch nicht selten zwischen den Erzählblöcken, und zwar zwischen benachbarten wie auch zwischen auseinanderliegenden:

1. *1,2* (A)   Ιωβ ... ἐν ᾗ ἡμέρᾳ νοσήσας[26]   [Job] an dem Tage, an dem er erkrankte

    52,1 (D II)   καὶ μετὰ τρεῖς ἡμέρας   Und nach drei Tagen – Job lag
    ποιουμένου τοῦ Ιωβ νοσεῖν   krank auf seinem Lager

2. *1,2* (A)   ἐκάλεσεν τοὺς ἑπτὰ υἱοὺς καὶ   Er rief seine sieben Söhne und
    τὰς τρεῖς θυγατέρας αὐτοῦ   seine drei Töchter

    17,5 (B IV)   ἔχει ἑπτὰ υἱοὺς καὶ θυγατέρας   Er hat sieben Söhne und drei
    τρεῖς   Töchter

    46,4 (D I)   ὑμῖν ἔπεμψα κληρονομίαν   Euch habe ich sogar ein bes-
    κρείττονα τῶν ἑπτὰ ἀδελφῶν   seres Erbe zugedacht als euren
    sieben Brüdern

    52,12 (D II) προηγουμένων τῶν τρίων   Seine drei Töchter gingen dabei
    θυγατέρων αὐτοῦ   voran

3. *1,3* (A)   Ημερα, Κασια, Αμαλθειας   Hemera, Kasia (und) Amaltheias
    κερας   Keras
    46,5; 47,1; 48,1; 49,1; 50,1 (D I)
    52,3f. (D II)

4. *1,4* (A)   περικυκλώσαντες,[27] τέκνα μου,   Kommt her zu mir, meine Kin-
    περικυκλώσατέ με   der! Stellt euch um mich herum

    53,5 (D II)   περιεκύκλωσαν πᾶσαι αἱ   Ringsherum standen alle Wit-
    χῆραι καὶ οἱ ὀρφανοί | wen und Waisen

5. *1,6* (A)   δηλώσω ὑμῖν τὰ συμβεβηκότα   ich will euch berichten, was mir
    μοι   zugestoßen ist

    9,1 (B III)   ὑποδείξω γὰρ ὑμῖν τὰ   Ich will euch kundtun alles, was
    συμβεβηκότα μοι   mir zugestoßen ist

---

[26] νοσεῖν außerdem nur 35,3.
[27] περικυκλοῦν sonst im TestHi an keiner Stelle.

23,4 (B V)	ἀγνοεῖς <u>τὰ συμβεβηκότα</u> ἡμῖν πονερά	Weißt du denn nicht, <u>welches Elend über uns gekommen</u> ist?
28,9 (C I)	<u>ἐδηλώθη</u> αὐτοῖς <u>τὰ συμβεβηκότα μοι</u>	Und es wurde ihnen <u>mein Geschick</u> kundgetan

6.	*1,6* (A)	ἡ γὰρ <u>προτέρα μου γυνὴ ἐτελεύτησεν</u>	Meine <u>erste Frau hat</u> ... <u>einen bitteren Tod gefunden</u>
	21,2 (B V)	ὥστε ἰδεῖν ... <u>τὴν πρώτην μου γυναῖκα</u>	wie <u>meine erste Frau</u> (Wasser ... trug)
	40,6 (C II)	(<u>ἡ γυνή μου</u>) ἐκοιμήθη καὶ <u>τετελεύτεκεν</u>	(meine Frau) legte sich ... nieder und <u>starb</u>

7.	*2,4* (B I)	ἄρα πῶς <u>γνώσομαι;</u>	Wie werde ich (ihn) denn <u>erkennen?</u>
	3,2 (B I)	ὑποδείξω σοι τίς ἐστιν οὗτος ὃν <u>γνῶναι</u> θέλεις	ich will dir kundtun, wer der ist, den du <u>erkennen</u> willst

8.	*3,4* (B I)	κατέπεσα <u>ἐπὶ τὴν κλίνην</u>[28] μου	...fiel ich <u>auf</u> mein <u>Lager</u> nieder
	51,3 (D I)	ἐκαθεζόμεν πλησίον τοῦ Ιωβ <u>ἐπὶ τῆς κλίνης</u> μου	da setzte ich (Nereus) mich in Jobs Nähe hin <u>auf</u> mein <u>Lager</u>
	52,1 (D II)	ποιουμένου τοῦ Ιωβ νοσεῖν <u>ἐπὶ τῆς κλίνης</u>	Job lag krank <u>auf</u> seinem <u>Lager</u>

9.	*3,6* (B I)	δός μοι ἐξουσίαν ἵνα ... <u>καθαρίσω αὐτοῦ τὸν τόπον</u>	gib mir die Macht, damit ich ... <u>seinen Ort reinige</u>
	4,1 (B I)	<u>καθαρίσαι τοῦτον τὸν τόπον</u> δυνήσῃ	Du darfst <u>diesen Ort reinigen</u>
	4,4 (B I)	ἐὰν <u>ἐπιχειρήσεις καθαρίσαι τὸν τόπον</u> τοῦ Σατανᾶ	Wenn du dich daran machst, <u>den Ort des Satans zu reinigen</u>
	5,2 (B I)	εἰς <u>τὸν ναὸν τοῦ εἰδωλίου</u> ἀπελθὼν <u>κατήνεγκα αὐτὸ εἰς τὸ ἔδαφος</u>	... ging in <u>den Götzentempel</u> und <u>machte ihn dem Erdboden gleich</u>
	17,4 (B IV)	καὶ <u>τὸν</u> μὲν <u>ναὸν τοῦ μεγάλου Θεοῦ καθελὼν</u> καὶ ἀφανίσας <u>τὸν τόπον τῆς σπονδῆς</u>	sogar <u>den Tempel des großen Gottes hat er niedergerissen</u> und <u>den Ort des Opfers zerstört</u>

10.	*3,7* (B I)	τίς ἐστιν ὁ κωλύων <u>με βασιλεύοντα</u>[29] <u>ταύτης τῆς χώρας;</u>	wer könnte <u>mich</u> daran hindern, der ich doch <u>über dieses Land herrsche?</u>
	28,7 (C I)	ποῦ <u>Ιωβαβ ὁ τῆς Αἰγύπτου ὅλης βασιλεύων;</u>	Wo ist <u>Jobab, der über ganz Ägypten herrscht?</u>

| 11. | *4,1* (B I) | ἐμοὶ εἶπεν <u>τὸ φῶς</u> ... <u>ὑποδείκνυμί σοι</u> πάντα ἅπερ ἐνετείλατό μοι κύριος μεταδιδόναι σοι | Da erwiderte mir <u>das Licht:</u> ... (zuvor) <u>tue ich dir kund</u> alles, was mir der Herr aufgetragen hat, dir mitzuteilen |

---

[28] κλίνη sonst im TestHi an keiner Stelle.

[29] βασιλεύειν sonst im TestHi an keiner Stelle.

16,1 (B IV)	μετὰ τὸ τὸν ἄγγελον ὑποδεῖξαί μοι	nachdem der Engel mir (alles) kundgetan hatte
47,9 (D I)	ὁ δὲ κύριος ἐλάλησέν μοι ... ὑποδείξας μοι τὰ γενόμενα καὶ τὰ μέλλοντα	Der Herr aber ... tat mir das Vergangene und das Künftige kund

12. | | | |
|---|---|---|
| 4,4 (B I) | ἐπαναστήσεταί σοι μετὰ ὀργῆς εἰς πόλεμον[30] | ... wird er sich voll Zorn zum Kampf gegen dich erheben |
| 18,5 (B IV) | μνησθεὶς ... τοῦ προσημανθέντος μοι πολέμου ὑπὸ τοῦ κυρίου διὰ τοῦ ἀγγέλου αὐτοῦ | Ich erinnerte mich ..., welcher Kampf mir vom Herrn durch seinen Engel vorausgesagt war |

13. | | | |
|---|---|---|
| 4,4 (B I) | ἐπιφέρει[31] δέ σοι πληγὰς πολλάς | Er bringt dir aber viele Plagen |
| 7,13 (B II) | ἕτοιμός εἰμι ὑποστῆναι ἅπερ ἐπιφέρεις μοι | ich bin bereit, auszuhalten, was du mir auflädst |
| 20,2 (B IV) | ἠτήσατο τὸ σῶμά μου παρὰ τοῦ κυρίου ἵνα ἐπενέγκῃ μοι πληγήν | Und er ... erbat sich meinen Leib von dem Herrn, um mir eine (weitere) Plage zuzufügen |
| 37,3 (C I) | ἐπήνεγκέν σοι τὰς πληγὰς ταύτας; | wer fügte dir diese Plagen zu? |
| 5 | ἐπενεγκὼν σοι τὰς πληγὰς ταύτας | da er dir diese Plagen zufügte |

14. | | | |
|---|---|---|
| 4,5 (B I) | ἀφαιρεῖταί σου τὰ ὑπάρχοντα | Genommen wird dein Besitz |
| 8,2f. (B II) | ὅρκωσεν τὸν κύριον ἵνα λάβη ἐξουσίαν κατὰ τῶν ὑπαρχόν–των μου. καὶ τότε ... ἦρέν μου σύμπαντα τὸν πλοῦτον | ... und beschwor den Herrn um Macht über meine Habe. ... Dann kam er (wieder) und nahm mir allen Reichtum |
| 16,7 (B IV) | καὶ τῶν ὑπαρχόντων μοι ἀνήγγειλάν μοι τὴν ἀπώλειαν | Und man meldete mir den Verlust meiner Habe |
| 20,1 (B IV) | καὶ τῶν ὑπαρχόντων μοι πάντων ἀπολομένων | Als nun all das Meine vernichtet war |
| 26,3 (B V) | ὑποφέρεις καὶ τὴν τῶν τέκνων ἡμῶν ἀπώλειαν καὶ τῶν ὑπαρχόντων | Und du erträgst auch den Verlust unserer Kinder und Habe |
| 37,3 (C I) | τίς ἀφείλατο τὰ ὑπάρχοντά σου; | Wer nahm dir deinen Besitz ...? |
| 5 | ἀφελόμενός σου τὰ ὑπάρχοντα | ... und deine Habe wegnahm |

15. | | | |
|---|---|---|
| 4,5 (B I) | τὰ παιδία σου ἀναιρήσει | deine Kinder wird er nehmen |
| 18,1 (B IV) | κατέβαλεν τὴν οἰκίαν ἐπὶ τὰ τέκνα μου καὶ ἀνεῖλεν αὐτά | ... und ließ das Haus über meine Kinder zusammenfallen und tötete sie |
| 19,1 (B IV) | ἐλθόντος δὲ τοῦ ἐσχάτου ἀγγέ–λου καὶ δηλώσαντός μοι τὴν τῶν ἐμῶν τέκνων ἀπώλειαν | Als aber der letzte Bote kam und mir vom Ende meiner Kinder berichtete |

---

[30] πόλεμος nur noch 16,1 (V).
[31] ἐπιφέρειν außerdem noch 11,11, aber in medialer Form.

20,4 (B IV)	καὶ προσῆλθέν μοι ... πενθοῦντι τὴν τῶν τέκνων μου ἀπώλειαν	Und er kam zu mir, während ich ... über den Verlust meiner Kinder trauerte	
26,3 (B V)	ὑποφέρεις καὶ τὴν τῶν τέκνων ἀπώλειαν	Und du erträgst auch den Verlust unserer Kinder	

16. 4,8 (B I) | ἵνα γνῷς ὅτι ἀπροσωπολημπτός[32] ἐστιν | damit du erkennst: (Gott) sieht die Person nicht an
 | 43,13 (C IV) | παρ᾽ ᾧ οὐκ ἔστιν προσωπολημψία | Bei ihm gibt es kein Ansehen der Person

17. 4,10 (B I) | ἔσῃ γὰρ ὡς ἀθλητὴς[33] πυκτεύων καὶ καρτερῶν[34] πόνους | Denn du wirst sein wie ein Wettkämpfer, der Schläge austeilt und Schmerzen erträgt
 | 27,3 (B VI) | ἐγένου γὰρ ὃν τρόπον ἀθλητής μετὰ ἀθλητοῦ | Du warst wie ein Athlet, der mit einem anderen Athleten kämpfte
 | 4 | καὶ ἐνέγκαντος αὐτοῦ τὴν καρτερίαν | Während der es aber mit Standhaftigkeit ertrug

18. 4,11 (B I) | τότε γνώσει ὅτι δίκαιος καὶ ἀληθινὸς καὶ ἰσχυρὸς ὁ κύριος | Dann wirst du erkennen: Gerecht und zuverlässig und mächtig ist der Herr
 | 43,13 (C IV) | δίκαιός ἐστιν κύριος, ἀληθινὰ αὐτοῦ τὰ κρίματα | Gerecht ist der Herr, wahrhaftig sind seine Gerichte

19. 4,11 (B I) | τότε γνώσει ὅτι δίκαιος καὶ ἀληθινὸς καὶ ἰσχυρὸς ὁ κύριος, ἐνισχύων[35] τοὺς ἐκλεκτοὺς αὐτοῦ | Dann wirst du erkennen: Gerecht und zuverlässig und mächtig ist der Herr, er gibt Kraft seinen Auserwählten
 | 47,7 (D I) | καὶ λοιπὸν τὸ σῶμά μου ἐνίσχυσεν διὰ κυρίου \| | Und danach war mein Leib gestärkt durch den Herrn

20. 6,4 (B II) | ὁ Σατανᾶς μετασχηματισθεὶς[36] εἰς ἐπαίτην | der Satan in einen Bettler verwandelt
 | 17,2 (B IV) | (ὁ διάβολος) μετασχηματισθεὶς εἰς βασιλέα τῶν Περσῶν | (der Teufel) verwandelte sich in einen Perserkönig
 | 23,1 (B V) | καὶ ὁ Σατανᾶς ... μετεσχηματίσθη εἰς πράτην | Und ... der Satan ... verwandelte ... sich in einen Händler

---

[32] Die aus der hebr. Wendung *naśa᾽ panîm*, griech. πρόσωπον λαμβάνειν hervorgegangene adjektivische bzw. substantivische Wortverbindung ist nur hier im TestHi, sonst ausschließlich in christlichen Quellen belegt: vgl. W. Bauer, Griechisch-deutsches Wörterbuch zu den Schriften des Neuen Testaments und der übrigen urchristlichen Literatur (Berlin, de Gruyter, 1958[5] [Nachdr. 1963 u.ö.]), 1429.

[33] ἀθλητής sonst im TestHi nicht vorhanden.

[34] καρτερεῖν/καρτερία ausschließlich im vorliegenden Zusammenhang.

[35] ἐνισχύειν sonst im TestHi nicht verwendet.

[36] μετασχηματίζειν ausschließlich an den aufgeführten Stellen im Zusammenhang mit der Gestalt des Satan/Teufels.

21.   7,8 (B II)   καὶ ἔκλαυσεν <u>μετὰ λύπης</u> <u>μεγάλης</u> ἡ παῖς <u>λέγουσα</u>   Und die Magd weinte <u>bitterlich</u> und <u>sprach</u>

    34,5 (C I)   Ελιφας ἔκλινεν ἀπ᾽ αὐτῶν <u>ἐν</u> <u>μεγάλη λύπη λέγων</u>   Eliphas…wandte sich von ihnen ab und <u>sprach</u> <u>voller Verdruß</u>

22.   8,3 (B II)   ἦρέν <u>μου σύμπαντα τὸν</u> <u>πλοῦτον</u>[37]   … nahm <u>mir allen Reichtum</u>

    26,3 (B V)   ἵνα ἀπαλλοτριωθῶμεν <u>τοῦ</u> <u>μεγάλου πλούτου</u>   damit wir <u>des großen Reichtums</u> verlustig gehen

    28,5 (C I)   ἐπειδὴ ἤδεισάν <u>με</u> πρὸ τούτων τῶν κακῶν <u>ἐν πολλῷ πλούτῳ</u> <u>ὄντα</u>   sondern weil sie wußten, daß <u>ich</u>, ehe das Unglück kam, <u>sehr</u> <u>reich war</u>

    32,1 (C I)   ἀκούσατε οὖν τοῦ κλαυθμοῦ τοῦ E. ὑποδεικνύοντος τοῖς παισὶν <u>τὸν πλοῦτον τοῦ Ιωβ</u>   Hört nun die Klage des E., wie er seinen Dienern <u>den Reichtum</u> <u>des Job</u> schilderte

23.   9,2f. (B III)   εἶχον γὰρ ἑκατὸν τριάκοντα χιλιάδας <u>προβάτων</u> καὶ <u>ἀφώρισα</u> ἀπ᾽ αὐτῶν <u>χιλιάδας</u> <u>ἑπτὰ</u> καρῆναι <u>εἰς ἔνδυσιν</u>[38] <u>ὀρφανῶν καὶ χηρῶν καὶ</u> <u>πενήτων καὶ ἀδυνάτων</u>   Ich besaß 130000 <u>Schafe</u> und <u>sonderte</u> von ihnen <u>7000</u> ab zur Schur, <u>um Waisen und Witwen</u> <u>und Arme und Schwache zu be-</u> <u>kleiden</u>

    16,3 (B IV)   καὶ ἐφλόγισεν <u>τὰς ἑπτὰ χιλι–</u> <u>άδας προβάτων τὰ ταγέντα εἰς</u> <u>ἔνδυσιν τῶν χηρῶν</u>   und verbrannte <u>die 7000 Schafe,</u> <u>die bestimmt waren zur Beklei-</u> <u>dung der Witwen</u>

    32,2 (C I)   σὺ εἶ ὁ <u>τὰ ἑπτακισχίλια</u> <u>πρόβατα ἐκτάξας εἰς ἔνδυσιν</u> <u>τῶν πτωχῶν;</u>   Bist du es, der <u>7000 Schafe aus-</u> <u>sonderte, um die Armen zu be-</u> <u>kleiden</u>?

    44,2 (C V)   πάλιν ἐπεζήτησα <u>εὐεργεσίας</u> <u>ποιεῖν τοῖς πτωχοῖς</u> | Und erneut bemühte ich mich, <u>den Armen Wohltaten zu erwei-</u> <u>sen</u>

    4   δότε μοι ἕκαστος ἀμνάδα μίαν <u>εἰς ἔνδυσιν τῶν πτωχῶν</u> τῶν ἐν γυμνώσει   Gebt mir jeder ein Lamm <u>zur</u> <u>Bekleidung der Armen</u> in ihrer Blöße

    45,2 (C VI)   εὐποιήσατε <u>τοῖς πτωχοῖς</u>, μὴ παρίδητε <u>τοὺς ἀδυνάτους</u>   <u>Tut Gutes den Armen</u>! Überseht nicht <u>die Schwachen</u>!

    53,1 (D II)   σὺν <u>τοῖς πένησιν καὶ ὀρφανοῖς</u> <u>καὶ</u> πᾶσιν <u>τοῖς ἀδυνάτοις</u> κλαίουσιν   … stimmten mit dem übrigen Volk u. <u>den Armen u. Waisen</u> <u>u. Schwachen</u> ein Trauerlied an

    2   ἦρται ἡ δύναμις <u>τῶν</u> <u>ἀδυνάτων</u>   Genommen ist heute die Kraft <u>der Schwachen</u>

    3   ἦρται ὁ πατὴρ <u>τῶν ὀρφανῶν</u>   Genommen ist der Vater <u>der</u> <u>Waisen</u>

    3   ἦρται <u>ἡ ἔνδυσις τῶν χηρῶν</u>   Genommen ist der Versorger [wörtl. <u>die Bekleidung</u>] <u>der Wit-</u> <u>wen</u>

---

[37] πλοῦτος außerdem nur 18,6.
[38] ἔνδυσις außerdem nur 25,7, das Verb ἐνδύεσθαι 39,5; in beiden Fällen bezogen auf die Frau Hiobs.

24. *9,4f.* (B III) εἶχον δὲ <u>καμήλους</u> ἐννακισχιλίους καὶ ἐξ αὐτῶν <u>ἐξελεξάμην τρισχιλίας</u> ἐργάζεσθαι πᾶσαν πόλιν καὶ γομώσας[39] <u>ἀγαθῶν ἀπέστειλα εἰς τὰς πόλεις καὶ εἰς τὰς κώμας</u> ... <u>ἐπιδιδόναι τοῖς ἀδυνάτοις καὶ τοῖς ὑστερουμένοις καὶ ταῖς χηραῖς πάσαις</u>

Ich besaß 9000 <u>Kamelstuten</u>, und aus ihnen <u>wählte ich 3000 aus</u>, eine jede Stadt zu versorgen. <u>Beladen mit Gütern schickte ich sie in die Städte und Dörfer</u>. ... <u>an die Schwachen und die Bedürftigen</u> und alle <u>Witwen zu verteilen</u>

    16,3 (B IV) ἐφλόγισεν ... καὶ <u>τὰς τρισχιλίας καμήλους</u>

... verbrannte ... und <u>die 3000 Kamelstuten</u>

    25,4 (B V) ἧς <u>αἱ κάμηλοι γεγομωμέναι ἀγαθῶν ἀπέφερον εἰς τὰς χώρας τοῖς πτωχοῖς</u>

Sie, <u>deren Kamele beladen mit Gütern in die Lande zu den Armen zogen</u>

    30,5 (C I) μὴ οὐκ οἴδαμεν <u>τὰ</u> πολλὰ <u>ἀγαθὰ τὰ ἀποστελλόμενα</u> ὑπ' αὐτοῦ <u>εἰς τὰς κώμας</u> καὶ εἰς <u>τὰς</u> κύκλῳ <u>πόλεις διαδίδοσθαι τοῖς πτωχοῖς</u>

Wissen wir denn nicht von <u>den</u> vielen <u>Gütern, die</u> von ihm <u>in die Dörfer und die</u> umliegenden <u>Städte geschickt worden sind, um an die Armen verteilt zu werden</u>

    32,2 (C I) σὺ εἶ <u>ὁ τὰς τρισχιλίας καμήλους ἐκτάξας</u> εἰς μεταφορὰν <u>τῶν ἀγαθῶν τοῖς πένησιν</u>

Bist du es, <u>der 3000 Kamele aussonderte</u>, um <u>die Güter für die Armen</u> zu befördern

25. *9,6* (B III) εἶχον δὲ ἑκατὸν τεσσαράκοντα χιλιάδας <u>ὄνων</u> νομάδων καὶ ἀφώρισα ἐξ αὐτῶν <u>πεντακοσίας</u>

Ich besaß 140000 <u>Eselinnen</u> auf der Weide, und ich sonderte von ihnen <u>500</u> ab

    16,3 (B IV) ἐφλόγισεν... καὶ <u>τὰς πεντακοσίας ὄνους</u>

verbrannte ... und <u>die 500 Eselinnen</u>

26. *9,6* (B III) <u>διδόναι τοῖς</u> πένησιν <u>καὶ ἐπιδεομένοις</u>[40] |

(den Erlös) <u>den</u> Armen und <u>den Notleidenden zu geben</u>

    17,3 (B IV) ὁ <u>διαδεδωκὼς τοῖς ἐπιδεομένοις</u>[41] καὶ τυφλοῖς καὶ χωλοῖς

er hat sie <u>verschleudert an die Notleidenden</u> und die Blinden und die Lahmen

27. *10,1* (B III) ἦσαν δέ μοι <u>τράπεζαι ἱδρυμέναι</u>[42] <u>τριάκοντα ἐν τῷ οἴκῳ</u> μου <u>ἀκίνητοι</u> ... <u>τοῖς ξένοις</u>

Es gab aber auch <u>in</u> meinem <u>Palast 30 Tische, die standen bereit als feste Einrichtung</u> ... <u>für die Fremden</u>

    25,5 (B V) ἴδε ἡ ἔχουσα ἑπτὰ <u>τραπέζας ἀκινήτους ἐπὶ τῆς οἰκίας</u> εἰς <u>ἃς ἤσθιον οἱ πτωχοὶ</u> καὶ πᾶς ξένος

Siehe ..., die sieben <u>Tische als feste Einrichtung in</u> ihrem <u>Hause</u> hatte, an denen <u>d. Armen</u> u. jeder Fremdling essen konnten

---

[39] γομωεῖν ausschließlich 9,5 und 25,4 verwendet.
[40] V.l.: V δεομένοις.
[41] V.l.: S δεομένοις.
[42] ἱδρυμέναι ausschließlich in 10,1 und 32,7 verwendet.

32,7 (C I)	σὺ εἶ ὁ τὰς <u>ἱδρυμένας</u> ἐξήκοντα <u>τραπέζας</u> <u>τοῖς</u> <u>πτωχοῖς</u> στηρίξας	Bist du es, der sechzig <u>Tische</u> <u>als feste Einrichtung</u> <u>für die</u> <u>Armen</u> aufstellen ließ

28. *10,2* (B III)   εἶχον δὲ καὶ <u>τῶν χηρῶν</u> ἄλ-   Auch hatte ich 12 andere Tische
λας δώδεκα τραπέζας κειμένας   aufstellen lassen <u>für die Witwen</u>

13,4 (B III)   ἀπέκαμνον δὲ καὶ οἱ δοῦλοί   Es wurden aber auch verdrossen
μου οἱ τὰ <u>τῶν χηρῶν</u>   meine Knechte, die das Essen
ἐδέσματα ἑψοῦντες   <u>für die Witwen</u> kochten

29. *10,3* (B III)   <u>ἀνάγκην εἶχεν</u>[43] τρέφεσθαι   <u>mußte er</u> ... <u>sich sättigen</u>

12,3 (B III)   <u>ἀνάγκην ἔχεις</u> λαβεῖν   <u>mußt du</u> ... <u>annehmen</u>

30. *10,5f.* (B III)   εἶχον δὲ τρισχίλια καὶ πεντα-   Ich besaß ferner 3500 <u>Joch</u>
κόσια <u>ζεύγη βοῶν</u> καὶ <u>ἐξελέ-</u>   <u>Ochsen</u> und <u>wählte</u> von ihnen
<u>ξαμην</u> ἐξ αὐτῶν <u>ζεύγη πεντα-</u>   <u>500 aus</u> ..., daß jeder ... <u>pflü-</u>
<u>κόσια</u> καὶ ἔστησα εἰς <u>ἀροτρι-</u>   <u>gen</u> konnte. Und den (Miet) Er-
<u>ασμὸν</u>[44] ... καὶ τὸν καρπὸν   trag zweigte ich ab <u>den Armen</u>
αὐτῶν ἀφορίζειν <u>τοῖς πένησιν</u>   für ihren Tisch

16,3 (B IV)   ἐφλόγισεν ... <u>τὰ πεντακόσια</u>   verbrannte ... <u>die 500 Joch</u>
<u>ζεύγη βοῶν</u>   <u>Ochsen</u>

32,3 (C I)   σὺ εἶ <u>ὁ τὰς χιλίας βοῦς</u>   Bist du es, <u>der 1000 Rinder</u>
<u>ἐκτάξας τοῖς πένησιν εἰς</u>   <u>aussonderte, um für die Armen</u>
<u>ἀροτρίαν</u>   <u>zu pflügen</u>

31. *11,1* (B III)   ἐπεθύμησαν καὶ αὐτοί   äußerten den Wunsch, sich
<u>ὑπηρετεῖν τῇ διακονίᾳ</u>   selbst auch <u>am (Armen)Dienst</u>
<u>zu beteiligen</u>

12,1 (B III)   βούλομαι μέντοι κἂν   doch würde ich den Armen gern
<u>διακονῆσαι</u> τοῖς πτωχοῖς | <u>aufwarten</u>

15,1 (B III)   καὶ τὰ ἐμὰ τέκνα <u>μετὰ τὴν</u>   und meine Kinder ... <u>nach der</u>
<u>ὑπηρεσίαν τῆς διακονίας</u>   <u>Versorgung</u> der Armen

4   καὶ οἱ υἱοί μου ἀνέκειντο τοῖς   auch meine Söhne mit den Die-
ἀρρενικοῖς δούλοις <u>τοῖς</u>   nern, <u>die</u> (sonst) <u>die Hilfsarbei-</u>
<u>διακονοῦσιν</u>   <u>ten verrichteten</u>, zu Tisch lagen

32. *14,1* (B III)   εἶχον δὲ ἐξ ψαλμοὺς καὶ   Ich besaß aber sechs Harfen und
δεκάχορδον <u>κιθάραν</u>   eine zehnsaitige <u>Laute</u>

2   καὶ <u>ἐλάμβανον τὴν κιθάραν</u>[45]   und <u>nahm die Laute</u> und spielte
καὶ ἔψαλλον αὐτοῖς   ihnen vor

52,3 (D II)   καὶ εὐθέως ἀναστὰς <u>ἔλαβεν</u>   Und sofort stand er auf, <u>nahm</u>
<u>κιθάραν</u> καὶ ἔδωκεν τῇ   <u>eine Laute</u> und gab (sie) seiner
θυγατρὶ αὐτοῦ   Tochter

---

[43] ἀνάγκην ἔχειν sonst im TestHi nicht vorhanden.

[44] ἀροτριασμός (10,5; 32,3 SV)/ἀροτρία (32,3 P) sonst im TestHi nicht verwendet.

[45] λαμβάνειν κιθάραν sonst im TestHi nicht verwendet.

33. *17,3* (B IV)   ὁ <u>διαδεδωκὼς</u>[46] τοῖς
ἐπιδεομένοις <u>καὶ τυφλοῖς</u> καὶ
χωλοῖς

              er hat sie verschleudert an die
Notleidenden und die Blinden
und die Lahmen

     30,5 (C I)   <u>διαδίδοσθαι τοῖς πτωχοῖς</u>

              um an die Armen verteilt zu
werden

     53,3 (D II)   ἦρται τὸ φῶς <u>τῶν τυφλῶν</u>

              genommen ist das Licht der
Blinden

34. *18,1* (B IV)   ἀπῆλθεν καὶ <u>κατέβαλεν τὴν</u>
<u>οἰκίαν ἐπὶ τὰ τέκνα μου</u> καὶ
ἀνεῖλεν αὐτά

              ging er weg und ließ das Haus
über meine Kinder zusammen-
fallen und tötete sie

     39,8 (C II)   κελεύσατε τοῖς στρατιώταις
ὑμῶν ἵνα σκάψωσιν τὴν
πτῶσιν <u>τῆς οἰκίας τῆς ἐπι-</u>
<u>πεσούσης τοῖς τέκνοις μου</u>

              befehlt euren Leuten, die
Trümmer des Hauses beiseite zu
räumen, das auf meine Kinder
gefallen ist

35. *20,8* (B IV)   καὶ ἰχῶρες τοῦ σώματος
<u>σκώληκες</u> πολλοὶ ἦσαν <u>ἐν τῷ</u>
<u>σώματί μου</u>

              Und der Eiter, der aus ihm her-
vorkam, ... (denn) viele Wür-
mer waren in meinem Leib

     24,3 (B V)   σὺ δὲ αὐτὸς κάθη ἐν σαπρίᾳ
<u>τῶν σκωλήκων</u>

              du aber sitzt in der Fäulnis der
Würmer

     26,1 (B V)   ὑφιστάμενος <u>τοὺς σκώληκας</u>
τοὺς <u>ἐν τῷ σώματί μου</u>

              halte die Würmer in meinem
Leib aus

     34,4 (C I)   αὐτὸς ἐν ταλαιπωρίᾳ
<u>σκωλήκων</u> κάθηται

              er sitzt da von Würmern gequält

     47,4 (D I)   τούτων με κατηξίωσεν ὁ κύ-
ριος ἐν ἡμέρᾳ ᾗ ἠβουλήθη με
ἐλεῆσαι καὶ περιγραφῆναι <u>ἐκ</u>
<u>τοῦ σώματός</u> τὰς πληγὰς καὶ
<u>τοὺς σκώληκας</u> |

              Der Herr hat mich ihrer gewür-
digt an dem Tag, an dem er be-
schloß, sich meiner zu erbarmen
u. (aus meinem Leib) die Plagen u. die Würmer zu entfernen

       6   καὶ εὐθέως ἀφανεῖς ἐγένοντο
ἀπὸ τότε <u>οἱ σκώληκες ἀπὸ τοῦ</u>
<u>σώματος</u> ὁμοίως καὶ αἱ πληγαί

              und sofort verschwanden von da
an d. Würmer aus meinem Leib,
ebenso auch die übrigen Plagen

36. *21,3* (B V)   ὢ τῆς ἀλαζονείας <u>τῶν</u>
<u>ἀρχόντων</u> τῆς πόλεως ταύτης·
πῶς χρῶνται τῇ γαμετῇ μου
ὡς <u>δουλίδι</u>

              welche Unverschämtheit von
den Herren dieser Stadt! Wie
könen sie es wagen meine Frau
wie eine Sklavin zu behandeln

     39,2 (C II)   ἀποδράσασα ἐκ <u>τῆς τοῦ οἰκο-</u>
<u>δεσπότου δουλείας ᾧ ἐδούλευεν</u>

              sie war der Knechtschaft des
Herrn, dem sie diente, entlanfen

     40,4 (C II)   ἡ γυνή μου ... εἶπεν ...
ἀνακτήσομαι πρὸ τῆς
ὑπουργείας τῆς <u>δουλείας</u> μου

              meine Frau ... sprach ... ich
werde den Lohn erhalten für die
Fron meiner Knechtschaft

       5   καὶ ἀπελθοῦσα εἰς τὴν πόλιν
εἰσῆλθεν εἰς τὴν ἐπαύλην τῶν
βοῶν αὐτῆς τῶν ἁρπασθέντων
ὑπὸ <u>τῶν ἀρχόντων</u> οἷς
<u>ἐδούλευεν</u>

              und sie ging weg in die Stadt
und betrat den Stall ihrer Kühe,
die von den Herren, denen sie
diente, geraubt waren

---

[46] διαδιδόναι kommt sonst im TestHi nicht vor, ebenso τυφλός.

37.   22,2 (B V)   καὶ αὐτὴ <u>λαμβάνουσα</u>   aber sie <u>teilte, was sie bekam,</u>
                 <u>διεμέριζεν αὐτῇ τε καὶ ἐμοί</u>   <u>mit mir</u>
     24,5 (B V)   μόλις τὴν ἐμὴν τροφὴν   ich <u>bekomme</u> schon nicht mehr
                 <u>λαμβάνω</u> καὶ <u>διαμερίζω σοί τε</u>   als gerade meine eigene Nah-
                 <u>καὶ ἐμοί</u>   rung und <u>teile sie mit dir</u>

38.   22,2 (B V)   λέγουσα μετ' <u>ὀδύνης</u>   voll <u>Schmerzen</u> sprach sie
     24,4 (B V)   ἐργαζομένη ἡμέρας <u>ὀδυνωμένη</u>   ich <u>Elende</u> arbeite des Tags
     47,8 (D I)   τῶν ἐν καρδίᾳ <u>ὀδυνῶν</u> λήθην   ja, auch den <u>Schmerz</u> im Herzen
                 ἔσχον   vergaß ich
     52,1 (D II)   ἄνευ ... <u>ὀδύνης</u>   ohne ... <u>Schmerz</u>

39.   *24,1* (B V)   <u>ἀνακράξασα μετὰ κλαυθμοῦ</u>   <u>da schrie sie laut auf:</u>
                 λέγει
     40,9 (C II)   <u>ἀνέκραξαν μετὰ</u> μυκήματος   <u>brachen</u> ... <u>in lautes Schreien</u>
                 <u>κλαυθμοῦ</u>   und Wehklagen <u>aus</u>

40.   *24,6* (B V)   οὐκ ἀρκετὸν εἶναί σε <u>ἐν</u>   genügt es nicht schon, daß du <u>in</u>
                 <u>πόνοις</u>   <u>Mühsal</u> lebst
     25,10 (B V)   ἀπαλλαγήσομαι ἀκηδίας διὰ   dann werde ich frei sein von der
                 <u>πόνου</u> σου τοῦ σώματος   Gram über <u>die Mühsal</u> deines
                                                  Leibes
     26,2 (B V)   οὐκ ἐβαρήθη ἡ ψυχή μου διὰ   meine Seele wurde durch <u>diese</u>
                 <u>τοὺς πόνους</u> ὅσον διὰ τὸ ῥῆμα   <u>Mühsale</u> nicht so beschwert wie
                                                  durch das, was du ... gesagt hast
     52,1 (D II)   ἄνευ <u>πόνου</u> μέντοι   ohne <u>Schmerzen</u> freilich

41.   *24,9* (B V)   καὶ ἐμὲ δὲ δεῖξαι τὴν <u>ἀπορίαν</u>   da tat ich ihm unsere <u>Not</u> kund
                 ἡμῶν |
     32,10 (C I)   νυνὶ δὲ ἐν <u>ἀπορίᾳ</u> ὤν   der jetzt aber in <u>Mangel</u> lebt

42.   *25,1* (B V)   <u>τίς οὐκ ἐξεπλάγη</u>[47]   <u>wer ist nicht überrascht</u>
     35,5 (C I)   <u>τίς</u> γὰρ <u>οὐκ</u> ἂν <u>ἐκπλαγείη</u>   <u>wer</u> würde wohl <u>nicht außer sich</u>
                                                 <u>geraten</u>

43.   *25,7* (B V)   νῦν δὲ φορεῖ <u>ῥακκώδη</u>[48]   jetzt aber trägt sie <u>Lumpen</u>
     39,1 (C II)   ἡ γυνή μου Σιτιδος ἐν ἱματίοις   meine Frau Sitidos in <u>Lumpen</u>
                 <u>ῥακκώδοις</u>   gekleidet

44.   *25,8* (B V)   βλέπε <u>τὴν τοὺς κραββάτους</u>   Schau her! <u>Sie, die Lager aus</u>
                 <u>χρυσοῦς</u> καὶ ἀργυρέους   <u>Gold</u> und Silber <u>besaß</u>
                 <u>ἔχουσαν</u>
     32,4 (C I)   σὺ εἶ <u>ὁ τοὺς χρυσέους</u>   Bist du es, <u>der goldene Lager be-</u>
                 <u>κραββάτους ἔχων</u>   <u>saß</u>

45.   *28,2* (C I)   ὅπως ἐπισκεψάμενοι   um mich zu besuchen und <u>zu</u>
                 <u>παραμυθήσονταί με</u>   <u>trösten</u>

---

[47] ἐκπλήσσειν sonst im TestHi nicht verwendet.
[48] ῥακκωδός nur als Bezeichnung des Gewandes der Frau Hiobs verwendet.

34,2 (C I)   ἵνα <u>παραμυθησώμεθα αὐτόν</u>   um <u>ihn zu trösten</u>
5   ἵνα <u>παραμυθησώμεθα αὐτόν</u>   um <u>ihn zu trösten</u>

46. *29,3* (C I)   <u>εἶπεν, σὺ εἶ Ἰωβαβ</u>   <u>sprach: Bist du Jobab</u>
    31,5 (C I)   <u>εἶπέν</u> μοι, <u>σὺ εἶ Ἰωβαβ</u>   <u>sprach</u> zu mir: <u>Bist du Jobab</u>
    36,1 (C I)   <u>λέγων, σὺ εἶ Ἰωβ</u>   <u>sagte: Bist du Job</u>

47. *31,2* (C I)   <u>διὰ τὴν δυσωδίαν</u> τοῦ σώματός   <u>wegen des üblen Geruchs,</u> der
                    μου   von meinem Körper ausging
    32,8 (C I)   νυνὶ <u>ἐν δυσωδίᾳ</u> ὑπάρχεις   jetzt aber lebst du <u>in üblem Ge-</u>
                        <u>ruch</u>
    34,4 (C I)   αὐτὸς ἐν ταλαιπωρίᾳ σκωλή–   er sitzt da von Würmern gequält
                  κων κάθηται καὶ <u>δυσωδίαις</u>   und <u>übel riechend</u>
    35,2 (C I)   οὐκ ἰσχύσαμεν προσεγγίσαι   konnten wir uns ihm <u>wegen des</u>
                  αὐτῷ <u>διὰ τὴν δυσωδίαν</u>   <u>üblen Geruchs</u> nicht nähern

48. *31,7* (C I)   καὶ οὕτως <u>κλαύσας κλαυθμὸν</u>   da <u>brach er in heftiges Weinen</u>
                    <u>μέγαν</u>   <u>aus</u>
    39,6 (C II)   τότε <u>κλαύσαντες κλαυθμὸν</u>   da <u>brachen sie in heftiges Weh-</u>
                   <u>μέγαν</u>   <u>klagen aus</u>

49. *31,8* (C I)   <u>ὑποφωνούντων</u>[49] καὶ <u>τῶν</u>   und <u>die anderen Könige und ihre</u>
                    <u>ἄλλων βασιλέων καὶ τῶν</u>   <u>Leute fielen</u> darin <u>ein</u>
                    <u>στρατευμάτων</u> αὐτῶν
    33,1 (C I)   <u>ὑποφωνούντων</u> αὐτῷ <u>τῶν</u>   seine <u>Mitkönige</u> in sie <u>ein-</u>
                  <u>συμβασιλέων</u>   <u>stimmten</u>
    43,3 (C IV)   <u>ἐπιφωνούντων</u> αὐτῷ <u>τῶν</u>   in das <u>die anderen Freunde und</u>
                   <u>ἄλλων φίλων καὶ τῶν</u>   <u>ihre Leute</u> ... <u>einstimmten</u>
                   <u>στρατευμάτων</u> |
    44,1 (C V)   <u>ὑποφωνούντων</u> αὐτῷ   <u>hatten</u> in es <u>eingestimmt</u>

50. *32,9* (C I)   σὺ εἶ ὁ τοὺς χρυσέους <u>λύχνους</u>   bist du es, der goldene <u>Leuchter</u>
                    ἐπὶ τὰς ἀργυρᾶς λυχνίας ἔχων   auf silbernen Ständern besaß
    43,5 (C IV)   ὁ <u>λύχνος</u> αὐτοῦ σβεσθείς   sein <u>Licht</u> ist erloschen

51. *33,2* (C I)   νῦν ὑποδείξω ὑμῖν <u>τὸν θρόνον</u>   jetzt will ich euch <u>meinen</u>
                    <u>μου</u>   <u>Thron</u> zeigen
    3   <u>ἐμοῦ ὁ θρόνος ἐν τῷ</u>   <u>mein Thron</u> ist im Überirdi-
                  <u>ὑπερκοσμίῳ ἐστίν</u>   schen
    5   <u>ἐμοὶ δὲ ὁ θρόνος ὑπάρχει ἐν τῇ</u>   aber <u>mein Thron</u> steht im
                  <u>ἁγίᾳ γῇ</u>   heiligen Land
    41,4 (C III)   λελάληκεν λέγων <u>ἔχειν τὸν</u>   hat er davon gesprochen: <u>er habe</u>
                    <u>ἑαυτοῦ θρόνον ἐν οὐρανοῖς</u>   <u>seinen Thron</u> in (den) Himmeln

52. *33,2* (C I)   εἶπεν αὐτοῖς Ἰωβ, <u>σιωπήσατε</u>   sprach ich zu ihnen: <u>Seid still</u>
    34,1 (C I)   ἐμοῦ ταῦτα λέγοντος πρὸς   und als ich ihnen dieses sagte,
                  αὐτοὺς ἵνα <u>σιωπήσωσιν</u>   um sie zum <u>Schweigen</u> zu brin-
                  gen

---

[49] ὑπο/ἐπιφωνεῖν sonst im TestHi nicht verwendet.

	39,6 (C II)	γενόμενοι ἐν διπλῇ ἀκηδίᾳ <u>ἐσιώπησαν</u>	<u>verstummten sie</u> in übergroßer Gram
53.	*33,4* (C I) 8	<u>ὁ κόσμος ὅλος παρελεύσεται</u> <u>οὗτοι οἱ βασιλεῖς</u> <u>παρελεύσονται</u>	<u>diese ganze Welt wird vergehen</u> <u>diese Könige werden vergehen</u>
	34,4 (C I)	<u>βασιλεῖαι παρέρχονται</u>	(ihre) <u>Reiche werden vergehen</u>
	43,7 (C IV)	<u>ἡ βασιλεία αὐτοῦ παρῆλθεν</u>	<u>seine Herrschaft ist vergangen</u>
54.	*34,2* (C I)	Ελιφας εἶπεν <u>τοῖς ἄλλοις</u> <u>φίλοις</u>	Eliphas ... sprach <u>zu den anderen Freunden</u>
	43,2f (C IV)	Ελιφας ... εἶπεν ὕμνον ἐπιφωνούντων αὐτῷ <u>τῶν</u> <u>ἄλλων φίλων</u>	Eliphas ... sang ein Lied, in das <u>die anderen Freunde</u> ... einstimmten
55.	*35,4f.* (C I)	μήτι ἄρα <u>ἐξέστη</u> αὐτοῦ ἡ καρδία ... τίς γὰρ οὐκ ἂν ... <u>μανῇ</u> ὑπάρχων ἐν πληγαῖς;	Ist vielleicht sein Sinn <u>verwirrt</u>? ... Wer würde ... nicht ... <u>durchdrehen</u>, wenn er (solche) Plagen durchmacht?
	39,13 (C II)	τίς πάλιν οὐκ ἐρεῖ ὅτι <u>ἐξεστήκεις</u> καὶ <u>μαίνει</u>	wer würde nicht wieder sagen: <u>Du bist von Sinnen</u> und <u>irre</u>
56.	*35,4* (C I)	μήτι ἄρα <u>μνήσκεται</u> αὐτοῦ <u>τῆς</u> <u>εὐδαιμονίας</u>[50] <u>τῆς προτέρας</u>	<u>erinnert er sich</u> vielleicht <u>an sein früheres Glück</u>
	41,4 (C III)	<u>ἀναμνησκόμενος τῆς</u> <u>εὐδαιμονίας τῆς προτέρας</u>	<u>weil ich mich seines früheren Glücks erinnerte</u>
57.	*36,2* (C I)	ἆρα <u>ἐν τῷ καθεστηκότι</u> ἡ καρδία σου;	ist dein Sinn <u>noch klar</u>
	37,8 (C I)	εἰ <u>ἐν τῷ καθεστηκότι</u> ὑπάρχεις	wenn <u>du klar</u>...bei Verstand <u>bist</u>
	38,6 (C I)	εἰ <u>ἐν τῷ καθεστῶτι</u> ὑπάρχεις	ob <u>du</u>...<u>klar</u> (bei Verstand) <u>bist</u>
58.	*36,3* (C I)	ἐν δὲ τοῖς ἐπουρανίοις <u>συνέστηκεν ἡ καρδία μου</u>	<u>mein Sinn steht</u> nach himmlischen Dingen
	38,3 (C I)	ἵνα οὖν γνῶτε ὅτι <u>συνέστηκεν ἡ</u> <u>καρδία μου</u>	damit ihr (aber) nun wißt, daß <u>meine Sinne beisammen sind</u>
59.	*38,1* (C I)	διὰ τί οὖν μὴ λαλήσω <u>τὰ</u> <u>μεγαλεῖα τοῦ κυρίου</u>	weswegen soll ich <u>d. großen Taten des Herrn</u> nicht verkündigen
	51,3 (D I)	ἤκουσα ἐγὼ <u>τὰ μεγαλεῖα</u> μιᾶς ὑποσημειουμένης τῇ μιᾷ	ich hörte, wie eine (Tochter) der anderen <u>die Wunder</u> deutete
	4	καὶ ἀνεγραψάμην τὸ βιβλίον ὅλον ... σωτήριον ταῦτα εἶναι ὅτι ταῦτά ἐστιν <u>τὰ μεγαλεῖα</u> <u>τοῦ θεοῦ</u>	und ich schrieb das Buch voll ... zum Heil ist dies geschehen, denn dieses sind <u>die Wunder Gottes</u>

---

[50] εὐδαιμονία im TestHi ausschließlich hier verwendet.

60. *41,6* (C III)	οἵτινες <u>ἀναγεγραμμένοι</u>[51] εἰσὶν <u>ἐν</u> τοῖς παραλειπομένοις τοῦ Ελιφα	die sind <u>in</u> den Denkwürdig-keiten des Eliphas <u>aufgeschrie-ben</u>
50,3 (D I)	εὑρήσει <u>ἀναγεγραμμένα ἐν</u> ταῖς εὐχαῖς τῆς Αμαλθειας κερας	wird sie <u>aufgeschrieben</u> finden <u>in</u> den Gebeten der Amaltheias Keras
51,4 (D I)	καὶ <u>ἀνεγραψάμην</u> τὸ βιβλίον ὅλον	und <u>ich schrieb</u> das Buch voll
61. *47,6* (D I)	ἐγὼ δὲ λαβὼν <u>περιεζωσάμην</u>	ich aber nahm (sie) und <u>gürtete mich</u>
47,11 (D I)	<u>περιζώσασθε</u> αὐτάς	<u>umgürtet euch</u> (mit ihnen)
49,1 (D I)	καὶ τότε ἡ Κασια <u>περιεζώσατο</u>	dann <u>umgürtete sich</u> Kasia
50,1 (D I)	καὶ τότε <u>περιεζώσατο</u> καὶ ἡ ἄλλη	dann <u>umgürtete sich</u> (schließ-lich) auch die letzte
52,1 (D II)	διὰ τὸ σημεῖον τῆς <u>περιζώσεως</u> <u>ἧς περιεζώσατο</u>	wg. d. wunderwirkenden <u>Gurtes</u>, mit dem er sich <u>umgürtet hatte</u>
12	τῶν τριῶν θυγατέρων ... <u>περιεζωσμένων</u>	drei Töchter ... <u>sie waren ge-gürtet</u>
62. *51,1* (D I)	<u>ἐμοῦ Νηρειου ἀδελφοῦ ὄντος τοῦ Ιωβ</u>	<u>ich</u>, <u>Nereus</u>, <u>der Bruder Hiobs</u>
53,1 (D II)	καὶ <u>ἐγὼ Νηρευς ὁ ἀδελφὸς αὐτοῦ</u>	und <u>ich</u>, <u>Nereus</u>, <u>sein Bruder</u>

Zum großen Teil erfolgen die Verzahnungen in Form der Wiederaufnahme länge-rer oder kürzerer Wendungen bzw. Ausdrücke. Man kann mitunter geradezu von textinternen Zitaten oder Anspielungen | sprechen.[52] Daneben ergeben sich die Bezüge durch die Verwendung markanter, im Testament Hiobs sonst nie oder selten gebrauchter Stichworte.[53] Was die Verbreitung anlangt, so ist keiner der Blöcke von einer solchen Verzahnung ausgenommen. Jeder ist mit wenigstens einem, meist sogar mit mehreren anderen verbunden.

Die Zahl der Bezüge und die Verteilung schwanken allerdings nicht unerheb-lich. Im einzelnen stellen sie sich folgendermaßen dar:

A	:	B III (1) – B IV (1) – B V (2) – C I (1) – C II (1) – D I (2) – D II (4)
B I	:	B II (2) – B IV (9) – B V (2) – B VI (2) – C I (5) – C IV (2) – D I (3) – D II (1)
B II	:	B IV (1) – B V (2) – C I (3)
B III	:	B IV (5) – B V (2) – C I (5) – C V (2) - C VI (1) – D II (5)
B IV	:	B V (2) – C I (2) – C II (1) – D I (2) – DII (1)

---

[51] ἀναγράφειν kommt sonst im TestHi nicht vor.

[52] Vgl. Nr. 2. 5. 9. 13. 14. 15. 20. 23. 24. 25. 26. 28. 30. 35. 44. 46. 51. 53. 55. 56. 58. 61.

[53] Vgl. Nr. 1. 4. 8. 10. 12. 13. 16. 17. 19. 20. 22. 23. 27. 29. 30. 32. 33. 36. 38. 39. 40. 41. 42. 43. 45. 47. 48. 49. 50. 56. 57. 59. 60.

B V   :   C I (3) – C II (5) – D I (1) – D II (2)
C I   :   C II (3) – C III (2) – C IV (4) – C V (1) – D I (2)
C III   :   D I (2)
D I   :   D II (3)

Am häufigsten und zugleich verbreitetsten kommen die Bezüge zu B I vor (26 Fälle, 8 Blöcke). Es folgen: B III (20 Fälle, 6 Blöcke), A (12 Fälle, 7 Blöcke), C I (12 Fälle, 5 Blöcke), B V (11 Fälle, 4 Blöcke), B IV (8 Fälle, 5 Blöcke), B II (6 Fälle, 3 Blöcke), D I (3 Fälle, 1 Block), C III (2 Fälle, 1 Block).

Diese zahlenmäßige Verteilung besagt für sich genommen noch nicht viel. Man muß den Umfang der Blöcke berücksichtigen und auch die Art der Verteilung. Immerhin lassen sich einige Sachverhalte bereits erheben. Zunächst ist unverkennbar: Textpassagen von Block B I spielen im gesamten Testament Hiobs eine starke Rolle.[54] Das ist gewiß kein Zufall, sondern spiegelt die sachliche Bedeutung dieses Blockes für den Gesamttext wider: es handelt sich in ihm um die Exposition der gesamten Erzählung des Testaments Hiobs (2,1–5,3). | Ebenso deutlich ist das Gewicht des Blockes B III (9–15),[55] der den Bericht über Hiobs Reichtum und Wohltätigkeit enthält, und des Einleitungsblockes A[56] für den Gesamttext, ferner das Gewicht des Blockes C I (28–38) zumindest für den zweiten Hauptteil der Hioberzählung, der die Auseinandersetzung zwischen Hiob und seinen Freunden betrifft.

Geht man mehr ins Detail, so stößt man auf drei weitere Befunde:

(a) Die beiden Hauptteile der Hioberzählung (B/2–27 und C/28–45) sind über mehrere unterschiedliche Blöcke verknüpft:
B I mit C I (5), C IV (2); B II mit C I (3); B III mit C I (5), C V (2), C VI (1); B IV mit C I (2), C II (I); B V mit C I (3), C II (5).

(b) Die hymnisch gestalteten Texte in B V (25,1–8), C I (32,2–12; 33,3–9) und C IV (43,4–17) sowie D II (53,2–4) sind z. T. untereinander verzahnt (vgl. Nr. 44. 50. 53), daneben aber vor allem auch mit sonstigen Textabschnitten (vgl. Nr. 16. 23. 24. 27. 30. 33)

(c) Schließlich, auch in den beiden Blöcken der Schlußkapitel mangelt es nicht an Querverbindungen zu den vorausgehenden Textblöcken; im Gegenteil, sie begegnen im Verhältnis gesehen recht häufig:
D I: A (2), B I (3), B IV (2), B V (1), C I (2), C III (2)
D II: A (4), B I (1), B III (5), B IV (I), B V (2), D I (3).

---

[54] S. Nr. 7–19.
[55] S. Nr. 23–32.
[56] S. Nr. 1–6.

3. Verbreitete Stil- und Sprachmittel

In Stil und Sprache bietet das Testament Hiobs kein einheitliches Bild. Z. T. finden sich gewählte Redefiguren,[57] daneben aber auch recht einfach gehaltene, bisweilen sogar ungefüge Ausdrucksformen.[58] An verbreiteten Stil- und Sprachmitteln ist nur wenig zu greifen. Immerhin in einigen Fällen sind sie durchaus vorhanden. |

Auffällig ist einmal der Gebrauch des Genitivus absolutus. Er begegnet an 17 Stellen:

3,1 (B I)*	καὶ ἐν τῇ νυκτὶ κοιμωμένου μου
6,4 (B II)	καὶ ἐμοῦ ἔνδον ὄντος
16,1 (B IV)*	ἐμοῦ δὲ τοῦτο ποιοῦντος ἐν τοῖς ἑπτὰ ἔτεσιν μετὰ τό ...
19,1 (B IV)*	ἐλθόντος δὲ τοῦ ἐσχάτου ἀγγέλου καὶ δηλώσαντός μοι τὴν τῶν ἐμῶν τέκνων ἀπώλειαν
20,1 (B IV)*	τῶν οὖν ὑπαρχόντων μοι πάντων ἀπολομένων
25,9 (B V)*	ἀπαξαπλῶς ... Ιωβ, πολλῶν ὄντων τῶν εἰρημένων
30,2 (C I)*	καὶ ταραχθέντων τῶν στρατευμάτων αὐτῶν βλεπόντων
31,8 (C I)	ὑποφωνούντων καὶ ... τῶν στρατευμάτων αὐτῶν
33,1 (C I)*	τοῦ δὲ Ε. μακρύναντος τὸν κλαυθμὸν ὑποφωνούντων αὐτῷ τῶν συμβασιλέων
34,1 (C I)*	καὶ ἐμοῦ ταῦτα λέγοντος πρὸς αὐτούς
39,1 (C II)*	καὶ ἐμοῦ ταῦτα πρὸς αὐτοὺς λέγοντος
43,3 (C IV)	ἐπιφωνούντων αὐτῷ τῶν ἄλλων φίλων
44,1 (C V)*	μετὰ δὲ τὸ ... ὑποφωνούντων αὐτῷ πάντων καὶ κυκλούντων τὸ θυσιαστήριον
51,1 (D I)*	μετὰ δὲ τὸ ... ἐπικειμένου τοῦ κυρίου καὶ ἐμοῦ Νηρειου ἀδελφοῦ ὄντος τοῦ Ιωβ, ἐπικειμένου δὲ καὶ τοῦ ἁγίου πνεύματος
52,1 (D II)*	καὶ μετὰ τρεῖς ἡμέρας ποιουμένου τοῦ Ιωβ νοσεῖν
52,9 (D II)	βλεπουσῶν τῶν τριῶν θυγατέρων καὶ αὐτοῦ τοῦ πατρὸς βλέποντος, ἄλλων δέ τινων μὴ βλεπόντων
52,12 (D II)	προηγουμένων τῶν τριῶν θυγατέρων αὐτοῦ καὶ περιεζωσμένων, ὑμνολογουσῶν ἐν ὕμνοις τοῦ πατρός.

Das sind, gemessen am Gesamttext des Testaments Hiobs, nicht übermäßig viel. Immerhin ist es bemerkenswert, daß der Gebrauch sich über den ganzen Text hin erstreckt – er begegnet in 11 der 15 Erzählblöcken. Da es sich dazu überwiegend

---

[57] Vgl. JSHRZ, III, 3, 305 Anm. 3.
[58] Vgl. ebd., 304 Anm. 2.

um Texte handelt, mit denen neue Abschnitte eingeleitet bzw. Übergänge markiert werden,[59] liegt es nahe, hier ein bewußt eingesetztes Stilmittel anzunehmen. |

Das gleiche gilt im Hinblick auf die Verwendung der Präposition μετά mit anschließendem substantivierten Infinitiv. Auch sie begegnet über das Testament Hiobs verstreut (in 6 Blöcken) und zwar wiederum meist bei „Neueinsätzen".

5,2 (B I)	καὶ μετὰ τὸ σφραγισθῆναί με ὑπο τοῦ ἀγγέλου ἀνελθόντος ἀπ' ἐμοῦ, τότε ἐγώ
14,2 (B III)	καὶ διεγειρόμην ... μετὰ τὸ τρέφεσθαι τὰς χήρας
16,1f. (B IV)	... μετὰ τὸ τὸν ἄγγελον ὑποδεῖξαί μοι, εἶτα μετὰ τὸ εἰληφέναι τὴν ἐξουσίαν τὸν Σατανᾶν, τότε λοιπόν
42,1 (C IV)	μετὰ δὲ τὸ παύσασθαι αὐτὸν τῆς μεγαλορημοσύνης
42,4 (C IV)	καὶ μετὰ τὸ παύσασθαι τὸν κύριον λαλοῦντά μοι
44,1 (C V)	μετὰ δὲ τὸ παύσασθαι Ελιφαν τοῦ ὕμνου ...
51,1 (D I)	μετὰ δὲ τὸ παύσασθαι τὰς τρεῖς ὑμνολογούσας ...

In vier Fällen, aus drei verschiedenen Blöcken, stimmt der Wortlaut überein;[60] in zwei Fällen, aus zwei Blöcken, ist die Konstruktion verbunden zusätzlich mit einem Genitivus absolutus.[61]

An sprachlichen Eigentümlichkeiten, die mehrfach vorkommen, sind zu vermerken:
die Einleitung von Erzählblöcken mit ἀκούσατέ (μου)

1,6 (B I)	ἀκούσατε οὖν μου, τέκνα, καὶ δηλώσω
6,1 (B II)	ἀκούσατέ μου, τεκνία, καὶ θαυμάσατε
9,1 (B III)	ἀκούσατε οὖν, ὑποδείξω
32,1 (C I)	ἀκούσατε οὖν τοῦ κλαυθμοῦ
38,3 (C I)	ἀκούσατε, ὃ ἐπερωτῶ ὑμᾶς
41,5 (C III)	τοίνυν ἐμοῦ ἀκούσατε καὶ γνωρίσω ὑμῖν

die Einleitung der paränetischen Abschlüsse der beiden Hauptteile mit νῦν τέκνα μου

27,7 (B VI)	νῦν οὖν, τέκνα μου, μακροθυμήσατε
45,1 (C VI)	καὶ νῦν, τέκνα μου, ... μὴ ἐπιλάθεσθε

der Gebrauch der adverbialen Akkusative ἀκμήν – λοιπόν

7,11 (B II)	ἀκμὴν καὶ τοῦτό σοι ἔδωκα
27,4 (B VI)	ἐφώνησεν ἀκμὴν ὁ ἐπάνω	

---

[59] In der Auflistung mit * gekennzeichnet.

[60] 42,1.4; 44,1; 51,1.

[61] 16,1; 51,1.

34,4 (C I)	καὶ ἀκμὴν ἐπαίρεται
34,5 (C I)	καὶ ἀκμὴν κατέλυσεν ἡμᾶς
16,2 (B IV)	τότε λοιπὸν ἀνηλεῶς κατῆλθεν
17,5 (B IV)	καὶ λοιπὸν ἐπαναστάντες ἀποκτείνωσιν ἡμᾶς
30,4 (C I)	καὶ λοιπὸν ἐκάθισαν ἐν ταῖς ἑπτὰ ἡμέραις
47,7 (D I)	καὶ λοιπὸν τὸ σῶμά μου ἐνίσχυσεν
50,3 (D I)	καὶ ὁ βουλόμενος λοιπὸν ἴχνος ἡμέρας καταλαβεῖν
53,4 (D II)	τίς λοιπὸν οὐ κλαύσει ἐπὶ τὸν ἄνθρωπον τοῦ θεοῦ

Faßt man die genannten Befunde zusammen, so ist das Ergebnis aufs Ganze gesehen eindeutig, selbst wenn in dem einen oder anderen Fall die Auswertung strittig sein sollte. Namentlich die formalen Verklammerungen und sprachlich-sachlichen Verzahnungen, aber auch ergänzend dazu die genannten stilistischen und sprachlichen Eigenheiten weisen insgesamt darauf hin, daß die verschiedenen Erzählblöcke des Testaments Hiobs literarisch zusammengebunden sind und zusammengehören.

Angesichts dessen wird man mit literarkritischen Operationen, die zwischen einer Grundschrift und in diese nachträglich eingefügte bzw. angehängte Zusätze unterscheiden, der Eigenart des Testaments Hiobs kaum gerecht. Das Testament Hiobs will, gemessen an Aufriß und Ausführung, in seinem textlichen Gesamtbestand einschließlich der Schlußkapitel als ein zusammenhängendes, von einer Hand gestaltetes und zusammengefügtes Werk betrachtet werden.

Daß es literarisch aus einem Guß besteht, ist damit freilich nicht gesagt. Bei der Abfassung dürften Erzählmaterialien unterschiedlicher Herkunft und Art verwendet worden sein. Schon die inhaltliche Vielfalt des Erzählten legt dies nahe. Wie weit sich diese Materialien im einzelnen noch quellenmäßig genauer ermitteln lassen, bleibt indes zu fragen. Die Antwort betrifft nicht unwesentlich auch die Einschätzung des kompositorischen Verfahrens, dem das Testament Hiobs seine Gestaltung verdankt.

III

Versucht man, das im Testament Hiobs angewandte kompositorische Verfahren sich klar zu machen, so stößt man auf einen merkwürdigen Widerspruch. |

Auf der einen Seite gibt es Anzeichen planvoller Zusammenstellung, nicht nur in den Verklammerungen, sondern auch im Aufbau. Vor allem die beiden Hauptteile der Erzählung verlaufen in vielem parallel zueinander. Am Ende finden sich jeweils paränetische Abschlüsse, eingeleitet mit derselben Formel.[62] In beiden Teilen gibt es je eine Episode mit der Frau Hiobs im Mittelpunkt,[63]

---

[62] 27,7; 45,1ff.
[63] 21,1–26,6 (B V); 39,1–40,14 (C II).

ebenso werden jeweils Stücke hymnischer Prägung eingefügt[64] als Mittel dramatischer Steigerung. Schließlich und vor allem: die beiden Teile sind in ihren Grundzügen aufeinander abgestellt. Es gibt einen Text, der das deutlich zu erkennen gibt: die Offenbarungsrede des Engels an Hiob. Sie steht sachlich im Mittelpunkt der Exposition der Gesamterzählung (4,3–11) und bildet geradezu den Schlüsseltext für alles Folgende bis zum Abschluß des Ganzen.

Der Text, der mit der Botenformel τάδε λέγει ὁ κύριος eingeleitet wird und so höchste Legitimation zur Sprache bringt, benennt nahezu alle grundlegenden Motive der weiteren Erzählung: Zerstörung des Götzentempels (5,1–3), Gegnerschaft des Satans, bezeichnet als „Krieg" (vgl. 18,5; 27,1), in Form körperlicher Leiden (πληγή, vgl. 20,2.6; 21,1; 26,1; 27,2.5//28,1; 35,1.5; 37,3.5//47,4.6), Raub der Habe (τὰ ὑπάρχοντα, vgl. 8,2; 16,7; 20,1; 26,3; 28,9; 30,4; 37,3.5), Tod der Kinder (vgl. 17,6; 18,1; 19,1; 26,1; 39,8ff.), Mahnung zur Geduld (Motiv nur in 1–27), Verheißungen (berühmter Name, vgl. 53,8; doppelte Erstattung der verlorenen Habe, vgl. 44,5; Auferweckung, vgl. 53,7), Erkenntnis des wahren Wesens Gottes (vgl. 33; 40,4; 49,3). Darüber hinaus enthält er im Kern bereits auch den Abriß der Gesamterzählung: Vorgehen Hiobs gegen den Götzentempel als Herausforderung des Satans – die Leiden Hiobs als Antwort des Satans, die Geduld Hiobs und sein Beharren auf der Einsicht in die himmlische Wirklichkeit, Wiederherstellung der irdischen Existenz Hiobs und die Öffnung der himmlischen Welt.

Daß in dem allen ein kompositorisches Bemühen steckt, läßt sich kaum bestreiten. Umso auffälliger ist es, daß sich im Testament Hiobs | daneben auch eine ganze Reihe von kompositorischen Mängeln und Fehlern bemerkbar macht.[65]

Es sind mehrfach Spannungen, Brüche und sonstige Ungereimtheiten vorhanden, vor allem auch innerhalb der beiden Hauptteile.

1. Es finden sich Texte, in denen auf Begebenheiten Bezug genommen wird, von denen vorher nicht die Rede war.

18,8 wird im Abschluß des Gleichnisses von der Seefahrt des Kaufmanns (18,6ff.) von der Stadt gesprochen, „περὶ ἧς λελάληκέν μοι ὁ ἄγγελος". In der Sache wird damit wohl auf die Verheißung der eschatologischen Zukunft durch den Offenbarungsengel in Kapitel 4 Bezug genommen.[66] Aber unter den dort verwendeten Bildern kommt das Motiv der eschatologischen Stadt gerade nicht vor.

Ähnlich verhält es sich in 19,1. Hiob berichtet vom Kommen des „letzten Boten" (ἔσχατος ἄγγελος), der das Ende der Kinder meldet. Die Wendung setzt im Grunde voraus, daß bereits andere Boten erwähnt waren. Das ist nicht der Fall. Das Wort ἄγγελος kommt zwar in den vorhergehenden Abschnitten

---

[64] 25,1–8; 32,1–12; 33,3–9; 43,4–17.
[65] Auf den Sachverhalt haben bereits James und Spitta hingewiesen.
[66] Vgl. 4,9f.

mehrfach vor,[67] bezieht sich aber stets auf die Gestalt des Offenbarungsengels, nie auf einen irdischen Boten. Von solchen Boten ist vorher nur indirekt in einer Nebenbemerkung die Rede. 16,7 heißt es: καὶ τῶν ὑπαρχόντων μοι ἀπήγγειλάν μοι τὴν ἀπώλειαν.

Reichlich unvermittelt ist auch die Art, wie in Kapitel 28 die mit Hiob befreundeten Könige ins Spiel gebracht werden. Sie werden eingeführt, als ob sie längst bekannt wären. Für den Leser, der nur das Testament Hiobs kennt, trifft das indes nicht zu.

Im Hymnus auf Hiobs Reichtum in Kapitel 32 fällt auf, daß unter den dort beschriebenen Reichtümern z. T. auf vorher geschilderte Sachverhalte Bezug genommen wird,[68] daneben aber auch ganz neue | Gegenstände benannt werden. (V.4: goldene Lager, V.5: Thron aus edlen Steinen; V.8: Räucherwerk; V.9: goldene Leuchter; V.10: Harz aus Weihrauch).

41,3 verweist Elihu darauf, man habe viele Tage zugebracht und ertragen, „wie Job sich rühmte, gerecht zu sein". In all den Äußerungen, die Hiob vorher in den Mund gelegt worden sind, kommt dieses Motiv an keiner Stelle vor.

47,4–7 wird ausführlich von der Heilung Hiobs berichtet. Im Kapitel 44, das eigens der irdischen Wiederherstellung Hiobs gewidmet ist, findet sich davon keine Spur.

51,1 tritt unvermittelt ein bis dahin nicht erwähnter Bruder Hiobs mit Namen Nereus auf, der dann sogar als Erzähler fungiert.

2. Es finden sich aber umgekehrt auch Fälle, in denen ein vorhandener Erzählfaden nicht weitergesponnen wird.

7,12 droht der Satan dem Hiob: „Wie dies Brot völlig verbrannt ist, ebenso will ich auch deinen Leib machen. Für eine Stunde gehe ich fort und (dann) werde ich dich zugrunde richten." In der folgenden Erzählung kommt diese Androhung nicht zum Tragen. Die Zeitangabe „eine Stunde" bleibt ohne Nachhall; die angekündigte Vernichtung „verbrannt wie ein Brot" trifft nicht ein. Das anschließende Kapitel (8) berichtet, wie der Satan zu Gott geht und um Erlaubnis zur Vernichtung der Habe Hiobs bittet. Erst erheblich später (20) bittet der Satan um Macht über Hiob selbst.

27,6 heißt es vom Satan: „Der Satan wandte sich dann betrübt von mir ab drei Jahre lang." Der Satz erweckt die Erwartung, daß im weiteren Verlauf der Erzählung der Satan nochmals auftritt („nach drei Jahren"). Aber das ist nicht der Fall. Der Satan wird im zweiten Teil der Erzählung zwar erneut erwähnt, aber nicht als unmittelbarer Gegenspieler Hiobs, sondern als die treibende Kraft, die hinter der gegen Hiob gerichteten Rede des Elihu steckt.[69]

3. Mehrfach stößt man auf Doppelungen in der Erzählung. |

---

[67] 5,2; 16,1; 18,5.
[68] S. Nr. 23. 24. 27. 30. 44.
[69] Vgl. 41,5.

Zweimal wird erzählt, daß die Mitbürger Hiobs Vieh geraubt haben: 16,5f. wird der Raub festgestellt; 17,4 fordert der Satan zum Raub auf.

Auch das Kommen der Freunde Hiobs wird zweimal kurz hintereinander berichtet: 28,2–6 und 28,7ff.

Ähnlich gibt es zwei Szenen, in denen das Zusammentreffen der Freunde mit Hiob beschrieben wird: 29,1–4 und 31,1–7.

An zwei Stellen äußern die Freunde ihr Entsetzen und ihren Ärger über Hiob: 34,1–5 und 41,1–5.

4. Chronologische Angaben sind oft schwer auf einen Nenner zu bringen.

16,1 wird vermerkt, Hiob habe im Anschluß an die ihm zugekommene Offenbarung sieben Jahre lang seine Wohltätigkeit betrieben, danach habe der Satan begonnen, gegen ihn vorzugehen. Das paßt in keiner Weise zu dem Bericht in 5–8. Dieser setzt voraus, daß Hiob in der Nacht nach der Offenbarung durch den Engel den Götzentempel zerstört hat und sofort darauf, am folgenden Tag, vom Satan heimgesucht wird, diesen aber abweist. Der Satan verabschiedet sich daraufhin mit der Drohung, in „einer Stunde"[70] wiederzukommen, eilt in den Himmel, bittet Gott um Macht über Hiob, erhält sie, raubt Hiobs ganzen Reichtum.[71] Schon Spitta hat mit Recht festgestellt, daß hier „ein unauflöslicher Widerspruch besteht".[72]

Ebenfalls Schwierigkeiten bereiten die Angaben über die Dauer der Leiden Hiobs.

21,1 werden 48 Jahre als Summe der Zeit genannt, die Hiob außerhalb der Stadt auf dem Misthaufen in seinen Plagen verbracht hat.

22,1 erwähnt, die Frau Hiobs habe nach 11 Jahren ihrem Mann kein Brot mehr bringen können.

26,1 spricht Hiob selbst zu seiner Frau von 17 Jahren, daß er von Würmern zerfressen seine Plagen ausgehalten habe.

28,1.8 schließlich wird vermerkt, Hiob sei nach 20 Jahren Leiden außerhalb der Stadt von den Mitkönigen besucht worden. |

Welchen Sinn haben diese Zahlenangaben? Daß ein Teil der Textüberlieferung andere oder gar keine Zeitangaben macht und die Leidenszeit Hiobs insgesamt auf 7 Jahre beziffert,[73] führt kaum weiter. Es spricht alles dafür, daß es sich um sekundäre Lesarten handelt, mit denen versucht wird, die chronologischen Ungereimtheiten zu beseitigen.[74] Zieht man die Zahlen zusammen, ergeben sich 96 Jahre Leidenszeit. Das ist eine Zahl, die sonst nirgendwo vorkommt. Im Septua-

---

[70] Vgl. 7,12. – „Eine Stunde" ist betonter Ausdruck kurzer Zeitspanne wie in Dan 4,16 (19 Θ LXX); Apc 17,12; 18,10.17.19.

[71] Vgl. 8,1–3.

[72] Spitta (s. Anm. 11), 154.

[73] Gegen P S überliefern V Sl in 21,1; 26,1; 28,1.8 jeweils die Zahl von 7 Jahren, in 22,1 nur eine allgemeine Zeitangabe.

[74] Gegen Spitta (s. Anm. 11), 145ff.; vgl. auch JSHRZ, III, 3, 342 zu TestHi 21,1a.

ginta-Zusatz zum Hiobbuch werden 170 (so S B) oder 178 (so die meisten Handschriften) genannt. Geht man von der zuletzt erwähnten Angabe von 20 Jahren Leidenszeit aus, so lassen sich die vorhergehenden Angaben „nach 11, 17 Jahren" damit in Einklang bringen, die erste Angabe „48 Jahre" hängt aber in der Luft. Kurz: die Angaben passen insgesamt schlecht zusammen.[75]

5. Wiederholt gibt es auch sonst sachliche Spannungen.

10,1 erzählt, Hiob habe in seiner Fürsorge 30 Tische für die Speisung der Fremdlinge und 12 Tische zusätzlich für die Witwen aufstellen lassen. In der hymnischen Beschreibung der Besitztümer Hiobs sind es 60 (bzw. in der slawischen Textfassung 50) Tische.

42,3 erwähnt nach P (alle anderen Textzeugen weichen ab)[76] vier Könige, die Hiob besuchen; offenkundig wird neben Eliphas, Baldad und Sophar auch Elihu zu den Königen gezählt. Im ganzen übrigen Testament Hiobs ist das nicht der Fall; es wird immer nur von drei Königen (28,5; 30,2) oder einem König und seinen beiden Freunden (39,4; 42,5) gesprochen.

1–45 verläuft die Erzählung, abgesehen von der Einleitung, gewöhnlich in der Ich-Form, als Erzähler ist stets Hiob gedacht. In 46–53 ist nur noch in der 3. Person von Hiob die Rede. Ein neuer Erzähler in der Gestalt des Hiobbruders Nereus wird 51,1 unvermittelt eingeführt. Derselbe Stilbruch begegnet auch in P zu 33,2.

6. Schließlich gibt es an einer Stelle einen merklichen literarischen Einschnitt. |
Der Hymnus auf die Frau Hiobs (25,1–8) unterbricht den Gang der Erzählung. Die Selbstdarstellung der Frau Hiobs endet nicht in 24,10, sondern setzt in 25,9ff. übergangslos fort. Der Hymnus läßt sich ohne Schwierigkeiten aus dem Text herausnehmen.

Diese Mängel und Fehler[77] lassen die kompositorischen Fähigkeiten des Verfassers in keinem besonders guten Licht erscheinen. Wie sind sie zu erklären?

---

[75] Freilich: die Zahl von 48 Jahren ist die Summe der darauf folgenden Jahresangaben!

[76] In V fehlt der ganze Vers, in S Sl die Erwähnung der vier Könige.

[77] E. von Nordheim (s. Anm. 4) hat noch auf weitere Spannungen und Gegensätze verwiesen (131 f.), dabei aber die Texte z. T. mißverstanden bzw. den Textbefund nicht genau beachtet. Der vermeintliche Gegensatz zwischen TestHi 1,2 und 52,1 besteht nur so lange, wie der Genitivus absolutus in 52,1 als Hauptsatz und nicht als Parenthese aufgefaßt wird (vgl. JSHRZ, III, 3, 371). – Daß das Thema der Erbverteilung in den Schlußkapiteln „im Widerspruch zur Inhaltsangabe des Anfangsrahmens" steht, kann man nur behaupten, wenn die Bemerkung „er wollte sein Haus bestellen" (1,2) als textlich sekundär eingestuft wird. Das ist jedoch nach der Textüberlieferung (P und S stimmen hier überein gegen V; s. dazu JSHRZ, III, 3, 316ff.) höchst zweifelhaft. Im übrigen kann man den letzten Satz der Schlußparänese 45,4 nicht einfach textlich vom vorhergehenden Abschnitt abheben und dem folgenden zuweisen. – Daß die Episode der Töchter Hiobs thematisch nicht ganz in den Rahmen der vorhergehenden Erzählungen über Hiobs Leben und Leiden paßt, ist gewiß richtig, ebenso daß das vom Hiobbruder

Wie weit geben sie nicht nur über das literarische Vermögen bzw. Unvermögen des Verfassers Aufschluß, sondern auch über möglicherweise von ihm herangezogene Quellen?

P. Nicholls[78] hat in seiner Arbeit letzteres zu zeigen versucht. Seine These, daß im Testament Hiobs vier Quellen verarbeitet sind, stützt sich wesentlich auf die literarischen Mängelerscheinungen im Text. Vom methodischen Ansatz her ist das durchaus sachgemäß. Ob die Durchführung und damit die Ergebnisse stichhaltig sind, bleibt zu prüfen.

Die vom Verfasser des Testaments Hiobs verarbeiteten Quellen stellen sich nach Nicholls wie folgt dar:

Die erste Quelle (J) ist in den Kapiteln 1–27 verarbeitet. Sie war eine im Ich-Stil abgefaßte Erzählung über Hiobs Leben. Das Original l umfaßte vermutlich auch einen Dialog zwischen Hiob und seinen Freunden und schloß mit dem Bericht von Hiobs Triumph über den Satan und seiner Heilung, Elemente, die aber nicht übernommen worden sind.[79]

Die zweite und dritte Quelle sind in den Kapiteln 28–45 enthalten. Sie kreisen beide thematisch um die mit Hiob befreundeten Könige und die Auseinandersetzungen zwischen ihnen und Hiob.

Die zweite Quelle (K) liegt in den Kapiteln 28–30; 34–40 sowie dem Schlußkapitel 53, ferner in Teilen der Kapitel 33 und 44 zugrunde. Es handelt sich vermutlich um einen in der 3. Person abgefaßten Bericht, der auch Erzählungen über das Leben der Freunde vor dem Besuch bei Hiob enthielt.

Die dritte Quelle (E) ist in den Kapiteln 31–2 und 41–3 sowie z. T. auch in den Kapiteln 33 und 44 enthalten. In ihrem Mittelpunkt steht die Gestalt Elihus, dessen letztes Geschick sie ursprünglich wohl auch beschrieben hat. Sie hängt möglicherweise mit den in 41,6 erwähnten Denkwürdigkeiten des Elihu zusammen. Für diese Quelle gilt als bezeichnend, daß ihr die hymnischen Abschnitte des Testaments Hiobs angehören, ferner, daß ihr Text im Unterschied zu den anderen Quellen keinerlei klar erkennbare Verbindungen zum Text des biblischen Hiobbuches in Form von Zitaten oder Anspielungen aufweist.[80]

Die vierte Quelle (D) umfaßt die Kapitel 46–52 mit den Erzählungen vom Wunder-Erbe der Töchter Hiobs und vom ebenso wundersamen Ende Hiobs. Ursprünglich handelt es sich um ein selbständiges Stück midraschartiger Ausmalung und Ausgestaltung der kurzen Notizen in Hi 38,2 und vor allem Hi 42,15.[81]

Nereus verfaßte Buch nicht das Testament Hiobs sein kann; fraglich bleibt jedoch, ob letzteres überhaupt so gemeint ist, vor allem aber, ob auch die Kapitel 1–45 und 46–52 von der Form her nicht zusammenpassen. Hier ist übersehen, daß die Einleitung TestHi 1,2–4a nicht Hiob selbst zum Sprecher hat, sondern wie die Erzählung ab 46,1 einen anderen Erzähler voraussetzt.

[78] S. Nicholls (s. Anm. 22), 57–82.

[79] Vgl. ebd., 82ff., 312f.

[80] Vgl. ebd., 84–104, 313ff.

[81] Vgl. ebd., 104–19, 315.

Mit dieser Quellenscheidungshypothese hat Nicholls fraglos nicht nur einen originellen, sondern auch einen wichtigen Forschungsbeitrag geleistet. Wenn sie zutreffen sollte, dann müßte man geradezu von dem gewichtigsten Beitrag in der neueren Forschung zum Testament | Hiobs sprechen. Geht man die Beweisführung im einzelnen durch, so stellen sich freilich eine Reihe von Anfragen und Einwänden ein.

Zunächst fällt auf, daß Nicholls im Zusammenhang mit der Einleitung und dem ersten Hauptteil des Testaments Hiobs (1–27) nur von einer Quelle spricht und allein den Hymnus auf die Frau Hiobs (25,1–8) ausgrenzt. Das ist nicht ohne weiteres einzusehen, denn es bestehen, wie bereits gezeigt, ja auch innerhalb dieser Kapitel z. T. nicht unerhebliche Sprünge und Spannungen. Überhaupt nicht stimmig sind die chronologischen Angaben zwischen der Erzählung in 5–8 und 16–20.[82] Zumindest im Hinblick darauf besteht durchaus Anlaß zu fragen, ob sich hier nicht die Verarbeitung zweier Quellenstücke ankündigt.

Eigentümlich ist im übrigen auch der Bericht über Hiobs Reichtum und Wohltätigkeit (9–15). Im Rahmen der Gesamterzählung handelt es sich um ein retrospektives Zwischenstück, das den Erzählfaden für längere Zeit unterbricht. Das wäre an sich noch kein Grund, hier eine eigene Quelle zu vermuten. Beachtet man jedoch, daß die Einbindung in den Kontext formal einiges zu wünschen übrig läßt und sachlich recht einseitig verläuft,[83] dann ist eine solche Vermutung durchaus naheliegend. Nicholls hätte dem allen zumindest nachgehen müssen.

Aber nicht nur das. Auch das quellenkritische Verfahren selbst, das Nicholls anwendet, wirft Fragen auf. Nicht wirklich zwingend ist einmal die Begründung, mit der der zweite Hauptteil der Hioberzählung quellenmäßig vom ersten Hauptteil abgehoben wird. Nicholls beruft sich auf die Schwierigkeiten in den chronologischen Angaben zwischen 21,1; 22,1; 26,1 und 28,1.8, auf die Unterschiede in den Leitmotiven sowie auf die Abwesenheit der Gestalt des Satans in den Kapiteln 28–45. Die genannten Befunde sind unstrittig, ihre Auswertung ist zumindest einseitig. Um die vorhandenen Schwierigkeiten zu erklären, wird nur die Möglichkeit der Benutzung unterschiedlicher Quellen bedacht. Daß der Verfasser möglicherweise eine | vorhandene Erzählung nicht vollständig verarbeitet, sondern, kompositorisch nachlässig wie er ist, einiges ausgelassen haben könnte, wird gar nicht in Betracht gezogen. Im übrigen ist auch der Verweis auf die Unstimmigkeit der chronologischen Angaben in sich nicht durchschlagend. Denn sie setzt voraus, daß jemand den Text bearbeitet hat, unterstellt aber zugleich, daß er die dadurch entstandene Schwierigkeit nicht bemerkt hat.

---

[82] S.o. S. 55.

[83] Abgesehen von der kurzen Stichwortverknüpfung, besteht mit dem vorhergehenden Erzählblock sachlich so gut wie keine Verbindung, in den verwendeten Motiven gibt es keine Überschneidung. Motive aus 9–15 werden hingegen im folgenden vielfach aufgenommen, abgesehen von Kapitel 16 allerdings überwiegend in den hymnischen Stücken, s.o. Nr. 23–30, ferner u. S. 60f.

Die These, im ersten Hauptteil der Hiobserzählung des Testaments Hiobs sei eine andere Quelle benutzt worden als im zweiten Hauptteil, läßt sich auf diese Weise allein wenigstens nicht belegen. Um sie abzustützen, müßten andere Befunde namhaft gemacht werden, z. B. besondere sprachliche und stilistische Eigenheiten. In dieser Hinsicht hat Nicholls aber so gut wie nichts angeführt, und es dürfte auch schwer fallen, solche Belege beizubringen.

Immerhin für Nicholls Annahme würde ins Gewicht fallen, wenn es stimmen sollte, daß im zweiten Haupterzählteil zwei quellenmäßig verschiedene Erzählfäden zusammengewoben sind. Auch diese These steht indes, so bemerkenswert manche Beobachtungen von Nicholls sind, genau besehen auf schwachen Füßen.

Schon die textliche Basis ist z. T. unsicher. An zwei Stellen stützt sich Nicholls auf Lesarten von zweifelhaftem Wert.

Die Zuweisung der Kapitel 32 und 33 zu Quelle E ist entscheidend bestimmt durch die Annahme, daß der Text ursprünglich von Elihu handelt[84] und nicht, wie bereits von Spitta[85] angenommen und neuerdings wenigstens teilweise durch die koptische Überlieferung erhärtet,[86] von Eliphas.

Die These von der Abfassung der Quelle K in der 3. Person steht und fällt mit der Lesart der Hs P in 33,2.[87] Eine weitere Schwachstelle enthält die Behauptung, die Quelle E sei frei von textlichen Bezügen auf das Hiobbuch. Für die Kapitel 31.32.43 trifft das zwar zu, | nicht hingegen für die Kapitel 41.42. In ihnen finden sich sogar gehäuft biblische Zitate und Anspielungen.[88] Die eigentlichen Schwächen liegen aber nicht einmal hier. Sie bestehen wesentlich darin, daß Nicholls sich nicht darum gekümmert hat, ob und wie weit sich seine Quellenanalyse in den textlichen Gesamtbefund einfügt.

Die entscheidende Frage ist hier: kann man die Kapitel 31–2 und 41–3 so klar von den übrigen Texten abheben, wie das von der Quellenscheidung her der Fall sein müßte? Achtet man auf die sprachlichen und sachlichen Verzahnungen, dann kann davon keine Rede sein.

Es bestehen nicht nur Beziehungen unter den Texten der vermutete Quelle E, sondern ebenso auch klare Bezüge zwischen diesen Texten und Texten der vermuteten Quelle K. An zwei Stellen kommt dies besonders deutlich zum Vorschein:

31,2; 32,8 ist als tragendes Motiv von der δυσωδία Hiobs die Rede. In den folgenden Kapiteln, die Nicholls quellenmäßig anders einstuft, kommt dasselbe

---

[84] Nicholls (s. Anm. 22), 94ff. zu 31,1.5; 32,1; 33,1.

[85] Spitta (s. Anm. 11), 150ff.; vgl. JSHRZ, III, 3, 350.

[86] Wie die neueren Untersuchungen der koptischen Fragmente durch H. Thissen und C. Römer gezeigt haben, ist entgegen meinen Angaben in JSHRZ, III, 3, die Lesart Eliphas dort nicht nur für 31,1 bezeugt, sondern auch für 33,1; in 31,5; 32,1 ist der Text defekt; vgl. C. Römer–H.J. Thissen, P. Köln Inv. Nr. 3221: Das Testament des Hiob in koptischer Sprache. Ein Vorbericht, in: Studies on the Testament of Job (s. Anm. 2), 33–45.

[87] S.o. S. 56.

[88] Vgl. JSHRZ, III, 3, 361f.

Motiv vor, und zwar in einem Fall sogar im selben Wortlaut: 34,4; 35,2 (s. Nr. 47).

41,4 wird von Elihu gesagt, er habe sich des „früheren Glücks" des Hiob erinnert. Genau dieselbe Wendung findet sich im Munde des Baldad in dem zur Quelle K gezählten Kapitel 35 (V.4; Nr. 56). Der Einwand, dies seien Einzelfälle, sticht kaum. Die Zahl läßt sich durchaus vermehren.[89]

Darüber hinaus läßt sich im Hinblick auf die für die Quelle E geltend gemachten Texte nicht übersehen, daß ein großer Teil von ihnen mit anderen Textteilen des Testaments Hiobs, vor allem auch mit Texten aus den Kapiteln des ersten Hauptteils verquickt sind. Das gilt insbesondere für die hymnisch geprägten Stücke. In ihnen finden sich, wie die folgende Übersicht zeigt, gehäuft Wendungen, die aus vorhergehenden Abschnitten stammen.

Hymnus Kapitel 32
(a) 32,1 : 8,3; 26,3; 28,5 (Nr. 22)
(b) 32,2 : 9,2f.; 16,3; vgl. 44,2.4; 45,2; 53,1.2.3 (Nr. 23) |
(c) 32,2 : 9,4f.; 16,3; 25,4; 30,5 (Nr. 24)
(d) 32,7 : 10,1; 25,5 (Nr. 27)
(e) 32,3 : 10,5f; 16,3 (Nr. 30)
(f) 32,10 : 24,9 (Nr. 41)
(g) 32,4 : 25,8 (Nr. 44)
(h) 32,8 : 31,2; vgl. 34,4; 35,2 (Nr. 47)

Hymnus Kapitel 43
(a) 43,13 : 4,8 (Nr. 16)
(b) 43,13 : 4,11 (Nr. 18)
(c) 43,3 : 31,8; 33,1; vgl. 44,1 (Nr. 49)
(d) 43,5 : 32,9 (Nr. 50)
(e) 43,7 : 33,4.8; 34,4 (Nr. 53)
(f) 43,3 : 34,2 (Nr. 54)

Eine Ausnahme bildet in diesem Zusammenhang nur der Hymnus in Kapitel 33, der selbst zwar im folgenden zitiert wird,[90] aber keine Bezüge zu vorhergehenden Texten aufweist.

Hingegen ist der Hymnus in Kapitel 25 in ähnlicher Weise wie die Hymnen in Kapitel 32 und 43 mit anderen Texten verzahnt.

Hymnus Kapitel 25
(a) 25,4 : 9,4f.; 16,3; vgl. 30,5; 32,2 (Nr. 24)
(b) 25,5 : 10,1; vgl. 32,7 (Nr. 27)
(c) 25,10 : 24,6; vgl. 26,2; 52,1 (Nr. 40)

---

[89] S.o. Nr. 48. 49. 53.
[90] S.o. Nr. 51–3.

(d) 25,1 : 35,5 (Nr. 42)
(e) 25,7 : 39,1 (Nr. 43)
(f) 25,8 : 32,4 (Nr. 44)

Die Verzahnung des Hymnus in Kapitel 25 mit weiteren Abschnitten des Testaments Hiobs ist bislang kaum wahrgenommen worden. Man hat gewöhnlich nur die Beziehung zum Hymnus in Kapitel 32 hervorgehoben.[91] Wie die Übersicht zeigt, gibt es daneben aber auch Querverbindungen zu anderen vorhergehenden und späteren Kapiteln.[92]

Für die Frage nach der Quellenbenutzung und einer möglichen Quellenzuordnung sowie darüber hinaus für die Einschätzung des l kompositorischen Verfahrens im Testament Hiobs ist diese Verzahnung der Hymnen untereinander und mit dem weiteren Text des Testaments Hiobs von einiger Bedeutung. Daß selbst ein Text wie der Hymnus auf die Frau Hiobs (25,1–8), der literarkritisch verdächtig ist, ein Einschub zu sein, offenkundige Verzahnungen mit dem engeren und weiteren Kontext aufweist, macht deutlich, auf welch unsicherem Boden die literarkritische Ausgrenzung und die quellenmäßige Identifizierung steht. In ihrer textlichen Einordnung und wohl auch in ihrer vorliegenden Gestalt sind die Hymnen dem Verfasser des Testaments Hiobs zuzuschreiben. Daß bei ihrer Gestaltung vorgegebenes Material benutzt wurde, ist zwar recht wahrscheinlich, läßt sich im einzelnen aber schwer belegen. Die Zuweisung zu einer bestimmten Quelle ist noch ungesicherter.

Was für die Hymnen gilt, dürfte für das Testament Hiobs insgesamt zutreffen. Der Versuch von Nicholls, den Erzählern des Testaments Hiobs auf drei Quellen zurückzuführen, geht insgesamt am Befund in den Texten vorbei. Was vom Verfasser stammt, was ihm vorgegeben war, läßt sich überwiegend kaum mehr ermitteln.

Die einzige Quelle, deren Benutzung eindeutig feststeht, ist das biblische Hiobbuch selbst in seiner griechischen Übersetzung. Das läßt sich nicht nur an den über nahezu die ganze Schrift verstreuten Zitaten und Anspielungen ablesen,[93] das zeigt sich auch an einigen Stellen, in denen der Text kompositorisch unstimmig zu sein scheint.

Wenn in Kapitel 28 unvermittelt die mit Hiob befreundeten Könige auftreten, dann ist das im Rahmen der Anlage des Testaments Hiobs überraschend. Für den, der das biblische Hiobbuch kennt, wird aber nur Bekanntes ins Spiel gebracht. Wie sehr der Verfasser aus der biblischen Quelle schöpft, wird besonders deutlich in der Rede des Elihu in dem Vorwurf gegen Hiob, er habe sich gerühmt, „gerecht zu sein" (41,3). Davon ist im Testament Hiobs selbst vorher nichts zu finden. Die Annahme, hier komme die Spur eines ausgelassenen Abschnittes der

---

[91] S.o. Nr. 44.
[92] S.o. Nr. 24. 27. 40. 42. 43.
[93] Vgl. dazu B. Schaller, Das Testament Hiobs und die Septuaginta-Übersetzung des Buches Hiob, Biblica 61 (1980), 377–406.

„Elihu-Quelle" zutage, könnte sich nahelegen, sie erübrigt sich aber, denn diese Aussage bezieht sich wörtlich auf eine | Bemerkung, die am Anfang der Elihu-Kapitel im griechischen Hiobbuch steht. LXX Hi 32,2 heißt es: ὠργίσθη δὲ Ελιους ... ὠργίσθη δὲ τῷ Ιωβ σφόδρα, διότι ἀπέφηνεν ἑαυτὸν δίκαιον ἐνάντιον κυρίου.

Auch die unvermittelte Erwähnung des dritten Boten (19,1) läßt sich so leicht erklären. Der Erzähler nimmt aus der bekannten Hiobgeschichte nur diesen Zug auf, über die anderen Boten berichtet er nur mit einem Wort in einem Nebensatz.

Freilich lassen sich nicht alle Unstimmigkeiten im Text auf diese Weise erklären. Der Umgang mit der biblischen Vorlage belegt aber, daß der Verfasser nicht sonderlich auf kompositorische Abrundung aus war und geradezu etwas nachlässig gearbeitet hat. Wie weit ihm neben der Septuagintafassung des Hiobbuches noch andere literarische Quellen zur Verfügung standen, läßt sich kaum mehr genau festmachen. In zwei Fällen ist der Verdacht immerhin naheliegend: bei der Erzählung über die Hiob-Töchter in den Schlußkapiteln 46–52 sowie beim Bericht über Hiobs Reichtum und Wohltätigkeit in den Kapiteln 9–15.

Die Schlußkapitel sind thematisch und sprachlich besonders eigentümlich geprägt und heben sich dadurch vom übrigen Text des Testaments Hiobs ab. Das könnte auf eine eigene Quelle hinweisen. Aber selbst hier bleibt vieles offen. Handelt es sich wirklich um eine literarisch eigenständige Quelle? Wie weit gehört der Bericht über Hiobs Ende und Himmelfahrt dazu, wie weit die Schlußbemerkungen über Hiobs Begräbnis?

Was die Kapitel 9–15 anlangt, so hat zwar selbst Nicholls sie nicht als eigenes Quellenstück behandelt. Dennoch könnte es angebracht sein, hinter dem Text eine besondere Quelle zu vermuten. Es handelt sich um den einzigen Erzählblock, bei dem die Verklammerung mit dem Kontext zu wünschen übrig läßt und durch der Erzählfaden sichtlich unterbrochen ist. Allein das ist schon auffällig. Nimmt man hinzu, daß der Block mit den vorhergehenden Blöcken keinerlei Verzahnung aufweist,[94] aber in den folgenden Abschnitten vielfach | die Thematik bestimmt, und daß ferner zwischen dem vorhergehenden und dem folgenden Kapitel 8 und 16 auf der einen Seite die zeitlichen Angaben nicht zusammenpassen, auf der anderen Seite formale Verklammerungen bestehen, dann liegt es nahe, diese Befunde als Anzeichen für die Verarbeitung quellenmäßig verschiedener Überlieferung zu deuten. Aber selbst hier kann von einem gesicherten Ergebnis kaum die Rede sein. Im übrigen ist man völlig auf Mutmaßungen angewiesen. Daß in Kapitel 27 die Erzählung über das Auftreten des Satans abreißt, ist eigentümlich, ebenso das Vorkommen von Dubletten in der Erzählung über das Auftreten der Freunde Hiobs. Aber reicht das aus, um unterschiedliche Quellen zu erschließen? Kaum. Quellenkritisch gewiß nicht auswertbar ist das Auftreten der Frau Hiobs im ersten (21–6) und zweiten (39–40) Erzählteil. Zwischen beiden Erzählblöcken gibt es trotz unterschiedlicher Thematik der Episoden

---

[94] S.o. S. 36.

besondere Verzahnungen: im Motiv der δουλεία der Frau Hiobs 21,3; 39,2; 40,4
(Nr. 36), in der formelhaften Wendung ἀνακράζειν μετὰ κλαυθμοῦ: 24,1;
40,9 (Nr. 39) sowie in der Bezeichnung des Frauengewandes als ῥακκώδη:
25,7; 39,1 (Nr. 43).

Insgesamt wird man sich im Hinblick auf die hinter dem Testament Hiobs stehenden und in ihm verarbeiteten Materialien mit der Einsicht begnügen müssen,
daß es im einzelnen nur noch begrenzt möglich ist, sie bestimmten Quellen zuzuschreiben. Daß der Verfasser aus dem reichen Arsenal der Hiob-Haggada des
antiken Judentums geschöpft hat, ist offenkundig.[95] Was er benutzt hat, wie die
ihm vorgegebenen Erzählstoffe beschaffen und wie umfangreich sie waren, bleibt
überwiegend sein Geheimnis. Der Versuch von Nicholls, dieses Geheimnis zu
lüften und das ganze Testament Hiobs auf vier Quellen zurückzuführen, kann
kaum als gelungen bezeichnet werden.

Gewiß wäre es eindrücklicher und für das Verständnis des Testaments Hiobs
auch ergiebiger, wenn sich die verarbeiteten Materialien genauer erfassen ließen.
Aber auch ohne ein solches Ergebnis kommt man kaum darum herum, das Testament Hiobs auf Grund seiner Gestaltung als ein literarisch von einer Hand zusammengefügtes und geprägtes Werk zu bezeichnen. Die zahlreichen Verzahnungen und Verklammerungen der verschiedenen Erzählteile und -episoden wei-
sen | darauf hin, daß die erkennbare Disposition[96] einer durchgehenden Kom-
position zu verdanken ist. Trifft das zu, dann erhebt sich die für das Verständnis
des Testaments Hiobs am Ende entscheidende Frage: Wie weit ist es möglich, die
hinter der Komposition des Testaments Hiobs stehende sachliche Konzeption zu
erfassen?

IV

Der Versuch, auf diese Frage eine Antwort zu finden, stößt freilich auf einige
Schwierigkeiten.

---

[95] S. JSHRZ, III, 3, 306f., ferner Nicholls (s. Anm. 22), 201–60.

[96] Daß die Disposition auch die Schlußkapitel, insbesondere die Darstellung vom Erbe der
Hiobtöchter, einschließt, wird meist übersehen. Das Motiv des Erbes ist einmal in der Schlußparänese (45,4) der Haupterzählung verankert, darüber hinaus aber auch in der Einleitung bereits
anvisiert. Die Wendung ἐξετέλει αὐτοῦ τὴν οἰκονομίαν (P S) impliziert, wie vor allem
der Begriff οἰκονομία erweist, eine rechtliche Ordnung der Hinterlassenschaft; vgl. F. Preisigke, Wörterbuch der griechischen Papyrusurkunden, II (Berlin, 1927), 160f. Der Einwand, in
den literarischen Testamenten komme das Erbmotiv sonst nicht vor, ist demgegenüber kaum
stichhaltig. In den juristischen Testamenten der Zeit sind einschlägige Bestimmungen üblich
(vgl. E. Lohmeyer, Diatheke, UNT, 2 [Leipzig, Hinrich 1913], 11–29). Daß sie auch in der
literarischen Testamentengattung im Blick sein können, belegt neben TestHi das hebräische Testament Naphtali (I,3), vgl. von Nordheim (s. Anm. 4), 110f., der dennoch formgeschichtlich
puristisch „der Test.-Form ... jegliches juristisches Interesse und juristisches Denken" ab-
spricht.

Es gibt kein einheitliches Leitmotiv, das den ganzen Text durchzieht. Was an Grundmotiven vorhanden ist, bestimmt erkennbar nur einzelne Abschnitte.[97] Dazu kommt – was noch schwerer wiegt –, daß die vorhandenen Aussagen und Vorstellungen sich theologisch oft nur gezwungen, z. T. gar nicht auf einen Nenner bringen lassen. Systematisch gesehen kann man das Werk in der Darstellung namentlich Hiobs zwei entgegengesetzten theologischen Grundentwürfen zuordnen. Auf der einen Seite finden sich Züge eines monistischen, auf der anderen Seite Züge eines dualistischen Welt- und Menschenbildes. |

Im ersten Erzählteil kreist alles um die irdische Bewährung und die innerweltliche Belohnung des frommen Hiob. Der irdische Bereich ist nicht nur der Schauplatz der Wohltaten und der Leiden Hiobs, sondern auch seiner endlichen Wiederherstellung. Das sogenannte „Tun-Ergehen-Schema" ist bestimmend.

Im zweiten Erzählteil und vor allem in den Schlußkapiteln ist davon kaum etwas zu greifen. Es herrscht eine andere Grundstimmung. Die Leiden werden nicht geduldig bestanden in der Hoffnung auf innerweltliche Belohnung, sondern sie gelten als unwesentlich, weil das Irdische schlechthin unwesentlich ist. Das Leitmotiv ist entsprechend nicht Geduld, sondern Einsicht, Erkenntnis.

Ist es angesichts dessen überhaupt sinnvoll, nach einer sachlichen Konzeption im Testament Hiobs zu suchen? Solange man das Werk mit einer systematisch-theologischen Elle mißt, wird man das verneinen müssen. Die Frage ist nur, ob diese Elle angemessen ist. Hier sind durchaus Zweifel angebracht.

Das Testament Hiobs bietet sich formgeschichtlich als eine Mischung aus Testament und erzählerischem Midrasch dar.[98] Das läßt einige Schlüsse hinsichtlich seiner Funktion zu. Die Verquickung von Testament und Midrasch gibt zu erkennen, daß es sich um ein Stück Erbauungsliteratur handelt. Die Absicht des Textes ist es schwerlich, theologische Belehrung zu erteilen, sie will religiös unterhalten und erbauen. Für erbauliche Unterhaltung ist es kaum überraschend, sondern geradezu kennzeichnend, daß scheinbar Unvereinbares zusammengebunden wird. Auf diese Weise kommt ein durchaus eigenes Profil von Frömmigkeit zum Ausdruck.

Daß ein solches Profil auch dem Testament Hiobs nicht fehlt, wird deutlich, wenn man die Rollenverteilung und die Motivanordnung innerhalb des Werkes sich ansieht. Auf den ersten Blick gewinnt man den Eindruck eines schematischen Verfahrens. Sich ausschließende Gegensätze scheinen die Erzählung zu bestimmen. Der Hauptgegensatz Hiob – Satan setzt sich fort im Gegensatz Hiobs

---

[97] So ist z. B. das Motiv der Geduld wesentlich auf den ersten Hauptteil der Hioberzählung beschränkt, terminologisch dabei nicht einheitlich: ὑπομονή/ὑπομένειν 1,5; 4,6; 5,1; 26,4; μακροθυμία/μακροθυμεῖν/μακρόθυμος 21,4; 26,5; 27,7; καρτερεῖν/καρτερία 4,10; 27,4; ὑφιστάναι 7,13; 26,1. – Im zweiten Hauptteil kommt das Motiv nur an zwei Stellen vor (μακροθυμεῖν 28,5; 35,4), aber ohne spezifische Betonung; statt dessen ist das Motiv der Erkenntnis verbreitet: γινώσκειν 35,4.6; 36,4.6; 38,3.6; 40,4; 43,1; dies spielt freilich auch im ersten Hauptteil durchaus eine Rolle: 2,4; 3,2; 4,8.11; 7,6.7; 17,1; 23,1; s. ferner 49,3.

[98] Vgl. JSHRZ, III, 3, 312ff.

zu seiner Frau und zu seinen Freunden und im Ansatz auch im Gegensatz der Töchter Hiobs gegen seine Söhne. Genau besehen werden die Rollenverhältnisse aber nicht so einfach dargeboten. Die Frau Hiobs wird I keineswegs durchgehend als satanisch beeinflußt geschildert. Sie hat wie Hiob Taten der Wohltätigkeit vollbracht[99] und unterstützt nach dem Verlust der Besitztümer sich selbst aufopfernd ihren Mann.[100]

Und nicht nur das. Obgleich sie als „eine der törichten Frauen"[101] gescholten wird, steht sie am Ende da mit dem Wissen, daß ihr Gedächtnis bei Gott liegt.[102] Auch die Freunde Hiobs erscheinen nicht nur als Handlanger des Satans. Am Ende wird nur Elihu als solcher angesprochen und verurteilt.[103] Die anderen gelangen zur wahren Einsicht[104] und haben vorher bereits durchaus der Geduld mit Hiob das Wort geredet.[105]

Kurz: keines der Grundmotive des Buches, Wohltätigkeit, Geduld, Erkenntnis, sind Hiob allein vorbehalten. Sie werden durchaus auch Gestalten zugeschrieben, die sonst gegen Hiob stehen. Das Gegensatz-Schema ist im Aufbau und der Durchführung nicht durchgehalten.

Für das Gesamtverständnis des Testaments Hiobs noch wichtiger als diese Verschränkung der Rollenverteilung ist der Umstand, daß die beiden oben genannten theologischen Grundrichtungen keineswegs getrennt voneinander auftreten. Sie sind durchaus miteinander verbunden, und das an zentraler Stelle.

In dem als Schlüsseltext bereits erwähnten Abschnitt 4,3–11 bezieht sich die für das ganze Testament Hiobs grundlegende Verheißung des Engels nicht einseitig auf eine innerweltliche oder auf eine endzeitlich-überweltliche Vergeltung. Beides ist miteinander verknüpft, beides wird als aufeinander folgend beschrieben: „Doch wenn du ausharrst, mache ich deinen Namen berühmt unter allen Geschlechtern der Erde bis zum Ende der Welt. Und ich werde dir deinen Besitz wieder erstatten und es wird dir doppelt wiedergegeben werden, damit du erkennst: (Gott) sieht die Person nicht an, er vergilt Gutes jedem, der auf ihn hört. Du wirst auferweckt werden bei der Auferweckung. I Du wirst sein wie ein Wettkämpfer, der Schläge austeilt und Schmerzen erträgt und (am Ende) den (Sieges)Kranz empfängt. Dann wirst du erkennen: Gerecht und zuverlässig und mächtig ist der Herr, er gibt Kraft seinen Auserwählten" (4,6–11).

Daß das himmlische Wesen das irdische überragt, versteht sich zwar von selbst. Aber das besagt nicht, daß das Irdische im Sinne einer dualistischen Weltsicht abgewertet wird.

---

[99] 25,4f.
[100] 21,1–23,11; 24,4–10.
[101] 26,6, nach LXX Hi 2,10.
[102] 40,4.
[103] 43,1.
[104] Mit dem Motiv des Geistempfangs verbunden; 43,2.
[105] 35,4.

Es ist wohl kaum ein Zufall, daß der wissende Hiob nicht nur vom Irdischen sagt, es sei unstet,[106] sondern auch betont, daß die Erkenntnis der Wahrheit durchaus bezogen ist auf die Kenntnis der irdischen Ordnung.[107] Und es ist ebensowenig kaum bloß Zufall, daß am Ende des ganzen Buches die Klage um Hiob laut wird unter Verweis auf seine irdischen Wohltaten an den Schwachen, Blinden, Waisen, Fremden, Witwen[108] und damit mittelbar die Mahnung des sterbenden Hiob an seine Kinder[109] wieder aufgenommen wird.

Theologisch gesehen enthält das Testament Hiobs geradezu ein Gemengsel unterschiedlicher, z. T. gegensätzlicher Anschauungen und Erwartungen,[110] dennoch ist es Ausdruck einer durchaus profilierten Frömmigkeit. Es spiegelt eine Frömmigkeit, die diesseits wie jenseits gerichtet ist, in der praktische Wohltätigkeit und Geduld im Leiden ebenso wie das Wissen um die Wirklichkeit der himmlischen Welt gepriesen wird. Es ist ein Zeugnis für die Verknüpfung von praktischer und spekulativer Frömmigkeit, die sich der Verheißung irdischen Wohlergehens in gleicher Weise erfreut wie der Verheißung des himmlischen Heils.[111]

Wenn nicht alles täuscht, ist es diese doppelte Ausrichtung, die in ihrer Verbindung die Konzeption des Testaments Hiobs prägt. Der Verfasser hat die Geschichte des Lebens und Leidens Hiobs mit dem Ausblick auf sein Erbe und Ende benutzt, um diese Art der | Frömmigkeit seinen Lesern[112] vor Augen zu führen und sie damit zu erbauen und anzuspornen.

---

[106] 36,3; vgl. auch 33,4.6; 38,2.

[107] 38,5.

[108] 53,2f.

[109] 45,2.

[110] Vgl. JSHRZ, III, 3, 315f.

[111] Ein ähnlicher Frömmigkeitstyp meldet sich im 1 Timotheusbrief 4,7–8 zu Wort: γύμναζε δὲ σεαυτὸν πρὸς εὐσέβειαν. ἡ γὰρ σωματικὴ γυμνασία πρὸς ὀλίγον ἐστὶν ὠφέλιμος, ἡ δὲ εὐσέβεια πρὸς πάντα ὠφέλιμός ἐστιν, ἐπαγγελίαν ἔχουσα ζωῆς τῆς νῦν καὶ τῆς μελλούσης.

[112] Im Unterschied zu C. Haas, Job's Perseverance in the Testament of Job, in: Studies on the Testament of Job (s. Anm. 2), 117–154 vermag ich im TestHi keine spezielle Ausrichtung auf Proselyten und deren Ermahnung erkennen; zur weiteren Begründung vgl. auch JSHRZ, III, 3, 314.

DIE GRIECHISCHE FASSUNG DER PARALIPOMENA JEREMIOU: ORIGINALTEXT ODER ÜBERSETZUNGSTEXT?[1]

I

Zur Frage, in welcher Sprache die Paralipomena Jeremiou (=ParJer) ursprünglich abgefaßt sind, gibt es in der Forschung bis heute zahlreiche, z.T. sehr dezidiert vorgetragene Äußerungen, eine genaue Untersuchung steht aber bislang noch aus. Der Streit dreht sich wie bei vielen anderen jüdischen Schriften aus hellenistisch-römischer Zeit im wesentlichen um die Alternative, ob die überkommene griechische Fassung[2] den originalen Text bietet oder ob sie ein Übersetzungstext ist und hinter ihr ein semitisches, ursprünglich hebräisch oder aramäisch verfaßtes Original steht.

G. Delling, dem das Verdienst zukommt, mit seiner Studie "Jüdische Lehre und Frömmigkeit in den Paralipomena Jeremiae"[3] diese lange vernachlässigte Schrift dem Vergessen entrissen zu haben, faßt das Ergebnis seiner eigenen Untersuchungen in der Feststellung zusammen: "Daß hinter den erhaltenen Texten der ParJer eine in einer palästinischen Landessprache [d.h. hebräisch oder aramäisch] abgefaßte Schrift steht, ist nach zahlreichen Beobachtungen nicht fraglich."[4] In gleicher Richtung haben sich vor und nach Delling u.a. auch G.D. Kilpatrick[5], R.H. Pfeiffer[6], J. Licht[7], P. Stuhlmacher[8], A.-M. Denis[9], E. Hammershaimb[10], S.E. Robinson[11], K. Beyer[12]

---

[1] Eine englische Fassung dieses Beitrags findet sich in JPSE 22, 2000, 51−89. Grundlage ist ein Referat, das 1996 auf der 51. Jahrestagung der SNTS in Strasbourg in der "Pseudepigrapha"-Arbeitsgruppe vorgetragen wurde. Für kritische Würdigung habe ich besonders Michael Knibb, London, zu danken.

[2] Eine kritische Gesamtausgabe steht noch aus und soll im Rahmen der Reihe PsVTGr erscheinen. Die folgende Untersuchung beruht auf einer Textfassung, die im Anschluß an J.R. Harris, The Rest of the Words of Baruch, London 1889 und R.A. Kraft − A.E. Purintun, Paralipomena Jeremiou, Texts and Translations 1, Pseudepigrapha Series 1, 1972 sowie an Hand eigener Vorarbeiten hergestellt ist, s. dazu B. Schaller, Paralipomena Jeremiou, JSHRZ I,8, Gütersloh 1998, 688−692.

[3] BZAW 100, Berlin 1967.

[4] Ebd., 72.

[5] G.D. Kilpatrick, Acts VII.52: Ἐλευσις, JThSt 46, 1945, 141.

[6] R.H. Pfeiffer, The History of New Testament Times, New York 1949, 61.74.

[7] J. Licht, *Sefer Maaseh Jirmijahu*, Annual of the Bar-Ilan University: Studies in Judaica and Humanities (Pinchos Churgin Memorial Volume), Ramat Gan 1963, XXIf. 66−80.

[8] P. Stuhlmacher, Das paulinische Evangelium I, FRLANT 95, Göttingen 1968, 177f.

[9] A.-M. Denis, Les Paralipomènes de Jérémie, in: Id., Introduction aux Pseudépigraphes Grecs d'Ancien Testament, SVTPs 1, Leiden 1970, 75.

[10] E. Hammershaimb, Resten af Baruks Ord, in: E. Hammershaimb u.a. (ed.), De Gammeltestamentlige Pseudepigrafer II, Kopenhagen 1976, 889.

sowie die Herausgeber des "neuen Schürer"[13] geäußert. Daß der griechische Text ursprünglich ist, wurde in der Forschung demgegenüber nur selten vertreten. Hinweise in diese Richtung finden sich zwar bereits bei A. Dillmann und R.H. Charles[14], ihnen sind aber zunächst nur wenige Autoren wie J.B. Frey[15] gefolgt. Erst in neuerer Zeit meldeten sich gelegentlich Stimmen, die die gängige These eines semitischen Originals in Frage stellten — so vor allem P. Bogaert[16] und im Anschluß daran L. Vegas Montaner[17] und J. Riaud[18], ferner J. Herzer[19] sowie M. Philonenko[20] —, allerdings ohne dies im einzelnen genauer zu begründen.[21]

Mich selbst hat bei den eigenen Vorarbeiten für die Ausgabe der ParJer im Rahmen der Reihe der JSHRZ[22] das Votum Dellings zunächst lange Zeit beeindruckt und bestimmt. Je mehr ich mich aber mit dem Text beschäftigt habe, sind mir indes erhebliche Zweifel gekommen, ob die Annahme eines semitischen Originals wirklich so gut begründet ist, wie weithin angenommen wird. Genau besehen sind es nur einige wenige und zudem oft nur vage Argumente, die dafür ins Feld geführt werden.

Um hier weiter zu kommen, um nicht bloß Geschmacksurteilen zu folgen, bedarf es genauerer Untersuchungen, die den Gesamttext der ParJer berücksichtigen und vor allem methodologisch abgesichert sind.

Ich beginne entsprechend zunächst mit einigen grundsätzlichen methodologischen Überlegungen und wende mich dann der Analyse der sprachlichen Eigenart der ParJer zu.

---

[11] St.E. Robinson, 4 Baruch, in: OTP II, 1985, 414.

[12] K. Beyer, Die aramäischen Texte vom Toten Meer, Göttingen 1984, 49 A.1.

[13] [E. Schürer —] G. Vermes — F.Millar — M. Goodman (ed.), The History of the Jewish People in the Age of Jesus Christ, III, Edinburgh 1986, 292.

[14] A. Dillmann, RE² 12, 1883, 358: "ein … ursprünglich griechisches, christliches Baruchbüchlein"; R.H. Charles, The Apocryphal Book of Baruch, London 1896, XVIII n. 5: "This book was written in Greek in the second century of our era."

[15] J.B. Frey, Apocryphes de l' Ancien Testament, DBS 1, 1928, 454.

[16] P. Bogaert, RBen 78, 1968, 345f.: Rezension zu Delling, BZAW 100.

[17] L. Vegas Montaner, Paralipomenos de Jeremias, in: A. Díez Macho (ed.), Apocrifos del Antiguo Testamento II, Madrid 1983, 358.

[18] J. Riaud, Paralipomena Jeremiae Prophetae I.: Introduction (Thèse Université de Paris IV - Sorbonne, 1984; unveröffentlicht), 173—175.

[19] J. Herzer, Die Paralipomena Jeremiae. Studien zur Tradition und Redaktion einer Haggada des frühen Judentums, TSAJ 43, Tübingen 1994, 192.

[20] Les Paralipomènes de Jérémie et la traduction de la Symmaque, RHPR 64, 1984, 143—145, id., Simples observations sur les Paralipomènes de Jérémie, RHPR 76, 1996, 159.

[21] Ansätze bei Philonenko, RHPR 64, 1984, 143—145, s. dazu u.S. 87.101.

[22] S. A.2.

II

Welche Gesichtspunkte und Schritte sind für den Nachweis eines Textes als Übersetzungstext zu beachten? Wie läßt sich überhaupt feststellen, ob ein Text ursprünglich in der Sprache geschrieben wurde, in der er überliefert ist, oder ob er auf eine Übersetzung zurückgeht, d.h. sein Urtext ursprünglich sprachlich anders geprägt war als der überlieferte Text?

Dieser Fragenkomplex ist in der Forschung im Blick auf die Literatur des antiken Judentums und des frühen Christentums, hinsichtlich der sogenannten alttestamentlichen Apokryphen und Pseudepigraphen[23] sowie vor allem auch der neutestamentlichen Evangelien und der Johannesapokalypse[24], vielfältig verhandelt worden.

Im folgenden kann ich mich daher im wesentlichen darauf beschränken, die Diskussions- und Problemlage kurz zu beschreiben und die entscheidenden Gesichtspunkte herauszuheben. Zur Literatur verweise ich insbesondere auf den 1989 in der Festschrift für Rudolph Macuch veröffentlichten Aufsatz von K. Beyer "Woran erkennt man, daß ein griechischer Text aus dem Hebräischen oder Aramäischen übersetzt ist?"[25], ferner auf den Beitrag von M. Wilcox "Semitisms in the New Testament" (1984)[26] und sowie auf die ältere Studie von R.A. Martin "Syntactical Evidence of Semitic Sources in Greek Documents" (1974)[27].

Was deutet auf ein semitisches, hebräisches oder aramäisches Original? Die gängigste Antwort darauf läuft unter dem Stichwort "Semitismus"[28]. Man verweist auf Eigenheiten im jeweiligen Text, die grammatisch, syntaktisch oder idiomatisch als spezifische Phänomene des Hebräischen oder Aramäischen oder allgemein des Semitischen gelten. Daneben sucht man nach Fällen, die sich als unmittelbare Übersetzungsfehler einstufen lassen oder in denen Transliterierungen vorliegen.

Evidenz ist diesen methodischen Schritten freilich nur sehr begrenzt eigen. Das Vorkommen von transliterierten Texten besagt für sich noch gar nichts. Genau besehen spiegelt sich in ihnen eindeutig nur der kulturell mehr-

---

[23] Vgl. A.F.J. Klijn JSHRZ V,2 (1967), 110 (syrische Baruchapokalypse); E. Zenger; JSHRZ I,6 (1981), 430f. (Judith); D.J. Harrington, The Original Language of Pseudo-Philo's Liber Antiquitatum, HThR 63, 1970, 503–514.

[24] Zu *Evangelien und Acta* vgl. M. Black, An Aramaic Approach to the Gospels and Acts, Oxford 1967³; E.C. Maloney, Semitic Interference in Marcan Syntax, SBL Diss. Ser. 51, 1981; M. Reiser, Syntax und Stil des Markusevangeliums, WUNT II,11, Tübingen 1984; zur *Apokalypse* vgl. R.B.Y. Scott, The Original Language of the Apocalypse, Toronto 1928; St. Thompson, The Apocalypse and Semitic Syntax, SNTS MS 12, Cambridge 1985.

[25] in: M. Macuch – Chr. Müller-Kessler – B.G. Fragner (ed.), Studia Semitica necnon Iranica, Wiesbaden 1989, 21–31.

[26] ANRW II 25,2 (1984), 978–1029.

[27] Septuagint and Cognate Studies 3, 1974.

[28] Vgl. dazu F. Blass – A. Debrunner – F. Rehkopf, Grammatik des neutestamentlichen Griechisch, Göttingen 1984¹⁶ (= BDR) § 4.

sprachige Raum wider, dem ein Text bzw. sein Autor entstammt, und nicht unbedingt seine ursprüngliche Anderssprachigkeit. Gewicht haben transliterierte Texte nur dann, wenn in ihnen sprachlich sperrige Formulierungen vorliegen.

Günstiger stellt sich die Lage bei Übersetzungsfehlern dar. Man hat ein gutes Argument in der Hand, wenn gezeigt werden kann, daß ein bestimmter Ausdruck oder eine bestimmte Wendung, die im vorhandenen Kontext nur schwer oder gar nicht verständlich sind, unter der Voraussetzung einer anderssprachigen Textfassung sinnvoll erklärt werden können. Beispiele für solche Übersetzungsirrtümer lassen sich mehrfach in der LXX[29] nachweisen und gelegentlich wohl auch im Neuen Testament[30]. Freilich, so hilfreich dieser Weg ist, auch ihn wird man nur mit aller Vorsicht begehen dürfen. Nicht jeder Text, bei dem eine Fehlübersetzung vermutet werden kann, beruht auch wirklich darauf.[31]

Noch größere Vorsicht ist geboten gegenüber der allgemeinen Klassifizierung von Textsegmenten als Hebraismen oder Aramaismen oder gar allgemein nivellierend als Semitismen. Aus mehreren Gründen.

Einmal ist zu berücksichtigen, daß die sprachlichen Phänomene, die derart eingestuft werden, sich oft dem Einfluß der LXX verdanken. Viele Hebraismen sind bei Licht besehen nichts anderes als "Septuagintismen"[32]. Wenn Lukas z.B. bei Satzeinleitungen häufig die Wendung καὶ ἐγένετο bietet, dann folgt er nicht einer hebräischen Vorlage, in der das konsekutive Imperfekt ויהי den Auftakt einer Erzählung bildet, sondern er schreibt hier offensichtlich im Stil der LXX, den er wohl als "feierlich sakral empfunden hat"[33] und deshalb nachahmt, und zwar bisweilen wie die LXX vom Hebräischen her gesehen sogar fehlerhaft.

Aber nicht nur das. Man muß auch das Phänomen gegenseitiger, wechselnder sprachlicher Beeinflussung in ethnisch und kulturell gemischten Gesellschaften in Betracht ziehen. Nicht wenige Juden der antiken Welt, na-

---

[29] Eine Zusammenstellung dieses Materials fehlt bislang, doch s. E. Tov, Die griechischen Bibelübersetzungen, ANRW II 20.1, 1987, 137−143.

[30] Vgl. die Vorschläge bei J. Wellhausen, Einleitung in die drei ersten Evangelien, Berlin 1905, 35−38; J. Jeremias, Neutestamentliche Theologie I: Die Verkündigung Jesu, Gütersloh 1971, 17f.

[31] Ein treffendes Beispiel bietet die Auseinandersetzung um das Logion Mt 8,22//Lk 9,60: s. H. Basser, Let the Dead Bury their Dead, in: H. Basser − S. Fishbane (ed.), Approaches to Ancient Judaism NS 5, Atlanta 1993, 79−96 und dazu D.M. Goldenberg, Retroversies to Jesus' ipsissimia verba and the Vocabulary of Palestinian Aramaic: the Case of *mata'* and *quarta'*, Biblica 77, 1996, 64−83.

[32] Im Anschluß an F. Rehkopf, BDR § 4.2 und im Unterschied zu K. Beyer, Semitische Syntax im Neuen Testament, SUNT 1, Göttingen 1962, 11, beziehe ich den Begriff "Septuagintismus" auf alle Sprachphänomene, in denen LXXStil und -Sprache nachgeahmt werden, und nicht nur auf "Konstruktionen, die wegen falscher Verwendung hebräischer Sprachmittel nicht Hebraismen sein können."

[33] Beyer, FS Macuch (s. A.25), 23.

mentlich die im palästinisch-syrischen Raum lebenden, waren zweisprachig, haben aramäisch oder hebräisch und griechisch geredet und z.T. auch geschrieben und dabei Phänomene der einen Sprache in die jeweils andere einfließen lassen.

Und dazu kommt schließlich noch als ein weiterer Befund der Umstand, daß keineswegs alle als Semitismus eingestuften sprachlichen Phänomene eindeutig als solche ausgemacht werden können. Wie neuere Untersuchungen[34] gezeigt haben, gibt es in der griechischen Volks- und Fachprosa und gelegentlich auch im lateinischen Bereich mehrfach Fälle, die den angeblich speziellen Semitismen oder Hebraismen bzw. Aramaismen völlig analog sind. Zumal "bei der griechischen Schriftkoine kann man ... seine Überraschungen erleben, denn hier finden sich Konstruktionen, die gern als ausschließlich semitisch betrachtet werden."[35] Darauf hat zuletzt Beyer mit Nachdruck hingewiesen und folgende Fälle benannt: "die Verstärkung eines Verbs durch ein verwandtes Nomen, ... die Wortverdoppelung zum Ausdruck des distributiven Verhältnisses, ... die Wiederaufnahme eines absolut vorangestellten Relativsatzes oder eines Substantivs durch einen casus obliquus von $αὐτός$, ... die Wortstellung Verbum - Subjekt, ... $καί$ 'und' statt 'aber, (und) doch, unter diesen Umständen' ..., das Asyndeton, besonders in der Rahmung direkter und indirekter Rede, ... der Gebrauch pleonastischer Verben wie 'anfangen, sich erheben, hingehen, nehmen, sagen'."[36]

Kurz: die bislang gängigen Methoden, einen Text als Übersetzungstext auszumachen, sind keineswegs so stringent wie oft behauptet. Auf diese Weise lassen sich zwar Indizien gewinnen, aber auch nicht mehr. Will man wirklich zu einem begründeten Urteil kommen, müssen die Texte genauer und umfassender analysiert werden.

Dabei sind zwei weitere methodische Ansätze einzubringen:

1. Um dem Problem "Übersetzungstext oder Originaltext" beizukommen, empfiehlt es sich, die syntaktisch-stilistischen Eigentümlichkeiten und semantischen Besonderheiten der jeweils zur Debatte stehenden Sprachen zu beachten.

Es gibt Ausdrücke und Wendungen, in denen das Hebräische bzw. Aramäische und das Griechische sich spezifisch unterscheiden[37]. So kennt das Hebräische und auch das Aramäische kein entsprechendes Verb für das Besitz anzeigende griechische Verb $ἔχειν$. Der Sachverhalt muß durch "jemandem ist" umschrieben werden. Im Hebräischen wie Aramäischen gibt es anders als im Griechischen auch kein Wort für "gehorchen", für "denken", keinen Begriff wie "Vorder- bzw. Oberseite" oder wie "Neid".

[34] S. insbesondere L. Rydbeck, Fachsprache, vermeintliche Volkssprache und Neues Testament, AUU, SGU 5, Stockholm 1967.

[35] Beyer, FS Macuch (s. A.25), 22.

[36] Ebd., 22f.

[37] Ebd., 24ff.

Eigentümliche Unterschiede sind vor allem aber auch in der Syntax greifbar, z.B. im Gebrauch von Präpositionen und Konjunktionen, von Adjektiven und Pronomina, von Nebensätzen und Steigerungen. Wie namentlich Martin[38] gezeigt hat, wirken sich gerade diese Unterschiede bei Übersetzungen aus. Der Gebrauch von Präpositionen und Konjunktionen und von spezifischen Konstruktionen wie z.B. des Genitivus absolutus verlaufen bei Übersetzungen aus dem Semitischen erkennbar anders als bei original-griechisch abgefaßten Texten.

Und ähnlich verhält es sich auch bei der sprachlichen Gestaltung der Texte, bei der Wortwahl. Spezifische Wortbildungen, etwa Substantive, Adjektive oder Verben mit alpha privativum oder mit Mehrfach-Präpositionen sind in einer Übersetzung aus einer semitischen Vorlage erheblich seltener zu erwarten als in einem original-griechischen Text.

Daß diese syntaktisch-sprachliche Gesamtbetrachtung besonders geeignet ist, den Sprachcharakter eines Textes zu ermitteln, liegt auf der Hand.

2. Um dem Problem "Übersetzungstext oder Originaltext" beizukommen, kann methodisch daneben aber noch an einer weiteren Stelle angesetzt werden, bei der im altjüdischen Schrifttum vielfach vorhandenen Verarbeitung biblischer Texte und der Analyse ihrer Textbasis. Bezüge auf biblische Texte, bisweilen auch auf biblische Motive, spiegeln nicht nur das Profil der religiösen Bildung des jeweiligen Verfassers wider, sie geben darüberhinaus oft auch Aufschluß über die Eigenart des ihm vertrauten und von ihm benutzten Bibeltextes. Dieses ist insbesondere dann gut erkennbar der Fall, wenn die Fassungen der hebräischen und der griechischen Bibel sich merklich voneinander abheben. Zeichnen sich in biblischen Zitaten und Anspielungen einer Schrift Elemente ab, die bezeichnend für die Übersetzung der LXX sind, dann spricht dies eher für die Annahme, daß die griechische Textfassung original ist, als für die Annahme, daß sie auf eine Übersetzung zurückgeht. Und umgekehrt gilt ähnliches.

Gewiß, auch auf diese Weise gewinnt man keine absolute Sicherheit. Ein Übersetzer, insbesondere ein guter, mit seiner Materie vertrauter Übersetzer, kann durchaus gerade bei biblischen Zitaten von der Textform seiner Vorlage abweichen und bewußt oder unbewußt der ihm geläufigen Form des Bibeltextes folgen[39]. Aber solche Fälle sind doch die Ausnahme und werden, wenn überhaupt, in der Regel nur bei expliziten Zitaten vorkommen, nicht hingegen bei impliziten Zitaten und noch weniger bei Anspielungen.

Dieser Weg, über die Zitate und Anspielungen der Grundsprache eines Textes auf die Spur zu kommen, ist bislang eigentümlicherweise nur seltenbeschritten worden.[40] M.E. verdient er aber besonders beachtet zu werden.

---

[38] S. A.27.

[39] Beispiele dafür bietet die griechische Übersetzung des Sirachbuches.

[40] Doch s. D.J. Harrington, The Biblical Text of Pseudo-Philo's Liber Antiquitatum, CBQ 33, 1971, 1−17; B. Schaller, Das Testament Hiobs und die Septuaginta-Übersetzung des Buches Hiob, Biblica 61, 1980, 377−406.

Denn im Unterschied zu den anderen genannten Methoden gelangt man so
am ehesten zu stichhaltigen, weil textgeschichtlich nachprüfbaren Ergebnissen.

III

Was ergibt sich an Hand der beschriebenen methodischen Schritte im Blick
auf die ParJer und ihre griechische Textfassung?

1. Transliteration

Zu den in der Forschung immer wieder benannten und geradezu als Hauptbeweis ausgegebenen Belegen für eine hebräische Vorlage des griechischen
Textes gehört der Hinweis, daß es im Text der ParJer eine Wendung gibt, die
offenkundig auf die Transliteration eines hebräischen Textes zurückgeht. Es
handelt sich um die im Rahmen eines Gebetsrufes (ἐλέησον ἡμᾶς) verwendete Gottesanrede ὁ θεὸς Ζαρ, (ParJer 7,25: "Erbarme dich unser, o Gott
Zar").

Diese Gottesanrede ist in der Tat recht auffällig, ja ungewöhnlich. Ein
Gott namens Zar ist sonst nirgendwo belegt. August Dillmann[41] und andere[42]
nach ihm haben vermutet, es liege eine Textkorruption vor. Ζαρ sei aus
Νεβουκαδνεζαρ entstanden. Das ist ein hübscher Einfall. Im Duktus der Erzählung würde der Anruf "Gott des Nebukadnezar" durchaus Sinn machen.
Gegen diese Konjektur spricht jedoch schon der Umstand, daß im unmittelbaren Kontext der Gebetsanrede der Name des babylonischen Königs vorkommt
und zudem, wie auch sonst in den ParJer, der LXX entsprechend mit
Ναβουχοδονοσορ wiedergegeben wird. Man müßte also annehmen, daß die
Verkürzung des Namens im vorausgesetzten hebräischen Textstadium nur an
dieser Stelle vorgelegen habe. Bereits das ist recht fragwürdig. Aber abgesehen davon, bleibt es höchst unwahrscheinlich, daß im Lauf der Überlieferung
der biblisch so vertraute Name Nebukadnezar/נבוכדנאצר derart verballhornt
wurde, so daß am Ende nur die Endsilbe zar/צר/ζαρ übrig geblieben sein
sollte. G.D. Kilpatrick[43] hat daher mit Recht diese Erklärung als unzureichend zurückgewiesen. Sein eigener Gegenvorschlag lautet im Anschluß an
eine Notiz von Harris[44]: hinter ὁ θεὸς Ζαρ verbirgt sich nichts anderes als
das hebräische אל זר, eine im biblischen Bereich mehrfach (Ps 44,21; 81,10)

---

[41] Im Wörterbuch seiner Chrestomathia Aethiopica, Leipzig 1866, in der er den Text der
ParJer in der äthiopischen Fassung erstmals zugänglich gemacht hat.

[42] Vgl. E. König, Der Rest der Worte Baruchs. Aus dem Aethiopischen übersetzt und
mit Anmerkungen versehen, ThStKr 50, 1877, 332 A.2.

[43] JThS 46, 1945, 141.

[44] S. A.46.

belegte Bezeichnung einer "fremden" Gottheit, eines Götzen[45]. Das ist eine durchaus bestechende Erklärung. Und auf den ersten Blick scheint es auch nur folgerichtig zu sein, wenn Kilpatrick die Gottesanrede ὁ θεὸς Ζαρ als Beleg für den Übersetzungscharakter der ParJer wertet mit der Auskunft, der Übersetzer habe augenscheinlich das Epitheton זר als Eigennamen verstanden bzw. mißverstanden und entsprechend wiedergegeben.

Betrachtet man den gesamten Text freilich genauer, dann ist diese Schlußfolgerung keineswegs so zwingend. Gegen die Vermutung, der vermeintliche Übersetzer habe das hebräische זר nicht verstanden und deswegen als Eigennamen transliteriert, spricht, daß in dem unmittelbar folgenden Textzusammenhang gleich zweimal (ParJer 7,26.29) das vorhergehende Gebet erwähnt wird und dabei in einem Fall ausdrücklich vermerkt wird, die Volksgenossen des Jeremia hätten zu seinem Entsetzen "einen fremden Gott angerufen": ἐπεκαλοῦντο θεὸν ἀλλότριον (7,26). Angesichts dessen kann aus ὁ θεὸς Ζαρ kaum ohne weiteres auf mangelnde Hebräischkenntnis geschlossen werden. Die merkwürdige Gottesanrede muß sich keineswegs der Unkenntnis eines Übersetzers verdanken, sie ist − wenn überhaupt[46] − eher ein absichtlich für den Gebetstext gewähltes Stilmittel. D.h. als eindeutiger Beweis für eine hebräische Vorlage der ParJer kann ὁ θεὸς Ζαρ in keinem Fall geltend gemacht werden. Was sich in ihr spiegelt, sind höchstens gewisse Hebräischkenntnisse, aber nicht unbedingt ein hebräisch verfaßter Text.

Ähnliches gilt auch im Blick auf den Gebrauch des Namens der heiligen Stadt. In den ParJer wird dafür durchgängig[47] nicht die gräzisierte Form Ἱεροσόλυμα, sondern die transliterierte Form des hebräischen ירושלים Ἱερουσαλήμ benutzt. Delling hat diesen Befund als ein weiteres Anzeichen für den Übersetzungscharakter der ParJer geltend gemacht mit dem Hinweis, die transliterierte Form begegne namentlich in aus dem Hebräischen oder Aramäischen übersetzten Texten.[48] Das ist in der Tat der Fall: die Namensform Ἱερουσαλήμ findet sich durchgehend in der Bibelübersetzung der Sep-

---

[45] Nachbiblisch JosAs 11,7; 21,13 (Plural)

[46] Ein weiterer Vorbehalt ergibt sich von Seiten der Textüberlieferung. Die betreffende Gottesanrede ὁ θεὸς ζαρ ist in den griechischen Handschriften überhaupt nicht belegt, sondern beruht auf einer von Harris, The Rest of the Words of Baruch (A.2), 59 an Hand der äthiopischen Textüberlieferung vorgenommenen Konjektur, s. JSHRZ I,8, 742 zu ParJer 7,25d. Der hier gemachte Vorbehalt ist von P. Piovanelli in seinem jüngsten Beitrag zu den ParJer (Paralipomeni di Geremia, in P. Sacchi (ed.), Apocrifi dell'Antico Testamento, III, Biblica Testi et Studi 7, 1999, 258) verstärkt geltend gemacht worden. Piovanelli macht darauf aufmerksam, daß die der Konjektur zugrundeliegende Lesart sor in der äthiopischen Textüberlieferung ganz isoliert dasteht, die alten Textzeugen hingegen überwiegend die Lesart sarot aufweisen. Nach Piovanelli steht dahinter das in einigen griechischen Handschriften bezeugte ΣΑΒΑΩΘ.

[47] S. ParJer 4,6.10; 5,7.8.18; 6,22; 7,26.31; 8,3.4.8.

[48] BZNW 100 (s. A.3), 45 A.19.

tuaginta[49] und vielfach auch in Texten nachbiblisch-jüdischer Übersetzungs-literatur wie Jesus Sirach[50], Judith[51], Psalmen Salomos[52], Baruch[53], 1. Makkabäer[54], Testamente der XII Patriarchen[55]. Ein zwingender Beleg für eine hebräische Grundlage der ParJer ist damit aber freilich noch nicht gegeben. Geht man den Gebrauch der beiden Namensformen für die Heilige Stadt im antik-jüdischen (und -christlichen) Schrifttum durch, dann zeigt sich, daß die gräzisierte Form des Namens nicht nur in original-griechisch verfaßten Texten auftaucht[56], sondern durchaus auch in Übersetzungstexten[57] und vor allem — was für die vorliegende Fragestellung enscheidend ist — daß die transliterierte Form keineswegs nur auf Übersetzungstexte beschränkt ist.

Letzteres macht schon ein Blick in die von A.-M. Denis herausgegebene "Concordance Grecque des Pseudepigraphes d'Ancien Testament"[58] deutlich. Unter den dort verzeichneten 78 Belegen stammen wenigstens 30 aus Schriften, die mit Sicherheit oder großer Wahrscheinlichkeit griechisch abgefaßt sind: Leben der Propheten[59], Martyrium des Jesaia[60], griechische Baruch-Apokalypse[61], griechische Esra-Apokalypse[62], Apokalypse des Sedrach[63]. Ein ähnliches Bild vermittelt auch das ur- und frühchristliche Schrifttum. Unter den neutestamentlichen Autoren benutzen die Verfasser des Hebräerbriefs[64] und der Apokalypse[65] ausschließlich, Paulus[66] und der

---

[49] S. E.Hatch — H.A. Redpath, A Concordance to the Septuagint. Supplement, Oxford 1906 = Graz 1954, 81bff.

[50] LXXSir 36,18; anders LXXSir 50,27: Namensform Ἱεροσολυμίτης.

[51] Jdt 1,9; 4,6.8.11.13; 5,19; 9,1; 10,8; 11,13.14.19; 13,4; 15,5.8.9; 16,18.20.

[52] PsSal 2 Einl.; 3,11.13.19.22; 8,4.15.17.19.20.22; 11,1.2.7.8; 17,14.15.22.30.

[53] Bar 1,2.7.9.15; 2,2.23; 4,8.30.36; 5,1.5.

[54] 1 Makk 1,[14.20vl].29.35;38.44; 2,1.6.18.31; 3,34.35.45.46; 6,7.12.26.48; 7,17.19.27.39.47; 8,22; 9,3.50.53; 10,7.10.31.32.39.[43vl].45.66.74.87; 11,7.20.[34vl].41.51.62.74; 12,25.36; 13,[2vl].10.39.49; 14,19.36.37; 15,7.28.32; 16,20.

[55] TestLevi 10,3.5; 14,6; TestSeb 9,8; TestDan 5,12.13; TestNapht 5,1.

[56] Belege bei W. Bauer, Griechisch-deutsches Wörterbuch zu den Schriften des Neuen Testaments und der übrigen urchristlichen Literatur, [5]1958, 737; [6]1988, 757f.; [W. Bauer—] W.F. Arndt — F.W. Gingrich, A Greek-English Lexicon of the New Testament and Other Early Christian Literature, Chicago — London 1979, 372f.

[57] S. die gespaltene Textüberlieferung in Tob 1,4.7; 5,14; 13,16.17,18; 14,4.5.7; 1 Makk 1,14.20; 10,43; 11,34.

[58] Louvain-la-Neuve 1987, 429f.

[59] Vitae Prophetarum 1,1; 3,14.15; 10,8a.b; 12,2.3.4; 14,1; 15,2.4.5; [17,2B]; 21,3; 22,2; 23,1.

[60] MartJes 1,[3.]9; 2,4.7; 3,1a.b.3.4.6.10.[18]; 5,8.

[61] Einl.1; 1,3.

[62] ApcEsdr 2,22.

[63] ApcSedr 8,3.

[64] Hebr 12,22.

[65] Apc 3,12; 21,2.10.

[66] Ἱερουσαλήμ: Röm 15,19.25.26.31; 1 Kor 16,3; Gal 4,25.26. — Ἱεροσόλυμα: Gal 1,17.18; 2,1.

Evangelist Lukas[67] überwiegend die hebräische Namensfassung. Diese taucht aber auch danach wiederholt auf, verbreitet im Testament Salomons[68] sowie bei Justin[69], vereinzelt in apokryphen Evangelien[70], im 1. Klemensbrief[71], in den Pseudo-Klementinen[72], ferner auch bei späteren Kirchenvätern[73].

Angesichts dessen geht es kaum an, aus der Verwendung der transliterierten Form des hebräischen Namens der Heiligen Stadt, Ἰερουσαλήμ, ohne weiteres zu folgern, die ParJer stünden damit "deutlich auf der Seite der Übersetzungsliteratur"[74], und daraus entsprechend auf eine hebräische Urfassung der ParJer zu schließen. Daß im griechischen Text der ParJer nicht das grEzisierte Ἰεροσόλυμα vorkommt, sondern die dem hebräischen ירושלים entsprechende Namensform Ἰερουσαλήμ, besagt über seinen Sprachcharakter wenig, denn die transliterierte Namensfassung läßt sich sowohl als Übersetzungsphänomen wie als Traditionsphänomen erklären. Ihr kann unmittelbar ein hebräischer Text zugrunde liegen, aber ebensogut kann sie sich an der bereits vorhandenen Übersetzung der Septuaginta orientieren oder auch einem unabhängig davon entstandenen[75] und verbreiteten Sprachgebrauch folgen.

2. Übersetzungsfehler

Beispiele für Übersetzungsfehler sind, wenn ich recht sehe, in der Literatur zu den ParJer bislang nicht benannt worden. Bei meiner eigenen Durchsicht habe ich im Zusammenhang eines biblischen Zitats einen Fall entdeckt, der auf den ersten Blick in diese Rubrik zu gehören schien. Aber bei genauerem Zusehen erwies sich auch diese Stelle dann als gegenstandslos. Ich werde darauf später zurückkommen.[76] Hier genügt die Feststellung, daß es in den ParJer m.W. keinen Fall gibt, der auf eine fehlerhafte Übersetzung hinweist und mit dem so die Annahme gestützt werden könnte, die griechische Fassung der ParJer beruhe auf einer anderssprachigen Vorlage. Für eine solche Annahme bleibt also, wenn überhaupt, nur das Vorkommen von Semitismen.

---

[67] Ἰερουσαλήμ: Lk 27x, Act 36x; Ἰεροσόλυμα: Lk 4x, Act 23x. Zum Einzelbefund s. J. Jeremias, ΙΕΡΟΥΣΑΛΗΜ/ΙΕΡΟΣΟΛΥΜΑ, ZNW 64, 1974, 273–276.

[68] Einleitung; 1,1.7; 15,8; 22,7; 26,9[H].

[69] Apol I 47,4; 49,5; Dial 16,2; 17,1; 22,11; 34,7; 40,2; 51,2; 80,1.5; 81,1.4; 83,1–4; 85,7; 92,2; 99,2; 109,1; 117,2; 123,6; 127,3; 138,1.3 (biblische Zitate nicht berücksichtigt);Ἰεροσόλυμα Apol I 32,6; 34,2; 35,10; Dial 36,6; 40,4f.; 53,2; 77,4; 88,6.

[70] EvHebr 6; EvPetr 20.25; ProtevJac 25,1; NativMariae 5,2.

[71] 1 Klem 41,2.

[72] EpClem 1,1; PsClemH β 22,5; PsClemR I 43,3; 51,2; 57,1; 63,1; II 62,3; 65,1; III 71,5; IV 35,1.

[73] S. G.W.H. Lampe, A Patristic Greek Lexicon, Oxford 1961, 671a.

[74] Delling, BZAW 100 (s. A.3), 45.

[75] Nach Josephus, Contra Apionem I,179 ist bereits bei Klearch von Soloi (um 300 v.) die transliterierte Namensform bekannt.

[76] S.u. S.95f.

3. Semitismen

Daß die überlieferte griechische Textfassung der ParJer "semitisch" gefärbt ist, d.h. sprachliche Phänomene aufweist, die sich unter der Rubrik "Semitismus" einordnen lassen, ist oft vermerkt worden und wird in der Tat schon bei der ersten Lektüre schnell deutlich. Bereits der Auftakt der Erzählung ParJer 1,1−7 bietet mehrfach einschlägige Beispiele.

Paralipomena Jeremiou 1,1−7

1,1 Ἐγένετο, ἡνίκα ἠχμαλωτεύθησαν οἱ υἱοὶ Ἰσραὴλ ἀπὸ τοῦ βασιλέως τῶν Χαλδαίων, ἐλάλησεν ὁ θεὸς πρὸς Ἰερεμίαν [λέγων]· Ἰερεμία, ὁ ἐκλεκτός μου, ἀνάστα,[καὶ] ἔξελθε ἐκ τῆς πόλεως ταύτης, σὺ καὶ Βαρούχ· ἐπειδὴ ἀπολῶ αὐτὴν διὰ τὸ πλῆθος τῶν ἁμαρτιῶν τῶν κατοικούντων ἐν αὐτῇ. 2 αἱ γὰρ προσευχαὶ ὑμῶν ὡς στῦλος ἑδραῖός ἐστιν ἐν μέσῳ αὐτῆς καὶ ὡς τεῖχος ἀδαμάντινον περικυκλοῦν αὐτήν. 3 νῦν [οὖν] ἀναστάντες ἐξέλθατε πρὸ τοῦ τὴν δύναμιν τῶν Χαλδαίων κυκλῶσαι αὐτήν. 4 καὶ ἀπεκρίθη Ἰερεμίας λέγων· παρακαλῶ σε, κύριε. ἐπίτρεψόν μοι τῷ δούλῳ σου λαλῆσαι ἐνώπιόν σου. εἶπεν δὲ αὐτῷ ὁ κύριος· λάλει, ὁ ἐκλεκτός μου Ἰερεμίας. 5 καὶ ἐλάλησεν Ἰερεμίας λέγων· κύριε παντοκράτωρ, παραδίδως τὴν πόλιν τὴν ἐκλεκτὴν εἰς χεῖρας τῶν Χαλδαίων, ἵνα καυχήσηται ὁ βασιλεὺς μετὰ τοῦ πλήθους τοῦ λαοῦ αὐτοῦ, καὶ εἴπῃ ὅτι, ἴσχυσα ἐπὶ τὴν ἱερὰν πόλιν τοῦ θεοῦ; 6 μὴ, κύριέ μου· ἀλλ' εἰ θελημά σού ἐστιν, ἐκ τῶν χειρῶν σου ἀφανισθήτω. 7 καὶ εἶπε κύριος τῷ Ἰερεμίᾳ· ἐπειδὴ σὺ ἐκλεκτός μου εἶ, ἀνάστα καὶ ἔξελθε ἐκ τῆς πόλεως ταύτης, σὺ καὶ Βαρούχ· ἐπειδὴ ἀπολῶ αὐτὴν διὰ τὸ πλῆθος τῶν ἁμαρτιῶν τῶν καιτοικούντων ἐν αὐτῇ.

Die Einleitung ἐγένετο, ἡνίκα erinnert an das in biblischen Erzähltexten gängige ויהי כי/כאשר.[77] Auch was folgt, macht in vielem einen eher dem Hebräischen als dem Griechischen entlehnten Eindruck, so z.B. die nahezu durchgehende Voranstellung des Prädikats vor dem Subjekt, ferner der Gebrauch von υἱός als Bezeichung der allgemeinen Zugehörigkeit (οἱ υἱοὶ Ἰσραήλ: 1,1), der Einsatz der Präposition πρός zur Angabe des Objekts nach einem Verbum des Sagens (ἐλάλησεν ὁ θεὸς πρὸς Ἰερεμίαν: 1,1), der Gebrauch des casus pendens (τῶν κατοικούντων ἐν αὐτῇ: 1.1.7) und des abundierenden Partizips (ἀναστάντες ἐξέλθατε: 1,3), die Einfügung von λέγων als Einleitung einer Rede (καὶ ἀπεκρίθη Ἰερεμίας λέγων: 1,4; καὶ ἐλάλησεν Ἰερεμίας λέγων: 1,5) entsprechend hebr. לאמר, die Verwendung von ἐνώπιον als Präposition (λαλῆσαι ἐνώπιόν σου: 1,4) entsprechend hebr. לפני sowie die Verknüpfung von παραδιδόναι mit εἰς χεῖρας (παραδίδως τὴν πόλιν ... εἰς χεῖρας τῶν Χαλδαίων: 1,6).

---

[77] Vgl. LXXGen 6,1; 12,11.14; bzw. LXX2 Esr 3,33; 4,9; ferner TestAbr B 1,1; ParJer fehlt allerdings das dazugehörige καί.

Auch im weiteren Verlauf der Erzählung stößt man ständig auf Phänomene des Stils, der Syntax, der Semantik, des Wortschatzes und der Phraseolo-
gie, die in gleicher oder ähnlicher Weise als "Semitismen" bzw. oft sogar
genauer als "Hebraismen"[78] eingestuft werden können.

Angesichts dessen ist es durchaus verständlich, wenn hinter dem griechischen Text der ParJer ein semitisches, meist ein hebräisches Substrat vermutet wird.

Geht man indes die betreffenden Fälle im einzelnen durch, dann erheben
sich doch erhebliche Zweifel, ob mit ihnen wirklich der Nachweis für ein im
Hintergrund stehendes nicht-griechischsprachiges Original geliefert werden
kann.

Zunächst ist festzustellen, daß es sich bei den geltend gemachten
Sprachphänomenen oft gar nicht um spezifische Semitismen handelt, sondern
entsprechende Stilelemente und Ausdrucksweisen sich auch sonst im griechischen Bereich nachweisen lassen. Dazu gehören:

Wortstellung Verbum - Subjekt[79]
ParJer 1,1: ἠχμαλωτεύθησαν οἱ υἱοὶ Ἰσραὴλ ..., ἐλάλησεν ὁ θεὸς
ParJer 1,4: καὶ ἀπεκρίθη Ἰερεμίας λέγων· ... εἶπεν δὲ αὐτῷ ὁ κύριος·
ParJer 1,5: καὶ ἐλάλησεν Ἰερεμίας λέγων· ... ἵνα καυχήσηται ὁ βασιλεὺς
ParJer 1,7: καὶ εἶπε κύριος τῷ Ἰερεμίᾳ· - u.ö.

Auslassung von ἐστίν[80]
ParJer 5,8: εὐλογητὸς κύριος
ParJer 7,16: καὶ ἦλθεν ὅπου ὁ ἀετός

figura etymologica[81]
ParJer 8,7: ὅρκῳ ὁρκίζειν[82] = שבע השביע
ParJer 9,2: εὔχεσθαι εὐχήν[83] = נדר נדר
ParJer 9,8: κλαίειν κλαυθμόν[84] = בכה בכי

Formelhaft abundierendes Partizip[85]
ἀναστάς/ἀναστάντες:
ParJer 1,3.10; 5,5; 8,4.6

---

[78] Hinweise auf spezifisch aramäische Sprachelemente fehlen demgegenüber, gegen Pfeiffer (s. A.6).
[79] Vgl. Maloney (s. A.24), 51−53; Reiser (s. A.24), 46−98.
[80] Vgl. BDR § 127.
[81] Vgl. BDR § 153; Maloney (s. A.24), 185−190.
[82] ὅρκῳ ὁρκίσαμεν; vgl. LXXEx 13,19 (Wiedergabe des hebr. Infinitivus absolutus; vgl.
BDR § 198,6); TestJud 22,3; Act 2,30. − Der Zusatz ἀλλήλους in ParJer ist ungewöhnlich
und im Hebräischen so nicht möglich.
[83] ηὔξατο εὐχὴν λέγων, vgl. LXXGen 28,20 u.ö.
[84] ἔκλαυσαν κλαυθμὸν πικρόν, vgl. LXXJdc 21,2; 2 Sam 13,36.
[85] Vgl. BDR § 419,2; 420; Reiser (s. A.24), 43−45. 131−134.

casus pendens[86]
ParJer 1,1.7: τῶν κατοικούντων ἐν αὐτῇ
ParJer 6,22: ὁ ἀκούων, ἀναφέρω αὐτόν
ParJer 9,6: ᾧ πᾶσα κτίσις κέκρυπται ἐν αὐτῷ

Lokales ἐν[87]
ParJer 1,1.7: κατοικεῖν ἐν = יֹשֵׁב בְּ

Instrumentales ἐν[88]
ParJer 3,8: τῇ περιουσίᾳ τῶν ὑδάτων ἐν ἑπτὰ σφραγῖσιν

Temporales ἐν[89]
ParJer 3,8: ἐν ἑπτὰ καιροῖς

In den meisten Fällen ist demgegenüber eine spezifisch semitische Prägung
zwar durchaus gegeben, aber auch dies reicht schwerlich ohne weiteres aus,
um den Nachweis für "Übersetzungsgriechisch" zu liefern. Überwiegend
handelt es sich um "Belege", die mit entsprechenden Sprachformen der LXX
offensichtlich in Zusammenhang stehen bzw. gebracht werden können und
die z.T. auch sonst in "judengriechischen" Kontexten nachweisbar sind.
Dazu gehören:

Artikellosigkeit
a) bei κύριος[90]
ParJer 1,7: εἶπε κύριος τῷ Ἰερεμίᾳ[91]
ParJer 5,8: εὐλογητὸς κύριος[92]
ParJer 6,1: προσεύξατο πρὸς κύριον[93]

---

[86] Die pleonastische Setzung des Personalpronomens nach einem Relativum ist im Semitischen geläufig und wird in LXX oft nachgebildet (z.B. LXXDtn 32,20, vgl. zum ganzen
H.S.J. Thackeray, A Grammar of the Old Testament in Greek according to the Septuagint I,
Cambridge 1909, 46). Dennoch ist das Auftauchen eines derartigen Pleonasmus nicht
zwingend als "Übersetzungsgriechisch" (Delling, BZAW 100 [s. A.3], 38f.) einzustufen;
vgl. das Vorkommen in Gal 3,1 v.l. sowie vor allem in Apc 3,8; 7,2.9; 13,8; 20,8; dazu s.
BDR § 297; ferner M. Black, Aramaic Approach (s. A.24), 51ff.; J.H. Moulton − F.W.
Howard, A Grammar of New Testament Greek II, Edinburgh 1929, 425.

[87] Vgl. Bauer (A.56), ⁵1958, 838; ⁶1988, 862f.; [Bauer−]Arndt−Gingrich (A.56),
²1979, 424.

[88] Vgl. E. Mayser, Grammatik der griechischen Papyri aus der Ptolemäerzeit II.2,
Berlin-Leipzig 1934, 357; I. Soisalon-Soininen, Die Wiedergabe des בְּ Instrumenti im
griechischen Pentateuch, in: Glaube und Gerechtigkeit (FS R. Gyllenberg), SESJ 38, 1983,
31−46 = Ders., Studien zur Septuaginta-Syntax (hg. A. Aejmeläus − R. Sollamo), AASF
B 237, Helsinki 1987, 116−130.

[89] Vgl. Soisalon-Soininen (A.88), 138−146 = 107−115.

[90] Vgl. BDR § 254 Anm.1.

[91] Vgl. LXXEx 3,7; 6,1; Jos 1,1; 4,10 u.ö.

[92] Vgl. LXXPs 27(28),6; 30(31),22; 123(124),6; Sach 11,5; Ruth 4,14 u.ö.

[93] Vgl. LXX1 Sam 1,10; 2 Kön 4,33; 6,18; Jon 2,2; Jes 38,2; Jer 36(29),7; 39(32),16;
44(37),3; 49(42),2.4.20; Dan 9,4; 2 Makk 2,10.

ParJer 6,11: ἄγγελος κυρίου[94]
ParJer 6,13.14: λέγει κύριος[95]
b) bei Nomina mit Genitiv[96]
ParJer 4,3: ἕως ἡμέρας, ἐν ᾗ ...
ParJer 4,4: ἐπίτροποι ψεύδους[97]

Genitiv als Adjektiversatz[98]
ParJer 4,4: ἐπίτροποι ψεύδους
ParJer 6,12: σύμβουλος τοῦ φωτός
ParJer 7,2: ὁ οἰκονόμος τῆς πίστεως

Einleitung einer Frage mit εἰ = *hebr.* הֲ/אִם[99]
ParJer 5,24: εἰ ἦσαν αἱ καταρράκται ἐπελθόντες ἐπ᾽ αὐτούς;
ParJer 7,6: εἰ δύνασαι σὺ ἐπᾶραι τὴν φάσιν ταύτην ...;

ἀποκριθεὶς ... εἶπεν = וַיַּעַן וַיֹּאמֶר[100]
ParJer 7,2 (ohne vorhergehende Frage).

Präpositionales ἐνώπιον = לִפְנֵי[101]
ParJer 1,4; 3,4: λαλῆσαι ἐνώπιόν σου
ParJer 4,3: ἔρριψεν ... ἐνώπιον τοῦ ἡλίου
ParJer 6,21: ἐτραχηλιάσατε ἐνώπιόν μου

εἶναι/γίνεσθαι *mit Dativ*[102]
ParJer 2,2.4: τί ἔστιν σοι = מַה לְּךָ
ParJer 6,3: οὐ ... γέγονέ σοι ἁμαρτία = הָיָה בְךָ חֵטְא[103]
ParJer 6,6: οὕτως γίνεταί σοι
ParJer 6,8: διὰ τήν γενομένην σοι σκέπην

λέγων/λέγοντες *als Einleitung* = לֵאמֹר[104]
a) vor mündlicher Rede: ParJer 1,(1.)4.5; 2,2.4; 3,4.8.9; 4,1.6.10; 5,16.32.34;
6,9; 7,14.15.18.26.29; 8,5.7; 9,3.11.12.30
b) vor schriftlicher Aussage: ParJer 6,16 (v.l.); 7,23.30; 8,9

---

[94] Vgl. LXXGen 16,7; 22,11.15 u.ö.
[95] Vgl. LXX passim, ferner grBar 4,15; 15,4; 16,1; TestHi 4,3.
[96] Vgl. BDR § 259.
[97] Vgl. 2 Thess 2,9.
[98] Vgl. BDR § 4 Anm.5; 165.
[99] Vgl. BDR 440,3: LXXGen 17,17.
[100] Vgl. BDR § 420,2; Moulton–Howard, Grammar II (s. A.86), 454.
[101] BDR § 214,5.6 und A.7.
[102] Vgl. BDR § 189.
[103] Vgl. LXXJes 30,13; Dtn 21,22; 23,21f.; 24,15; 1Sam 14,38.
[104] Vgl. BDR § 420.

παραδιδόναι εἰς χείρας = נתן ביד[י][105]
ParJer 1,6; 2,7; 3,6; 4,6

ἀπέλθε ἐν εἰρήνῃ = לך לשלום[106]
ParJer 7,9

προσεύχεσθαι πρός = התפלל ל/אל[107]
ParJer 6,1

ἐκ (τοῦ) στόματος = מפי[108]
ParJer 6,9.22

τὰ κρίματα τοῦ στόματος = משפטי־פי[109]
ParJer 7,28

εἰς συνάντησιν αὐτῶν = לקראתם[110]
ParJer 8,7

φυλάττειν τὰ δικαιώματα = שמר את־חוקי[111]
ParJer 6,21

διαθήκην ἱστάναι = הקים ברית[112]
ParJer 6,18
ParJer 9,2

παραδιδόναι τὴν ψυχήν = נתן נפש[113]
ParJer 9,7

εὐαγγελίζεσθαι neutral = בשר[114]
ParJer 3,11

---

[105] S. LXXJer 39(32),3f; Dtn 1,27; Dan 7,25; VitAd 35,3; TestAs 7,2; TestHi 20,3; dazu BDR § 217,2.

[106] Vgl. Jdc 18,6 (G^B); 1 Sam 1,17; 20,13.42; 29,7; 2 Sam 15,9; 1 Kön 22,17; 2 Kön 5,19; Jdt 8,35; Jub 18,16; Mk 5,34par; Lk 7,50; Act 16,36; Jak 2,16; babylonischer Talmud Moed Qatan 29a, dazu BDR § 206,1 und A.2.

[107] Vgl. LXXJer 36(29),7; 39(32),16; 44(37),3; 49(42)2.4.20.

[108] Vgl. LXXJer 43(36),4.18.27.32; 51,31(45,1); Act 22,14, s. BDR § 217,3.

[109] Vgl. LXXPs 104(105),5; 118(119),13; 1 Chr 16,12.

[110] Vgl. LXXJos 9,11; Jdc 6,35; 1 Makk 6,48; dazu M. Johannessohn, Der Gebrauch der Präpositionen in der Septuaginta, MSU 3, Göttingen 1925, 295f.

[111] Vgl. LXXEx 15,26; Dtn 4,40; 6,2; Josephus, Ant XIX,285.

[112] Vgl. LXXEx 6,4; Lev 26,9; Ps 104(105),10; Bar 2,35; Sir 17,12.

[113] Vgl. LXXJes 53,12; Ps 73(74),19.

[114] Zu dem vom hebr. בשר beeinflußten neutralen Gebrauch in der Bedeutung "verkünden", "predigen" in LXX sowie bei Josephus und Philo, s. Stuhlmacher (A.8), 164–179.

καὶ ἰδού = וְהִנֵּה[115]
ParJer 3,2(vl); 6,1; 9,10

Gewiß muß das alles noch nicht unbedingt gegen die Annahme einer semitischen Vorlage bzw. Grundlage für den griechischen Text der ParJer sprechen. Aber als zwingende Belege taugen die dafür geltend gemachten "Semitismen" sicherlich nicht.

Was bleibt, sind ein paar Textstücke, in denen eine Wendung oder Konstruktion vorkommt, die u. U. als "Semitismus" angesprochen werden könnte und zu der sich aus den literarischen Zeugnissen des griechisch-sprachigen Judentums keine Parallelen beibringen lassen.

ParJer 6,23: δοκιμάσεις αὐτοὺς ἐκ τοῦ ὕδατος
ParJer 7,12: ἐποίησεν ἑαυτὸν ἐν σχήματι ἀετοῦ[116]
ParJer 7,8.30: ἔδησεν (τὴν ἐπιστολὴν) εἰς τὸν τράχηλον τοῦ ἀετοῦ
ParJer 8,4: καὶ τὸ ἥμισυ τῶν γαμησάντων ἐξ αὐτῶν

Ihre Zahl ist jedoch — ganz abgesehen davon, ob die Einordnung als "semitisch" sprachlich zutrifft — so gering, daß sie schon deswegen kaum als beweiskräftig für ein nichtgriechisches Substrat gelten können.

Kurz: Das Ergebnis dieses dritten Arbeitsschrittes ist das gleiche wie nach den ersten zwei: ein stringenter Nachweis für ein semitisches Original hinter dem griechischen Text der ParJer steht auch hier aus. Wenn überhaupt kann man in der Frage "Original oder Übersetzung" höchstens von einer Pattsituation reden.

In dieser Situation kommt zweifellos den beiden folgenden Arbeitsschritten eine erhöhte Bedeutung zu.

4. Syntax und Wortgebrauch

Was ergibt sich von der Syntax und vom Wortgebrauch der ParJer her für die Frage "Übersetzungstext oder Originaltext"?.

Martin hat in seiner Studie über "Syntactical Evidence of Semitic Sources in Greek Documents" herausgearbeitet, daß es im Bereich der Syntax merkliche, d.h. statistisch erkennbare Unterschiede zwischen originalgriechischen und übersetzungsgriechischen Texten gibt, und zwar im Gebrauch von Präpositionen und Konjunktionen, von Adjektiven und Pronomina, vor allem aber auch im Gebrauch bestimmter Konstruktionsmittel wie z.B. substantivierter Infinitiv oder Genitivus absolutus.

Durchmustert man unter diesen Aspekten die ParJer, dann zeichnet sich zweierlei recht deutlich ab:

---

[115] Vgl. BDR § 442,5a u. Anm 15: LXXGen 1,31, 15,17 u.ö.; Mt 2,9; 3,16 u.ö.; Lk 1,20; Act 1,10; TestHi 17,6.
[116] C Aeth; > A B Arm[C] Sl[N T2].

(1) Im Text der ParJer treten die von Martin bei Übersetzungstexten als besonders typisch benannten syntaktischen Phänomene an keiner Stelle besonders zutage. Weder wird bei den Präpositionen[117] ἐν gegenüber διά, εἰς, κατά, περί, πρός häufiger benutzt noch bei der Verknüpfung unabhängiger Satzteile[118] καί gegenüber δέ. Bei Nomina mit angehängtem Personalpronomen gibt es nur selten das im Hebräischen (und Aramäischen) konstitutive Phänomen der Artikellosigkeit.[119]

(2) Im Vergleich dazu sind aber Phänomene, die syntaktisch für Originaltexte bezeichnend sind, mehrfach vorhanden.

Zu nennen sind an erster Stelle der Gebrauch des Genitivus absolutus und des substantivierten Infinitivs.

Genitivus absolutus
ParJer 3,15; 4,1: πρωΐας δὲ γενομένης
ParJer 4,11: τῶν ἀγγέλων ἐρχομένων καὶ ἐκδιηγουμένων αὐτῷ περὶ πάντων
ParJer 5,10: καὶ βαρείας οὔσης τῆς κεφαλῆς
ParJer 5,17: καθημένου δὲ αὐτοῦ
ParJer 6,11: ἔτι προσευχομένου τοῦ Βαρουχ
ParJer 7,15: ἀπερχομένων δὲ αὐτῶν καὶ κλαιόντων
ParJer 7,24: τούτου δὲ παραδοθέντος εἰς τιμωρίαν
ParJer 8,7: ἐλθόντων δὲ αὐτῶν
ParJer 9,7: ταῦτα λέγοντος τοῦ Ιερεμιου καὶ ἱσταμένου
ParJer 9,19: ταῦτα λέγοντος τοῦ Ιερεμιου

Substantivierter Infinitiv
ParJer 1,3: πρὸ τοῦ τὴν δύναμιν τῶν Χαλδαίων κυκλῶσαι αὐτήν
ParJer 2,5: φύλαξαι τοῦ σχίσαι τὰ ἱμάτιά σου
ParJer 2,7: τοῦ αἰχμαλωτεῦσαι τὸν λαὸν εἰς Βαβυλωνα
ParJer 4,4: ἄξιοι τοῦ φυλάξαι αὐτάς
ParJer 5,1: ἐκάθισεν ... τοῦ ἀναπαῆναι ὀλίγον
ParJer 5,10: διὰ τὸ μὴ κορεσθῆναί με τοῦ ὕπνου μου
ParJer 6,2: καὶ ἐν τῷ θεωρῆσαι ἀλλήλους
ParJer 6,14: τοῦ μὴ ἀποδεχθῆναι αὐτοὺς ... ὑπὸ τῶν Βαβυλωνιτων
ParJer 7,26: πρὸ τοῦ ἡμᾶς αἰχμαλωτευθῆναι
ParJer 7,32: διδάσκων αὐτοὺς τοῦ ἀπέχεσθαι ἐκ τῶν ἀλισγημάτων
ParJer 9,6: πρὸ τοῦ ταῦτα γενέσθαι

---

[117] Martin (s. A.27), 5–15. – Statistisch ergibt sich folgendes Bild: ἀπό 18x (lokal, zeitlich, modal); διά mit Gen. 8x (lokal, instrumental), mit Akk. 15x (kausal); εἰς 72x; ἐκ 33x; ἐν 34x (lokal, instrumental, temporal, modal); ἐναντίον 2(3)x; ἐνώπιον 4(5)x; ἐπί mit Gen. 3x, mit Dat. 3x; mit Akk. 28x; κατά mit Gen. 1x; mit Akk. 3x; κατέναντι 1x; μετά mit Gen. 18x; mit Akk. 9x; παρά mit Gen. 2x; περί mit Gen. 4x; πρό 3x; πρός 22x; ὑπέρ 5x.

[118] Martin (s. A.27), 16–20. – In ParJer wechseln beide Partikel in Satzverbindungen häufig einander ab; es gibt nur ein leichtes Übergewicht von καί.

[119] Martin (s. A.27), 28f. – Der Befund in den Kapiteln 1–4 zeigt 3 Fälle ohne Artikel gegen 26 mit Artikel.

Einschlägig sind ferner auch weitere stilistisch-syntaktische Phänomene wie die Substantivierung einer Frage, die Attraktion des Relativum, der Gebrauch eines ergänzenden Partizips, der Einsatz der Partikel ἄν in Temporal- und Bedingungssätzen sowie das Vorkommen indefiniter Pronomina.

Substantivierung einer Frage[120]
ParJer 6,8: ἵνα γνωρίσῃ ἡμῖν ὁ κύριος τὸ πῶς δυνησώμεθα ...
ParJer 6,12: μὴ μεριμνήσῃς τὸ πῶς ἀποστείλῃς ...

Attraktion des Relativum
ParJer 6,18: ἐμνήσθη τῆς διαθήκης ἧς ἔστησε

Ergänzendes Partizip[121]
ParJer 2,10: ἔμειναν ... κλαίοντες
ParJer 3,11: μεῖνον ... εὐαγγελιζόμενος
ParJer 4,11: ἔμεινεν ... καθεζόμενος
ParJer 5,15: ἔμεινε λυπούμενος
ParJer 7,32: ἔμεινε διδάσκων
ParJer 9,1: ἔμειναν ... χαίροντες
ParJer 9,8: ἔμειναν ... κλαίοντες καὶ κράζοντες

Partikel ἄν
ParJer 2,3: ἕως ἂν ἀφεθῇ
ParJer 3,4: ἕως ἂν λαλήσω
ParJer 5,2: ἐκοιμήθην ἄν
ParJer 5,5: εἰ μὴ γὰρ ἐσπούδαζεν, οὐκ ἂν ἀπέστειλέ με
ParJer 5,23: εἰ μὴ ἧς πρεσβύτης, ... ἐπικατεγέλων ἄν σοι καὶ ἔλεγον
ParJer 7,23: ἄχρις ἂν ἐξέλθωμεν
ParJer 9,5: ἕως ἂν εἰσενέγκῃ

Indefinite Pronomina[122]
ParJer 5,17: εἶδέ τινα γηραιόν
ParJer 5,26: καὶ ἐλθὼν ἐπί τι δένδρον
ParJer 7,13: ἀνεπαύσατο ἐπί τι ξύλον
ParJer 7,13: αὐτὸς καὶ ἄλλοι τινὲς τοῦ λαοῦ

Ein ähnliches Bild zeichnet sich auch im Blick auf den Wortgebrauch ab. Die ParJer weisen zwar zahlenmäßig nur einen kleinen Wortschatz[123] auf, darunter finden sich aber sprachlich ausgeprägt griechische Elemente.

---

[120] Vgl. BDR § 267,2.
[121] BDR § 414: "gut griechisch", vgl. auch LXXJdt 7,5
[122] Vgl. Beyer, FS Macuch (s. A.25), 24f.
[123] Der Wortschatz umfaßt knapp 650 Einheiten.

Dazu gehören z.B. Komposita mit εv-Präfix[124], mit alpha privativum[125], mit Doppelpräpositionen[126] und sonstige Wortkombinationen[127]. Für die hier anstehende Frage sind diese Fälle freilich nur begrenzt aussagekräftig. Wie die LXX zeigen, sind derartige Wortbildungen auch im Rahmen einer Übersetzung durchaus möglich, z.T sogar gängig. Immerhin wenn sie — wie es bei den ParJer der Fall ist — gehäuft anzutreffen sind und sich darunter zudem auch seltenes Vokabular befindet, dann spricht das eher für als gegen eine original-griechische Abfassung.

In die gleiche Richtung weist ferner der Befund im Bereich der Idiomatik. Im Text der ParJer stößt man mehrfach auf Ausdrücke mit typisch griechischen bzw. typisch "judengriechischen" Zügen.

Idiomatisch typisches Griechisch liegt vor in:
καταλαβεῖν δένδρον[128]: ParJer 5,1
λέγω als Einleitung einer Apposition[129]: ParJer 6,3
ποιεῖν bei Zahlenangaben[130]: ParJer 6,6; 7,29
ἐξελθεῖν ἐκ τοῦ σώματος[131]: ParJer 6,17
κρεμαννύναι absolut gebraucht als t.t. der Kreuzigung[132]: ParJer 7,25
κοινωνεῖν als t.t. geschlechtlichen Verkehrs[133]: ParJer 8,5

Als typisch "judengriechisch" einzustufen sind:
ὁ ἱκανός als Bezeichnung Gottes[134]: ParJer 6,3

---

[124] εὐλογεῖν (ParJer 5,32; 9,17); εὐλογητός (5,8.14); εὐφραίνειν (6,3); εὐφρασία (3,15); εὐφροσύνη (9,16); εὐωδία (9,4).

[125] ἀγέννητος (ParJer 9,6); ἀκηδής (8,4); ἀμελεῖν (7,23); ἄνομος (7,23); ἀπερινόητος (9,6); ἄσβεστος (9,13); ἀφανισμός (4,9).

[126] ἀνταπόδοσις (ParJer 5,33); ἀποκαθιστάναι (6,1) ἐκδιηγεῖσθαι (4,11); ἐξαποστέλλειν (7,10); ἐξυπνίζειν (5,1.2.5.26; 9,13); ἐπικαταγελᾶν (5,23); κατευοδοῦν (7,23).

[127] μισθαποδοσία (ParJer 6,2f); φωταγωγεῖν (5,34).

[128] Vgl. F. Preisigke, Wörterbuch der griechischen Papyrusurkunden I, Berlin 1925, 753f.; Lampe PGL, 710a.

[129] Vgl. H.G. Liddell − R. Scott − H.S. Jones, A Greek−English Lexicon, Oxford 1940[9], 1034b.

[130] Sprachgebrauch der Koine; vgl. Bauer (A.56), [5]1958, 1353; [6]1988, 1369); [Bauer]−Arndt−Gingrich (A.56), [2]1979, 682.

[131] Euphemismus für Sterben; vgl. Iamblichus, De mysteriis zit. bei Stobaeus I 49,67 (ed. Wachsmuth−Hense, S. 457,9); Sallustius, περὶ θεῶν καὶ κόσμου 19 (ed. Nock, S.34,20); s. auch die Wendung ἐξέρχεσθαι ἐκ τοῦ σκηνώματος (Hegemonius, Acta Archelai 10, (GCS 16,16).

[132] κρεμαννύναι ohne weitere Ergänzung (z.B. ἐπὶ ξύλου, vgl. Dtn 21,23 [zitiert Gal 3,13]; Act 5,30; 10,39) als t.t. der Kreuzigung ist gängiger Sprachgebrauch, vgl. Appian, Mithr II,8.29; bella civilia II,90; Diodor Siculus XVII 46,4; Herodot VII 194,1f; IX 120; Plutarch, Caesar 2,2; Achilles Tatius II 37,3; Josephus, Bell VII,202; Lk 23,39; Zenon Papyrus 59202,7ff.

[133] κοινωνεῖν c.Dat. im Sinne von "geschlechtlich verkehren", vgl. Plato, Leges 784e; Lukian, Dialogi Deorum 1,2; 10,2; Papyrus Flor 36,6.

[134] ὁ ἱκανός als Gottesbezeichnung ist in LXX ausschließlich in hexaplarischen Ergänzungen (LXXHi 21,15; 31,2) belegt, hingegen gängig in den anderen griechischen

ἁγιαστήριον[135]: ParJer 2,1; 3,14
ἀλίσγημα[136]: ParJer 7,32
μισθαποδοσία[137]: ParJer 6,2f.

Neben derartigen idiomatischen Spezifika gibt es schließlich noch eine Besonderheit im onomastischen Bereich, die für eine griechische Abfassung sprechen dürfte. In ParJer trägt der äthiopische Diener des Jeremia und Baruch eigentümlicherweise nicht den im Jeremiabuch überlieferten Namen Αβδεμελεχ/*Ebedmelech* (vgl. Jer 38[LXX45],7.10f; 39[LXX46],16), sondern den aus anderen biblischen Zusammenhängen (vgl. Gen 20,2−18; 21,22−33; 26,1−31; Jdc 8,31−10,1) bekannten Namen Αβιμελεχ/*Abimelech*. Eine solche Namensvertauschung ist auf der hebräischen Sprachebene so gut wie ausgeschlossen: עבדמלך und אבימלך lassen sich im Hebräischen kaum verwechseln. Erst in der griechischen Transkription kommen lautähnliche Namensformen zustande, und zwar wesentlich auch nur unter der Voraussetzung einer itazistischen Lesung: Αβδιμελεχ für Αβδεμελεχ. Gewiß könnte sich eine derartige itazistisch bedingte Verlesung auch erst im Lauf der weiteren griechischen Textüberlieferung eingestellt haben, aber das ist angesichts der einhelligen Verwendung der Namensform in allen Textzeugen und nicht zuletzt auch im Blick auf parallele Befunde in dem mit den ParJer literarisch verwandten Jeremia-Apokryphon sowie in der griechischen Baruch-Apokalypse[138] recht unwahrscheinlich.

Bibelübersetzungen 'A, Θ, Σ als Wiedergabe des Gottesnamen ('*el*) *šaddaj* aufgrund der Zertrennung des Namens in *šä daj* "welcher (sich selbst) genug ist": 'A Gen 17,1; Ex 6,3; Ps 91[90],1; Ez 1,24; 10,5; ferner auch Gen rabba 46,3 [Bill III, 491]; Σ Hi 22,3; 27,13; 34,10; 37,23; 40,2; Ps 68[67],15; 91[90],1; Ez 1,24; 10,5; Θ Hi 21,15; 27,13; 40,2; Ez 1,24; 10,5; ΑλλGen 43,14; 48,3; 49,25; Ex 6,3). Wie Philo zeigt (Mut Nom 27.46; Leg All I,44; Cher 46), ist der Gebrauch aber bereits älter.

[135] ἁγιαστήριον: selten und ausschließlich in biblischen und späteren christlichen Quellen belegtes Wort für das Tempelheiligtum, vgl. LXXLev 12,4; Ps 72(73),17; 73(74),7 (Wiedergabe des hebr. מקדש); 82(83),13 (hebr. נאות; v.l. θυσιαστήριον); ferner Basilius, Commentarius in Isaiam 7 (MPG 30, 129C); Theophanes, Chronographia 98 (MPG 108, 289A). Vermutlich handelt es sich ähnlich wie bei θυσιαστήριον um eine judengriechische Eigenbildung, vgl. Delling, BZAW 100 (A.3), 73 A.14; s. auch die inschriftlich belegte Amtsbezeichnung ἁγιαστήρ (s. A. Audollent, Defixionum tabellae quotquot innotuerunt tam in Graecis orientis quam in totius occidentis partibus, Paris 1904, 16 X, 7; Liddell−Scott Supplement, 1b).

[136] Das Substantiv τὸ ἀλίσγημα ist ein seltener (in der ganzen Gräzität nur noch Act 15,20 sowie in v.l. von JosAs 21,10 FW belegt) t.t. für rituelle Verunreinigung. Es dürfte sich um ein Wort "judengriechischer" Sprache handeln; auch entsprechende Verben kommen nur in jüdischen Quellen vor: ἀλισγεῖν s. LXXMal 1,7.12; LXX/ΘDan 1,8; LXXSir 40,29; συναλισγείσθαι s. Arist 142 (zitiert bei Euseb, Praeparatio Evangelica VIII 9,13 [GCS 43,1, 446]).

[137] Substantivbildung nach der biblischen Wendung μισθὸν ἀποδιδόναι (vgl. LXXDtn 24,15; Jer 22,13), außer in ParJer nur in christlichen Quellen belegt, vgl. Hebr 2,2; 10,35; 11,26; ConstAp IV 12,3; V 1,1; 7,3; VI 11,9; weitere Belege bei Lampe PGL, 872c.

[138] S. JSHRZ I,8, 718 A. zu ParJer 3,9a.

Ergebnis: Sowohl auf der grammatisch-syntaktischen wie auf der lexikalisch-idiomatischen Seite weisen die Befunde, alles in allem besehen, in die gleiche Richtung. Auch wenn in dem einen oder anderen Fall ein Übersetzer grundsätzlich nicht ausgeschlossen werden kann, die griechische Fassung der ParJer ist insgesamt so sehr von spezifisch griechischen Sprachelementen durchzogen, daß für die Annahme, es handele sich um einen übersetzten Text, kaum Raum bleibt. Von der sprachlichen Seite her spricht alles für eine original-griechische Abfassung.

5. Biblische Anspielungen und Zitate

Bleiben gleichsam als Kontrollinstanz die biblischen Anspielungen und Zitate. In den bisher vorgelegten Untersuchungen zu den ParJer gibt es dazu nur gelegentliche und in der Sache z.T. gegenläufige Äußerungen.

So kann Delling auf der einen Seite vermerken, der "Übersetzer" der ParJer habe biblische Texte in der Version der LXX gekannt und teilweise davon Gebrauch gemacht[139], auf der anderen Seite bestreitet er jedoch geradezu grundsätzlich eine engere Beziehung im Text der ParJer zur griechischen Übersetzung der LXX. Von einer Nachahmung der LXX und ihres Stils könne in den ParJer nicht die Rede sein.[140] Das sind höchst widersprüchliche Auskünfte. Auf ihre Problematik hat vor einiger Zeit bereits M. Philonenko[141] hingewiesen und dagegen die These vertreten, der Verfasser der ParJer habe die griechische Bibelübersetzung der LXX benutzt sowie darüberhinaus auch die des Symmachos.

Daß es im Wortschatz der ParJer deutliche Bezüge zur LXX gibt, ist nicht zu übersehen und ist auch von Delling nicht übersehen worden. Markante Beispiele dafür sind:

ParJer 3,7: τὰ σκεύη τῆς λειτουργίας = LXX1 Chron 9,28
ParJer 5,18: ὁ ἀναγνώστης = LXX1 Esr 8,8.9.19; 9,39.42.49
ParJer 5,24: αἱ καταρράκται τοῦ οὐρανοῦ = LXXGen 7,11; 8,2; LXXMal 3,10

Delling vermutet in diesen Fällen die Hand des Übersetzers. Das wäre an und für sich durchaus möglich. Die Frage ist, ob sich diese Annahme auch aufrecht erhalten läßt, wenn man die Abschnitte genauer unter die Lupe nimmt, in denen nicht nur biblische Einzelbegriffe vorkommen, sondern auf eindeutig bestimmbare biblische Textabschnitte Bezug genommen wird.

In den ParJer findet sich im laufenden Text eingebettet eine ganze Reihe von Wendungen und Sätzen, die offenkundig auf biblische Formulierungen zurückgreifen und z.T. durchaus als bewußt vorgenommene Anspielungen bzw. sogar Zitate bezeichnet werden können. Diese Schriftbezüge sind bislang noch nie eingehend behandelt worden, verdienen aber durchaus beachtet

---

[139] BZAW 100 (s. A.3), 73.
[140] Ebd.
[141] RHPR 64, 1984, 144.

zu werden, nicht zuletzt auch im Zusammenhang mit der Frage nach der sprachlichen Originalgestalt der ParJer.

Bei meiner Durchsicht habe ich wenigstens 16 Stellen entdeckt, bei denen Bezüge zu biblischen Texten klar erkennbar sind. In der Reihenfolge der ParJer aufgeführt handelt es sich um folgende Fälle:

1. ParJer 1,2:   Jer 1,18
2. ParJer 1,5//2,7:   Jer 39(LXX)=32(HT),3.4
3. ParJer 2,5:   Joel 2,13
4. ParJer 3,8:   Jer 22,29
5. ParJer 3,9:   Jer 45(LXX)=38(HT),6−13
6. ParJer 6,3α: Ps 56(LXX)=57(HT),8 / 107(LXX)=108(HT),2
7. ParJer 6,3β: Jer 38(LXX)=31(HT),13
8. ParJer 6,13:   Jer 3,14
9. ParJer 6,20α: Jer 37(LXX)=30(HT),4 / [32(LXX)=25(HT),15 ua.]
10. ParJer 6,20β: Jer 11,4 / Dt 4,20
11. ParJer 6,21:   Hi 15,25
12. ParJer 7,10:   Gen 8,6−12
13. ParJer 7,12:   Prov 4,27
14. ParJer 7,17:   Ex 4,4f.
15. ParJer 7,29:   Ps 136(LXX)=137(HT),3.4
16. ParJer 9,3:   Jes 6,3

Die meisten Schriftbezüge stammen, wie zu erwarten, aus dem Buch Jeremia[142]:

Jer 1,18:   ParJer 1,2 (= 1)
Jer 3,14:   ParJer 6,13 (= 8)
Jer 11,4:   ParJer 6,20β (= 10)
Jer 22,29:   ParJer 3,8 (= 4)
Jer 37(30),4:   ParJer 6,20α (= 9)
Jer 38(31),13:   ParJer 6,3β (= 7)
Jer 39(32),3.4:   ParJer 1,5 (= 2)

Daneben kommen aber auch andere biblische Bücher vor und zwar bemerkenswerterweise aus allen drei Bereichen des biblischen Kanon:

---

[142] J. Herzer hat in seinem Aufsatz "Alttestamentliche Traditionen in den Paralipomena Jeremiae als Beispiel für den Umgang frühjüdischer Schriftsteller mit der 'Heiligen Schrift'", in: M. Hengel − H. Löhr (hg.): Schriftauslegung im antiken Judentum und im Urchristentum, WUNT 73, Tübingen 1994, 114−132 die Verwendung des Jeremiabuches in den ParJer motivlich sorgfältig analysiert, textgeschichtliche Aspekte dabei aber nur am Rande gestreift.

Tora:
Gen 8,6−12:   ParJer 7,10 (= 12)
Ex 4,4f.:   ParJer 7,17 (= 14)
[Dtn 4,20:   ParJer 6,20β (= 10)]

Propheten:
Jes 6,3:   ParJer 9,3 (= 16)
Joel 2,13:   ParJer 2,5 (= 3)

Schriften:
Ps 56(57),8:   ParJer 6,3α (= 6)
[Ps 107(108),2: ParJer 6,3α (= 6)]
Ps 136(137),3.4: ParJer 7,29 (= 15)
Hi 15,25:   ParJer 6,21 (= 11)
Prov 4,27:   ParJer 7,12 (= 13)

Die Ausbeute ist vom Umfang her zwar nicht übergroß. Es handelt sich meist nur um kurze biblische Passagen und Wendungen, die im laufenden Text eingewoben sind, und dazu überwiegend nur um freie Anspielungen. Dennoch ist der textliche Befund überlieferungsgeschichtlich durchaus aufschlußreich.

Im Blick auf die textliche Grundlage ergibt sich folgendes Bild:

1. ParJer 1,2:   Jer 1,18

ParJer 1,2	Jer 1,18: LXX	´A Θ	HT
αι γαρ προσευχαι υμων			
	ιδου		ואני הנה
	τεθεικα σε …		נתתיך ...
	ως πολιν		לעיר
	οχυραν		מבצר
ως στυλος	[και ως στυλον	εις στυλον	ולעמוד
εδραιος	σιδηρουν]*	σιδηρουν	ברזל
και ως τειχος	και ως τειχος		ולחומות
αδαμαντινος	χαλκουν οχυρον**		נחשת
εστιν			

* 0−233 L'-130'

** vl: οχυρουν; ισχυρον

Amos 7,7: LXX	HT
επι τειχους	על-חומת
αδαμαντινου	אנך

Jer 15,20: LXX	HT
ως τειχος	לחומת
οχυρουν χαλκουν	נחושת בצורה

Textgestaltung in Anlehnung an Jer 1,18. Auffällige Abweichungen gegenüber der LXXFassung bestehen an zwei Stellen: einmal a) darin, daß ParJer mit zwei Bildmetaphern (στυλος - τειχος) einen längeren Text bietet als die älteste Fassung der LXX und darin genau dem HT (vgl.'A Θ sowie LXX 0−233 L'-130') entspricht, ferner b) darin, daß ParJer in dem mit der LXX gemeinsamen Textteil nur in der Wahl des Substantivs mit der LXX übereinstimmt, in der adjektivischen Bestimmung aber davon abweicht und statt des zweigliedrigen χαλκουν οχυρον (Angleichung an Jer 15,20?) erneut entsprechend dem HT mit αδαμαντινος nur ein Textglied bietet.

Die in beiden Fällen vorhandene Übereinstimmung mit dem HT gegen die LXX zeigt, daß im Hintergrund eine dem HT nahestehende Textfassung steht, und könnte entsprechend für eine hebräische Textgrundlage der ParJer geltend gemacht werden. Gegen diesen Rückschluß spricht indes der übrige Textbefund mit zwei zunächst unscheinbaren, im vorliegenden Zusammenhang gewichtigen Eigenheiten. Es ist die Übersetzung der Wendungen ולעמוד und לחומות durch ως στυλον bzw. ως τειχος. In ihr finden sich gleich zwei für die LXX spezifische Eigenheiten: die Wiedergabe der hebräischen Präposition ל durch das griechische ως sowie die Wahl der singularischen Form τειχος für den hebräischen Plural חומות. Beides, insbesondere die

Wahl des vergleichenden ως, ist so LXX-signifikant (vgl. auch LXXJer 15,20; dagegen 'A ΘJer 1,18: εις στυλον σιδηρουν), daß für die vorliegende Textfassung der ParJer trotz der benannten Abweichungen von der LXX eine LXXGrundlage so gut wie sicher ist. Vermutlich spiegelt ParJer mit ως στυλον εδραιος und auch mit dem eingliedrigen Adjektiv in ως τειχος αδαμαντινος eine gegenüber der älteren LXXJer-Fassung verbesserte, dem HT angenäherte Textform wider, einen Vorläufer des hexaplarischen und lukianischen Rezensionstextes (s. O−233 L'-130'). Die von LXXJer 1,18 abweichende Lesart ως τειχος αδαμαντινος dürfte dabei im übrigen von LXXAm 7,7 beeinflußt sein.

2. ParJer 1,5//2,7: Jer 39(LXX)=32(HT),3.4

ParJer 1,5 // 2,7		Jer 39,3.4: LXX	Jer 32,3.4: HT
κυριος	ο θεος	ουτως ειπε κυριος	כה אמר יהוה
παντοκρατωρ		ιδου εγω	הנני
παραδιδως	παραδιδωσι	διδωμι	נתן
την πολιν	την πολιν	την πολιν	את־העיר
την εκλεκτην		ταυτην	הזאת
εις χειρας	εις χειρας	εν χερσι*	ביד
	του βασλεως	βασιλεως	מלך־
των Χαλδαιων	των Χαλδαιων	Βαβυλωνος	בבל
		....	....
		4 ου μη σωθη	לא ימלט
		εκ χειρος	מיד
		των Χαλδαιων,	כשדים
		οτι παραδοσει	כי־הנתן
		παραδοθησεται	ינתן
		εις χειρας	ביד
		βασιλεως Βαβυλωνος	מלך־בבל

* εις χειρας L' 86[txt]
−710

Formulierung in Anlehnung an Jer 39(32),3.4, vgl. auch Jer 45(38),18. Daß LXX-Text im Hintergrund steht, deutet sich im Kompositum παραδιδοναι (= HT נתן) an, wird aber vor allem am Plural εις χειρας statt Singular ביד im HT ersichtlich; LXXJer 39,3 liest zwar εν χερσιν, doch s. für εις χειρας neben dem lukianischen Rezensionstext z. St. die entsprechende Fassung LXXJer 39(32),4, ferner 39(32),43 (παρεδοθησαν εις χειρας Χαλδαιων), 45(38),18: δοθησεται η πολις αυτη εις χειρας Χαλδαιων.

3. ParJer 2,5:   Joel 2,13

ParJer 2,5	Joel 2,13: LXX	HT
φυλαξαι		
του σχισαι	και διαρρηξατε	וקרעו
τα ιματια σου	τας καρδιας υμων	לבבכם
αλλα σχισωμεν	και μη	ואל-
τας καρδιας	τα ιματια υμων	בגדיכם

Freie Verarbeitung von Joel 2,13 mit Umstellung der Satzteile. Der Plural τας καρδιας in ParJer deutet auf LXXEinfluß (HT: Singular לבבכם). Der Wechsel von διαρρηγνυναι zu σχιζειν steht nicht dagegen, da in der LXX קרע neben dem geläufigen διαρρηγνυναι durchaus auch mit σχιζειν wiedergegeben werden kann (vgl. Jes 36,22; 37,1) und im übrigen die Wendung σχιζειν τα ιματια auch sonst gängig ist (vgl. Josephus, Ant VIII,207; Lk 5,36; Joh 19,24).

4. ParJer 3,8:   Jer 22,29

ParJer 3,8	Jer 22,29: LXX	HT
ακουε	γη γη*	ארץ ארץ ארץ
γη	ακουε	שמעי
της φωνης	λογον	דבר-
του κτισαντος σε	κυριου	יהוה
	* + γη O L⁻³⁶ -	
	62-198	

Textformulierung unter Bezug auf Jer 22,29 (vgl. syrBar 6,8: "Erde, Erde, Erde, höre das Wort des mächtigen Gottes"). Trotz Abweichungen von LXXJer 22,29 ist in der Wendung ακουειν της φωνης eine allgemeine Abhängigkeit von LXXJer wahrscheinlich, vgl. LXXJer 11,3.4; 18,10; 22,21; 33(26),13; 49(42),6; 50(43), 4.7; ferner Bar 2,22.29.

5. ParJer 3,9: Jer 45(LXX)=38(HT),6−13

ParJer 3,9	Jer 45,6.13: LXX	Jer 38,6.13: HT
	V.6	
	και ερριψαν αυτον	וישליכו אתו
	εις λακκον	אל־הבור
	…	…
	και εν τω λακκω	ובבור
	ουκ ην υδωρ	אין־מים
	αλλ η βορβορος.	כי אם־טיט
	και ην	ויטבע ירמיהו
	εν τω βορβορω	בטיט
	V.13	
	και ειλκυσαν	וימשכו
	αυτον	את־ירמיהו
αυτος	τοις σχοινιοις	בחבלים
ανεσπασε	και ανηγαγον	ויעלו
με	αυτον	אתו
εκ του λακκου	εκ του λακκου	מן־הבור
του βορβορου		

Textformulierung im Anschluß an die Erzählung Jer 45(LXX)=38(HT),6−13. λακκος βορβορου weist eindeutig auf sprachliche Prägung durch die LXX: βορβορος als Übersetzung von HT טיט ist Spezifikum in LXXJer 45,6 (LXX sonst πηλος, so auch 'Α Σ). Bemerkenswert ist, daß Josephus eine ähnliche Textreminiszenz des JerTextes bietet (Ant X,121−123) und dabei ebenso wie ParJer das Verb ανασπαν verwendet gegen LXX αναγειν: Ant X,123: ανεσπασεν εκ του βορβορου τον προφητην. Hinter der Lesart in ParJer und bei Josephus könnte sich daher eine weiter nicht erhaltene Variante von LXXJer 45,13 verbergen, vgl. LXXHab 1,15; ΑλλPs 135(134),7: עלה hiphil = ανασπαν.

6. ParJer 6,3α: Ps 56(LXX)=57(HT),8 / 107(LXX)=108(HT),2

ParJer 6,3α	Ps 56,8/107,2: LXX	Ps 57,8/108,2: HT
ετοιμασον σεαυτην	ετοιμη	נכון
η καρδια μου	η καρδια μου	לבי
και ευφραινου	ασομαι	אשירה
και αγαλλου	και ψαλω	ואזמרה
	εξεγερθητι η δοξα μου/	עורה כבודי/
εν τη σκηνωματι σου	εν τη δοξη μου	אף־כבודי

Freie Anspielung auf Ps 56(57),8 bzw. 107(108),2. Die Textgrundlage läßt sich nicht sicher ermitteln; für LXXPrägung dürfte sprechen, daß eine Paarung wie ευφραινου και αγαλλου in der LXX mehrfach vorkommt (Ps 9,2; 30[31],7; 34[35],27; 39[40],17; 66[67],5; 89[90],14; 117[118],24; Jes 25,9; Cant 1,4), ferner daß die Schlußwendung εν τη σκηνωματι σου formal an das εν τη δοξη μου aus LXXPs 107,2 erinnert.

7. ParJer 6,3β: Jer 38(LXX)=31(HT),13

ParJer 6,3β	Jer 38,13: LXX	Jer 31,13: HT
το πενθος σου	και στρεψω*	והפכתי
γαρ μετεστραφη	το πενθος αυτων	אבלם
εις χαραν	εις χαρμονην**	לששון

επιστρεψω S
** χαρμοσυνην Q-106'-130-534-613 O/
ευφροσυνην A

Es könnte sich um eine gängige Redewendung handeln, vgl. LXXEsther 4,17[h] (=C 10): στρεψον το πενθος ημων εις ευωχιαν/ευφροσυνην; vgl. ferner LXXEsther 9,22: απο πενθος εις χαραν. Ein Zusammenhang mit Jer 38(31),13 ist angesichts der sonstigen Bezugnahmen der ParJer auf das Jeremiabuch (s.o. S.88) indes durchaus wahrscheinlich. Eine spezifische LXXPrägung ist zwar nicht gegeben. Die Varianten in der Übersetzung von הפך und שׂשׂון liegen aber durchaus im Rahmen des LXXSprachgebrauchs: zu μεταστρεφειν εις πενθος, vgl.LXXAm 8,10, ferner 1 Makk 1,39.40; zu χαρα = שׂשׂון vgl. LXXJer 16,9; 25,10; Joel 1,12, Sach 1,19.

8. ParJer 6,13: Jer 3,14

ParJer 6,13	Jer 3,14: LXX	HT
	λεγει	נאם־
	κυριος	יהוה
	...	...
μετα τουτο	και	ר־
εισαξω	εισαξω	הבאתי
υμας	υμας	אתכם
εις	εις	
την πολιν υμων	Σιων	ציון
λεγει		
κυριος		

Der Zusammenhang mit Jer 3,14 ist unverkennbar. Der Wortlaut deckt sich weitgehend mit dem der LXX. Spezifische LXXPrägung liegt namentlich in der Formel λεγει κυριος als Übersetzung von נאם־יהוה.

9. ParJer 6,20α: Jer 37(LXX)=30(HT),4 / [32(LXX)=25(HT),15 u.a.]

ParJer 6,20α	Jer 37(30),4: LXX	HT	Jer 32(25),15: LXX	HT
ουτοι ουν	και ουτοι	ואלה	ουτως	כי כה
εισιν				
οι λογοι	οι λογοι	הדברים		
ους ειπε	ους ελαλησε	אשר דבר	ειπε	אמר
κυριος	κυριος	יהוה	κυριος	יהוה
ο θεος	επι	אל	ο θεος	אלהי
Ισραηλ	Ισραηλ	ישראל	Ισραηλ	ישראל
	και	ואל		
	Ιουδα	יהודה		

Offenkundiger Bezug auf Jer 37,4. Abweichungen gegenüber der LXXFassung bestehen im Wechsel von ειπε/ ελαλησε (= HT דבר) sowie vor allem in der Lesart ο θεος Ισραηλ statt επι Ισραηλ. Letzteres ist höchst eigentümlich und auffällig.

Da ο θεος Ισραηλ ebenso wie επι Ισραηλ auf HT אל ישראל zurückgeführt werden kann, läge es nahe, den vorliegenden Fall als Beispiel eines Übersetzungsfehlers in den ParJer einzustufen (s.o. S.76). Das trifft jedoch schwerlich zu. Dagegen spricht zunächst einmal, daß אל ישראל = "Gott Israels" äußerst selten ist (biblisch nur Ps 68 [LXX 67],36), hinzu kommt insbesondere aber der Umstand, daß die in ParJer greifbare Textfassung sich aus dem Text der LXXJer selbst erklären läßt. Sie findet sich dort wörtlich an mehreren Stellen: LXXJer 32(25),15; 34(27),4; 36(29),4; 40(33),4; 41(34),13; 46(39),16; 51(44),25. Was ParJer bietet, ist eine interne Verschmelzung von zwei formal wie sachlich verwandten Textabschnitten, und zwar offensichtlich auf der Grundlage der LXXFassung des Jeremia-Buches.

10. ParJer 6,20β: Jer 11,4 / Dtn 4,20

ParJer 6,20β	Jer 11,4: LXX	HT	Dtn 4,20: LXX	HT
	εν ημερα η	ביום		
ο εξαγαγων	ανηγαγον*	הוציא־י	εξηγαγεν	ויוצא
ημας	αυτους	אותם	υμας	אתכם
εκ γης	εκ γης	מארץ־	εκ της	מ־
Αιγυπτου	Αιγυπτου	מצרים	καμινου	כור
			της σιδηρας	הברזל
εκ της	εκ	מ־	εξ	מ־
μεγαλης	καμινου	כור	Αιγυπτου	מצרים
καμινου	της σιδηρας	הברזל		

*εξαγαγοντος μου
’Α

In der Wortfolge und weithin auch im Wortlaut genaue Anlehnung an Jer 11,4. Gegenüber der LXX bestehen Varianten im Wechsel von αναγειν zu εξαγειν (sonst aber auch in LXX üblich) für יצא sowie in der persönlichen Ausrichtung. Dennoch dürfte LXX die Grundlage bilden, da in beiden Fällen Einfluß des Paralleltextes in LXXDtn 4,20 wahrscheinlich ist.

11. ParJer 6,21:   Hi 15,25

ParJer 6,21	Hiob 15,25: LXX	HT
και ετραχηλιασατε	εναντι* δε	ואל־
ενωπιον	κυριου παντοκρατορος	שדי
μου	ετραχηλιασεν	יתגבר

* C 613 797...: εναντιον
Or Did: ενωπιον

Formulierung in Aufnahme von Hi 15,25. Der Gebrauch des ausschließlich dort und sonst nur noch vereinzelt in der patristischen Literatur (vgl. Lampe, PGL, 1401a) belegten Verbums τραχηλιαν weist eindeutig auf einen LXXText als Grundlage. Vermutlich folgt ParJer auch mit ενωπιον als Präposition statt εναντι bzw. εναντιον (= HT אל) einer sonst nur noch durch Kirchenväterzitate (Origenes, Didymos) belegten Textfassung.

12. ParJer 7,10:   Gen 8,6−12

ParJer 7,10	Gen 8,6−9: LXX	HT	Gen 8,10ff.: LXX	HT
μη ομοιωθη	V.6 Νωε ...	נח		
τον κορακα, ον				
			V.10 παλιν	ויסף
απεστειλεν	V.7 και απεστειλεν	וישלח	εξαπεστειλεν	ושלח
Νωε	τον κορακα ...	את־הערב	...	...
	και εξελθων	ויצא	V.11 και	
και ουκ	ουχ	יצוא		
απεστραφη	υπεστρεψεν*	ושוב	ανεστρεψεν*	ותבא
	...	...	προς αυτον	אליו
ετι	V.9	ותשב		
προς αυτον	προς αυτον	אליו	V.12 παλιν	
εις την κιβωτον	εις την κιβωτον	אל־התבה	εξαπεστειλεν	וישלח
			...	
			του επιστρεψαι**	שוב־
			προς αυτον	אליו
			ετι	עוד

*απεστρεψεν 246

*απεστρ. 135
108−314 56
**αποστρ. d

Kurze Zusammenfassung der Erzählung von der Aussendung des Raben durch Noah Gen 8,6ff. unter Verwendung verschiedener Einzelstücke. Als Textgrundlage zeichnet sich klar LXXGen ab. ParJer folgt mit der negativen Aussage και ουκ απεστραφη genau der vom HT abweichenden Lesart der LXX. Wie die Varianten in der LXXÜberlieferung zeigen, dürfte auch das Kompositum απεστραφη der LXXVorlage der ParJer entstammen.

13. ParJer 7,12:   Prov 4,27

ParJer 7,12	Prov 4,27: LXX	HT
και		
μη	μη	אל-
εκκλινης	εκκλινης	תט-
εις τα δεξια	εις τα δεξια	ימין
μητε*	μηδε	ו-
εις τα αριστερα	εις τα αριστερα	שמאול
	V.27b	
υπαγον	αυτος δε	
ορθως	ορθας	
	ποιησει	
*η: a.b	τας τροχιας σου	

Biblisch und nachbiblisch verbreitete Redewendung, vgl. Dtn 2,27; 5,32; 17,11; Jos 1,7; 2 Chron 34,2; Prov 4,27; ferner Josephus, Bell IV,613; VI,58; Ant VIII,78; XV,338; syrBar 77,26. Da die vorliegende Fassung bis in die sprachlichen Besonderheiten wörtlich mit LXXProv 4,27 übereinstimmt (insbesondere in der in den anderen Paralleltexten nicht vorhandenen Artikelsetzung εις τα δεξια - εις τα αριστερα), kann der Zusammenhang mit LXXProv als gesichert gelten. Ein Reflex des LXXTextes könnte ferner in der Fortsetzung υπαγον ορθως vorliegen, vgl. LXXProv 4,27b: αυτος δε ορθας ποιησει τας τροχιας σου.

14. ParJer 7,17:   Ex 4,4f.

ParJer 7,17	Ex 4,4f.: LXX	HT
γεγονε δε	και εγενετο	ויהי
τουτο	ραβδος	למטה
	εν τη χειρι αυτου	בכפו
ινα	ινα	למען
πιστευσωσιν	πιστευσωσιν	יאמינו
	σοι*	

* om Bᶜ d⁻⁴⁴ n t 707*
76 509 Arab Bo

Vermutlich Aufnahme der einprägsamen und singulären Formulierung aus Ex 4,4f. Das Fehlen eines Dativobjekts nach πιστευσωσιν entspricht HT, ist aber auch in rezensionellen Strängen der LXXÜberlieferung erhalten; möglicherweise ein weiterer Beleg (s.o. S.90f. zu ParJer 1,2: Jer 1,18) für die Angleichung an den HT in der LXXVorlage der ParJer.

15. ParJer 7,29: Ps 136(LXX)=137(HT),3.4

ParJer 7,29	Ps 136,3.4: LXX	Ps 137,3.4 (HT)
λεγοντες οτι		
ειπατε	ασατε	שירו
ημιν	υμιν	לנו
ωδην		
εκ των ωδων	εκ των ωδων	משיר
Σιων	Σιων	ציון
και		
την ωδην		
του θεου ημων		
και		
αντελεγομεν αυτοις		
πως	πως	איך
ασωμεν	ασωμεν	נשיר
ημιν	την ωδην κυριου	את־שיר־יהוה
επι γης	επι γης	על אדמת
αλλοτριας οντες	αλλοτριας	נכר

Zitatmäßige (Einleitung mit ὅτι) Verarbeitung von Ps 136(137),3. Mit Ausnahme kleiner Varianten (ειπατε statt ασατε, την ωδην του θεου ημων statt την ωδην κυριου) besteht genaue Übereinstimmung mit der LXXFassung, vor allem in dem für diese spezifischen Plural εκ των ωδων (HT Singular: משיר).[143]

16. ParJer 9,3: Jes 6,3

ParJer 9,3	Jes 6,3: LXX	HT
Ιερεμιας ...	και εκεκραγον	... ויקרא
ευξατο ευχην	...	
λεγων	και ελεγον	ואמר
αγιος	αγιος	קדוש
αγιος	αγιος	קדוש
αγιος	αγιος	קדוש

Aufnahme des Trishagion aus Jes 6,3. Da literarisch viel verwendet (vgl. 1 Hen 39,12; TestAbr A 3,3; 20,12; Apc 4,8; Tosephta Berakot 1,9; b Chullin 91b; Const Ap VII 35,3; VIII 12,27; CIJ 1448) und zudem kein spezifischer Unterschied zwischen HT und LXX besteht, läßt sich über die Textvorlage nichts sagen.

---

[143] Bereits von Philonenko, RHPR 64, 1984, 144 vermerkt. − Die textgeschichtliche Qualifizierung als "späterer Zusatz" bzw. eingeschobene "Glosse" bei Herzer, TSAJ 43 (s. A.18), 29. 124, ist angesichts dieses Befundes höchst fraglich.

Wertet man die Einzelanalysen aus, so zeichnet sich im Blick auf die Verwendung biblischer Passagen und ihre textliche Prägung folgendes Bild ab:

Bei den benannten 16 Fällen handelt es sich nahezu ausnahmslos um in den Erzähltext eingewobene Zitate und Anspielungen bzw. Paraphrasen. Nur an einer Stelle liegt ein explizit als solches gekennzeichnetes Zitat (Nr.15) vor. Der Text der biblischen Vorlage wird überwiegend frei verwertet, und zwar, wie mehrfach vorkommende Verquickungen verwandter Textstellen (Nr. 1. 2. 9.) zeigen, offenkundig nach dem Gedächtnis. Die jeweilige textliche Grundlage läßt sich daher nur begrenzt ermitteln, überwiegend zeichnen sich aber dennoch grundlegende Eigenheiten recht deutlich ab. In 6 Fällen ist der Wortlaut der ParJer markant mit dem Text der LXX verknüpft sind, teils in Gestalt einer LXXspezifischen Textform: Nr. 12, teils in Gestalt eines LXXspezifischen Wortgebrauchs: Nr. 1. 2. 5. 8. 11. In 2 Fällen läuft der Text der ParJer durchgehend LXXkonform: Nr. 13. 15, in 2 weiteren Fällen deutet sich durchaus erkennbar ein LXXZusammenhang an: 9. 10. In 4 Fällen handelt es sich um mit der LXX nicht deckungsgleiche Textwiedergaben, dennoch sind auch hier Anzeichen für einen LXXHintergrund vorhanden: Nr. 3. 4. 6. 7. Nur in 2 Fällen ist der Wortbestand zu klein und unspezifisch, um auch nur ansatzweise Rückschlüsse auf die Textvorlage zu ziehen: Nr. 14. 16.

D.h. über die Hälfte der biblischen Anspielungen und Zitate, die sich in den ParJer nachweisen lassen, trägt − in unterschiedlichem Ausmaß zwar, aber deutlich feststellbar − Züge der jeweiligen LXXFassung. In den restlichen Fällen ist die Evidenz nicht so eindeutig, überwiegend läßt sich aber auch bei ihnen ein LXXHintergrund wahrscheinlich machen. Das trifft selbst für einen Text wie ParJer 6,3α (Nr.6) zu, wo der Unterschied zur biblischen Grundlage (Ps 56 bzw. Ps 107) besonders augenfällig ist. Auch in diesem Fall ist die Wahrscheinlichkeit einer Prägung der Textformulierung durch die LXX durchaus gegeben.

Die von Philonenko[144] in die Diskussion eingebrachte These einer (zusätzlichen) Benutzung anderer griechischer Bibelübersetzungen, insbesondere des Symmachos, hat sich an Hand der untersuchten Texte hingegen an keiner Stelle erhärten lassen.[145] Unter den Anspielungen bzw. Zitaten gibt es keinen

---

[144] RHPhR 64, 1984, 143−145.

[145] Die von Philonenko (ebd., 144f.) angeführten Belege − a) ParJer 6,3: Bezeichnung Gottes als ὁ ἱκανός; b) ParJer 3,15; 5,26; 6,2.5: Anspielung auf das Motiv des mit Feigen gefüllten Korbs aus Jer 24; c) ParJer 5,1: Übertragung der in Jer 31(LXX 38),26 auf den Propheten bezogenen Wendung "des Aufwachens aus dem süßen Schlaf" auf Abimelech − reichen dafür schwerlich aus.

zu a: ὁ ἱκανός als Gottesbezeichnung kommt nicht nur bei Symmachos und den anderen Konkurrenzübersetzungen der LXX vor, sondern war auch sonst im hellenisierten Judentum gebräuchlich (s.o. A.134).

zu b: Ob hinter dem Motiv des mit Feigen gefüllten Korbes in ParJer sich eine Anspielung auf die Feigenkorbvision in Jer 24 verbirgt, ist unsicher. Aber selbst wenn das zutreffen sollte, besagt der Umstand, daß ParJer nicht wie LXXJer 24,1 von einem κάλαθος,

Fall, der eindeutig für eine andere Grundlage als einen Text mit LXXCharakter sprechen würde. Selbst dort, wo die Abweichungen zur gängigen LXX-Fassung verhältnismäßig groß sind, finden sich Hinweise auf LXXspezifische Elemente.[146]

Für die Frage nach dem ursprünglichen Sprachcharakter der ParJer ist dieser Befund zweifellos nochmals von besonderem Gewicht. Die bisher ermittelten Ergebnisse werden durch ihn nicht nur gestützt, sondern eindrücklich verstärkt. Mit dem Nachweis, daß die in den Text der ParJer eingearbeiteten Bibeltexte zu einem erheblichen Teil offenkundig LXXCharakter tragen, schließt sich die Beweiskette gegen die Annahme einer semitischsprachigen Grundschrift der ParJer. Da es so gut wie ausgeschlossen ist, daß derartige im Erzählstoff eingewobene LXXBezüge sich einem Übersetzer verdanken, bestätigen die in den biblischen Anspielungen und Zitaten der ParJer greifbaren LXXTextformen auf ihre Weise nochmals deutlich, daß sich die in der Forschung seit langem und bis heute überwiegend vertretene Zuschreibung der ParJer zur hebräisch- bzw. aramäischsprachigen Literatur des antiken Judentums nicht länger halten läßt.

Kurz: es gibt keinen hinreichenden Grund, die sprachliche Originalität der griechischen Fassung der ParJer in Frage zu stellen. Im Gegenteil, sie kann als gesichert gelten. Die ParJer sind offenkundig von Haus aus griechisch abgefaßt und müssen daher als literarisches Zeugnis für die Akkulturation antiker Juden an die hellenistisch geprägte Umwelt eingestuft werden.

IV

Wo im Bereich des antiken, griechischsprachigen Judentums der Autor anzusiedeln ist, ist damit freilich noch nicht ausgemacht. Ich erlaube mir dazu abschließend noch ein paar Bemerkungen und weite damit die Frage nach dem sprachlichen Charakter der ParJer aus zur Frage nach der genaueren Herkunft des Textes und seines Autors.

Seit Harris ist es in der Forschung gängig, die ParJer historisch den Ereignissen der Zerstörung Jerusalems und des Tempels durch die Römer zu- und

---

sondern wie Σ 'AJer 24,1 von einem κόφινος spricht, noch nicht viel. Auch in der LXX kommt κόφινος als Übersetzung von דוד vor, vgl. Ps 80(81),7; im übrigen war das Wort gängig gerade für Tragekörbe, s. Josephus, Bell III,95; Juvenal, Sat 3,14, 6,542; Mk 6,43; 8,19; Mt 14,20; 16,9; Lk 9,17; Joh 6,13.

zu c: Was Jer 31(LXX 38),26 und ParJer 5,1 miteinander verbindet, ist keineswegs spezifisch, sondern eine verbreitete Motivverknüpfung: Die Bezeichnung des Schlafes als 'süß' bereits häufig bei Homer (Ilias 4,131; Odyssee 1,364 u.ö.), danach gängig, auch in jüdischen Schriften; neben LXXJer 38(31),26f.; 3 Makk 5,12; Josephus Bell VII,349. – Zu ἐξυπνίσθη ἐκ τοῦ ὕπνου als Ausdruck des Aufwachens vgl. LXX[B] Jdc 16,14.20; ferner LXXHi 14,12; 1Kön 3,15.

[146] Vgl. dazu insbesondere die Aufnahme von Jer 1,18 in ParJer 1,2 (Nr. 1).

nachzuordnen[147] und sie darüberhinaus aber auch geographisch im Bereich des palästinischen Judentums anzusiedeln.[148] Hauptargumente dafür sind einerseits die thematische Ausrichtung der ParJer als Trost- und Mahnschrift auf das Geschick der Heiligen Stadt und seiner Einwohner sowie vor allem die Art und Weise, in der der Erzähler über Jerusalem und seine Umgebung berichtet[149]. Insbesondere letzteres scheint auf genauere Lokalkenntnisse zu weisen.[150] Freilich ist das nicht unbedingt zwingend. Solche Sachkenntnis könnte aus zweiter Hand stammen. Dennoch spricht einiges auch sonst für die Vermutung, daß der Verfasser der ParJer im jüdischen Kernland beheimatet ist.

Dazu paßt einmal das eigentümliche Interesse an der Entstehung wie an dem Schicksal der samaritanischen Gemeinde (ParJer 8,4−8); man kann geradezu von einem akut missionarischen Interesse sprechen.[151] Ferner paßt dazu der Sprachstil des Buches mit seinem semitisierenden und gelegentlich auch holprigen, ja fehlerhaften[152] Griechisch.

Wenn ich recht sehe, gibt es noch einen weiteren spezifischen Hinweis in diese Richtung, und zwar in den biblischen Zitaten und Anspielungen. Wie oben dargelegt, spiegelt ParJer 1,2 mit der Aufnahme von Jer 1,18 eine Fassung des Jeremiatextes wider, die sich textgeschichtlich als "rehebraisierende", den LXXText an den HT angleichende Textbearbeitung einstufen läßt[153], und verbirgt sich dasselbe Phänomen vermutlich auch in der Aufnahme von Ex 4,4f. in ParJer 7,17.[154] Wenn nicht alles täuscht, ist diese durch den Fund einer Rolle des Zwölfprophetenbuches am Rande des judäischen Berglands neuerdings eindrücklich belegte[155] "Rehebraisierung" von LXX-

---

[147] Harris (s. A.2), 13.

[148] Ebd., 12.

[149] Harris (ebd.) spricht sogar von "an excessive knowledge of the topography of the Holy City". Das ist übertrieben. Lokalkenntnis enthalten in der Erzählung über das Geschick des Jeremiadieners "Abimelech" die Hinweise auf a) den "Weingarten des Agrippa" (3,10 [ἀμπελῶν, A B Aeth SlN T2 T1;   C "Acker"; ArmA B C "Dorf"]; 3,15; 5,25 [χωρίον], vgl. Bar[gr] 1,2; ApokrJer[kopt] 22,39), b) den "Bergweg" (3,15; 5,9) und c) die "Zeichen der Stadt" (5,12).
Beim "Weingarten des Agrippa" handelt es sich vermutlich um ein nach Agrippa I [37−44 n.] oder Agrippa II [gest. um 100 n.] benanntes Landgut. Die Lokalisierung ist unklar. Zu Vorschlägen s. JSHRZ I,8, 719 zu 3,10a.

[150] Harris, ebd.: "It certainly looks as if the geography were real geography."

[151] Vgl. J. Riaud, Les Samaritains dans les 'Paralipomena Jeremiae', in: La Littérature intertestamentaire, Colloque de Strasbourg 1983, Paris 1985, 89−97.99−107.109−118. 119−131.133−152.

[152] Beispiele:
ParJer 1,2: αἱ γὰρ προσευχαὶ ὡς στῦλος ἑδραῖός ἐστιν; 5,17: καθημένου δὲ αὐτοῦ εἶδε; 7,24: ὥσπερ γὰρ πατὴρ, υἱὸν μονογενῆ ἔχων, τούτου δὲ παραδοθέντος; 7,25: ηὕρισκον ἐκ τοῦ λαοῦ κρεμαμένους ὑπὸ Ν.; 9,7: ταῦτα λέγοντος τοῦ Ἰερεμίου ... ἐγένετο ὡς εἷς.

[153] S.o. S.90f.

[154] S.o. S.98.

[155] Vgl. D. Barthélemy, Les devanciers d'Aquila, SVT 10, Leiden 1963.

Texten nicht im Umfeld des hellenisierten Diasporajudentums verankert, sondern dürfte griechischsprachigen jüdischen Kreisen im "Land Israel" zu verdanken sein.[156] Trifft das zu — und darauf weist, wie namentlich Lieberman[157] und jüngst Hengel[158] in ihren Arbeiten zur Hellenisierung des palästinischen Judentums herausgearbeitet haben, vieles —, dann gibt es einen weiteren guten Grund dafür, auch die Heimat des Verfassers der ParJer in diesem Bereich zu suchen und seine Schrift den wenigen noch erhaltenen literarischen Zeugnissen der griechischsprachigen Judenheit des jüdischen Mutterlandes zuzuordnen.

---

[156] Vgl. dazu O. Munnich, Contribution à l'étude de la première révision de la Septante, in: ANRW II 20.1, 1987, 198f.; ferner M. Hengel, The 'Hellenization' of Judea in the First Century after Christ, London 1989, 21 = Das Problem der "Hellenisierung" Judäas im 1. Jahrhundert nach Christus, in: Ders., Judaica et Hellenistica. Kleine Schriften 1, WUNT 90, Tübingen 1996, 37f.

[157] How much Greek in Jewish Palestine?, in: A. Altmann (ed.), Biblical and other Studies. Institute of Advanced Judaic Studies. Texts and Studies 1, Cambridge 1963, 123−141 = Id., Texts and Studies, New York 1976, 216−234; Ders., Hellenism in Jewish Palestine, New York 1942 = 1962²; Greek in Jewish Palestine, New York 1950 = 1965².

[158] Hengel, s.o. A.156.

DIE SPRÜCHE ÜBER EHESCHEIDUNG UND WIEDERHEIRAT IN DER SYNOPTISCHEN ÜBERLIEFERUNG

Die um die Stichworte ἀπολύειν – γαμεῖν – μοιχεύειν/μοιχᾶσθαι kreisenden Sprüche Mk 10,11 f., Mt 5,32[1], Lk 16,18 zählen auf dem Feld der neutestamentlichen Exegese zu den besonders häufig beackerten Texten. Sie haben vor allem im Zusammenhang mit den in Kirche und Theologie geführten Erörterungen der Ehescheidung, daneben aber auch im Rahmen der Auseinandersetzungen um das „synoptische Problem" immer wieder das Augenmerk der Ausleger auf sich gezogen und sind bis in die neuere Zeit hinein wiederholt ausführlich behandelt worden[2]. Dennoch ist ihre Eigenart und Be-

---

[1] Mt 19,9 ist im folgenden nicht berücksichtigt, da der Text keine eigenständige Überlieferung bietet, sondern literarisch von Mk 10,11 abhängig ist (s. u. Anm. 10) und auch Mt 5,32 voraussetzt. Zu den außersynoptischen Parallelen bei Justin und Hermas s. u. Anm. 39—41.

[2] Die Literatur ist kaum mehr überschaubar (zur älteren Auslegungsgeschichte s. A. Ott, Die Auslegung der neutestamentlichen Texte über die Ehescheidung, NTA III, 1—3, 1911; V. N. Olsen, The New Testament Logia on Divorce. The History of their Interpretation from Erasmus to Milton, Diss. theol. Basel 1968 [maschschr.]). Es seien hier nur die neueren Einzeluntersuchungen seit 1950 genannt: A. Alberti, Matrimonio et divorzio nella Bibbia, 1962; H. Baltensweiler, Die Ehe im Neuen Testament, AThANT 52, 1967; H. G. Coiner, Those 'Divorce and Remarriage' Passages (Matt. 5:32; 19:9; 1 Cor 7:10—16), With Brief Reference to the Mark and Luke Passages, Concordia Theological Monthly 39, 1968, 367—384; G. Delling, Das Logion Mark. X 11 [und seine Abwandlungen] im Neuen Testament, Nov Test 1, 1956, 263—274; A. M. Dubarle, Mariage et Divorce dans l'Évangile, L'Orient Syrien 9, 1964, 61—74; J. Dupont, Mariage et Divorce dans l'Évangile, Matthieu 19,3—12 et parallèles, 1959; B. K. Diderichsen, Den Markianske Skilsmisseperikope, 1962; Th. V. Fleming, Christ and Divorce, Theological Studies 24, 1963, 106—120; H. Greeven, Zu den Aussagen des Neuen Testaments über die Ehe, ZEE 1, 1957, 109—125; ders., Ehe nach dem Neuen Testament, NTS 15, 1968/69, 365—388 (abgedruckt auch in: Theologie der Ehe, hg. von K. Krems-R. Mumm, 1969, 37—79); J. Jervell, Skilsmisse og gjengifte etter Det nye testamente, NTT 62, 1961, 195—210; A. Isaksson, Marriage and Ministry in the New Temple, ASNU 24, 1965; E. Lövestam, Äktenskapet i Nya Testamentet, 1950; F. Neirynck, Het evangelisch echtscheidingsverbod, Collationes Brugenses et Gandavenses 4, 1958, 25—46; D. W. Shaner, A Christian View of Divorce according to the Teachings of the New Testament, 1969 (fast völlig unbrauchbar); R. N. Soulen, Marriage and Divorce, Interpretation 23, 1969, 439—450; M. Zerwick, De matrimonio et divortio in Evangelio, VD 38, 1960, 193—212.

deutung an vielen Stellen nach wie vor ungeklärt und selbst in den Grundzügen umstritten.

Die Urteile weichen besonders voneinander ab, wenn es darum geht, die verschiedenen Fassungen traditionsgeschichtlich einzustufen und ihren Ursprung auszumachen. Übereinstimmend wird zwar angenommen, daß sie eine gemeinsame Wurzel haben, weitgehende Meinungsverschiedenheiten bestehen aber darüber, bei welchem Evangelisten die älteste Traditionsstufe am besten erhalten ist, ob am Anfang ein Einzel- oder ein Doppelspruch gestanden hat und wie weit als Urheber Jesus selbst oder die christliche Gemeinde nach Ostern in Frage kommt. Nicht viel besser steht es bei der eigentlichen Exegese. Kern der Auseinandersetzung ist hier, ob die Sprüche wesentlich auf die Ablehnung der Ehescheidung abzielen und damit sachlich dem apodiktischen Verbot der Ehescheidung in Mk 10,9 entsprechen oder ob sich in ihnen im Unterschied dazu das Gewicht verlagert hat und auf der Mißbilligung einer zweiten Ehe nach vollzogener Scheidung liegt. Keineswegs einig ist man sich schließlich auch in formgeschichtlicher Hinsicht. Strittig ist hier vor allem, ob die konditionale Form der Sprüche es erlaubt, sie als kasuistische Rechtsregeln zu werten und zu den „Sätzen heiligen Rechts" zu zählen.

Im folgenden ist der Versuch unternommen, diese Fragen erneut anzugehen. Anlaß dazu gab die Beobachtung, daß in den bisherigen Untersuchungen einige rechtliche und sprachliche Eigentümlichkeiten der Texte nicht genügend oder gar nicht beachtet worden sind, und der Eindruck, daß sich gerade von daher die Möglichkeit eröffnet, manches deutlicher als bislang zu erhellen.

I

Zunächst zum Verhältnis der einzelnen Überlieferungen zueinander.

Mk 10,11 f.	Mt 5,32	Lk 16,18
ὃς ἂν	πᾶς ὁ	πᾶς ὁ
ἀπολύσῃ	ἀπολύων	ἀπολύων
τὴν γυναῖκα αὐτοῦ	τὴν γυναῖκα αὐτοῦ	τὴν γυναῖκα αὐτοῦ
	παρεκτὸς λόγου πορνείας	
καὶ γαμήσῃ ἄλλην		καὶ γαμῶν ἑτέραν
μοιχᾶται ἐπ' αὐτήν[3]	ποιεῖ αὐτὴν μοιχευθῆναι	μοιχεύει

³ Ἐπ' αὐτήν fehlt in Θ W sowie einigen Minuskeln der Lake-Gruppe und sy ˢ·ᶜ·ᵖ. Angesichts dieser schwachen Bezeugung der Auslassung kann ἐπ' αὐτήν kaum als textkritisch unsicher gelten (gegen Diderichsen, 24. 104). Es handelt sich bei der Auslassung offensichtlich um eine nachträgliche Angleichung an die synoptischen Parallelen.

καὶ ἐὰν αὐτὴ ἀπολύσασα τὸν ἄνδρα αὐτῆς[4] γαμήσῃ ἄλλον μοιχᾶται	καὶ ὅς ἐὰν ἀπολελυμένην γαμήσῃ μοιχᾶται	καὶ ὁ ἀπολελυμένην ἀπὸ ἀνδρὸς γαμῶν μοιχεύει

Wie die Synopse zeigt, bieten die Texte ein recht vielschichtiges Bild. Gemeinsam ist allen die Form des Doppelspruchs, das konditionale Satzgefüge[5] und das zugrunde gelegte Begriffsmaterial. Darüber hinaus gibt es jedoch nur wenig Übereinstimmung. Vor allem sachlich sind erhebliche Unterschiede festzustellen: Jeder Evangelist überliefert ein anderes Spruchpaar. Bei Markus und Matthäus deckt sich kein Spruchteil mit dem anderen.

Mk 10,11 redet davon, daß der Ehemann Ehebruch treibt, wenn er seine Frau entläßt und eine andere heiratet. Mt 5,32a spricht nicht vom Ehebruch des Mannes und auch nicht von seiner Wiederheirat, sondern davon, daß der Ehemann durch die Scheidung seine Frau (in eine zweite Ehe und damit) in den Ehebruch treiben kann und sich dadurch mitschuldig macht. Mk 10,12 wird die Ehefrau, die sich von ihrem Mann trennt und eine neue Ehe eingeht, Mt 5,32b hingegen der Mann, der eine Geschiedene heiratet, als Ehebrecher bezeichnet.

Bei Lukas findet sich je ein Spruchteil der markinischen (10,11 = Lk 16,18a) und der matthäischen (5,32b = Lk 16,18b) Überlieferung. Weitere besonders auffällige Eigenheiten sind in Mt 5,32a die zusätzliche Klausel παρεκτὸς λόγου πορνείας und in Mk 10,11 die überschüssige Wendung ἐπ' αὐτήν.

Wie ist dieser Befund *traditionsgeschichtlich* zu beurteilen? Als erstes wird man ausschließen können, daß es sich um gleichursprüngliche Überlieferungen handelt. Die Überschneidungen zwischen Lk 16,18a und Mk 10,11 sowie Lk 16,18b und Mt 5,32b lassen sich kaum anders erklären, als daß hier Glieder einer gemeinsamen Traditionskette vorliegen. Ebenfalls als sicher gelten kann aber auch, daß die verschiedenen Spruchfassungen in ihren wesentlichen Zügen bereits

---

[4] Text: ℵ B C L Δ Ψ *579 892 1342*. Varianten: 1) ἐὰν γυνὴ ἀπολύσῃ τὸν ἄνδρα αὐτῆς καὶ γαμηθῇ ἄλλῳ A 𝔎 vg sy^ph; 2) γυνὴ ἐὰν ἐξέλθῃ ἀπὸ τοῦ ἀνδρὸς καὶ ἄλλον γαμήσῃ D (Θ) φ it sy^s arm.
Nach Greeven, NTS 15, 1969, 383 Anm. 4 kommt die 𝔎-Lesart dem Urtext am nächsten und ist die 𝔥-Lesart als sekundär anzusehen. Das überzeugt nicht, da 𝔎 im Gegensatz zu 𝔥 in der grammatischen Konstruktion den Text sichtlich an Mk 10,11 angleicht; das gleiche gilt auch für die durch D Θ φ bezeugte Lesart (vgl. dazu auch Greeven, NTS 15, 1969, 384 Anm. 1). Daß ἐξέλθῃ „fully compatible with Jewish law" (D. Daube, The New Testament and Rabbinic Judaism, 1956, 366) ist, stimmt, beweist indes die Ursprünglichkeit dieser Lesart keineswegs.
[5] Daß die Formulierung des Konditionalsatzes jeweils variiert — vermutlich ein Zeichen mündlicher Überlieferung —, kann hier auf sich beruhen.

den Evangelisten vorgelegen haben[6]. Eine Ausnahme bildet vielleicht der Text in Mk 10,12, der sich formal deutlich von dem vorhergehenden Spruchteil[7] abhebt und sicherlich keine ursprüngliche
Einheit mit diesem bildet. Aber selbst hier ist es nicht unbedingt aus-

---

[6] Vgl. H.-Th. Wrege, Die Überlieferungsgeschichte der Bergpredigt, WUNT 9,
1968, 67.

[7] Konditionalsatz mit ἐάν gegenüber konditionalem Relativsatz! Vgl. dazu K.
Beyer, Semitische Syntax im Neuen Testament I, 1, SUNT 1, 1962, 145. — Die
Tatsache, daß Mk 10,12 nichtjüdisches Eherecht voraussetzt (Ehescheidungsrecht
der Frau) kann hingegen nicht unbedingt für eine gegenüber Mk 10,11 sekundäre
Bildung angeführt werden, da auch in Mk 10,11, wie noch gezeigt werden soll
(s. u. Anm. 20), ebenfalls der Boden jüdischen Rechts verlassen ist. — Die Versuche, Mk 10,12 aus palästinischen Verhältnissen heraus zu erklären, sind insgesamt nicht überzeugend. Nach jüdischem Eherecht bestand zwar die Möglichkeit,
daß unter bestimmten Voraussetzungen die Frau eine Scheidung verlangen konnte (Soṭah 1,3; 4,2; vgl. Billerbeck I, 318 f.; II, 23 f.; J. Jeremias, Jerusalem zur
Zeit Jesu, 1962[3], 343 f.), aber selbst in diesen Fällen mußte der Ehemann den
Scheidebrief ausstellen. Ein dem des Mannes gleichwertiges Scheidungsrecht für
die Frau hat es zumindest im palästinischen Judentum (zum hellenistischen Judentum Ägyptens vgl. I. Heinemann, Philons griechische und jüdische Bildung, 1932
[= 1962], 314; ferner CIJ II, 10 ff.) nicht gegeben (vgl. auch Josephus, ant.
4,253; 15,259). Wenn E. G. Kraeling, The Four Gospels. The Clarified New
Testament I, 1962, 80 auf Grund der Tatsache, daß in der jüdischen Kolonie zu
Elephantine das Scheidungsrecht auch der Frau zukam (Papyrus C 10 f.; G 22 ff.;
vgl. W. Staerk, Jüdisch-aramäische Papyri aus Elephantine, KlT 22/23, 1912[2],
18 f., 25 ff.), erwägt, zur Zeit Jesu habe diese Sitte noch bestanden, sie sei erst in
mischnischer Zeit abgeschafft worden, Mk 10,12 sei daher ohne weiteres im Munde
Jesu möglich, so erübrigt sich angesichts der räumlichen und zeitlichen Entfernung der jüdischen Gemeinde zu Elephantine von dem palästinischen Judentum der Zeit Jesu sowie überhaupt der Sonderstellung dieser Gemeinde im gesamten antiken Judentum jede Widerlegung. Eher könnte man aus Ps.-Philo, Lib.
ant. 42,1 entnehmen, daß auch im palästinischen Judentum die Ehefrau die Ehe
selbst lösen konnte. Aber auch dieser Text liefert hierfür keine ausreichende Basis;
denn Lib. ant. 42,1 spiegelt sicher keine realen Rechtsverhältnisse wieder. Der
Text, eine Paraphrase von Ri 13,2 f., spricht davon, daß ein Mann seine Frau um
Entlassung aus der kinderlosen Ehe bittet, um eine andere Frau heiraten zu können und mit ihr Kinder zu zeugen. Danach hätte die Frau sogar das entscheidende Wort bei der Scheidung. Das ist aber im Bereich des jüdischen Rechts völlig
ausgeschlossen; bei Unfruchtbarkeit war es ohne weiteres möglich (vgl. Jebamoth
6,6), ja sogar üblich (vgl. T Jebamoth 8,4 [ed. Zuckermandel 249,26]), daß die
Frau den Scheidebrief erhielt. — Nicht stichhaltig ist schließlich auch die Annahme, Mk 10,12 spiele konkret auf den Fall der Herodias, der Tochter Aristobuls I.,
an, die ihren ersten Mann, einen Sohn Herodes des Gr., verließ (διαστᾶσα), um
dessen Stiefbruder, Herodes Antipas, zu heiraten (Josephus, ant. 18,136, vgl. Mk
6,17), und setze so gerade palästinische Verhältnisse der Zeit Jesu voraus (so u. a.
F. C. Burkitt, The Gospel History and its Transmission, 1907[2], 100; Ph. Carring-
ton, According to Mark, 1960, 221; W. D. Davies, The Setting of the Sermon on
the Mount, 1964, 462 f.). Dagegen spricht einmal der Umstand, daß die so allgemein gehaltene Formulierung des Satzes kaum zu einem derartigen Einzelfall
paßt, ferner vor allem, daß diese Annahme die sicher sekundäre (s. Anm. 4) Lesart ἐξέλθῃ (D Θ it) voraussetzt.

gemacht, daß Markus seine Hände im Spiel hatte; beide Sprüche können ebenso gut schon in der vormarkinischen Überlieferung miteinander verbunden gewesen und von Markus zusammen als angeblich gesonderte Jüngerbelehrung an das Streitgespräch über die Ehescheidung (Mk 10,2–9) angefügt worden sein[7a]. Auch der Umstand, daß Mk 10,12 mit einer von der Frau ausgehenden Scheidung rechnet und darin griechisch-römische Rechtsverhältnisse widerspiegelt[8], schließt vormarkinische Entstehung nicht unbedingt aus. – In allen anderen Fällen ist eine redaktionelle Herkunft eindeutig zu verneinen. Daß Mt 5,32a einschließlich der Klausel παρεκτὸς λόγου πορνείας nicht, wie häufig angenommen wird[9], auf Matthäus zurückgeht, beweist eindeutig der Wechsel von der semitisierenden zur gräzisierten (μὴ ἐπὶ πορνείᾳ) Form der Ausnahmeklausel in Mt 19,9, der zweifellos aus der redaktionellen Arbeit des Evangelisten Matthäus herrührt[10]. Lk 16,18 gibt sich durch seine Stellung im lukanischen Son-

---

[7a] Wie A. Suhl, Die Funktion der alttestamentlichen Zitate und Anspielungen im Markusevangelium, 1965, 73, gezeigt hat, könnte sogar schon die „Verbindung von Mk 10,2–9 und 10–12" bereits vormarkinisch sein.

[8] S. die Übersicht bei G. Delling, Ehescheidung, RAC 4 (1959), 709–713.

[9] Vgl. die Zusammenstellung der Literatur bei Dupont, 92 Anm. 1, ferner: Baltensweiler, 90 f.; G. Strecker, Der Weg der Gerechtigkeit, FRLANT 82, 1962 [= 1966²], 131; Greeven, NTS 15, 1969, 378.

[10] Für die Priorität von Mt 19,3–9 vor Mk 10,2–12 hat sich zuletzt wieder Isaksson, 93–104. 112–115 nachdrücklich eingesetzt. Seine Einwände vor allem gegen die Untersuchung von J. Schmid, Markus und der aramäische Matthäus, in: Synoptische Studien A. Wikenhauser zum siebzigsten Geburtstag dargebracht [1953], 148–183, hier: 177–182, sind zwar recht subtil, aber wenig überzeugend. Schon ein wortstatistischer Vergleich genügt, um die Abhängigkeit des Matthäus von Mk 10,2 ff. zu erweisen. Kennzeichen der matthäischen Redaktion sind: V. 3 Umstellung von participium und verbum finitum (Mk προσελθόντες ... ἐπηρώτων / Mt προσῆλθον ... λέγοντες; vgl. Mk 6,35 / Mt 14,15. Mk 8,11 / Mt 16,1 ist kein Gegenbeispiel, da der Satz schon bei Mk stilistisch ganz anders aufgebaut ist); Ersatz von ἐπερωτᾶν durch λέγειν (Mk verwendet ἐπερωτᾶν 26mal, Mt ändert davon in 11 Fällen den Text und setzt statt dessen λέγειν, εἰπεῖν, φράζειν; in 10 Fällen wandelt er den ganzen Text bei Mk um und läßt ἐπερωτᾶν aus, in 5 Fällen behält er ἐπερωτᾶν bei. Gegen Mk setzt er an drei Stellen ἐπερωτᾶν selbst ein); Umgestaltung der direkten in die indirekte Rede (Mk 3,2 / Mt 12,10; Mk 4, 10 / Mt 13,10; Mk 7,17 / Mt 15,15; Mk 9,9 / Mt 17,9; Mk 9,34 / Mt 18,1). – V. 4: οὐκ ἀνέγνωκατε ὅτι (bei Mt nur in redaktionellen Partien: 12,5; 21,16). – V. 7: τί οὖν (Mk 9,11 / Mt 17,10; Mk 10,3 / 19,7). – V. 8: γέγονεν (Mt 1,22; 19,8 gegen Mk 10,10; 21,4; 24,21 = Mk 13,19 AT-Zitat; 25,6). – V. 9: λέγω δὲ ὑμῖν (nur bei Mt: 8,11; 12,6.36; 17,12; 19,9; 26,29).

Was W. R. Farmer in seinem Buch ‚The Synoptic Problem' (1964), in dem er die gängige Zweiquellenlösung des synoptischen Problems und insbesondere die These der Markuspriorität aus den Angeln heben will, für den Vorrang von Mt 19,9 vor Mk 10,11 vorbringt (S. 255 ff.), erschöpft sich in bloßen Behauptungen und zeigt nur, wie fadenscheinig das ganze Unternehmen ist, mit dem „a general renaissance in Gospel studies" (S. VII) eingeleitet werden soll.

dergut[11] als vorlukanisch zu erkennen[12]; Mk 10,11 wird wiederum durch Lk 16,18a, Mt 5,32b durch Lk 16,18b als vorliterarischer Bestandteil der Überlieferung bestätigt. Mit diesen Feststellungen ist aber nur der äußere Rahmen der Überlieferungsgeschichte abgesteckt: Die einzelnen Spruchfassungen reichen in ihren verschiedenen Verästelungen schon in die vorredaktionelle Zeit zurück und haben sich überwiegend wohl bereits im vorliterarischen Bereich entwickelt. Über die Abfolge in der traditionsgeschichtlichen Entwicklung ist damit noch nichts ausgemacht.

Die meisten Ausleger werten Lk 16,18 als Zeugnis der ältesten Überlieferungsstufe[13]. Das scheint in der Tat naheliegend zu sein; denn die Sprüche bei Markus und Matthäus tragen gerade in den nicht mit Lukas übereinstimmenden Teilen deutlich Merkmale sekundärer Bildung. Für Mk 10,12 wurde oben bereits darauf hingewiesen. Für Mt 5,32a beweist es zumindest die Klausel παρεκτὸς λόγου πορνείας, die den Einfluß rabbinischer Kasuistik widerspiegelt[14] und darin eine fortgeschrittene Reflexion zu erkennen gibt[14a]. Dennoch ist der Schluß, in Lk 16,18 sei die ursprüngliche Form der Überlieferung am besten erhalten und Mk 10,11 f. wie Mt 5,32 müßten insgesamt als spätere, darauf fußende Entwicklungen gelten, nicht ohne weiteres zwingend. Er läßt sich nur aufrechterhalten, wenn zusätzlich nachgewiesen werden kann, daß auch Mk 10,11 der Fassung in Lk 16,18a traditionsgeschichtlich nachsteht und in Mt 5,32a nicht nur die Klausel παρεκτὸς λόγου πορνείας, sondern der ganze Spruch sekundär ist. Beides ist jedoch umstritten.

Was das *Verhältnis von Mk 10,11 zu Lk 16,18a* angeht, so hängt alles davon ab, wie der Überschuß ἐπ' αὐτήν am Ende der markinischen Fassung beurteilt wird. Liegt hier ein nachträglicher Zusatz[15] vor oder sind „diese beiden Wörter im Lauf der Weitergabe des Spruches gestrichen worden"[16]? Keine der beiden Möglichkeiten ist

---

[11] Ob das lukanische Sondergut auf einen Proto-Lukas zurückgeht oder auf die sogenannte Redenquelle, spielt in diesem Zusammenhang keine Rolle. Entscheidend ist, daß Lukas Dubletten in seinen Quellen vermieden hat; vgl. H. Schürmann, Die Dublettenvermeidungen im Lukasevangelium, ZThK 76, 1954, 83—93, zu Lk 16,18 s. S. 86 (= Schürmann, Traditionsgeschichtliche Untersuchungen zu den synoptischen Evangelien, 1968, 279—289, hier: 282).

[12] Lukanische Redaktion könnte sich hinter ἑτέραν (statt ἄλλην, Mk 10,11) verbergen (vgl. Wrege, 67 Anm. 5), vielleicht auch hinter μοιχεύειν statt μοιχᾶσθαι.

[13] R. Bultmann, Die Geschichte der synoptischen Tradition, FRLANT 29, 1931² (= 1967⁷), 140; Diderichsen, 52 ff.; Wrege, 69; Baltensweiler, 69.

[14] S. u. S. 113 f.   [14a] Gegen U. Nembach, Ehescheidung nach alttestamentlichem und jüdischem Recht, ThZ 26, 1970, 169.

[15] T. W. Manson, The Sayings of Jesus, 1949 (= 2. Teil von Mission and Message of Jesus, 1937), 137; Diderichsen, 24. 104 Anm. 23; Baltensweiler, 65 (Zusatz des Markus).   [16] Delling, Nov Test 1, 1956, 270.

bisher überzeugend begründet oder widerlegt worden. Eine sprachliche Beobachtung dürfte hier indes weiterführen. Es ist mitunter
schon vermerkt worden, daß die Wendung μοιχᾶται ἐπ' αὐτήν ausschließlich in Mk 10,11 und seinen Nachwirkungen vorkommt[17]. Daß
sie sprachlich dennoch kein Kuriosum darstellt, hat man demgegenüber bislang nicht erkannt; das wird aber deutlich, wenn man den
Gebrauch der Äquivalente von μοιχᾶσθαι im Aramäischen sowie im
nachbiblischen Hebräisch verfolgt. Es stellt sich dabei heraus, daß die
im Griechischen so ungewöhnliche Wortverbindung μοιχᾶσθαι ἐπί m.
Akk. sich ohne weiteres als Aramaismus erklären läßt. Im Aramäischen, vor allem im Syrischen, sind unmittelbar entsprechende präpositionale Konstruktionen gang und gäbe. Angesichts dieses bisher
übersehenen, aber vielfach zu belegenden (s. u. S. 118 ff.) Sachverhalts
liegt es auf der Hand, daß Mk 10,11 nicht einfach als Seitenzweig der
in Lk 16,18 erhaltenen Überlieferung angesehen werden kann. Im
Gegenteil. Nicht die lukanische, sondern die markinische Fassung
gibt in diesem Fall die gemeinsame Traditionsgrundlage besser wieder.

Wie steht es aber mit dem *Verhältnis von Mk 10,11/Lk 16,18a zu
Mt 5,32a?* Die entscheidenden Fragen lauten hier: 1. Hat es je eine Fassung von Mt 5,32a ohne die Ausnahmeklausel παρεκτὸς λόγου πορνείας
gegeben? 2. Könnte diese Fassung die Grundlage für die Überlieferung in Mk 10,11/Lk 16,18a bilden? Die Anhaltspunkte, die hier
eine Antwort ermöglichen, sind sehr begrenzt. Da Matthäus die
Klausel παρεκτὸς λόγου πορνείας nachweislich nicht geprägt und in
den Text eingefügt hat, wird man die erste Frage nur zusammen mit
der zweiten beantworten können.

Beim Vergleich von Mt 5,32a mit Mk 10,11/Lk 16,18a ist schon
des öfteren aufgefallen[18], daß die matthäische Fassung auch ohne
die Klausel im Unterschied zur markinischen und lukanischen den
Spruch „als einzige in der für eine jüdische Hörerschaft zu erwar-
tenden Form"[19] bringt. Der Text schließt polygame Verhältnisse,
wie sie im palästinischen Judentum zumindest *de iure* noch möglich
waren und vereinzelt auch noch bestanden[20], nicht aus, vor allem aber
entspricht er genau der rabbinischen Anschauung, daß eine Ehe nur
von der Ehefrau oder einem fremden Mann, hingegen nicht vom

---

[17] So bereits W. M. L. de Wette, Kurze Erklärung der Evangelien des Lukas
und Markus, 1846[3], 220; neuerdings wieder N. Turner, The Translation of Μοιχᾶται ἐπ' Αὐτήν in Mark 10:11, The Bible Translator 7, 1956, 151; Diderichsen, 24
Anm. 7.
[18] Delling, Nov Test 1, 1956, 267; Baltensweiler, 68; Greeven, NTS 15, 1969,
382.
[19] Greeven, ebd.   [20] Vgl. dazu Jeremias, Jerusalem, 104. 108. 406 u. Anm. 100.

Ehemann selbst gebrochen werden kann[21]. H. Greeven hat jüngst auf
Grund dieser ausgesprochen jüdisch-palästinischen Züge, die auch in
Mt 5,32b wahrnehmbar sind, geschlossen, „daß Mt. v. 32 einer selb-
ständigen älteren Überlieferung entstammt"[22] und Mk 10,11 wie
Lk 16,18 seine Nachkommen sind. Für diese Annahme spricht nach
Greeven auch ein formales Argument: „Entfernt man die Unzuchts-
klausel, so ergibt sich [in Mt 5,32 unter Voraussetzung einer aramäischen Grundform] ein zweigliedriger Maschal mit analogem parallelismus membrorum von großer Formstrenge. Unter Andeutung der
im Aramäischen zu einem Wort verschmelzenden Satzteile lautet er
etwa so:

| Jeder—Entlassende | seine Frau | veranlaßt—ihren Ehebruch |
| und—der—Heiratende | eine Geschiedene | begeht — Ehebruch."[23] |

So beachtenswert diese Beobachtungen sind, es fragt sich dennoch,
ob sie ausreichen, um den traditionsgeschichtlichen Vorrang von Mt
5,32 vor Mk 10,11 und Lk 16,18 zu beweisen. Bei genauerem Zusehen erscheint das zweifelhaft. Greeven kann, so sehr er sich auch
darum bemüht, nicht wirklich einsichtig machen, wie Mk 10,11/
Lk 16,18a aus Mt 5,32a herausgesponnen sein soll. Sein Versuch, die
Wendung „und eine andere heiratet" in Mk 10,11/Lk 16,18a aus
Mt 5,32b abzuleiten, muß als gekünstelt bezeichnet werden[24]. Aber
auch seine grundsätzlichen Erwägungen sind kaum überzeugend. Er
schreibt: „Außer Mt. v. 32 bezeichnen alle überlieferten Formen die
Scheidung direkt als Ehebruch, ohne auf den Anstiftungs-Charakter
dieses Vergehens hinzuweisen. Das bot sich beim Übergang in die
außerjüdische Umwelt nicht nur an, es war unausweichlich, wenn es
überhaupt verstanden werden sollte."[25] — Von der Frage, ob die
anderen Fassungen wirklich „die Scheidung direkt als Ehebruch"
bezeichnen, sei hier einmal ganz abgesehen. Fragwürdig ist in diesem Satz m. E. vor allem die Behauptung, „beim Übergang in die
außerjüdische Welt" sei es „unausweichlich" gewesen, den Ehemann
als Ehebrecher und nicht mehr nur als Anstifter zum Ehebruch anzu-
sprechen. Das trifft schwerlich zu. Auch für einen Christen nichtjüdi-
scher Herkunft war der Gedanke, daß der Mann, wenn er seine Frau
entläßt, sie in den Ehebruch treibt und dadurch mitschuldig wird,

---

[21] Das hat besonders Manson, 136 in seiner Auslegung von Mk 10,11 hervorgehoben.
[22] NTS 15, 1969, 383.   [23] Ebd.
[24] Greeven vermutet, daß man den Anfang von Mt 5,32b in seiner mutmaß-
lichen aramäischen Vorform im Sinne von „,und wenn er (nicht: jemand) . . .
heiratet' " mißverstanden hat, und sieht darin den „Ansatz für die Mk. x. 11 vorliegende Ergänzung ,und eine andere heiratet' " (ebd. 384).
[25] Ebd.

recht gut verständlich. Nimmt man hinzu, daß die Fassung in Mt 5,32b/Lk 16,18b sachlich erheblich besser zu Lk 16,18a als zu Mt 5,32a paßt[26], so erscheint es nahezu ausgeschlossen, daß Mt 5,32a wirklich zusammen mit Mt 5,32b an den Anfang der Überlieferungsgeschichte gehört, wie Greeven annimmt.

Im Gegenteil, es ist erheblich leichter einsichtig zu machen, daß die Fassung in Mt 5,32a von Mk 10,11/Lk 16,18a herkommt. Während in einer heidenchristlichen Gemeinde der Spruch, wie ihn Mt 5,32a bietet, durchaus auf Verständnis rechnen konnte, gilt das gleiche von der Fassung in Mk 10,11/Lk 16,18a für eine judenchristliche Gemeinde in keiner Weise. Hier mußte die Aussage „Wenn ein Mann seine Frau entläßt und eine andere heiratet, so begeht er Ehebruch" wirklich anstößig wirken. Denn für judenchristliche Kreise, die sich am alttestamentlichen Gesetz orientierten und der rabbinischen Gesetzesauslegung noch verpflichtet waren, war es schwer möglich, den Ehemann zu beschuldigen, seine eigene Ehe gebrochen zu haben. Gerade hier war es angebracht, die Spruchfassung in Mk 10,11/ Lk 16,18a umzuformen. Das Ergebnis einer solchen judenchristlichen Umformung dürfte in Mt 5,32a vorliegen, wird doch der Gedanke, daß der Mann durch die Entlassung der Frau schuldig werden kann, da er sie dadurch in eine zweite Ehe und damit in den Ehebruch treibt, in seiner künstlich[27] anmutenden Verurteilung der Ehescheidung von daher erst recht verständlich. Aber nicht nur das. Auch die Klausel παρεκτὸς λόγου πορνείας findet in diesem Zusammenhang eine sinnvolle Erklärung. Nach rabbinischem Recht, wie es Mischna Soṭah 5,1 festhält, war die des Ehebruchs überführte Ehefrau ihrem Mann „verboten". Wenn in Mt 5,32a als Ausnahme vom λόγος πορνείας die Rede ist, dann dürfte diese Regelung vorausgesetzt sein. Denn war das ehewidrige Verhalten der Frau erwiesen, dann mußte der Ehemann sie entlassen[28]. Die Scheidung bestätigte in diesem Fall den

---

[26] Vgl. auch die unterschiedliche Formulierung des Konditionalsatzes in V. 32a. b.

[27] So Bultmann, 140.

[28] Vgl. auch Soṭah 1,5; 4,2 (dazu L. Blau, Die jüdische Ehescheidung und der jüdische Scheidebrief I, 1911, 38; S. Schlesinger, in: Mischnajoth III, 1933 [= 1968], 323 Anm. 17). Im antiken Judentum hat man zwar das alttestamentliche Gesetz Lev 20,10; Dtn 22,22 (vgl. Ez 16,40), das für Ehebruch die Todesstrafe vorsah, als weiterhin geltend angesehen (vgl. Jub 30,8 f.; 41,25 f.; Philo, spec. leg. 3,58; Josephus, ant. 7,131; Joh 8,5; Sanh. 7,4; 11,1; weitere Belege bei Billerbeck II, 520 f.), es dürfte jedoch „nur höchst selten in seiner ganzen Strenge in Anwendung gekommen" sein (J. Blinzler, Die Strafe für Ehebruch in Bibel und Halacha. Zur Auslegung von Joh. VIII. 5, NTS 4, 1957/58, 45 Anm. 2), abgesehen von den Zeiten, in denen das römische „Joch" vorübergehend abgeschüttelt und das ius gladii wieder in der Hand der jüdischen Behörden lag (vgl. zu dem ganzen Fragenkreis der jüdischen Kapitalgerichtsbarkeit J. Jeremias, Zur Geschichtlichkeit des

bereits geschehenen Ehebruch, sie machte ihn nicht etwa erst möglich[29]. Der häufig gegen eine derartige Deutung erhobene Einwand[30],
daß πορνεία nicht das ehewidrige Verhalten der Frau bezeichnen könne, sondern dafür stets μοιχεία stehe, ist demgegenüber kaum stichhaltig. Schon im Alten Testament kommen die Begriffe μοιχᾶσϑαι/
μοιχεύειν und πορνεύειν bzw. n'p und znh „gelegentlich nebeneinander zur Bezeichnung des gleichen Sachverhaltes"[31] vor; vor allem aber
ist in der rabbinischen Literatur wiederholt znh und nicht nur n'p
als terminus technicus für den Ehebruch der Frau zu belegen[32]. Da
zudem die Wendung παρεκτὸς λόγου πορνείας von den um Dtn 24,1[33]

Verhörs Jesu vor dem Hohen Rat, ZNW 43, 1950/51, 145—150 [= Abba, 139 bis
144]; J. Blinzler, Der Prozeß Jesu, 1969⁴, 229—244), legal sicher überhaupt nicht.
Für seine Zeit bestätigt das Origenes (Comm. in Rom. lib. 6 cap. 7 [MPG 14,1073]:
*Homicidiam punire non potest nec adulteram lapidare: haec enim sibi vindicat
Romanorum potestas*), der allerdings daneben von illegalem Vollzug der Todesstrafe zu berichten weiß (Ep. ad Africanum 14 [MPG 11,84], vgl. D. Daube, Origen
and the punishment of adultery in Jewish law, Studia Patristica II, TU 64, 1957,
109—113). Von daher erklärt es sich auch, daß als Strafe für den Ehebruch in Siphre
Dtn 26 zu 3,23 (ed. Friedmann, 70a, 35) par. Lev r. 31,4 das Herumführen im
Hippodrom und in Siphre Num 137 zu 27,14 (ed. Horowitz 183,20) die Geißelung
genannt wird (vgl. Wrege, 69). Auf Aussetzung der Todesstrafe im Fall von Ehebruch deuten ferner vielleicht Josephus, ant. 4,244 sowie Test Rub 3,15 hin.

[29] So bereits G. H. Box [-Ch. Gore], Divorce in the New Testament, 1921, 25;
ferner: Lövestam, 150 ff.; F. Hauck-S. Schulz, πόρνη κτλ., ThW VI (1969), 591;
ähnlich auch Wrege, 68, und Nembach, ThZ 26, 1970, 169.

[30] A. Fridrichsen, Excepta fornicationis causa, SEÅ 9, 1944, 54—58, besonders
55 Anm. 2; Baltensweiler, 88 f.; Isaksson, 131 ff., 135; J. Bonsirven, Le Divorce
dans le Nouveau Testament, 1948, 50. Ältere Literatur bei Ott, 230 f.

[31] Wrege, 69; vgl. auch Dupont, 110 f. Deutliche Belege sind Hos 2,4; Sir 23,23c;
vgl. auch Test Jos 3,8; Jub 39,6.

[32] b. Jeb. 11b; 38b (= b. Keth. 81a); b. Keth. 101a.b; b. Soṭah 26a. Daß in all
diesen Fällen an ein Vergehen der Ehefrau vor ihrer Eheschließung während der
Verlobung gedacht sein soll und deswegen der Begriff zn' verwandt ist — eine
Deutung, die auch für πορνεία in Mt 5,32 des öfteren vertreten worden ist, vgl.
die Literaturhinweise bei Dupont, 108 Anm. 3 — wird den Texten nicht gerecht.
An allen Stellen ist ganz allgemein von der Soṭah, d. h. der des Ehebruchs ver-
dächtigen Frau die Rede.

[33] Daß παρεκτὸς λόγου πορνείας sich auf Dtn 24,1 'rwt dbr bezieht, sollte man
nicht länger in Frage stellen. Der Einwand von A. Vaccari, De matrimonio et
divortio apud Matthaeum, Biblica 36, 1955, 150: „structura grammatica est plane
contraria, illic *dābār* est nomen rectum, hic *logos* nomen regens" wird gegenstandslos, wenn man beachtet, daß diese Umkehrung gerade im Zusammenhang
mit Dtn 24,1 in der rabbinischen Literatur mehrfach belegt ist: Giṭ. 9,10 dbr 'rwh;
Lev. r. 31,4 dbr šl 'rwh; Siphre Dtn 26 zu 3,23 (ed. Friedmann, 70b, 1) dbr nj'wp.
Die Behauptung von Baltensweiler, 89 (ähnlich Isaksson, 90 f.), es sei bei einem
Bezug auf Dtn 24,1 „unerklärlich ..., warum ausgerechnet in Matth. 5,32 der Ausdruck παρεκτὸς λόγου πορνείας fällt, nicht aber in Matth 19,9", obgleich in 19,3
doch ebenfalls auf den um Dtn 24,1 kreisenden Streit zwischen Hillel und Scham-
mai Bezug genommen werde, ist noch weniger stichhaltig und verrät nur das
fehlende Gespür für die Unterscheidung von Tradition und Redaktion (s. o. S. 108).

kreisenden Auseinandersetzungen der Rabbinen um den zureichen-
den Grund für die Entlassung der Ehefrau bestimmt ist[34], kann es
kaum zweifelhaft sein, daß πορνεία hier in irgendeiner Weise das
ehewidrige Verhalten der Frau meint[35]. Angesichts all dessen ist es
erheblich wahrscheinlicher, daß die Spruchfassung in Mt 5,32a nicht
die Grundlage für Mk 10,11/Lk 16,18a bildet, sondern im Gegenteil
die dort überlieferte Spruchfassung voraussetzt und eine „rejudai-
sierte" Form derselben darstellt.

Zu erörtern bleibt noch, wie *Lk 16,18b/Mt 5,32b* traditionsgeschichtlich einzuordnen ist. Hat dieser Spruch von Anfang an eine
Einheit mit dem Text in Mk 10,11/Lk 16,18 gebildet[36] oder ist er
erst später daraus erschlossen und dann daran angehängt worden[37]?
Hat die Spruchfassung in Mk 10,11/Lk 16,18a je ein eigenes Leben
geführt oder ist die Form des Doppelspruches ursprünglich? Die Tatsache, daß alle drei synoptischen Evangelien verschiedene Spruchfassungen, diese aber übereinstimmend in Form von Spruchpaaren überliefern, legt es nahe, von Anfang an mit einem Doppelspruch zu
rechnen. Bekanntlich sind gerade im Verlauf mündlicher Überlieferung derartige formale Gegebenheiten viel weniger verändert worden als der Wortlaut der Texte selbst. Trotzdem ist hier Vorsicht geboten. Einmal ist die Möglichkeit, daß der Spruch „Wer eine Geschiedene heiratet, begeht Ehebruch" erst aus Mk 10,11/Lk 16,18a herausgesponnen worden ist, nicht völlig von der Hand zu weisen[38]. Dazu kommt vor allem aber, daß in der außersynoptischen Überlieferung bei Hermas (mand IV 1,6) die Fassung von Mk 10,11/Lk 16,18a
als Einzelspruch auftaucht und zwar in einer Form, die weder genau
mit der markinischen noch mit der lukanischen Fassung übereinstimmt[39]. Gerade letzteres läßt fragen, ob hier nicht ein Stück außer-

---

[34] Zum Streit um die Auslegung von Dtn 24,1 zwischen Schammaiten und
Hilleliten vgl. Billerbeck I, 312—320.

[35] Alle Bemühungen, πορνεία auf einen ganz bestimmten Sachverhalt hin fest-
zulegen (z. B. Ehen zwischen Partnern verbotener Verwandtschaftsgrade, so zuletzt wieder Bonsirven, 46 ff.; Baltensweiler, 87—102; weitere Literaturhinweise
bei Dupont, 106 Anm. 2. 3), scheitern daran, daß πορνεία, wie Greeven, NTS 15,
1969, 382 Anm. 1 mit Recht festgestellt hat, „nicht eindeutig ist und auch nicht
aus Gründen der Rechtsklarheit irgendwann und irgendwo eindeutig gewesen
sein muß".   [36] Bultmann, 140.   [37] Delling, Nov Test 1, 1956, 268.

[38] Die Tendenz sekundärer Erweiterung ist in der synoptischen Spruchüberlieferung nicht gering gewesen, vgl. Bultmann, 84—97.

[39] Der Text (ἐὰν δὲ ἀπολύσας τὴν γυναῖκα ἑτέραν γαμήσῃ, καὶ αὐτὸς μοιχᾶται)
weicht in der Konstruktion des Bedingungssatzes sowohl von Mk 10,11 wie von
Lk 16,18a ab (vgl. aber Mk 10,12), stimmt in ἑτέραν mit der lukanischen, in μοιχᾶται
mit der markinischen Fassung überein. Diesen Sachverhalt haben weder E. Massaux, Influence de l'Évangile de saint Matthieu sur la littérature chrétienne avant
saint Irénée, 1950, 284 f. noch H. Köster, Synoptische Überlieferung bei den Apostolischen Vätern, TU 68, 1957, 250 f., genügend beachtet.

synoptischer Überlieferung vorliegt, das Mk 10,11/Lk 16,18a als ursprünglich allein überlieferten Spruch belegt. Über Vermutungen wird man hier allerdings nicht hinauskommen, zumal weder die Möglichkeit ausgeschlossen werden kann, daß Hermas den Text frei aus dem Gedächtnis zitierend dem Kontext angepaßt hat[40] noch daß Texte der synoptischen Evangelien später wieder mündlich weitergegeben worden sind und im Verlauf dessen erneut formal umgestaltet wurden[41]. Ob die Form des Einzelspruches oder des Doppelspruches ursprünglich ist, bleibt daher ungewiß.

Insgesamt läßt sich nach dem bisher Gesagten das Verhältnis von Mk 10,11 f., Lk 16,18 und Mt 5,32 sowie ihr traditionsgeschichtlicher Ort jedoch einigermaßen deutlich bestimmen. Als erwiesen dürfte gelten, daß Mt 5,32a und Mk 10,12 sekundäre Entwicklungen der Spruchüberlieferung widerspiegeln, Mt 5,32a in den Umkreis einer judenchristlichen Gemeinde gehört und durch rabbinische Kasuistik beeinflußt ist, Mk 10,12 hingegen heidenchristliche Verhältnisse voraussetzt und griechisch-römischem Rechtsempfinden entspricht. Sicher ist vor allem aber, daß die Fassung in Mk 10,11 dem ursprünglichen Text des ersten Spruchteils am nächsten kommt und Lk 16,18a demgegenüber schon eine spätere Form bietet, und daß die Anfänge der vorliegenden Spruchüberlieferung im Bereich einer aramäisch sprechenden Umwelt zu suchen sind.

Man könnte dazu neigen, aus letzterem wiederum zu folgern, mit der markinischen Fassung sei nicht nur die älteste Stufe der vorliegenden Spruchüberlieferung erreicht, sondern auch die Echtheit als Wort Jesu bewiesen. Daß der Spruch „Wer seine Frau entläßt und eine andere heiratet, begeht Ehebruch" entgegen allem jüdischen Rechtsempfinden[42] behauptet, der Mann könne sich gegen seine eigene Ehe vergehen, macht diese Annahme nicht unmöglich. Hat Jesus doch, wie die Evangelien des öfteren zu berichten wissen, sich auch sonst gegen zu seiner Zeit im Judentum gängige Halacha[43] ge-

---

[40] Hermas führt den Text nicht als Zitat an, sondern verknüpft ihn mit einem Satz, der an 1.Kor 7,11 erinnert.

[41] Diese Möglichkeit wird man bei auffällig abweichenden Formen, in denen synoptische Texte bei den apostolischen Vätern und auch sonst in der Alten Kirche auftauchen, noch mehr in Rechnung setzen müssen (s. Hinweis v. C. Burchard in FS Jeremias, 1970, 50 Anm. 45). Die Form, in der Justin, apol I 15,3 den Spruch Lk 16,18b / Mt 5,32b bietet, könnte sich so am ehesten als Weiterentwicklung der lukanischen Fassung erklären; vgl. auch A. J. Bellinzoni, The Sayings of Jesus in the Writings of Justin Martyr, Suppl. to Nov Test 17, 1967, 70 f.; gegen Massaux, 469.

[42] S. o. S. 110 f.

[43] Vgl. Mk 2,27 (Sabbatgebot); 7,2—8 (Reinheitsvorschriften); 7,9—13 (Korbanpraxis); Mt 8,21 f. / Lk 9,59 f. (Pflicht der Totenbestattung); Lk 14,26 (Elternverehrung). [Zu Mk 2,27 s. jetzt aber unten, S.125—147 – die Hg.]

wandt und sich dementsprechend im Umgang mit seinen Zeitgenossen verhalten[44]. Indes, trotz dieser Erwägung ist es unwahrscheinlich, ja ausgeschlossen, daß dieser Spruch auf Jesus selbst zurückgeht. Der Text in Mk 10,11/Lk 16,18a steht dem entgegen. Er unterscheidet sich nämlich, wie gleich gezeigt werden soll, an einer wesentlichen Stelle von dem apodiktischen Nein zur Ehescheidung, das den Kern des Streitgespräches in Mk 10,2—9[45] bildet und sicherlich Jesu Meinung selbst wiedergibt.

II

J. Wellhausen bemerkt in seiner kurzen, aber um so scharfsinnigeren Auslegung des Markusevangeliums zu Mk 10,11: „Der Sinn... liegt übrigens nicht schon in dem vorhergehenden Ausspruch Jesu beschlossen. Als Ehebruch gilt nicht, wenn der Mann seine Frau entläßt ..., sondern wenn er dann eine andere heiratet.“[46] Dieses Verständnis von Mk 10,11, das den Ton des Spruches auf die Wiederheirat nach vollzogener Ehescheidung legt und sich dadurch von dem apodiktischen Verbot der Ehescheidung in Mk 10,9 entschieden abhebt, kann sich stützen: auf die formale Struktur des Spruches, durch

---

[44] Besonders deutlich an Jesu Verhältnis zu Zöllnern und Sündern (vgl. dazu J. Jeremias, Zöllner und Sünder, ZNW 30, 1931, 293—300; ders., Jerusalem, 346 f.) und zu den rechtlich wie religiös stark benachteiligten Frauen (vgl. ebd., 409—413).

[45] Daß Mk 10,2—9 nicht eine Begebenheit aus dem Leben Jesu widerspiegelt, sondern Gemeindebildung ist, kann mit guten Gründen angenommen werden; vgl. Bultmann, 25 f.; Diderichsen, 116—158. 350; Suhl, 74 f. (der allerdings zu unrecht auch V. 9 der Gemeinde zuschreibt); E. Haenchen, Der Weg Jesu. Eine Erklärung des Markus-Evangeliums und der kanonischen Parallelen, 1966 (= 1968², 338 ff.; gegen Baltensweiler, 51 ff. Ob der Kern allein in dem Spruch V. 9 oder in dem Abschnitt V. 6—9 besteht, ist unsicher. Das erstere erscheint mir wahrscheinlicher, da apodiktische Sätze keiner zusätzlichen Stütze bedürfen und der Verweis auf die Schrift (Gen 1,27; 2,24) eher einer Fragestellung der christlichen Gemeinde entspricht, die in Auseinandersetzung mit dem Judentum das nur von der Autorität Jesu getragene Verbot der Ehescheidung als schriftgemäß erweisen wollte. (Zur rabbinischen Art des Schriftbeweises, die hinter der Verknüpfung von Gen 1,27 und 2,24 steht, s. B. Schaller, Gen. 1.2 im antiken Judentum, Diss. theol. Göttingen 1961 [maschschr.], 69 ff.; danach Baltensweiler, 57 ff.). Auch 1.Kor 7,10 f. macht es wahrscheinlich, daß Mk 10,9 für sich allein überliefert wurde.

[46] Das Evangelium Marci, 1909², 78 f. Ähnlich u. a. A. Schlatter, Der Evangelist Matthäus, 1929, 572; E. Stauffer, γαμέω, ThW I (1933), 648; Strecker, 131; Soulen, Interpretation 23, 1969, 446 f., 449. Auch Baltensweiler hat gesehen, daß durch die Wendung „und heiratet eine andere“ eine sachlich schwerwiegende Veränderung gegenüber Mk 10,9 vorliegt, meint aber, daß hier „eine sekundäre Erweiterung und Präzisierung (?) des Kernsatzes“ vorliegen muß.

die er im Gegensatz zu Mk 10,9 kasuistisch geprägt ist, auf die Bedingungsfolge ἀπολύσῃ — γαμήσῃ, in der der Ton wie gewöhnlich auf dem zuletzt genannten Glied liegt, sowie schließlich auf die in Lk 16,18 angehängte zweite Spruchhälfte, die sachlich deutlich auf den Vollzug der Heirat einer Geschiedenen abzielt.

Trotz dieses an sich eindeutigen Befundes haben viele Ausleger bis in die jüngste Zeit hinein Mk 10,11/Lk 16,18a als ein Wort behandelt, das sich wesentlich gegen die Ehescheidung richtet und diese als Ehebruch bezeichnet[47]. Sieht man davon ab, daß dabei nicht selten ein dogmatisches Vorurteil mit im Spiel ist, so dürften vor allem zwei Gründe diese Deutung veranlaßt haben. Einmal erweckt die Verknüpfung von Mk 10,11 mit Mk 10,2–9 den Eindruck, es bestünde hier wenn schon nicht eine literarische, so doch eine sachliche Einheit. Daneben scheint aber insbesondere der Text in Mk 10,11 selbst durch die Wendung μοιχᾶται ἐπ' αὐτήν anzudeuten, daß im Mittelpunkt des Spruches der Gedanke der Entlassung der ersten Frau und nicht der einer neuen Ehe mit einer zweiten Frau steht. Die Wendung μοιχᾶται ἐπ' αὐτήν wird meist so verstanden, als ob mit ihr ausdrücklich das Vergehen des Mannes gegenüber seiner ersten Frau beschrieben würde. Dem entspricht die gängige Übersetzung: „er treibt Ehebruch gegen sie" (bzw. „an ihr", „ihr gegenüber", d. h. der ersten Frau)[48]. Nur wenige Ausleger haben μοιχᾶται ἐπ' αὐτήν auf das Verhältnis zur zweiten Frau bezogen und den Text im Sinne von „er treibt Ehebruch mit der zweiten Frau" wiedergegeben[49].

---

[47] G. Kittel, Die Probleme des palästinischen Spätjudentums und das Urchristentum, BWANT 37, 1926, 127; Bultmann, 26 (anders 140); F. Vogt, Das Ehegesetz Jesu, 1936, 164; E. Hirsch, Frühgeschichte des Evangeliums I: Das Werden des Markusevangeliums, 1941, 109; Delling, Nov Test 1, 1956, 271; Greeven, NTS 15, 1969, 381; H. Braun, Jesus. Der Mann aus Nazareth und seine Zeit, Themen der Theologie 1, 1969, 92 f.; vgl. auch Anm. 48.

[48] So die meisten Bibelübersetzungen, z. B.: Luther, Zürcher-Bibel, Menge, Tillmann, New English Bible, La Bible de Jérusalem; die Markuskommentare von B. H. Branscomb, C. E. B. Cranfield, G. Dehn, F. C. Grant, E. Haenchen (Übersetzung, anders im Kommentar), F. Hauck, H. J. Holtzmann, E. Klostermann, E. G. Kraeling, M.-J. Lagrange, A. Loisy, C. G. Montefiore, C. F. D. Moule, J. Schmid, J. Schniewind, E. Schweizer, H. B. Swete, V. Taylor, B. Weiß (s. aber Anm. 58), J. Weiß, J. Wellhausen, W. M. L. de Wette; ferner u. a.: L. M. Epstein, Marriage Laws in the Bible and the Talmud, 1942, 15 Anm. 47; Manson, 136; K. Barth, Die kirchliche Dogmatik III, 4, 1951, 230; Delling, Nov Test 1, 1956, 270; Bauer, WB⁵, 1040; Dupont, 64 Anm. 1; F. Zorell, Lexicon Graecum Novi Testamenti, 1961, 851; Diderichsen, 24; Isaksson, 73; Baltensweiler, 65; Shaner, 51.

[49] So neuere Übersetzungen von F. Sigge und F. Streicher sowie die Markuskommentare von H. Ewald, F. Bleek, J. P. Lange, E. Lohmeyer, B. Weiß (s. aber Anm. 58); ferner: J. H. Moulton-G. Milligan, The Vocabulary of the Greek Testament V, 1924, 416; Turner, The Bible Translator 7, 1956, 151 f.; P. Gaechter, Das Matthäus-Evangelium, 1964, 181 f.

Was ist exegetisch zu dieser seit langem strittigen[50] Frage zu sagen? Gegen die Übersetzung „er treibt Ehebruch mit ihr" wird gewöhnlich eingewandt, daß „Ehebruch treiben mit jemandem" im Griechischen durchgängig μοιχᾶσθαι/μοιχεύειν τινά heißt[51] und der übliche Gebrauch von ἐπί mit Akk. zudem die Bedeutung „mit" ausschließt[52]. Beides ist in der Tat richtig. Trotzdem dürfte die Wiedergabe „er treibt Ehebruch mit ihr" zu Recht bestehen. Sie läßt sich gerade sprachlich erhärten.

Zunächst ist einmal darauf hinzuweisen, daß μοιχᾶται ἐπ' αὐτήν im Griechischen zwar völlig einmalig ist, vergleichbare präpositionale Konstruktionen aber zumindest am Rand der griechischen Literatur auftauchen. Acta Thomae 56 heißt es: αὗται αἱ ψυχαὶ γυναικῶν αἱ καταλείψασαι τοὺς ἄνδρας αὐτῶν καὶ εἰς ἄλλους μοιχεύσασαι[53]. In den Constitutiones Apostolorum I 3,4 ist zu lesen: ἐποίησας γὰρ τὴν τοῦτο παθοῦσαν διὰ τῆς ὀρέξεως μοιχευθῆναι ἐπὶ σοί[54]. Dies sind zwar Belege aus späteren christlichen Quellen[55], dennoch ist es sprachlich wie sachlich ausgeschlossen, daß in ihnen Mk 10,11 selbst nachklingt. Eher könnte man fragen, ob es sich beide Male nicht um „Parallelen" handelt, die rein zufällig sind und daher zur Deutung von Mk 10,11 nicht herangezogen werden können. Dieser Einwand wäre berechtigt, wenn sich die präpositionalen Konstruktionen von μοιχᾶσθαι/μοιχεύειν in Mk 10,11, Act Thomae 56 und Const Ap I 3,4 nicht auf eine gemeinsame sprachliche Wurzel zurückführen ließen. Das ist jedoch möglich. In allen drei Fällen dürfte es sich um Aramaismen handeln.

Der Gedanke, μοιχᾶται ἐπ' αὐτήν in Mk 10,11 von einem semitischsprachigen Hintergrund her zu erklären, ist nicht völlig neu. Vor über 100 Jahren hat F. Bleek[56] μοιχᾶται ἐπ' αὐτήν mit dem hebräischen[57] znh b / 'l / 'l („Hurerei treiben mit") in Zusammenhang gebracht und von daher die Deutung „er treibt Ehe-

---

[50] Bereits von J. J. Wettstein, Novum Testamentum Graecum I, 1752 (= 1962), 602, notiert.

[51] Vgl. Lxx Lev 20,10; Jer 3,9; 29 (36), 23; Ez 23,37; Ps Sal 8,10. Profangriechische Belege bei F. Hauck, μοιχεύω κτλ., ThW IV (1942), 737.

[52] Baltensweiler, 65.

[53] Acta Apostolorum Apocrypha II, 2, ed. [R. A. Lipsius-]M. Bonnet, 1903 (= 1959), 172, 11 ff.

[54] Didascalia et Constitutiones Apostolorum I, ed. F. X. Funk, 1905, 9.

[55] S. u. Anm. 71, 72.

[56] Synoptische Erklärung der drei ersten Evangelien I, 1, 1862, 270. Ohne weitere Begründung verzeichnet auch W. H. Guillemard, Hebraisms in the Greek Testament, II, 1879, 8 ἐπ' αὐτήν als Semitismus.

[57] znh 'l: Ez 16,26.28; Num 25,1. znh 'l: Ez 16,16. znh b: Ez 16,17. Die Lxx übersetzt dies durch ἐκπορνεύειν mit ἐπί (m. Akk.): Ez 16,16.26.28, ἐν: Ez 16,17 und εἰς: Num 25,1 (vgl. Lev 20,5), die Peschitta an allen Stellen durch zn' b. znh mit Akk. nur Jes 23,17.

bruch mit ihr" verteidigt. Dieser Hinweis ist kaum beachtet worden[58]. Das erklärt sich teilweise sicher aus Unkenntnis des Bleekschen Kommentars, dürfte aber auch, obzwar nirgendwo zum Ausdruck gebracht, sachlich begründet sein. Bleeks These steht entgegen, daß das hebräische Äquivalent zu μοιχᾶσθαι nicht *znh*, sondern *n'p* ist[59]. Letzteres aber wird im biblischen Hebräisch wie μοιχᾶσθαι im Griechischen einfach mit dem Akkusativ konstruiert[60].

Einen anderen Vorschlag, um μοιχᾶται ἐπ' αὐτήν als eine Art Semitismus verständlich zu machen, hat in neuerer Zeit N. Turner[61] vorgetragen. Er sieht den Schlüssel zur Deutung von Mk 10,11 in PsSal 8,7 (Lxx ed. Rahlfs 8,10) ἐμοιχῶντο ἕκαστος τὴν γυναῖκα τοῦ πλησίον αὐτοῦ und Lxx Jer 5,9 (edd. Rahlfs/Ziegler 5,8) ἕκαστος ἐπὶ τὴν γυναῖκα τοῦ πλησίον αὐτοῦ ἐχρεμέτιζον. In frühchristlicher Zeit habe man auf Grund dieser beiden weitgehend ähnlichen Texte[62] die Verben μοιχᾶσθαι und χρεμετίζειν als „practically synonymous" betrachtet und daher μοιχᾶσθαι wie χρεμετίζειν mit ἐπί konstruiert. „It would seem . . . that therefore Mark's use of ἐπί in this context bears the same meaning as it does in Jeremiah 5:9, i. e. *unto* or *with*."[63] Eine einfallsreiche Erklärung, aber ohne zureichende Begründung. Schon die Annahme, daß auf Grund von PsSal 8,7 und Lxx Jer 5,9 μοιχᾶσθαι und χρεμετίζειν („wiehern") praktisch als Synonyma behandelt wurden, ist recht unwahrscheinlich, noch mehr die Folgerung, dieser Vorgang habe zu der im Griechischen so ungewöhnlichen Wendung μοιχᾶται ἐπ' αὐτήν in Mk 10,11 geführt[64].

Die Möglichkeiten, μοιχᾶσθαι ἐπί aus semitischem Sprachgebrauch abzuleiten, sind damit aber keineswegs erschöpft. Merkwürdigerweise hat man bisher nie beachtet, daß vor allem im aramäischen Sprachbereich, daneben aber auch im nachbiblischen Hebräisch vergleichbare Konstruktionen vorhanden sind.

In den aramäischen Dialekten wird „Ehebruch treiben mit" vorwiegend durch *gwr/g[']r* bzw. *gwp* mit einer folgenden präpositionalen Wendung ausgedrückt. Am verbreitetsten sind die Präpositionen *b* und *l*. Belege hierfür finden sich vor allem in der syrischen Literatur[65], daneben aber auch in samaritanischen[66] und mandäischen[67]

---

[58] Nur H. J. Holtzmann und B. Weiß haben in ihrer Auslegung darauf hingewiesen. Holtzmann, Die Synoptiker, 1901³, 157 nennt *znh 'l* Ez 16,16 (s. Anm. 57) als sprachliche Parallele zu μοιχᾶσθαι ἐπί, ohne daraus jedoch Folgerungen für die Auslegung von Mk 10,11 zu ziehen (s. o. Anm. 48). Weiß, Das Marcusevangelium und seine synoptischen Parallelen, 1872, 334, lehnt Bleeks Vorschlag ab mit dem Einwand, bei der Deutung auf die zweite Frau bliebe „es unklarer, wiefern Jesus die Wiederverheirathung als Ehebruch qualificiren kann". Später (Das Neue Testament 1, 1907², 181) hat er diese Deutung dann aber doch übernommen.

[59] Zur Übersetzung in der Lxx vgl. E. Hatch-H. A. Redpath, A Concordance to the Septuagint, 1897 (= 1954), 932b.

[60] Lev 20,10; Jer 3,9; 29,23; Ez 23,37; Spr 6,32. Zum Gebrauch im nachbiblischen Hebräisch s. u. Anm. 70.

[61] Turner, The Bible Translator 7, 1956, 151 f.; wieder aufgenommen in: J. H. Moulton-N. Turner, A Grammar of New Testament Greek III, 1963, 272.

[62] Nach Turner ist Ps Sal von Lxx Jer 5,9 abhängig!

[63] The Bible Translator 7, 1956, 151 f.

[64] Vgl. Dupont, 64 Anm. 1; Diderichsen, 24 Anm. 7.

[65] Es seien hier nur ein paar Beispiele aus syrischen Bibelübersetzungen angeführt: syᴾ Jer 3,9 *wgrt bk'p' wbkjs*; syᶜ⋅ ˢ Mt 5,32 *hwjw mgjr lh*; syᶜ Mt 19,9 *wnsb 'hrh' mgr g'r lh*. Diese Belege sind deswegen besonders bezeichnend, weil in ihnen

Quellen sowie vereinzelt in den jüdischen Targumim[68]. Daß in letzteren *gwr* bzw. *gwp* überwiegend einfach mit dem Akkusativ verbunden wird[69], ist sicherlich durch die alttestamentlichen Vorlagen bedingt und besagt nichts über den allgemeinen Sprachgebrauch in den jüdisch-aramäischen Dialekten. Die Tatsache, daß selbst in hebräisch geschriebenen rabbinischen Texten teilweise *n'p b* oder *n'p l* nachzuweisen ist[70], deutet im Gegenteil an, wie stark auch im ara-

---

g'r/gr gegen die Vorlage (Jer 3,9) oder über die Vorlage hinaus (Mt 5,32; 19,9) präpositional konstruiert ist (anders syP Lev 20,10; Jer 29,23; Spr 6,32; Mt 5,28). Weitere Belege bei R. Payne Smith, Thesaurus Syriacus I, 1879, 688 und C. Brokkelmann, Lexicon Syriacum, 1928², 110; vgl. ferner: Liber Graduum 1,6 (Patrologia Syriaca, ed. M. Kmosko, I/3, 21,10); 5,3 (ebd. 104, 16 f.); Bardesanes, Liber legum regionum 30 (ebd. I/2, 587, 24). — Vorherrschend ist die Konstruktion von *gr/g'r* mit *l*. Da diese Präposition im Syrischen und in den anderen aramäischen Dialekten weithin an Stelle der nota accusativi gebraucht wird, ist *gr/g'r l* sprachlich ein Abzweig der Akkusativkonstruktion, aber formal bleibt sie eine präpositionale Konstruktion, die wörtlich in eine andere Sprache übersetzt wieder eine solche ergeben kann (vgl. u. Anm. 71).

[66] Tsam Lev 20,10: *gwr 'm*.

[67] The Book of the Zodiac, transl. by E. S. Drower, Oriental Translation Fund XXXVI, 1949, facs. p. 89, 9; 91, 18; vgl. E. S. Drower-R. Macuch, A Mandaic Dictionary, 1963, 85: *gwr mn*. Konstruktion mit dem Akkusativ: Rechter Ginza, ed. H. Petermann, 85, 17.

[68] T Spr 6,32: *m'n dgjjr b'jtt'* (ed. P. de Lagarde, Hagiographa Chaldaice, 1873, der den Text nach der editio Bomberg, Venedig 1517 bietet. Nach J. Levy, Chaldäisches Wörterbuch über die Targumim I, 1867 [= 1959], 131b wird diese Lesart auch in den vorhandenen Hss. bezeugt, während die Erstausgabe des Aruch [1480] *'tt'* ohne *b* liest); TNeof. Lev 20,10; T Hos 7,4: *gwr 'm* (vgl. Apk 2,22 sowie Anm. 66).

[69] TO Lev 20,10; TJI Lev 20,10; T Hi 36,20.

[70] Mekhilta zu Ex 13,19 (ed. Friedmann 24b, 22; ed. Horowitz-Rabin 79, 20): *l' n'p l'št* (v. l. *b'št*) *pwtjpr*. (Die ed. Lauterbach [I, 180] bietet den Text ohne Präposition, was jedoch durch keine Hs. gedeckt ist.) Num r. 9,8 (ed. Stettin 1864, 49a, 5): *kl hnw'p b'št hbjrw* (im Kontext auch die Konstruktion mit Akk.: Num r. 9,7 [48b, 34]; 9,8 [49a, 18]; ebenso Siphra zu Lev 20,10 [ed. Wien 1862, 92a, 15. 16. 25]).

Weitere Belege könnte der ps.-philonische Liber Antiquitatum Biblicarum bieten. In dieser von der judaistischen und neutestamentlichen Forschung noch immer zu wenig beachteten Schrift jüdischer Herkunft, die nach 70 n. Chr. vermutlich in Palästina verfaßt wurde, und heute nur noch in lateinischer Übersetzung erhalten (ed. G. Kisch, Pseudo-Philo's Liber Antiquitatum Biblicarum, Publications in Mediaeval Studies X, 1949) ursprünglich wohl hebräisch geschrieben war (vgl. Chr. Dietzfelbinger, Pseudo-Philo Liber Antiquitatum Biblicarum, Diss. theol. Göttingen 1964 [maschschr.]) begegnet an zwei Stellen *moechari in* im Sinne von „Ehebruch treiben mit": Lib. ant. 10,11: *non mechaberis quia non mechati sunt in te inimici tui;* 25,10: *nos mechati sumus alterutrum in* (> Hs. M) *mulieres nostras.* Da dies im Lateinischen sonst kaum üblich ist (vorherrschend wird *moechari cum*, daneben auch *moechari m.* Akk. verwandt; vgl. Thesaurus Liguae Latinae, VIII, 9, 1960, 1322 f.), könnte hinter beiden Texten die hebräische Vorlage durchschimmern. Ganz sicher ist das jedoch nicht, da Vetus Latina Jer 3,9

mäisch sprechenden Judentum diese präpositionale Konstruktion verbreitet war; denn anders läßt es sich wohl kaum erklären, daß sie im nachbiblischen Hebräisch überhaupt erscheint.

Angesichts dieses sprachlichen Befundes dürfte es so gut wie sicher sein, daß sich hinter den im Griechischen auffälligen präpositionalen Konstruktionen von μοιχᾶσθαι/μοιχεύειν in Mk 10,11; Act Thomae 56; Const Ap I 3,4 jeweils ein Aramaismus verbirgt. Das ist um so wahrscheinlicher, als alle drei Texte Schriften angehören, für die eine aramäische Vorlage feststeht (Acta Thomae[71]) oder zumindest eine aramäischsprachige Traditionsgrundlage bzw. Umwelt (Markusevangelium, Constitutiones Apostolorum[72]) angenommen werden kann.

Für den Spruch in Mk 10,11 ergibt sich daraus, daß die weithin abgelehnte Deutung „er treibt Ehebruch mit ihr" gegenüber der gängigen Deutung „er treibt Ehebruch gegen sie" unbedingt den Vorzug verdient und daß damit auch von sprachlicher Seite her das Verständnis des Spruches als Wort gegen eine nach vollzogener Scheidung beabsichtigte Wiederheirat gestützt wird.

Daß diese Regelung ebenso wie das apodiktische Nein zur Ehescheidung von Jesus selbst stammen sollte, ist schwer denkbar[73]. Sie dürfte erst in nachösterlicher Zeit entstanden sein, am ehesten — darauf deutet die unjüdische Vorstellung vom Ehebruch des Ehemannes auf der einen und der Aramaismus in μοιχᾶται ἐπ' αὐτήν auf der anderen Seite hin — im Bereich der christlichen Gemeinden Syriens. Vermutlich hat man es hier als schwierig empfunden, das aus der Verkündigung Jesu überkommene apodiktische Verbot der Ehescheidung uneingeschränkt einzuhalten und es deshalb erleichternd in ein

---

(nach Hieronymus, Regula Pachomii 159 [MPL 23,81]) und Vulgata Jer 29,23 ebenfalls *moechari in* bieten, was, falls hier nicht ebenfalls Einfluß aramäischen Sprachgebrauchs anzunehmen ist, auf vulgärlateinische Ausdrucksweise hindeuten könnte.

[71] Die Acta Thomae sind ursprünglich syrisch geschrieben (vermutlich zu Beginn des 3. Jh.; vgl. A. F. J. Klijn, The Acts of Thomas, Suppl. to Nov Test 5, 1962, 26). Die heute erhaltene syrische Fassung weicht an der hier zitierten Stelle allerdings erheblich von der griechischen ab (s. Apocryphal Acts of the Apostles, ed. W. Wright, Vol. 1, 1871 [= 1968], 226; vgl. Klijn, 94. 250). Dem Rückschluß vom griechischen Text auf eine syrische Vorlage steht trotzdem nichts im Wege, denn die griechische Fassung beruht auf einer älteren Stufe der syrischen Überlieferung als die erhaltenen syrischen Handschriften (ebd., 13 ff.).

[72] Die Constitutiones sind in ihrer heutigen Form „etwa um 380 in Syrien oder Konstantinopel" (B. Altaner-A. Stuiber, Patrologie, 1966[7], 256) zusammengestellt worden. In ihren ersten 6 Büchern beruhen sie auf der Didaskalia, die „höchstwahrscheinlich in der ersten Hälfte, vielleicht schon in den ersten Jahrzehnten des 3. Jh. im nördlichen Syrien für eine heidenchristliche Gemeinde" (ebd., 84) verfaßt wurde.

[73] Gegen Stauffer, ThW I (1933), 647 f.

Verbot der zweiten Ehe abgeändert[74]. Dem Gebot Jesu war damit insofern noch Genüge getan, als zwar der Akt der Scheidung *de facto* hingenommen, an der Ehe aber *de iure* als unauflösbarer Größe festgehalten wurde[75]. Ein Schritt in dieser Richtung ist bereits bei Paulus zu erkennen, der im 1. Korintherbrief des längeren (7,10—16) die Frage der Ehescheidung behandelt. Für das, was Paulus in diesem Zusammenhang zu sagen hat, ist es kennzeichnend, daß er auf der einen Seite das apodiktische Nein Jesu zur Ehescheidung als das in dieser Sache für jedes Gemeindeglied gültige Wort hervorhebt (V. 10: μὴ χωρισθῆναι; V. 11: μὴ ἀφιέναι; vgl. V. 12 f.), auf der anderen Seite aber sich offensichtlich genötigt sieht, zwei Ausnahmefälle zu erwähnen. Der erste Fall betrifft die Tatsache, daß in der korinthischen Gemeinde (in Unkenntnis des Wortes Jesu?) Ehen selbst zwischen christlichen Partnern geschieden worden waren[76], der zweite Fall (V. 13—15) den Umstand, daß bei „Mischehen" sich die Fortführung der Ehe als schwierig erwiesen hatte, was — vermutlich vor allem den christlichen Partner[76a] — an eine Scheidung denken ließ. So unterschiedlich der jeweilige Sachverhalt ist, die Antworten des Paulus laufen im wesentlichen auf das gleiche hinaus: Er erkennt an, daß die Scheidung vollzogen war oder unter den betreffenden Umständen nicht unbedingt vermieden werden konnte, betont aber für den christlichen Partner einer solchen geschiedenen Ehe, er solle sich nicht wieder verheiraten[77]. Die Notwendigkeit zur kasuistischen Abwandlung

---

[74] Die Erwägung von Strecker, 131 Anm. 2, das Nebeneinander von Mk 10,9 und 10,11 sei „wohl so zu verstehen, daß die ‚Scheidung' zwar in jedem Fall verboten ist . . ., aber es eine Steigerung zum Ehebruch bedeutet, wenn damit die Wiederheirat verbunden wird", könnte für den Evangelisten Markus vielleicht zutreffen (so auch E. Schweizer, Das Evangelium nach Markus, 1967[11] [1], 116), kaum jedoch für Mk 10,11 in seiner ursprünglichen Bedeutung.

[75] Die Bezeichnung der zweiten Ehe nach vollzogener Scheidung als „Ehebruch" in Mk 10,11 parr. setzt voraus, daß die erste Ehe faktisch noch als (vor Gott) bestehend angesehen wird, ihr also eine Art character indelebilis zugesprochen ist. Anders Greeven, ZEE 1, 1957, 117, der jedoch die unterschiedliche Herkunft von Mk 10,9 (Jesus) und Mk 10,11 parr. (Gemeinde) nicht genügend berücksichtigt. Ob ἄνθρωπος μὴ χωριζέτω in Mk 10,9 ursprünglich im Sinne von „kann der Mensch nicht scheiden" gemeint ist, wird mit Recht in Frage gestellt werden können; daß die urchristliche Gemeinde es so gedeutet hat, ist angesichts der Folgerung, die man im Hinblick auf die zweite Ehe gezogen hat, kaum zu bestreiten.

[76] Vgl. W. Schrage, Die konkreten Einzelgebote in der paulinischen Paränese, 1961, 244 f.; H. Conzelmann, Der erste Brief an die Korinther, 1969, 144.

[76a] Vgl. Conzelmann, 147.

[77] Deutlich ausgesprochen in V. 11. Aber auch für die Christen in einer Mischehe dürfte dies gelten. Daß Paulus in V. 15 mit der Wendung οὐ δεδούλωται . . . ἐν τοῖς τοιούτοις die Wiederheirat „grundsätzlich" freigestellt haben sollte (so Conzelmann, 149), erscheint mir unwahrscheinlich. Schwerlich hat Paulus im Fall einer bereits geschiedenen Ehe in dieser Hinsicht anders geurteilt als im Fall einer

des apodiktischen Jesuswortes ist hier im Ansatz deutlich zu greifen. Wenn auch kein direkter Weg von 1.Kor 7,10 f. zu Mk 10,11 f. parr. führt, so dürften doch die Aussagen in Mk 10,11 f.; Lk 16,18; Mt 5,32 ähnliche Fälle wie in 1.Kor 7,10 ff. im Blick haben, wenn sie die Ehescheidung offensichtlich als möglich hinnehmen, die folgende Heirat aber entschieden ablehnen.

III

Wo ist der „*Sitz im Leben*" der frühen christlichen Gemeinden für die oben angedeutete Entwicklung zu suchen? Die konditionale Formulierung der Texte legt es nahe, die einzelnen Sprüche als kasuistische Rechtssätze zu bezeichnen und in ihnen Äußerungen des sich allmählich entwickelnden christlichen Gemeinderechts zu sehen[78]. Das würde ganz auf der Linie ihrer späteren Verwendung liegen, haben doch die Texte die Entwicklung des kirchlichen Eherechts von den Tagen der Alten Kirche[79] an bis heute nachhaltig beeinflußt. Gegen diese rechtliche Einschätzung hat sich indes entschieden G. Delling geäußert. Er wendet ein, daß „die Form eines konditionalen Relativsatzes . . . in den Synoptikern häufig genug begegnet"[80], es sich dabei aber keineswegs immer um Rechtssatzungen handelt, sondern um Worte, in denen „ein betont religiöses (oder ethisches) Urteil"[81] abgegeben wird. Man wird das in der Tat beachten müssen. Für kasuistische Rechtssätze ist nicht allein die konditionale Form kennzeichnend, sondern vor allem daß am Ende stets die Strafe angegeben wird, die auf ein bestimmtes, vorher genanntes Verhalten erfolgt. Eine Strafandrohung bzw. -angabe fehlt aber nun gerade in Mk 10,11 f.; Lk 16,18; Mt 5,32. Statt dessen wird das im Vordersatz umrissene Verhalten als Sünde qualifiziert. Dieser Sachverhalt ist formgeschichtlich ausschlaggebend. Man wird in den Sprüchen ein Stück urchristlicher Paränese zu sehen haben, deren „Sitz im Leben" nicht das Gemeinderecht, sondern die Gemeindeunterweisung, die Didache, ist.

Daß die christliche Gemeinde mit der Umformung des Wortes Jesu gegen die Ehescheidung in ein Wort gegen die Wiederheirat dem von Jesus gerade abgelehnten kasuistischen Denken wieder ver-

---

noch zu scheidenden Ehe. Darauf weist auch V. 39, wie immer der Text sonst zu deuten sein mag. Auch in nachpaulinischer Zeit hat man zunächst am Verbot der zweiten Ehe unbedingt festgehalten (s. u. Anm. 83).

[78] So z. B. Hirsch, 109; W. L. Knox, The Sources of the Synoptic Gospels I: St. Mark, 1953, 69; Greeven, NTS 15, 1969, 385.

[79] Vgl. Delling, RAC 4 (1959), 714—717.

[80] Delling, Nov Test 1, 1956, 263.   [81] Ebd., 264.

fallen ist, ist nicht zu übersehen. Wer das als Argument gegen die hier vertretene Deutung der Sprüche in Mk 10,11 f.; Lk 16,18; Mt 5,32 meint ausmünzen zu können, sollte bedenken, in welchem Maße die Verkündigung Jesu schon in der frühen christlichen Überlieferung mitunter entschärft worden ist. Immerhin wird man aber auch nicht verkennen dürfen, daß die älteste Christenheit stets vom Gebot Jesu ausgegangen ist und ganz konsequent am Verbot der zweiten Ehe festgehalten hat[82]. Hier hat erst im 3. Jahrhundert ein Wandel eingesetzt[83], der sich bezeichnender Weise selten — und dann nur unter meist recht merkwürdigen theologischen oder juristischen Unterscheidungen — in der kirchlichen Lehre, weithin aber in der kirchlichen Praxis niedergeschlagen hat. Ob diese bis heute, vor allem in den Kirchen der Reformation, anzutreffende Zweigleisigkeit und die darin eingeschlossene Kasuistik noch im Sinne des Wortes Jesu ist, wird man füglich fragen müssen. Wenn schon ein Schritt selbst über das Wort Jesu hinaus unausweichlich erscheint, dann sollte er besser in aller Eindeutigkeit und ohne Klauseln oder Kautelen getan werden.

---

[82] Anders Soulen, Interpretation 23, 1969, 449, der die Meinung vertritt, Matthäus habe für den Fall, daß die Frau Ehebruch begangen hat, dem Mann die Scheidung und Wiederheirat freigestellt. M. E. ist damit aber der Text überinterpretiert.

[83] Vgl. B. Kötting, Die Beurteilung der zweiten Ehe im heidnischen und christlichen Altertum, Diss. theol. Bonn 1943; Delling, RAC 4 (1959), 714 ff.; H. Crouzel, Séparation ou remariage selon les Pères anciens, Gregorianum 47, 1966, 472 bis 494.

JESUS UND DER SABBAT
Franz-Delitzsch-Vorlesung 1992

Als dieser Knabe Jesus fünf Jahre alt geworden war, spielte er ... an der Furt eines Baches. ... Er bereitete sich weichen Lehm und bildete daraus zwölf Spatzen. Und es war Sabbat, als er dies tat. ... Da nun ein Jude sah, was Jesus am Sabbat beim Spielen tat, ging er sofort weg und meldete dessen Vater Josef: „Siehe, dein Sohn ist am Bach und hat aus Lehm zwölf Vögel gebildet und (so) den Sabbat entweiht." Und Josef ging zu der Stelle und, als er ihn sah, schrie er ihn an: „Weswegen tust du am Sabbat, was nicht erlaubt ist zu tun?" Aber Jesus klatschte in die Hände und rief den Spatzen zu: „Fort mit euch!" Und die Spatzen öffneten ihre Flügel und flogen mit Geschrei davon. Als aber die Juden das sahen, verwunderten sie sich und sie gingen weg und berichteten ihren Ältesten, was sie Jesus hatten tun sehen.[1]

Dies ist offenkundig eine Legende. Sie findet sich in einer Schrift, die unter dem Titel „Des israelitischen Philosophen Thomas' Bericht über die Kindheit des Herrn" erhalten ist. Alter und Herkunft sind nicht mehr genau zu ermitteln; aber es spricht vieles dafür, daß es sich um ein frühes, vielleicht bis ins 2. Jahrhundert zurückreichendes Stück christlicher Überlieferung handelt[2]. Wie in allen Legenden so spiegelt sich auch in dieser nicht bloß bizarre Phantasie volkstümlicher Frömmigkeit. Sie bringt wie andere Legenden handfeste Theologie zur Sprache und zur Anschauung. Ihr Thema ist: Jesus und der Sabbat und die Juden.

Diese Legende schildert einen Jesus, der schon als kleiner Junge souverän über dem Sabbat steht. Sein jüdischer Vater versucht vergeblich, ihn in die Schranken des Sabbatgebots zu weisen. Die Juden müssen ihn ohnmächtig gewähren lassen, denn er verfügt über die Kraft, aus Lehm Leben zu schaffen wie Gott bei der Erschaffung des Menschen.

Es liegt klar zutage: was diese Legende zur Sprache und Anschauung bringen will, ist die Souveränität des göttlichen Jesus über das Gebot der I Sabbatruhe. Und was sich in ihr widerspiegelt, ist die Auseinandersetzung christlicher Gemeinde mit jüdischer Sabbatfrömmigkeit, eine Auseinandersetzung, die in der These von der Aufhebung des Sabbatgebotes gipfelt und an Hand der Gestalt und Geschichte Jesu legitimiert wird.

---

[1] Text nach C.Tischendorf, Evangelia Apocrypha, 1876[2], 140f., abgedruckt auch bei A.de Santos Otero, Los Evangelios Apocrifos, BAC 148, 1963[2], 285f. Die Übersetzung folgt mit leichten Abweichungen O.Cullmann, in: Hennecke-Schneemelcher, Neutestamentliche Apokryphen I[3], 1959, 293f. = I[6], 1990, 353.

[2] Cullmann, in: Hennecke-Schneemelcher I (A. 1), 292/352: „wohl noch ins Ende des 2. Jh."; ebenso Santos Otero, Evangelios (A. 1), 283.

„Jesus und der Sabbat", das war in der Sicht dieser Legende aus dem Kind-heitsevangelium des Thomas von Anfang an ein Verhältnis von Spannung und Gegensatz.

Mit dieser Sicht steht die Legende keineswegs allein. Im Gegenteil, sie ist nur eine Stimme aus einem recht umfänglichen Chor. In der Alten Kirche ist es gän-gig gewesen, das Verhältnis Jesu zum Sabbat so oder ähnlich darzustellen und damit gegen das Judentum die eigene Ablehnung des Sabbat zu begründen.

So kann – um nur zwei Beispiele zu nennen – in den Actus (Vercellenses) Petri cum Simone Paulus der Satz in den Mund gelegt werden: „Christus hat ihren Sabbat aufgelöst",[3] oder in den Acta Philippi als jüdische Anklage gegen Jesus vermeldet werden: „Er hat das Gesetz und den Tempel aufgelöst und die Reinheitsgebote und die Sabbatgebote außer Kraft gesetzt mit der Behauptung, sie seien nicht von Gott angeordnet"[4]. So oder so ähnlich hat man sich vielfach auch im weiteren Verlauf der Kirchen- und Theologiegeschichte geäußert[5].

Und auch heute ist dies durchaus noch der Fall. Das Verhältnis Jesu zum Sabbat wird unter Überschriften wie „Jesus über dem Sabbat" oder „Jesus gegen den Sabbat" abgehandelt. Selbst Exegeten, die sonst theologisch nicht viel gemeinsam haben, sind sich darin einig. So kann Ernst Käsemann in seinem Auf-satz über „Das Problem des historischen Jesus" als Quintessenz u.a. der Stel-lungnahme Jesu zum Sabbat formulieren: „Jesus hat mit einer unerhörten Souve-ränität am Wortlaut der Tora und der Autorität des Moses vorübergehen können. Diese Souveränität erschüttert nicht nur die Grundlagen des Spätjudentums und verursacht darum entscheidend seinen Tod, sondern hebt darüber hinaus die Weltanschauung der Antike mit ihrer Antithese von kultisch und profan ... aus den Angeln."[6] Und nicht viel anders steht es | auch bei Leonhard Goppelt zu le-sen. In seiner „Theologie des Neuen Testaments" finden sich unter der Über-schrift „Jesu Stellung zum Gesetz als Norm" folgende Sätze: „Jesus hebt *das Sabbatgebot* als selbständige Einzelsatzung in einer *überbietenden totalen Forde-rung* auf. ... Jesus vertritt nicht eine andere Auslegung des Sabbats, über die man diskutieren kann. Er hebt das Sabbatgebot als solches und damit das Gesetz, die Grundlage des Judentums, auf. Daher bleibt ihm gegenüber nur die Alternative: Man stellt sich zu seinem totalen Anspruch, der das Sabbatgebot aufhebt, oder

---

3 Actus Petri cum Simone 1 (ed. R.A.Lipsius in: R.A.Lipsius–M.Bonnet, Acta Aposto-lorum Apocrypha I, 1891 = 1959, 45). – Deutsche Übersetzung nach W.Schneemelcher, in: Hennecke–Schneemelcher II³, 1964, 191 = II⁶, 1997, 259. – In der Passio Sanctorum Aposto-lorum Petri et Pauli 1 (Lipsius–Bonnet I, 118) wird ähnliches als Aussage des Petrus gebracht.

4 Acta Philippi 15 (ed. M.Bonnet in: R.A.Lipsius–M.Bonnet, Acta Apostolorum Apo-crypha II, 1903 = 1959, 8).

5 Vgl. z.B. Barn 2,5f.; Epistula Pilati I (Tischendorf, Evangelia Apocrypha [A. 1], 436; Santos Otero, Evangelios [A.1], 478f.).

6 ZThK 51, 1954, 146f. = in: E.Käsemann, Exegetische Versuche und Besinnungen I, 1960, 208.

man hält das Gebot fest und stößt ihn aus dem Judentum aus."[7] Solche
Äußerungen lassen an Deutlichkeit nichts zu wünschen übrig.

Was in ihnen in Form exegetisch-historischer Urteile zum Ausdruck gebracht
wird, deckt sich im wesentlichen in der Sache mit dem, was die fromme Legende
aus dem Kindheitsevangelium des Thomas zur Anschauung gebracht hat.

Es gibt offensichtlich von den Tagen der Alten Kirche bis in unsere Gegenwart[8] einen verzweigten, aber durchgehenden Traditionsstrom, das Verhältnis
Jesu zum Sabbat antithetisch im Sinn der Aufhebung des Sabbat durch Jesus zu
bestimmen.

Wer heute über das Thema „Jesus und der Sabbat" nachdenkt, muß dies
zunächst einmal zur Kenntnis nehmen. Wir verhandeln dieses Thema im Raum
einer Theologie und Exegese, die dieser Tradition verhaftet ist. Und wir müssen
ferner auch erkennen, daß christliche Theologen das Verhältnis Jesu zum Gesetz
und zum Judentum wesentlich im Gefälle dieser Tradition beurteilt haben und –
was noch gewichtiger ist – darüberhinaus oft auch ihr eigenes Verhältnis zu Gesetz und Judentum von dort her bestimmt haben.

Aber nicht nur das; wer heute über das Thema „Jesus und der Sabbat" nachdenkt, muß auch zur Kenntnis nehmen, daß dieser Traditionsstrom bis ins Neue
Testament hineinreicht. Die These von der Auflösung des Sabbat durch Jesus
begegnet explizit in der Jesusüberlieferung des Johannesevangeliums und zwar
bemerkenswerterweise dort im Munde jüdischer Gegner Jesu (Joh 5,18; 9,16).
Die These, Jesus habe den Sabbat bzw. das Sabbatgebot aufgehoben, sich selbst
oder gar den Menschen allgemein über den Sabbat gestellt und diesen damit zumindest relativiert, diese These kann sich aber auch auf die synoptischen Evangelien berufen. In ihnen findet sich eine ganze Reihe von Erzählungen über Zu-
sammenstöße zwischen Jesus und | frommen Pharisäern am Sabbat. Ganz so an
den Haaren herbeigezogen, ganz ohne Gründe kann diese These also gar nicht
sein.

Und dennoch gab und gibt es immer wieder Stimmen, die meinen, das Verhältnis Jesu zum Sabbat anders, nicht so antithetisch bestimmen zu können, ja
bestimmen zu müssen.

Auch solche Stimmen begegnen bereits in der Alten Kirche. Es hat in ihr z.B.
Gruppen gegeben, die Jesus das Wort in den Mund gelegt haben: „Wenn ihr den
Sabbat nicht zum Sabbat macht, dann werdet ihr nicht den Vater sehen"[9]. Frei-

---

[7] Theologie des Neuen Testaments, 1. Jesu Wirken in seiner theologischen Bedeutung,
1975, 145f.

[8] Vgl. z.B. H.Braun, Jesus, 1969, 78ff.; W.Rordorf, Der Sonntag, AThANT 43, 1962,
62f.; S.Schulz, Die Stunde der Botschaft. Einführung in die Theologie der vier Evangelisten,
1967, 85; E.Stauffer, Die Botschaft Jesu, DalpTb 333, 1959, 27.

[9] Thomas-Evangelium (kopt.), Logion 27 = Oxyrhynchos-Papyrus 1,8–11; s. J.Jeremias
in: Hennecke–Schneemelcher I[3], 1959, 67; B.Blatz in: ebd. I[6], 1990, 103. – Vgl. auch
Constitutiones Apostolorum II, 36,2 (ed. X.Funk I, 121,23ff.); VI, 23,3 (ebd., 359,13ff.); VII,
36,4 (ebd., 434,16ff.).

lich, das sind eher vereinzelte Stimmen gewesen, die am Rande der Kirche angesiedelt waren, meist wohl in judenchristlichen Kreisen, und später auch nur
gelegentlich sich wieder zu Wort meldeten.[10] Erst in neuerer Zeit mehren sich
wieder sowohl im wissenschaftlichen wie populären Bereich Äußerungen, in
denen Jesus, der historische Jesus, nicht einfach im Gegensatz zum Sabbat dargestellt wird. Namentlich jüdische Neutestamentler, aber auch manche ihrer
christlichen Kollegen zeichnen Jesus als einen Mann, der gerade in Sachen Sabbatheiligung durchaus frommer jüdischer Praxis zugewandt war und sich
höchstens gegen Verkrustungen und Verengungen überfrommer Sabbatpraxis
gewandt hat.

In diesem Sinn haben sich z.B. der Altmeister gegenwärtiger jüdischer Jesusforschung David Flusser[11] und der in Deutschland besonders populäre Pinchas
Lapide[12] geäußert. Danach ging es Jesus „nicht um die Abschaffung des Sabbatgebotes ..., sondern ganz im Gegenteil: um die grundsätzliche Einhaltung aller
Sabbatvorschriften, für die er ... im Sinne der jüdischen Rechtspraxis einzutreten
wußte.“[13]

So haben wir auf der einen Seite eine kirchlich und wissenschaftlich weit verbreitete Position, die Jesus wesentlich in Gegensatz zum Sabbat stellt, und auf der
anderen Seite eine gegenläufige, nur hier und da greifbare Position, die nachdrücklich von der Sabbatobservanz Jesu spricht.

Will man sich angesichts dieser Diskrepanz der Meinungen nicht in konfessorischer Naivität der einen oder anderen Richtung anschließen, dann wird | man
nach den Gründen und Begründungen zu fragen haben, die beide Seiten für ihre
Sicht anführen, und sie jeweils auf ihre Stichhaltigkeit zu prüfen haben. Das ist
freilich leichter gesagt als getan. Die Analyse von Evangelientexten gehört bekanntlich zu den besonders schwierigen Unternehmungen historisch-kritischer
Forschung.

Als Quellen, die über das Verhältnis Jesu zum Sabbat in erster Linie zu befragen sind, sind folgende Texte zu benennen: Mk 2,23–28 und 3,1–6 mit ihren
Parallelen im Mt- und LkEv; Lk 13,10–16 und 14,1–6 und schließlich Joh 5,9–
18; 7,15–24 sowie 9,13–17. Dazu kommen jeweils noch ein paar Einzelverse: Mk
1,21; 6,1; Mt 12,5.11; 24,20 sowie Lk 4,16; 23,56. Das ist im Grunde kein
übergroßer Textkomplex, bietet aber doch recht komplizierte Textbefunde.

Das Folgende beschränkt sich im wesentlichen auf die bei den Synoptikern
vorhandenen Überlieferungen. Die johanneischen Texte bleiben unberücksichtigt,

[10] Zur Nachgeschichte der Sabbatverehrung in christlichen Kreisen des Mittelalters und der
Neuzeit vgl. M.Zobel, Der Sabbat, Schockenbücherei 25/26, 1935, 132–144.

[11] Jesus, romo 140, 1968, 44–49 [vgl. die überarb. Neuausgabe, 1999, 45–50, sowie die
engl. Neubearbeitung: Jesus, in collaboration with R.S. Notley, 1998[2], 58–64 – die Hg.].

[12] Der Rabbi von Nazareth, 1974, 52–56; Er predigte in ihren Synagogen. Jüdische
Evangelienauslegung, GTB 1400, 1980, 56–76. – Ähnlich auch: S.Sandmel, We Jews and
Jesus, 1965, 136.152 A. 1; Ph.Sigal, The Halakah of Jesus of Nazareth according to the
Gospel of Matthew, 1986, 153ff.; H.Maccoby, Early Rabbinic Writings, 1988, 170ff.

[13] Lapide, Synagogen (A. 12), 57.

da ihr historischer Wert von vornherein höchst unsicher ist[14]. Das synoptische Material soll unter drei Fragestellungen gesichtet werden:
1. Wie weit taugen die Texte als Stütze für die Annahme der Sabbatobservanz Jesu?
2. Inwiefern belegen die Texte die Annahme der Aufhebung des Sabbat durch Jesus?
3. Was läßt sich an Hand der Texte über die Eigenart der Sabbatkonflikte Jesu ausmachen?

1. Überlieferung der Sabbatobservanz Jesu

Für die These, „daß Jesus grundsätzlich die genaue Einhaltung des Sabbats als Bibelgebot"[15] anerkannt und befolgt hat, werden vor allem drei Argumente angeführt.
a) In erster Linie wird auf die Tatsache verwiesen, daß in den Evangelien mehrfach unmittelbar von der Einhaltung des Sabbat durch Jesus die Rede ist: Mk 1,21 und Lk 4,16.31.40.
b) Dazu kommt ferner der Befund, daß es ein Jesuswort gibt, in dem dieser seine Jünger im Blick auf die endzeitlichen Wirren mahnt: „Bittet aber, daß eure Flucht nicht in den Winter oder auf einen Sabbat falle" (Mt 24,20). |
c) Und schließlich gesellt sich dazu die allgemeine Beobachtung, daß in der Überlieferung über die Verurteilung Jesu durch das Synhedrium gerade keine Anklage gegen Jesus als Sabbatbrecher formuliert wird.

Das scheinen auf den ersten Blick in der Tat durchaus gewichtige Anhaltspunkte und Argumente zu sein. Aber sieht man genauer hin, dann ändert sich der Eindruck doch erheblich.

Was zunächst die Notizen anbelangt, nach denen Jesus sich wie ein frommer Jude am Sabbat benommen hat, in die Synagoge gegangen ist und in ihr gelehrt hat und den Anfang wie den Ausgang des Sabbat genau beachtet hat, so kommt man nicht umhin festzustellen, daß diese Notizen allesamt als Grundlage wenig taugen. Sie gehören alle traditionsgeschichtlich zur jüngsten Schicht der Evangelienüberlieferung: es sind alles Texte der redaktionellen Rahmung. D.h.: sie spiegeln die Sicht der Evangelisten. Als historische Quelle für das Leben Jesu sind sie – zumindest für sich genommen – nicht ohne weiteres brauchbar.

Dasselbe trifft für den Rat Jesu an seine Jünger Mt 24,20 zu. Dieses Jesuswort findet sich auch bei Mk (13,18), aber hier nun bezeichnenderweise ohne die Erwähnung des Sabbat. Es spricht alles dafür, daß die Erwähnung des Sabbat an dieser Stelle der redaktionellen Bearbeitung des Mk-Stoffes durch Mt zu verdan-

---

[14] Vgl. E.Lohse, Jesu Worte über den Sabbat, in: W.Eltester (Hg.), Judentum – Urchristentum – Kirche (FS J.Jeremias), BZNW 26, 1960 = 1964², 62f. = in: E.Lohse, Die Einheit des Neuen Testaments. Exegetische Studien zur Theologie des Neuen Testaments, 1973, 63f.
[15] Lapide, Synagogen (A. 12), 66.

ken ist, der hiermit wie an manchen anderen Stellen seine judenchristliche Verankerung zur Sprache bringt.

Es bleibt als einziges Argument der implizite Schluß aus dem Fehlen der Sab-
batthematik im Rahmen der Überlieferung vom Prozeß Jesu vor dem Synhedrium. Dieses Argument ist gewiß bedenkenswert, zumal es auffällig ist, daß alle
drei Synoptiker den Tod Jesu bzw. den Tötungsplan seiner Gegner mit einem
Sabbatkonflikt in Zusammenhang bringen, in der Geschichte von der Heilung der
verdorrten Hand am Sabbat (Mk 3,1–6). Aber dieser Zusammenhang wird gerade
in der Passionsgeschichte nicht wieder aufgenommen. Man kann daher mit
einigem Recht fragen: Hätten die Mitglieder des Hohen Rates solche Mühe
gehabt, einen Anklagepunkt gegen Jesus zu finden, wenn dieser als notorischer
Sabbatbrecher bekannt gewesen wäre? Diese Frage hat gewiß Gewicht. Aber der
Befund allein reicht nicht aus, um die Frage nach dem Verhältnis Jesus – Sabbat
zu beantworten; nicht zuletzt auch deswegen, weil die Historizität des Berichtes
von der Verhandlung gegen Jesus vor dem Synhedrium nicht über alle Zweifel
erhaben ist[16].

Fazit: Diese Textbefunde sind alle nicht so stichhaltig, wie es bisweilen be-
hauptet wird und auch auf den ersten Blick hin erscheinen mag. |

Allerdings gibt es noch ein anderes Argument für die These der Sabbatobservanz Jesu. Es findet sich nahezu in allen einschlägigen Veröffentlichungen und
bezieht sich auf die Evangelienerzählungen, die von Konflikten zwischen Jesus
und Pharisäern am Sabbat berichten: Mk 2,23–28 Ährenraufen am Sabbat; Mk
3,1–6; Lk 13,10–16; 14,1–6 Heilungen am Sabbat bei einem Mann mit einer verdorrten Hand, bei einer verkrümmten Frau und einem Mann mit „Wassersucht".
Üblicherweise gelten diese Geschichten als Belege dafür, daß Jesus sich um das
Gebot der Sabbatheiligung gerade nicht gekümmert, sondern sich souverän darüber hinweggesetzt habe. Aber dem wird widersprochen mit dem Hinweis, es
handele sich nach den damaligen Regeln entweder gar nicht um einen Verstoß
gegen das Gebot der Sabbatheiligung oder um den Zusammenstoß konkurrieren-
der Sabbatregeln. Bei den Heilungen am Sabbat benutze Jesus keine Geräte,
sondern allein Worte[17] und in der Geschichte vom Ährenraufen am Sabbat folge
er einer besonderen galiläischen, „liberalen" Sabbatpraxis[18].

Wenn Gelehrte, die sich in der Welt der Halacha, der jüdischen Gesetzesauslegung, auskennen, das sagen, wird man das nicht einfach beiseite schieben
können. Aber unbesehen darf man es auch nicht einfach belassen. Geht man dieser Argumentationslinie nach, dann ergeben sich erhebliche Anfragen, ja Zweifel
hinsichtlich der Stichhaltigkeit.

---

16 Vgl. dazu jetzt W.Reinbold, Der älteste Bericht über den Tod Jesu, BZNW 69, 1994,
249–258.

17 Flusser, Jesus (A. 11), 47; G.Vermes, Jesus the Jew, 1973, 25 = Jesus der Jude, 1993,
11; A.E.Harvey, Jesus and the Constraints of History, 1985, 264; E.P.Sanders, Jesus and Judaism, 1985, 266.

18 So Flusser, Jesus (A. 11), 44; Lapide, Synagogen (A. 12), 60.

Bei der betreffenden Deutung der Geschichte vom Ährenraufen am Sabbat spielen zwei Sachverhalte eine entscheidende Rolle. Grundlegend ist einmal die Annahme, daß ein nur vom Evangelisten Lukas[19] erwähntes Detail in der Geschichte zum ursprünglichen Kern gehört: die Bemerkung, daß die Jünger die Ähren zerrieben haben, um die Körner zu essen. Dieser spezielle Zug der lukanischen Erzählung wird dann in Zusammenhang mit einer im babylonischen Talmud (bSchabbat 128a) überlieferten Geschichte gebracht, die von einem Streit zwischen Rabbi Jehuda und den Weisen berichtet, in dem es um die Frage geht, ob man am Sabbat Körner nur mit den Fingerspitzen oder auch mit den Händen zerreiben darf. |

Das hier angewandte exegetische Verfahren ist höchst problematisch. Denn schon die Behauptung, daß die lukanische Fassung der Geschichte mit dem Motiv des Zerreibens der Ähren zur ältesten und darum ursprünglichen Überlieferungsstufe gehört, ist keineswegs gesichert. Ihr liegt eine ganz spezifische Lösung des synoptischen Problems zugrunde, die die literarische Priorität des Markusevangeliums vor dem Matthäus- und Lukasevangelium bestreitet und damit die Ergebnisse der Synoptikerforschung dieses Jahrhunderts über Bord wirft. Die „Jerusalemer Schule" unter Flusser und Lindsey propagiert dies zwar seit längerem, hat aber bisher für die eigene These weder einen stringenten noch einen umfassenden Nachweis geliefert[20].

Problematisch ist das benannte Verfahren aber nicht nur im Blick auf die textliche Grundlage. Auch im Blick auf die rabbinische Überlieferung sind Bedenken anzumelden.

Die vorgetragene Deutung und Anwendung von bSchabbat 128a wird dem textlichen Befund m.E. nicht voll gerecht[21].

---

[19] Flusser, Jesus (A. 11), 44 A. 52, und ihm folgend Lapide, Synagogen (A. 12), 61 berufen sich zusätzlich auf einen von Sh.Pines veröffentlichten arabischen Bericht über Judenchristen (The Jewish Christians of the Early Centuries of Christianity according to a New Source, Proceedings of the Israel Academy of Sciences and Humanities II, 13, 1966), in dem wie bei Lukas vom Ährenreiben der Jünger die Rede ist (ebd., 16). Dieser Überlieferung kommt indes schwerlich ein eigener textkritischer Wert zu. Aller Wahrscheinlichkeit nach beruht sie auf einer Fassung des Diatessaron, in dem bekanntlich neben matthäischen auch lukanische Textelemente Eingang fanden.

[20] Vgl. R.L.Lindsey, A Modified Two-Document Theory of the Synoptic Dependence and Interdependence, NovTest 6, 1963, 239–263; A New Approach to the Synoptic Gospels, 1971; The Jesus Sources: Understanding the Gospels, 1990; D.Flusser, Die literarischen Beziehungen zwischen den synoptischen Evangelien, in: ders., Entdeckungen im Neuen Testament, Bd. 1: Jesusworte und ihre Überlieferung, 1987, 40–67.

[21] bSchabbat 128a: „Die Rabbanan lehrten: Bündel Stroh, Gesträuch und Reiser darf man (am Sabbat) fortbewegen, wenn man sie als Viehfutter reserviert hat, sonst aber darf man sie nicht fortbewegen. ... Man darf mit der Hand abkneifen und essen, nicht aber mit einem Gerät. Man darf etwas zerreiben und essen, nicht aber viel mit einem Gerät – so R. Jehuda. Die Weisen sagen, man dürfe etwas mit den Fingerspitzen zerreiben und essen, aber nicht viel mit der Hand, wie man es am Wochentag macht."

Zunächst ist darauf hinzuweisen, daß in der betreffenden rabbinischen Überlieferung fortschreitende Regelungen zur Sprache kommenden. In der Sache geht es um Bündel von Stroh, Holz, Reisern und anderen Gewürzpflanzen, die man als Viehfutter gesammelt und reserviert hat, und um die Frage, ob man von diesen am Sabbat etwas nehmen und essen darf. Die erste und grundlegende Antwort darauf lautet: Erlaubt ist es, wenn man die Körner nicht mit einem Gerät, sondern mit der Hand abkneift. Von R. Jehuda wird ergänzend hinzugefügt „wenn man zerreibt". Die späteren Weisen nehmen darauf wieder Bezug und bestimmen – offensichtlich um den Unterschied zwischen Sabbat- und Wochentag im Verhalten zu markieren[22] – „nur wenn man mit den Fingerspitzen zerreibt und nicht mit der (vollen) Hand". Einen galiläischen Sonderbrauch wird man aus alledem schwerlich erschließen können.

Darüberhinaus ist aber auch zu fragen, ob diese Art von Regelung ohne weiteres auch auf den Verzehr von Getreideähren, noch dazu bei einer Wan- | derung durch die Felder am Sabbat, übertragen werden konnte. Das ist keineswegs ausgemacht. Daß es nach R. Jehuda am Sabbat „erlaubt" gewesen sei, „mit der Hand Früchte zu zerreiben, um sie zu essen"[23], geht jedenfalls über den Text hinaus.

Alles in allem läßt sich kaum übersehen: Wirklich stichhaltig ist dieser Versuch, die Geschichte vom Ährenraufen am Sabbat halachisch konform zu machen, nicht.

Dies gilt auch für die Bemühungen, die Heilungen am Sabbat als halachisch im Grunde unanstößig darzustellen. Das Argument hier lautet: Diese seien nicht manuell, sondern allein verbal erfolgt, und das sei durchaus erlaubt gewesen.

Dieses Argument wird in der neueren Literatur eigentümlicherweise durchgehend ohne Angabe von Textbelegen vorgebracht. Man begnügt sich gewöhnlich damit, auf entsprechende Äußerungen anderer Autoren zu verweisen. Geht man den Angaben nach, so stößt man am Ende[24] auf den Namen von Jakob Nahum Epstein und dessen „Einleitung zur tannaitischen Literatur". Hier findet sich in der Tat[25] im Zusammenhang mit den Geschichten über die Krankenheilungen Jesu am Sabbat die genannte These, und zwar unter Hinweis auf drei rabbinische Texte: Angeführt werden aus der Tosefta Schabbat 7,23, aus dem palästinischen Talmud Schabbat 4,14 und aus dem babylonischen Talmud Sanhedrin 101a[26]. In

---

[22] Vgl. S.Lieberman, Tosefta ki-fshuta, 5, 1962, 936f.

[23] So die als Zitat gekennzeichnete Wiedergabe des Textes bei Lapide, Synagogen (A. 12), 60.

[24] Bei Flusser, Jesus (A. 11), 48 (135) A. 59.

[25] M^evo'ot l^e-sifrut ha-tanna'im, 1957, 280f.

[26] Auf bSanhedrin 101a hat im Zusammenhang mit den Sabbatheilungen Jesu im übrigen bereits Y.Kaufmann in Golah w^e-nekhar, I, 1929/30, hingewiesen. Leider ist dieses magnum opus im außerjüdischen Bereich bislang kaum zur Kenntnis genommen worden (vgl. dazu jetzt aber Th.Krapf, Yehezkel Kaufmann. Ein Lebens- und Erkenntnisweg zur Theologie der Hebräischen Bibel, SKI 11, 1990). Erfreulicherweise sind inzwischen wenigstens die Kapitel über Jesus und das frühe Christentum in englischer Übersetzung zugänglich: Y.Kaufmann, Christia-

der Sache handelt es sich um einen in drei Parallelfassungen überlieferten Spruch, nach dem am Sabbat erlaubt ist, „über einem Auge, einer Schlange und einem Skorpion" zu „flüstern"[27]. Im Blick sind dabei Erkrankungen, die durch ein böses Auge, einen Schlangenbiß oder einen Skorpionstich verursacht sind, also Fälle unheimlicher bzw. lebensbedrohlicher Krankheiten. Bei solchen Fällen kann auch am Sabbat eingegriffen werden, und zwar, indem man über den Betrof- | fenen „flüstert". „Flüstern" über Kranken, das bezieht sich auf die auch im antiken Judentum durchaus bekannte Praxis magischer, mit Zaubersprüchen arbeitenden Heilung[28]. Sie wird hier in der Tat am Sabbat gestattet, aber offenkundig nur in wirklich lebensbedrohenden Fällen. Von einer allgemeinen Regel, Heilen sei am Sabbat erlaubt, sofern es nicht manuell, sondern ausschließlich verbal geschieht, ist nicht die Rede[29].

Kurz: Auf diese Weise lassen sich die Berichte über Konflikte zwischen Jesus und frommen Pharisäern am Sabbat nicht einfach gegenstandslos machen oder bloß zu Auseinandersetzungen im Rahmen bestehender Halacha aufheben. Ob man die Konflikte überhaupt mit dem historischen Jesus in Zusammenhang bringen darf, ist eine andere Frage. Aber wenn man sie in ihrem Kern für historisch hält, dann lassen sie sich so leicht nicht erledigen und entschärfen. Bevor ich auf diese Frage zurückkomme, muß ich mich zunächst der Gegenseite zuwenden, der These von der Aufhebung des Sabbat durch Jesus.

2. Überlieferung über die Aufhebung des Sabbat durch Jesus

Bei allen Veröffentlichungen, die sich mit der Stellung Jesu zum Sabbat beschäftigen und diese wesentlich als sabbatkritisch einstufen, als „das fromme jüdische Empfinden schärfstens verletzend"[30], als auf die Abschaffung des Sabbats hinauslaufend beschreiben, bei all diesen Veröffentlichungen kommt ein Text immer wieder vor, er spielt die entscheidende Rolle: Es ist das in Mk 2,27.28 überlieferte Wort: τὸ σάββατον διὰ τὸν ἄνθρωπον ἐγένετο καὶ οὐχ ὁ ἄνθρωπος διὰ τὸ σάββατον· ὥστε κύριός ἐστιν ὁ υἱὸς τοῦ ἀνθρώπου καὶ τοῦ σαββάτου. – „Der Sabbat ist um des Menschen willen geworden und nicht der Mensch um des Sabbat willen, daher ist der Sohn des Menschen Herr auch über den Sabbat."

---

nity and Judaism. Two Covenants, 1988. Der die Sabbatheilungen Jesu betreffende Abschnitt findet sich S.62. – Ob Epstein – ohne das zu vermerken – auf Kaufmann zurückgreift, bleibt unklar. Der zeitliche Abstand der Veröffentlichungen legt das immerhin nahe.

[27] TSchabbat 7,23 (119,8); bSanhedrin 101a; pSchabbat 4,14 (14c,47).

[28] Vgl. dazu L.Blau, Das altjüdische Zauberwesen, 1898; J.Trachtenberg, Jewish Magic and Superstition, 1939.

[29] Im übrigen trifft es auch nicht zu, daß in den von den Synoptikern berichteten Sabbatheilungen Jesu es sich durchgehend um bloß verbal vorgenommene Exorzismen handelt; zumindest in Lk 13,10–17 ist ähnlich wie in Joh 9,11 von manueller Praktik die Rede.

[30] Braun, Jesus (A. 8), 81.

Dieser Spruch am Ende der Geschichte vom Ährenraufen am Sabbat gilt als Kronzeuge für die Abkehr Jesu von der Sabbatfrömmigkeit seiner Zeit, für | seine „radikale Sabbatkritik"[31], ja für die Absage Jesu an jedwede religiöse Norm[32]. Wie weit wird ein solches Verständnis dem Text aus Mk 2 gerecht? Trägt dieser Textkomplex wirklich aus, wozu er im Zusammenhang mit der Frage nach dem Verhältnis Jesu zum Sabbat angeführt wird?

Daß im Kern von Mk 2,27.28 ein Stück authentischer Jesusüberlieferung erhalten ist, kann als einigermaßen gesichert gelten[33]. Die Zuordnung und Deutung der beiden Verse bereiten indes einige Schwierigkeiten. Die Probleme fangen an bei der Frage, ob und wie die beiden Verse ursprünglich zusammengehören, und sie enden bei der Frage, wie ihre Aussagen sich in der Sache zueinander verhalten. Umstritten ist ferner in diesem Zusammenhang, wie sich das Wort in Mk 2,27 zu einem in der rabbinischen Literatur mehrfach überlieferten, weitgehend parallelen Ausspruch verhält. Auf die traditionsgeschichtlichen Erwägungen zu Mk 2,27.28 im Zusammenhang mit 2,23–26 kann ich nicht im einzelnen eingehen, eine kurze Problemskizze mag genügen[34].

In der Forschung ist man sich einigermaßen einig, daß V.27 ursprünglich nicht zu dem vorhergehenden, mit der Davidgeschichte arbeitenden Beweisgang gehört, sondern eine selbständige Überlieferung darstellt.

Was das Verhältnis von V.28 zu V.27 angeht, so gibt es zwei alternative Antworten: Antwort a): V.27 und 28 gehören ursprünglich zusammen und sind daher als sachliche Einheit zu betrachten. Antwort b): V.27 und 28 | sind ursprünglich isolierte Logien. Sie wurden erst nachträglich zusammengefügt.

---

[31] Ebd., 82.

[32] Es ist daher kaum überraschend, daß Friedrich Gogarten seine Säkularisierungstheologie namentlich unter Verweis auf diesen Textkomplex entfaltet hat; vgl. Der Mensch zwischen Gott und Welt, 1956, 148.244.

[33] Das gilt zumindest für Mk 2,27; vgl. Lohse, BZNW 26 (A. 14), 85; C.Colpe, ὁ υἱὸς τοῦ ἀνθρώπου, ThWNT 8, 1969, 455 A. 368. – Freilich gibt es auch hier Gegenstimmen, meist unter Verweis auf die fehlende Überlieferung bei Mt und Lk, so z.B. F.Gils, Le sabbat a été fait pour l'homme et non l'homme pour le sabbat (Mc, II, 27). Reflexions à propos de Mc, II, 27–28, RB 69, 1962, 506–523; P.Benoit, Les épis arrachés (Mt. 12, 1–8 et par.), SBFLA 13, 1962/63, 79–92 = Exégèse et Théologie III, Cogitatio Fidei 30, 1968, 228–242; vgl. ferner E.Schweizer, Der Menschensohn. Zur eschatologischen Erwartung Jesu, ZNW 50, 1959, 199 A. 47a = Neotestamentica, 1963, 72 A. 48 (anders ders., Das Evangelium nach Markus, NTD 1, 1967, 39). Die vermutete Textentwicklung wird dadurch aber nur noch komplizierter und konstruierter.

[34] Vgl. dazu den umfänglichen Überblick bei F.Neirynck, Jesus and the Sabbath. Some Observations on Mk II, 27, in: J.Dupont (ed.), Jésus aux origines de la christologie, BEThL 40, 1975, 227–270; ferner H.Hübner, Das Gesetz in der synoptischen Tradition, 1973, 113–123; J.Kiilunen, Die Vollmacht im Widerstreit. Untersuchungen zum Werdegang von Mk 2,1–3,6, Annales Scientiarum Academiae Fennicae. Diss. hum. lit. 40, 1985, 196–221; F.Vouga, Jésus et la Loi selon la Tradition Synoptique, 1988, 37–43.

Antwort b) ist heute weit verbreitet[35]. Man verweist auf den Unterschied in der Wortwahl – V.27 spricht vom ἄνθρωπος ‚Menschen‘, V.28 vom υἱὸς τοῦ ἀνθρώπου ‚Sohn des Menschen‘ – und sieht darin ein sachliches Spannungselement, da verschiedene Größen angesprochen seien: V.27 bezieht sich auf den Menschen allgemein, V.28 auf die hoheitliche Gestalt des Menschensohnes, also Christus selbst.

Über das Verhältnis der beiden Verse gibt es dabei freilich wieder recht unterschiedliche Auskünfte. Auf der einen Seite wird V.28 als Korrektur von V.27 verstanden. Den revolutionären Satz vom Vorrang des Menschen über das Gesetz habe man in der Christenheit schon früh nicht ertragen und durch Anfügung des Satzes von der Herrschaft des Menschensohnes über den Sabbat relativiert und durch den Rückzug auf die Autorität Christi abgeschwächt[36]. Auf der anderen Seite wird V.28 als die notwendige Ergänzung von V.27 angesehen: Durch sie wird das in seiner Allgemeinheit mißverständliche Wort von der Erschaffung des Sabbat um des Menschen willen christologisch begründet. V.28 bietet also die Legitimation, den inneren Erkenntnisgrund für V.27, seine Tiefe, nicht seine Abschwächung[37].

Antwort a) wird demgegenüber heute seltener vertreten[38], m.E. zu unrecht. Die Antwort b) ist schon im Ansatz nicht zwingend – wenigstens für die ursprüngliche Überlieferungseinheit. Die für sie ins Feld geführte Differenz im Sprachgebrauch, V.27 ἄνθρωπος ‚Mensch‘, V.28 υἱὸς τοῦ ἀνθρώπου ‚Menschensohn‘ nötigt keineswegs dazu, die beiden Verse sachlich und entsprechend traditionsgeschichtlich auseinanderzureißen. In einem Text, bei dem man mit einem semitisch-sprachigen Milieu im Hintergrund rechnen darf, ist es sogar im Gegenteil naheliegend, eine derartige Variation vorzufinden: im Hebräischen wie im Aramäischen werden die Ausdrücke „Mensch" (adam, änosch) und „Sohn des Menschen" (ben adam, bar ä/nasch/a) durchaus synonym gebraucht und gern abwechselnd eingesetzt. Ein schönes Beispiel hierfür liefert Ps 8 mit dem Vers 5, wo es heißt: „Was ist der Mensch, daß du seiner gedenkst, und des Menschen Sohn, daß du dich seiner annimmst." Diese Einsicht in die Synonymität von Mensch I und Menschensohn ist im übrigen ein alter Hut. Bereits Hugo Grotius[39] hat darauf verwiesen und ein so scharfsichtiger Exeget wie Julius Wellhausen ist ihm darin gefolgt[40].

---

[35] Vgl. dazu Neirynck, BEThL 40 (A. 34), 242ff.; Hübner, Gesetz (A. 34), 113ff.; Kiilunen, Vollmacht (A. 34), 197 A. 8.

[36] So Käsemann, ZThK 51, 1954 (A. 6), 146 = EVB I, 207; ders., Begründet der neutestamentliche Kanon die Einheit der Kirche?, EvTh 11, 1951/52, 18 = EVB I, 219; Braun, Jesus (A. 8), 82; H.Merkel, Jesus und die Pharisäer, NTS 14, 1967/68, 205.

[37] Vgl. Colpe, ThWNT 8 (A. 33), 455; R.H.Fuller, The Foundations of New Testament Christology, 1965, 149f.

[38] Vgl. dazu Neirynck, BEThL 40 (A. 34), 237ff.; ferner Hübner, Gesetz (A. 34), 123; R.Pesch, Das Markusevangelium I, HThK II,1, 1976, 185f.

[39] Annotationes in Novum Testamentum libros Evangeliorum (1641) I, 1756, 605.

[40] Das Evangelium Marci, 1909², 20.

Für dieses Verständnis spricht aber nicht nur die sprachliche Möglichkeit[41], sondern zudem auch noch das syntaktische Gefüge der beiden Verse. V.28 ist mit V.27 verbunden durch die eine Folgerung anzeigende Einleitungspartikel ὥστε „daher". Nimmt man den Text, so wie er da steht, dann schließt sich V.28 an V.27 als logische Fortsetzung. Zwischen beiden Versen besteht ein konsekutives Verhältnis.

Wie man angesichts dessen den Vers als Abschwächung oder als Vertiefung verstehen kann, ist mir unerfindlich. Entweder sehen die Exegeten über das konsekutive „daher" schlicht hinweg, oder sie deuten es von V.27 weg und verstehen V.28 nicht als Abschluß von V.27, sondern als (von Markus stammendes) Fazit des mit Mk 1,21 einsetzenden Gesamtabschnittes[42] bzw. als (Schluß)Teil eines vormarkinischen Textkomplexes[43]. Das eine verrät Phantasie, das andere Willkür. Nimmt man den sprachlichen wie syntaktischen Befund ernst, dann kommt man m.E. kaum darum herum, die beiden Verse in Mk 2,27.28 als ursprüngliche Einheit zu verstehen.

In der Sache ist in jedem Fall deutlich, in diesem Textkomplex – sei es V.27 allein oder zusammen mit V.28 – wird das Verhältnis Mensch – Sabbat als Zuordnung des Sabbats zum Menschen und damit als Vorordnung des Menschen über den Sabbat definiert. Das ist zweifellos eine gewichtige und weitreichende Aussage. Was besagt sie in der Sache?

Ist in diesem Jesuswort über den Vorrang des Menschen über den Sabbat die Einrichtung des Sabbat selbst in Frage gestellt und damit „einer für jüdisches Denken blasphemischen Relativierung des Gesetzes"[44] der Weg gebahnt? Meldet sich hier der Grundsatz einer konsequenten Anthropozentrik an, durch die der Mensch letztlich zum Maßstab des göttlichen Gebotes er- | hoben wird? Und muß man dann konsequenterweise nicht dieses Jesuslogion als Dokument des Ausbruches Jesu aus dem Judentum, als Erschütterung der „Grundlagen des Spätjudentums"[45] werten? Damit sind wir erneut bei der Kernfrage angelangt.

Um sie beantworten zu können, ist es hilfreich, ja nötig, einen Blick auf die bereits erwähnte rabbinische Textparallele zu Mk 2,27 zu werfen.

---

[41] Vgl. dazu auch H.Bietenhardt, „Der Menschensohn" – ὁ υἱὸς τοῦ ἀνθρώπου. Sprachliche und religionsgeschichtliche Untersuchungen zu einem Begriff der synoptischen Evangelien, ANRW II 25,1, 1982, 265–350 mit der einleuchtenden Erklärung, daß in Mk 2,27 ‚der Mensch' „im generischen Sinne" und in 2,28 ‚Menschsohn' „im individuellen Sinn" gebraucht sei (274): Der Sabbat ist allgemein um des Menschen willen geworden, deshalb ist der einzelne Mensch Herr über den Sabbat.

[42] So J.Gnilka, Das Evangelium nach Markus, EKK 2,1, 1978, 124; Kiilunen, Vollmacht (A. 34), 198; ferner A.Lindemann, WuD 15 (A. 52), 92.

[43] So H.-W.Kuhn, Ältere Sammlungen im Markusevangelium, SUNT 8, 1971, 75ff.; Vouga, Jésus (A. 34), 39.

[44] G.Bornkamm, Wandlungen im alt- und neutestamentlichen Gesetzesverständnis, Geschichte und Glaube II, Gesammelte Aufsätze IV, 1971, 102.

[45] Käsemann, ZThK 51, 1954 (A. 6), 208.

In einem rabbinischen Kommentar zum Buche Exodus, der sogenannten Mechilta, wird zu dem Gebot aus Ex 31,14 „Ihr sollt den Sabbat halten, denn heilig ist er euch" unter dem Namen des Rabbi Schim῾on ben M᷉enasja folgendes Wort überliefert: „Euch wurde der Sabbat übergeben und nicht ihr wurdet dem Sabbat übergeben"[46]. Dieses Rabbinenwort deckt sich so weitgehend mit dem Jesuswort aus Mk 2,27, daß von einer unmittelbaren Parallele zu reden ist. Die beiden Worte entsprechen sich nicht nur in der Sache, sondern auch formal bis in die Satzstruktur hinein. In beiden Fällen handelt es sich um einen antithetischen Parallelismus membrorum mit chiastischer Wortversetzung.

In der Forschung ist diese Parallele schon lange vermerkt worden, – betont bereits durch Johann Jakob Wettstein[47]. Viele Exegeten machen aber dennoch um diesen Text einen weiten Bogen. Entweder leitet man das Rabbinenwort aus dem Jesuswort her oder man behauptet, das Rabbinenwort habe einen völlig anderen Sinn als das Jesuswort. Die Begründung lautet in dem einen Fall: der als Autor genannte Rabbine Schim῾on ben M᷉enasja habe erst nach Jesus (um 180 n.) gewirkt[48], sein Wort könne daher Jesus gar nicht vorgelegen haben. In dem anderen Fall argumentiert man mit der Behauptung: „Bei Rabbi Schim᾿on geht es lediglich darum, daß man *im Ausnahmefall* – Lebensgefahr! – den Sabbat entweihen darf. … Jesus geht es jedoch um das grundsätzliche Verhältnis Mensch – Sabbat: Der Sabbat steht *grundsätzlich* im Dienste des Menschen."[49] |

Beide Argumente sind freilich wenig stichhaltig. Der Hinweis auf den zeitlichen Abstand zwischen Jesus und R. Schim῾on taugt überhaupt nicht. Denn hier wird[50] schlicht übersehen, daß die namentlichen Zuschreibungen in rabbinischen Quellen – sofern sie nicht überhaupt fiktiv sind – sich eher auf Tradenten als auf Autoren beziehen[51].

---

[46] Mechilta d'Rabbi Ismael, Ki tissa 1 zu Ex 31,12 (ed. H.S.Horovitz–I.A.Rabin, 1930 = 1960, 341,3f.). Derselbe Spruch wird wiederholt zu Ex 31,14 (ebd., 341,14f.). Daneben bietet bJoma 85b einen fast identischen Ausspruch im Namen des R. Jonathan ben Joseph: „R. Jonathan b. Joseph sprach: (Es heißt:) Denn heilig ist er (der Sabbat) für euch. (Das bedeutet:) Euch ist er übergeben in eure Hände und nicht ihr seid (ihm) in seine Hände übergeben." – Zum ganzen vgl. Billerbeck I, 623; II, 5.

[47] Novum Testamentum Graecum I, 1751, 562. Vor Wettstein findet sich ein Hinweis auf diese Parallele (in der bJoma 85b R. Jonathan zugeschriebenen Fassung, s. A. 46) bereits in den Annotationes in Novum Testamentum (1641) von H.Grotius, auffälligerweise aber nicht zu Mk 2,27, sondern zu Mt 12,8 (Annotationes [A. 39] I, 243).

[48] Vgl. z.B. F.Hauck, Markus, ThHK II, 1931, 40; H.Weiss, The Sabbath in the Synoptic Gospels, JSNT 38, 1990, 21.

[49] Hübner, Gesetz (A. 34), 123.

[50] Ganz abgesehen von der Frage, ob es wahrscheinlich ist, daß spätere Rabbinen sich ein Jesuswort angeeignet haben, vgl. dazu J.Maier, Jesus von Nazareth in der talmudischen Überlieferung, EF 82, 1978; Jüdische Auseinandersetzung mit dem Christentum in der Antike, EF 177, 1982.

[51] Wie unsicher solche Angaben sind, zeigt die Parallelüberlieferung in bJoma 85b (s.o. A. 46), die das Logion nicht mit R. Schim῾on ben M᷉enasja, sondern mit dem etwas älteren (um 140) R. Jonathan ben Joseph in Zusammenhang bringt. Vgl. dazu I.Abrahams, Studies in

Schwerlich sachgemäß ist auch die unterschiedliche Bewertung der beiden Logien. Das hier eingeschlagene Verfahren ist methodisch inkonsequent. Darauf hat vor geraumer Zeit mit Recht Andreas Lindemann[52] hingewiesen. Man „setzt in der Deutung des Wortes von R. Schimon den in Mekh überlieferten Kontext voraus, während" man „im Fall des Logions Mk 2,27 darauf verzichtet, nach dem ursprünglichen Kontext zu fragen. Es läßt sich aber doch keineswegs a priori ausschließen, daß Jesus das Wort ursprünglich in einer Situation verwendet hat, die der in jenem Midraschtext vorausgesetzten entsprach."[53] In der Tat, es geht einfach nicht an, daß man das Logion Jesu unbesehen als zeitlose, gleichsam dogmatisch-abstrakte Weisheitssentenz deutet und das Rabbinenwort hingegen als situationsbedingt davon abhebt und entwertet. „Der Sinn des Logions läßt sich nicht erfassen, wenn man nicht die Situation kennt, in der es gesprochen wurde."[54] Und daß das Logion Mk 2,27 nicht zeitlos und beziehungslos formuliert worden ist, läßt schon seine Form erkennen. „Wie insbesondere die negative Formulierung in V.27b zeigt, … muß im Hintergrund immer schon ein polemischer Zusammenhang gestanden haben."[55] Freilich, über diesen wissen wir konkret nicht Bescheid. Man könnte den Vorfall beim Ährenraufen am Sabbat hier heranziehen und hat das auch getan[56]. Aber das bleibt doch nur eine – noch dazu vage – Möglichkeit. Im Rahmen der hier behandelten Frage, ob das Logion Mk 2,27f. die grundsätzliche Abkehr Jesu vom Sabbat und Sabbatgebot und in der Konsequenz von der Tora überhaupt beweist, im | Rahmen dieser Frage ist das aber auch nicht weiter von Belang. Das bisher Gesagte dürfte genügen, um deutlich zu machen: Es geht nicht an, das rabbinische Logion als zeitgebundene und situationsbeschränkte Aussage abzutun und das Jesuslogion als zeitlose, grundsätzlich gemeinte Äußerung davon abzuheben, das eine zu verstehen als Äußerung, um aktuelle Probleme der Sabbatheiligung zu regeln, und das andere als Äußerung, um grundsätzlich das Verhältnis Mensch und Sabbat zu beschreiben.

Und noch weniger geht es an, in dem Jesuswort tendenziell und deswegen essentiell den Gedanken der Absage an den Sabbat zu erschließen. Das Gegenteil ist der Fall. Denn das Logion hebt, genau besehen, den Sabbat gerade nicht auf, sondern es setzt den Sabbat als göttliche Ordnung voraus.

Pharisaism and the Gospels, I, 1917, 130: "The variation in assigned authorship suggests that the saying originated with neither, but was an older tradition."

[52] A.Lindemann, „Der Sabbat ist um des Menschen willen geworden …". Historische und theologische Erwägungen zur Traditionsgeschichte der Sabbatperikope Mk 2,23–28 parr., WuD 15, 1979, 79–105.

[53] Ebd., 88f.

[54] Ebd., 89.

[55] Ebd., 88.

[56] Vgl. dazu Neirynck, BEThL 40 (A. 34), 235ff.

Hinter der abstrakt anmutenden Formulierung τὸ σάββατον ἐγένετο, „der Sabbat wurde", steht der Verweis auf das schöpferische Handeln Gottes[57]. Der, der dieses Wort formuliert hat, hat die biblische Schöpfungsgeschichte im Blick, in der die Erschaffung des Menschen vor der Einsetzung des Sabbats erfolgt[58]. Wenn man schon einen Unterschied zwischen Jesus und Rabbi Schimᶜon festhalten will, dann liegt der Unterschied zwischen beiden nicht in erster Linie darin, daß Jesus allgemein den Menschen im Blick hat und R. Schimᶜon speziell die Angehörigen des Gottesvolkes[59], sondern darin, daß Jesus die Einrichtung des Sabbats mit der Schöpfung in Zusammenhang bringt, Rabbi Schimᶜon mit der Gabe der Gebote am Sinai. Einen ins Grundsätzliche gehenden Unterschied kann man daraus aber kaum | ableiten. Die schöpfungstheologische Begründung des Sabbatgebots ist bereits biblisch verankert, vor allem in der Dekalogfassung des Buches Exodus, und hat die Sabbattheologie des nachbiblischen Judentums nachhaltig bestimmt[60].

Man wird angesichts all dessen nicht darum herumkommen festzustellen: Gerade der Wortlaut des Logions Mk 2,27 weist darauf hin, wie sehr sein Autor im Judentum eingebettet war. Das betrifft sowohl das Festhalten am Sabbat als göttlicher Ordnung wie auch die betonte Ausrichtung des Sabbatgebotes in seiner Funktion für den Menschen.

Das läßt sich neben dem Beleg aus der Mechilta im übrigen auch noch von einem anderen, eindeutig älteren Text her zeigen. Er findet sich im 2. Makkabäerbuch und lautet: οὐ διὰ τὸν τόπον τὸ ἔθνος, ἀλλὰ διὰ τὸ ἔθνος τὸν τόπον ὁ κύριος ἐξελέξατο „der Herr hat auserwählt nicht wegen des Tem-

---

[57] Vermutlich nimmt diese Wendung den Sprachgebrauch in Gen 1,3ff. auf, so wohl auch PsPhilo, Liber Antiquitatum 60,2; Joh 1,3; vgl. E.Lohmeyer, Das Evangelium des Markus, KEK I,2, 1937[10], 65; J.Jeremias, Neutestamentliche Theologie. 1: Die Verkündigung Jesu, 1971, 21.

[58] Gen 1,26ff. – 2,1ff.; vgl. Jeremias, Theologie (A. 57), 201. Lohmeyer, Markus (A. 57), 65, „möchte vermuten, daß die doppelte, positive und negative Aussage einen exegetischen Streit über die Deutung von Gen 1 und 2 verhüllt. Nach Gen 1,26 ist der Mensch v o r dem Sabbat geschaffen; da es von diesem heißt: ‚Und Gott segnete den siebenten Tag und heiligte ihn', würde daraus folgern, daß der Mensch um dieses heiligen Tages willen ‚wurde'. Nach Gen 2,7 ist der Sabbat v o r dem Menschen geschaffen; also ‚wurde der Sabbat um des Menschen willen'."
Gegen diese Überlegung spricht freilich, daß es für eine derartige konkurrierende Auslegung der beiden Schöpfungsberichte im antiken Judentum keinen Beleg gibt, vgl. B.Schaller, Gen. 1.2 im antiken Judentum. Untersuchungen über Verwendung und Deutung der Schöpfungsaussagen von Gen. 1.2 im antiken Judentum, Diss. theol. Göttingen 1961. – Das Logion Mk 2,28 deutet m.E. im Gegenteil darauf hin, daß für die Aussage der Befund in Gen 1,26ff. bestimmend ist. Mit der Wendung κύριός ἐστιν dürfte das Herrschaftsmotiv aus Gen 1,28 aufgenommen sein, das dort zwar nur auf die bisher genannten Schöpfungswerke, hier aber auch (s. das betonte καί) auf den Sabbat als Schöpfungswerk bezogen ist.

[59] So z.B. Lohmeyer, Markus (A. 57), 66; Jeremias, Theologie (A. 57), 201.

[60] Vgl. Jub 2,1ff., Sir 33,7ff.; Aristobul Frg. 5; Philo, Spec.Leg. II,56ff. – Für das antike Judentum sind auch sonst Sinai-Ordnung und Schöpfungs-Ordnung einander zugeordnet, vgl. Schaller, Gen. 1.2 (A. 58), 117ff.

pels das Volk, sondern wegen des Volkes den Tempel" (2 Makk 5,19)[61]. Dieser
auf den Tempel bezogene Spruch weist genau dieselbe Sprach- und Denkfigur
auf wie Mk 2,27 und seine rabbinische Parallele und zielt auch sachlich in dieselbe Richtung[62]. Auch hier handelt es sich um einen Satz, der eine kultische
Institution des Judentums betrifft – in diesem Fall sogar den Tempelkult – und in
dem diese Institution als Institution mit dienender Funktion qualifiziert wird.
Auch hier ist ein polemischer Unterton nicht zu überhören, aber ebenso deutlich
ist, daß die Antithese „nicht der Tempel, sondern das Volk" sich keineswegs gegen die Institution des Tempels selbst richtet, sondern dagegen, den Tempel als
kultische Größe zu abstrahieren und so absolut zu setzen. Was in 2 Makk 5,19 in
bezug auf den Tempel gesagt ist, geschieht in gleicher Weise in Mk 2,27 und
seiner rabbinischen Parallele in bezug auf den Sabbat. So zu denken war im antiken Judentum offenkundig durchaus möglich, in manchen Kreisen sogar – wie
der übereinstimmend geprägte Sprachstil dieser Logien nahelegt – anscheinend
üblich[63]. |

Faßt man das alles zusammen, dann kann das Jesuslogion in Mk 2,27f.
schwerlich gedeutet werden als Hinweis auf die Relativierung, ja sogar grundsätzliche Absage an das Sabbatgebot. Im Gegenteil, was dieses Logion widerspiegelt, ist das grundsätzliche Festhalten am Sabbat als göttlicher Anordnung für
den Menschen.

Wenn dies so ist, dann stellt sich freilich abschließend und verstärkt die Frage:
Was verbirgt sich hinter der Überlieferung von den Konflikten, die sich zwischen
Jesus und den Pharisäern am Sabbat abgespielt haben sollen?

3. Die Eigenart der Sabbatkonflikte Jesu

In der ganzen Evangelienüberlieferung gibt es keinen Sachverhalt, der an so vielen
Stellen und in so verschiedener Weise namhaft gemacht wird, wie das Zu-
sammenstoßen von Jesus und Pharisäern am Sabbat. Insgesamt finden sich sechs
selbständige Berichte, vier davon in den synoptischen Evangelien, zwei bei
Markus, Mk 2,23–26 (27–28): Ährenraufen am Sabbat; 3,1–6: Heilung eines
Mannes mit einer verdorrten Hand, beide jeweils von Matthäus und Lukas über-
nommen (Mt 12,1–8.9–14; Lk 6,1–5.6–11); zwei bei Lukas allein, Lk 13,10–17:
Heilung einer verkrüppelten Frau; Lk 14,1–6: Heilung eines Wassersüchtigen.

---

[61] Dieser Text ist in der älteren Exegese wiederholt als Parallele zu Mk 2,27 vermerkt worden (vgl. Neirynck, BEThL 40 [A. 34], 250, der als frühesten Beleg J.A.Bengels Gnomon Novi
Testamenti [1742] anführt); die neuere Exegese hat ihn hingegen weithin unbeachtet gelassen.

[62] Gegen Neirynck, BEThL 40 (A. 34), 251, der die Gemeinsamkeit der Sprüche nur in der
Form, nicht im Inhalt gegeben sieht.

[63] Vgl. auch sBar 14,18: „Du hast gesagt, daß du für deine Welt den Menschen machen
wolltest, um deine Werke zu regieren, damit bekannt sein sollte, daß er nicht geschaffen wäre
für die Welt, sondern die Welt um seinetwillen" (Übersetzung nach A.F.J.Klijn, JSHRZ V,2,
1976, 133).

Neben diesen Erzählungen gibt es bei Matthäus noch zwei Sprüche, die vom
Evangelisten in eine der markinischen Sabbatkonfliktgeschichten eingefügt worden sind. Es handelt sich um Mt 12,5 und 12,11f. Diese beiden Sprüche waren
ursprünglich wohl auch in Konfliktgeschichten eingebettet.

Was verbirgt sich hinter dieser verzweigten und vielfältigen Überlieferung von
Geschichten und Worten über Sabbatkonflikte Jesu?

Zunächst wird man negativ klar feststellen müssen: Es handelt sich bei den
Geschichten in keinem Fall um unmittelbare Darstellung historischer Vorgänge.
Alle Erzählungen bieten typisierte, stilisierte Berichte. In ihnen werden die Gegner
Jesu möglichst kraß und Jesus möglichst souverän gezeichnet. Es sind Geschichten mit klaren Feind- und Freundbildern. In ihnen liegt schwerlich eine genaue Beschreibung über erlebte Ereignisse vor. In ihnen „hat sich eindringliche
Reflexion niedergeschlagen, die christologische Erkenntnis und Verkündigung in
der Form einer Jesuserzählung darbietet."[64] So wie diese Geschichten vorliegen,
spiegeln sie Debatten in den christlichen Gemeinden um den Sabbat wider. D.h.
diese Geschichten sind allesamt nicht geeignet, ohne weiteres als unmittelbare
Zeugnisse von Ereignissen aus dem Leben Jesu ausgewertet zu werden. – Frei-
lich, das heißt | nicht, daß diese Geschichten historisch völlig aus der Luft gegrif-
fen wären. Der Umstand, daß es eine so breit gestreute Überlieferung an dieser
Stelle gibt, macht es wahrscheinlich, ja so gut wie sicher, daß hier auf lebendig
gebliebene Erinnerung zurückgegriffen wird, daß im Hintergrund wirklich Ereignisse stehen und vor allem daß sich in den Kernsätzen der einzelnen Geschichten durchaus „echte" Jesusworte erhalten haben[65]. Und es steht zu vermuten,
daß trotz der Typisierung und Stilisierung die überlieferten Geschichten und
Worte einige Informationen enthalten, die an den Kern der Sache heranführen[66].

Frage: Können wir diesen Kern noch aufdecken? Wie kommen wir an ihn
heran?

Untersucht man die verschiedenen Texte auf ihre Eigenheiten hin und vergleicht sie miteinander, so fällt dreierlei auf:

1. Es handelt sich stets – mit Ausnahme der Geschichte vom Ährenraufen am
Sabbat[67] – um Konflikte anläßlich von Heilungen am Sabbat.
2. Bei den Konfliktanlässen geht es stets um Sachverhalte, die an und für sich
keinen Bruch des Gebots der Sabbatruhe rechtfertigen. Nach rabbinischer Hala-

---

[64] Dietzfelbinger, EvTh 38 (A. 83), 287.

[65] Vgl. Lohse, BZNW 26 (A. 14), 84ff.

[66] Vgl. R.Bultmann, Die Geschichte der synoptischen Tradition, FRLANT 29, 1931[2] =
1957[3], 50 A. 2: „Daß in der literarischen Produktion der Urgemeinde Erinnerungen an Jesus,
sein Verhalten und seine Worte wirksam sind, bleibt ... unbestritten."

[67] Da diese Geschichte sich auch sonst von den anderen Sabbatgeschichten deutlich abhebt
und in jedem Fall traditionsgeschichtlich einen Sonderfall darstellt (vgl. Neirynck, BEThL 40
[A. 34], 254ff.), bleibt sie im folgenden unberücksichtigt.

cha war es im Fall von Lebensgefahr[68] erlaubt, gegen das Sabbatgebot zu verstoßen. In der Deutung dessen, was Lebensgefahr heißt, ist man dabei z. T. recht weitherzig gewesen. Man konnte sogar Hals-[69] bzw. Zahnschmerzen[70] oder die Angst eines Kindes[71] so einstufen, weil in ihnen potentiell Leben bedroht war. Aber bei den genannten Krankheiten trifft das schwerlich zu. Es ist von einer verdorrten Hand, von einer seit 18 Jahren bestehenden Rückenverkrümmung und von Wassersucht die Rede. Und | selbst beim Ährenraufen der Jünger wird – zumal in der wohl ältesten Fassung bei Markus – eine Notsituation nicht erwähnt[72]. D.h. die Einsprüche der Pharisäer sind durchaus verständlich, denn bei den genannten Fällen handelt es sich beim besten Willen nicht um „Lebensgefahr", auch nicht im weiteren Sinn. Zu diesen beiden Beobachtungen kommt eine weitere.

3. Fast alle Jesusworte, die in diesem Zusammenhang fallen, weisen z. T. in der Sache, wie in der argumentativen Struktur, große Ähnlichkeit mit rabbinischen Sentenzen auf, die sich mit dem Problem des Falles von „Lebensgefahr" am Sabbat beschäftigen.

Die von Matthäus in den Markus-Text eingefügten Worte (Mt 12,5.11) wie die Kernworte der beiden Heilungsgeschichten bei Lukas (Lk 13,15f; 14,5) stimmen darin überein, daß sie strukturell nach dem Schema des Steigerungsschlusses, des Schlusses vom Kleineren auf das Größere verfahren.

Mt 12,5: „Habt ihr nicht im Gesetz gelesen, daß am Sabbat die Priester im Tempel den Sabbat entweihen und unschuldig sind. Ich aber sage euch: Hier ist mehr als der Tempel!"

Mt 12,11: „Wer von euch, der ein Schaf hat, und wenn es am Sabbat in eine Grube fällt, ergreift es nicht und zieht es heraus. Wieviel unterscheidet sich nun ein Mensch von einem Schaf?"

Lk 13,15f.: „Bindet nicht jeder von euch am Sabbat seinen Ochsen oder seinen Esel von der Krippe los und führt ihn zur Tränke? Diese aber, eine Tochter

---

[68] Die spätere rabbinische Überlieferung hat dafür den Fachterminus „pikkuach näphäsch" geprägt, vgl. EJ[2] 13, 1971, 509f. – Eine umfassende Analyse des einschlägigen Quellenmaterials steht leider noch immer aus und ist ein dringendes Desiderat [s. aber die Lit. unten, A. 89].
Die Anfänge entsprechender Regelungen werden gewöhnlich mit 1 Makk 2,39–41 (vgl. 9,34.43f.; Josephus, Ant. 13,12f.; 18,318–324; Bell. 1,146; s. Billerbeck I, 626.952f.) in Zusammenhang gebracht: Erlaubnis am Sabbat zu kämpfen, wenn vom Feind angegriffen. In der späteren rabbinischen Halacha geht es meist um Situationen des Alltagslebens (Krankheiten, Katastrophen); vgl. die (allerdings unvollständige und in der Kommentierung problematische) Sammlung der Belege bei Billerbeck I, 623–629; II, 5.533f.

[69] Vgl. MJoma 8,6 (Billerbeck I, 624).

[70] Vgl. bJoma 84b.

[71] Vgl. TSchabbat 15,13 (134,3; – Billerbeck I, 625); bJoma 84b.

[72] Das Motiv des Hungerns der Jünger bietet nur die Mt-Fassung (12,1). Es ist aber auch dort in der Sache kaum überzeugend und offenkundig redaktionell eingefügt im Blick auf die in der folgenden Legitimationsgeschichte erwähnte Hungersituation Davids und seiner Leute (Mt 12,3 = Mk 2,25; Lk 6,3).

Abrahams, die der Satan 18 Jahre lang gebunden hielt, muß sie am Sabbattag nicht von dieser Fessel befreit werden?"[73] |

Indirekt ist dieser Steigerungsschluß auch in Lk 14,5 verwendet, in einem Logion, das sich sachlich mit Mt 12,11 weithin deckt und als Dublette dazu gelten kann[74].

Dieselbe Art des Steigerungsschlusses begegnet auffälligerweise gehäuft in dem Abschnitt des rabbinischen Exoduskommentars, aus dem das vorhin als Parallele zu dem Jesuswort in Mk 2,27 angeführte Wort des Rabbi Schim͑on ben M͑nasja stammt. Dort findet sich eine Kette von Äußerungen, die genau dieselbe Argumentationsstruktur wie die genannten Jesusworte aufweisen und ebenso auch in einem polemischen Kontext eingebunden sind. Zwei Beispiele: Zur Frage: „Woher entnehme ich, daß Lebensgefahr den Sabbat verdrängt?" antwortete R. Eleazar ben Asarja: „Wenn schon die Beschneidung, die doch nur ein einziges von den Gliedern betrifft, den Sabbat verdrängt, um wieviel mehr gilt dies für den (Erhalt des) ganzen Körper(s)."[75] Und Rabbi Akiba sagte dazu: „Wenn schon die Ermordung den Opferdienst verdrängt, welcher den Sabbat verdrängt, um wieviel mehr verdrängt Lebensrettung den Sabbat!"[76]

Was besagen diese drei Beobachtungen für die vorhin gestellte Frage nach dem in der Geschichte stehenden bzw. hinter den Geschichten stehenden Erinnerungskern? M. E. legen sich folgende Schlüsse nahe:

1. Die durchgehende Verklammerung der Logien mit Krankenheilungen am Sabbat weist auf konkrete Vorkommnisse dieser Art im Hintergrund des ganzen Überlieferungskomplexes. Da für die nachösterlichen Gemeinden sabbatliche Krankenheilungen nicht belegt sind[77], spricht alles dafür, daß die vorausgesetzten Sabbatkontroversen nicht erst aus „Gemeindedebatten" mit Juden (oder Judenchristen) stammen, sondern daß sie bereits vorösterlich verankert sind und

---

[73] Dieses Logion wird im Anschluß an M.Dibelius, Formgeschichte des Evangeliums 1933², 94, gewöhnlich als „minder jüdisch" und damit als sekundäre Gemeindebildung eingestuft (so z.B. E.Lohse, σάββατον, ThWNT 7, 1964, 26 mit A. 201). Das ist in keiner Weise zwingend. Dagegen spricht insbesondere die argumentativ im Mittelpunkt stehende, im NT singuläre Bezeichung der Kranken als „Tochter Abrahams". Diese begegnet zwar im Unterschied zu der entsprechenden Bezeichnung „Sohn Abrahams" (vgl. Lk 19,9) auch in rabbinischen Quellen selten (talmudisch nur bGittin 89a, bKethubbot 72b, vgl. Billerbeck II, 200), sie ist aber zweifellos wie „Sohn Abrahams" spezifisch jüdisch erwählungstheologisch ausgerichtet. Wie Sh.Safrai (Chasidim wᵉ-ᵓanschei maᶜase, Zion 50, 1985/86, 133–154: 137) entdeckt hat, gibt es sogar zu der in Lk 13,16 verwendeten Anrede eine genaue Parallele im Zusammenhang einer der Wundergeschichten des R. Chanina ben Dosa. Der Text ist in den Jichuse Tannaᵓim wᵉ-ᵓAmoraᵓim (ed. J.L.Maimon, Jerusalem 1963, 438) überliefert: „Und als es geschah, daß ein böser Geist über eine arme (Frau), die in der Siedlung des R. Chanina ben Dosa lebte, herfiel, sagten ihm seine Schüler: ,Rabbi, siehe diese arme (Frau), wie ein böser Geist sie quält.' Und es sprach R. Chanina zu ihm: ,Geist, weswegen quälst du die(se) Tochter Abrahams?'"
[74] Vgl. Lohse, BZNW 26 (A. 14), 86ff.
[75] Mekhilta d'Rabbi Ismael, Ki tissa 1 zu Ex 31,12 (ed. Horovitz–Rabin, 340,11).
[76] Ebd. (340,13f.).
[77] Vgl. Lohse, BZNW 26 (A. 14), 85.

Auseinandersetzungen zwischen Jesus und jüdischen Zeitgenossen widerspiegeln.

2. Die durchgehende Benennung von nicht lebensgefährlichen Situationen legt es nahe, die Konfliktursache in der Diskrepanz zwischen der Situation der Kranken und dem Verhalten Jesu am Sabbat zu suchen.

3. Die weitgehende Übereinstimmung in der argumentativen Struktur zwischen den betreffenden Jesusworten und Rabbinenworten weist auf einen gemeinsamen Sitz im Leben von Disputen um Sabbatregeln und Sabbatpraxis und legt es nahe, hinter den Jesusworten konkrete Auseinandersetzungen | um die Frage nach Aufhebung des Sabbatgesetzes bei Lebensgefahr zu vermuten.

Gegen die zuletzt genannte Schlußfolgerung wird sich gewiß sofort der Einwand erheben: Das Problem von Lebensgefahr am Sabbat sei nur bei den Rabbinensprüchen im Blick, die Jesusworte bezögen sich doch gerade nicht auf solche Fälle – wie vorhin ja auch betont.

Ist damit nicht doch der ganze Versuch, die Konfliktgeschichten in ihrem konkreten Rahmen zu orten, an einer entscheidenden Stelle fehlgelaufen und damit insgesamt als verfehlt anzusehen? Ich meine, nicht.

Daß Differenzen zwischen den Jesusworten und den Rabbinenworten vorliegen, soll und kann nicht bestritten werden. Diese liegen aber wesentlich nicht im Problemgegenstand, sondern in der Problemlösung trotz aller Ähnlichkeit in der Argumentationsstruktur.

Und der zunächst naheliegende Einwand, daß die Jesuslogien und die hinter ihnen stehenden Konflikte nichts mit dem Komplex „Lebensgefahr" zu tun hätten, läßt sich wenigstens an einem der Texte unmittelbar widerlegen. In der Geschichte der Heilung von der verdorrten Hand Mk 3,1–6 wird auf das Stichwort „Bedrohung von Leben" unmittelbar angespielt. Jesus konfrontiert nach Mk 3,4 seine Gegner mit der Frage: „Ist es am Sabbat erlaubt, Gutes zu tun oder Böses" und fährt dann fort „ein Leben zu retten oder zu töten?" Letzteres paßt eigentlich nicht in den Rahmen der vorliegenden Geschichte: Denn im Fall einer „verdorrten Hand" kann von Leben-retten ja kaum die Rede sein; aber genau das geschieht mit der vorliegenden Formulierung: Sie bringt den Fall einer „verdorrten Hand" in Zusammenhang mit dem Problem „Lebensgefahr – Lebensrettung"[78].

Angesichts dieses Sachverhalts läßt sich nicht ohne weiteres bestreiten, daß die Sabbatkonflikte Jesu mit dem Problem von Lebensgefahr etwas zu tun haben.

Die Frage ist freilich, inwiefern das der Fall ist. Worin liegt der sachliche Zusammenhang, und worin ist er begründet?

---

[78] Das wird in der Exegese von Mk 3,1–6 kaum wahrgenommen; doch s. bereits Hauck, Markus (A. 48), 41; ferner G.Dautzenberg, Sein Leben bewahren. Ψυχή in den Herrenworten der Evangelien, StANT 14, 1966, 156.160; Pesch, Markus (A. 38) 193; M.Kister, Plucking on the Sabbath and Christian-Jewish Polemic, in: M.Lowe (ed.), The New Testament and Christian-Jewish Dialogue, Studies in Honour of D.Flusser, Immanuel 24/25, 1990, 40f.

Wenn nicht alles täuscht, haben sich die Konflikte zwischen Jesus und Pharisäern daran entzündet, daß Jesus ausgerechnet am Sabbat Menschen heilte, die nicht im üblichen Sinn lebensgefährlich erkrankt waren. Was könnte der Grund gewesen sein, daß Jesus so verfuhr? In der Exegese wird | vielfach die Antwort gegeben, Jesus habe bewußt den Bruch des Sabbat provoziert, um ein radikales Ethos zu verkündigen: Wahres Ethos hebt allen Kultus auf! Nicht die Praxis kultischer Frömmigkeit ist gefordert, sondern die Praxis der Liebe!

Aber in den Texten ist nun gerade davon so nicht die Rede. Und aus der sonstigen Jesusüberlieferung läßt sich auch nicht entnehmen, daß Jesus eine derartige Antithese von Ethos und Kultus geteilt hätte. Der Weheruf gegen die Pharisäer mit dem Vorwurf „Ihr verzehntet Minze, Anis und Kümmel (d.h. die kleinsten Kräuter), doch die gewichtigeren Stücke des Gesetzes vernachlässigt ihr: Recht, Güte und Treue" endet mit der Bemerkung: „Dieses sollte man tun und jenes nicht lassen." (Mt 23,12; vgl. Lk 11,42)

Als provozierende Handlungen, mit denen ein radikales Ethos der Mitmenschlichkeit proklamiert und gegen kultische Gesetzlichkeit protestiert wird, lassen sich die Sabbatkonflikte schwerlich einstufen. Dagegen spricht ja auch, daß Jesus in den Geschichten den Vorwurf des Sabbatbruches nicht anerkennt, sondern im Gegenteil seinen Gegnern in der Form rabbinischer Argumentation vorwirft, sie würden dem Sabbat seinen Sinn nehmen. Die Worte, die Jesus seinen Gegnern entgegenhält, zeichnen sich dadurch aus, daß er ihre Regeln für den Sabbat, ihre Sabbat-Halacha, nicht ad absurdum führt, sondern daß er mit ihrer Sabbat-Halacha und -Praxis argumentiert. Die von ihm verwendeten Beispiele, die teils aus dem Bereich priesterlicher Opferdarbringung am Tempel[79] und teils aus dem Bereich häuslichen Lebens, der Versorgung[80] und Rettung von Vieh[81] gewählt sind, passen durchaus zu bekannter und gängiger Halacha[82]. Der Vor-

---

[79] Vgl. Mt 12,5f.

[80] Vgl. Lk 13,15.

[81] Vgl. Mt 12,11; Lk 14,5.

[82] Wie die folgende Übersicht zeigt, gibt es nicht in allen Nuancen Übereinstimmungen mit einschlägigen halachischen Überlieferungen. Die Abweichungen beruhen aber schwerlich auf Unkenntnis, sondern spiegeln aller Wahrscheinlichkeit nach durchaus existente Variationen in der Halacha-Entwicklung wider.

Zu Mt 12,5f.: Der Tempeldienst verdrängt grundsätzlich das Gebot der Sabbatruhe. Grundlage ist Num 28,9f. Diese Regel galt allgemein, selbst in rigorosen Kreisen, vgl. Jub 50,10f.; CD XI,18; rabbinische Belege bei Billerbeck I, 620ff.

Zu Lk 13,15: Für die elementare Versorgung der Tiere mußte auch am Sabbat gesorgt werden. Dazu waren bestimmte Arbeiten gestattet. Das galt insbesondere für das Tränken und Füttern der Tiere, aber auch das Weiden, allerdings mit nicht überall einheitlichen Regelungen. Zum Tränken von Haustieren vgl. Billerbeck II, 199; zum Füttern vgl. bSchabbat 128a (A. 21), zum Weiden wenigstens innerhalb der sonst erlaubten Sabbatgrenze vgl. CD XI,5f.; MBeza 5,3. – Das Knüpfen von Knoten zählt nach MSchabbat 7,2 (vgl. auch 15,1) zu den am Sabbat verbotenen Arbeiten, im Fall angebundener Tiere wird dabei aber u.a. ausdrücklich eine Ausnahme gemacht, vgl. MSchabbat 15,2; bSchabbat 113a; s. Billerbeck II, 199f.

wurf, den Jesus gegen | seine Gegner erhebt, ist daß sie mit ihrer Halacha zu kurz greifen, den eigentlichen Sinn des Sabbat nicht treffen.

An dieser Stelle dürfte der entscheidende, der grundlegende Differenzpunkt zum Vorschein kommen: Die Sinngebung des Sabbat.

Christian Dietzfelbinger hat in einem Aufsatz „Vom Sinn der Sabbatheilungen Jesu"[83] hierzu einen wichtigen methodischen Hinweis gegeben. Wenn die Sabbatheilungen in den Kontext der vita Jesu gehören, dann müsse man sie „als Kommentar zu seiner Rede von der Gottesherrschaft ... interpretieren"[84]. In der Tat, geht man davon aus, daß die betreffenden Konfliktgeschichten und Konfliktworte in der Geschichte Jesu selbst verankert sind – und dafür spricht alles –, dann ist dies zwingend; denn im Zentrum der Verkündigung und des Wirkens Jesu stehen die Erwartung der Herrschaft Gottes und die Überzeugung ihres unmittelbaren Anbruchs. Spielt man das einmal durch, dann bekommen die Sabbatheilungen Jesu von daher durchaus klare Konturen.

Nach jüdischer Tradition ist der Sabbat nicht nur bezogen auf den einstigen Schöpfungssabbat und die Sabbatheiligung in der himmlischen Welt; der Sabbat ist ebenso auf die Endzeit ausgerichtet[85]. Der Sabbat gilt auch als das Abbild der endzeitlichen Vollendung, des endzeitlichen Sabbat. Daran könnte Jesus angeknüpft und den Sabbat als den Tag verstanden haben, an dem in besonderer Weise Gottes Zur-Herrschaft-Kommen angesagt und bereits realisiert werden kann, „an dem in hervorgehobener Weise Gottes Werk am Menschen geschehen"[86] muß.

Da im endzeitlichen Sabbat sich die Herrschaft Gottes als Heilwerden des Menschen vollzieht, dürfte Jesus im Bewußtsein der Nähe der Herrschaft Gottes gemeint haben, jetzt schon gerade am Sabbat heilen zu können, vielleicht sogar heilen zu müssen, um so durch sein Handeln an kran- | ken Menschen im Sinne prophetischer Zeichenhandlung den eigentlichen Sinn des Sabbat aufzuweisen.

Wenn das zutrifft, dann stellen die Heilungen von Kranken am Sabbat nicht in erster Linie Provokationen des Protestes gegen eine verfehlte Sabbatpraxis und

---

Zu Mt 12,11; Lk 14,5: Hilfe für am Sabbat z.B. beim Tränken verunglückte Tiere war strittig, z.T. wurde dies rigoros abgelehnt, vgl. CD XI,13f., z.T. pragmatisch gestattet, vgl. bSchabbat 128b, ferner wohl auch MBeza 3,4; TBeza 3,2 (205,10ff.); s. Billerbeck I, 629. Der in Lk 14,5 zusätzlich erwähnte Fall der Rettung eines Kindes ist textlich strittig (vgl W.Wiefel, Das Evangelium nach Lukas, ThHK III, 1988, 267), entspricht aber rabbinischer Regel, vgl. TSchabbat 15,13 (134,3); bJoma 84b (Billerbeck I, 625); anders CD XI,16f., falls der Text nicht verderbt ist, s. L.Ginzberg, Eine unbekannte jüdische Sekte I, 1922, 97f.

83 EvTh 38, 1978, 281–298.

84 Ebd., 295.

85 Vgl. dazu T.Friedman, The Sabbath: Anticipation of Redemption, Judaism 16, 1967, 443-452; S.Bacchiocchi, Sabbatical Typologies of Messianic Redemption, JSJ 17, 1986, 153-176.

86 Dietzfelbinger, EvTh 38 (A. 83), 297. – Auf diesen eschatologischen Aspekt hat bereits H.Riesenfeld in seinem (ursprünglich 1954 schwedisch veröffentlichten) Aufsatz "The Sabbath and the Lord's Day in Judaism, the Preaching of Jesus and Early Christianity", in: ders., The Gospel Tradition, 1970, 114–118, hingewiesen.

Frömmigkeit dar, sondern sie sind vor allem Demonstrationen, mit denen Jesus in dem ihm eigenen Vollmachtsbewußtsein die Nähe der Herrschaft Gottes bezeugt. Der Sabbat ist in dieser Sicht gerade der Tag, an dem Jesus die heilende Herrschaft Gottes über den Menschen in der Tat verkündet.

Daß durch solches Vorgehen manche jüdische Zeitgenossen, insbesondere wohl aus pharisäischen Kreisen, erregt und zu Protesten veranlaßt worden sind, liegt auf der Hand, ist nur zu verständlich. Derart demonstrative Sabbatheilungen mußten auf alle provozierend wirken, die mit Ernst und Eifer bemüht waren, den Sabbat zu heiligen, die aber nicht in gleicher Weise vom Anbruch der Herrschaft Gottes in der Gegenwart überzeugt waren.

Sicher ist m. E. aber auch, daß Jesus sich mit seinen Sabbatheilungen weder von seiner jüdischen Umwelt trennen noch den Sabbat als solchen aufheben wollte. Der Sabbat blieb für ihn gerade in diesen demonstrativen Zeichenhandlungen der von Gott für den Menschen und sein Heil geschaffene und bestimmte Tag.

Und angesichts dessen könnten die redaktionellen Notizen der Evangelisten über die Einhaltung des Sabbat durch Jesus[87] nicht nur deren Sicht widerspiegeln, sondern durchaus auch auf historisch zuverlässiger Tradition beruhen. Darauf weist vielleicht auch eine andere apokryphe Jesusgeschichte, die im Unterschied zu der eingangs erzählten nicht von vornherein den Stempel der Unechtheit trägt. Sie findet sich im Text des Codex Bezae Cantabrigiensis bei Lk 6,4 und lautet:[88]

„An demselben Tag sah Jesus jemanden am Sabbat arbeiten. Und er sagte zu ihm: Mensch, wenn du weißt, was du tust, bist du gesegnet. Wenn du es aber nicht weißt, bist du verflucht und ein Übertreter des Gesetzes."[89]

---

[87] S.o. S. 129f.

[88] Zur nach wie vor strittigen Herleitung und Deutung vgl. J.Jeremias, Unbekannte Jesusworte, 1961³, 61–64; W.Käser, Exegetische Erwägungen zur Seligpreisung des Sabbatarbeiters Lk 6,5D, ZThK 65, 1968, 414–430; E.Bammel, The Cambridge Pericope. The Addition to Luke 6.4 in Codex Bezae, NTS 32, 1986, 404–426.

[89] *Nachtrag:* Inzwischen sind zum hier verhandelten Thema zwei weitere wichtige Arbeiten erschienen, die gleichfalls – wenn auch im einzelnen unterschiedlich – Jesu Stellung zum Sabbat im Kontext seiner eschatologischen Botschaft deuten: S.-O.Back, Jesus of Nazareth and the Sabbath Commandment, 1995, und L.Doering, Schabbat. Sabbathalacha und -praxis im antiken Judentum und Urchristentum, TSAJ 78, 1999 (Neues Testament: 398–478; Geschichte und Hintergrund von „pikkuach näphäsch": 566–568).

JESUS, EIN JUDE AUS GALILÄA
Zur Trilogie von Geza Vermes*

Geza Vermes, einer der namhaftesten europäischen Judaisten der Gegenwart, in Ungarn geboren, über Jahrzehnte in Oxford lehrend, hat seit 1973 im Abstand von zehn Jahren drei Bände zur Person, Geschichte und Verkündigung Jesu von Nazareth vorgelegt: 1973 „Jesus the Jew"; 1983 „Jesus and the World of Judaism"; 1993 „The Religion of Jesus the Jew". Im deutschsprachigen Bereich ist dies – anders als in der englisch- und romanischsprachigen Welt[1] – lange kaum beachtet und selbst von den berufsmäßigen Neutestamentlern nur selten berücksichtigt wor- | den.[2] Es hat zwanzig Jahre gebraucht, bis wenigstens der erste Band (zum geschichtlichen Rahmen und zu den Selbst- und Fremdbezeichnungen Jesu) auch in deutscher Fassung veröffentlicht wurde,[3] ergänzt durch drei Kapitel (zur Methodologie sowie zur Frömmigkeit Jesu und zum Verhältnis Jesus – christlicher Glaube) aus dem zweiten Band;[4] der Rest des zweiten Bandes

---

* *Geza Vermes*, Jesus der Jude. Ein Historiker liest die Evangelien, Neukirchener Verlag: Neukirchen-Vluyn 1993; Jesus and the World of Judaism, SCM Press: London 1983; The Religion of Jesus the Jew, SCM Press: London 1993.

[1] Vgl. die Nachdrucke (New York 1974; London 1976.1977; Philadelphia 1981; London 1983) und die Übersetzungen: spanisch (Barcelona 1977), französisch (Paris 1976), japanisch (Tokio 1979) und italienisch (Rom 1983), ferner eine große Zahl an Rezensionen.

[2] Die ersten und nahezu einzigen deutschsprachigen Besprechungen finden sich bezeichnenderweise in: Judaica 30, 1974, 41–43, von *K. Hruby* und in: Freiburger Rundbriefe 26, 1974, 95f, von *D. Flusser*. Danach gibt es m.W. neben einem kurzen Hinweis in ThR 41, 1976, 198 A.1, nur die reichlich verspätete und karge Rezension durch *W. G. Kümmel*, ThR 46, 1981, 446–449.

[3] Grundlage ist eine von Alexander Samely erstellte Übersetzung, die von Volker Hampel überarbeitet wurde. Im Text wurden, abgesehen von der Verbesserung kleinerer „Irrtümer und Unklarheiten", gegenüber dem englischen Original keine Veränderungen vorgenommen; auch die seit 1973 erschienene Literatur blieb außer ganz gelegentlichen Verweisen unberücksichtigt. Das mag man bedauern, wirkt sich aber nicht nachteilig aus. Völlig unverständlich ist indes, daß die umfangreichen, für die Benutzung unentbehrlichen Indizes des englischen Originals in der deutschen Ausgabe zum größten Teil gestrichen wurden: vollständig der Namen- und Sachindex und überwiegend der Quellenindex; geblieben ist nur ein Register zum Neuen Testament. Die Übersetzung selbst kann insgesamt als gelungen bezeichnet werden. Nur gelegentlich finden sich direkte Fehler. Zu monieren ist die sprachliche Unart, das englische „intertestamental" durch die Wortbildung „intertestamentarisch" bzw. „intertestamentar" (statt durch „zwischentestamentlich") wiederzugeben.

[4] „Die Evangelien historisch gesehen"; „Der Vater und sein Reich"; „Jesus und das Christentum".

(zu methodologischen und religionsgeschichtlichen Spezialfragen[5]) und der dritte Band (zur Verkündigung Jesu) sind nach wie vor nur in der englischen Originalfassung zugänglich. Das ist kein Ruhmestitel für das theologische Verlagswesen und seine wissenschaftlichen Berater in Deutschland. Der Vorgang entbehrt, selbst wenn widrige Umstände und Zufälle im Spiel waren, nicht einer gewissen Symptomatik. In einem Land, in dem abstruse Publikationen über Jesus und Qumran ohne weiteres Verleger finden und dann sogar auf die Altäre der Bestsellerlisten erhoben werden, versteht es sich keineswegs von selbst, daß wirklich wichtige fremdsprachige Veröffentlichungen zur Kenntnis gegeben und genommen werden. Im vorliegenden Fall ist das nicht nur bedauerlich, sondern äußerst bedenklich.

Was Vermes mit seiner nach gut angelsächsischer Manier für Fachleute wie Nichtfachleute in gleicher Weise verständlich geschriebenen Trilogie vorgelegt hat, ist ein in der Sache ebenso herausragender wie herausfordernder Beitrag zur historischen Jesusforschung; herausragend, weil von einem wirklichen Kenner der Literatur und Geschichte des antiken Judentums verfaßt, herausfordernd, weil an vielen und entscheidenden Stellen mit eigenen, z. T. ungewohnten Sichtweisen versehen.

Daß dabei die etablierte Zunft der (vornehmlich christlichen) Neutestamentler nicht immer gut wegkommt – angefangen von dem Verdikt, | „Scheuklappen"[6] zu tragen und einem „Zustand doktrinärer Lähmung" (89) zu unterliegen, bis hin zu der Feststellung, nur noch beschränkt über die für das eigene Geschäft erforderlichen Sprach- und Sachkenntnisse zu verfügen[7] –, ist für diese sicherlich nicht besonders erfreulich. Aber es besteht kein Anlaß, darauf verschnupft zu reagieren und sich damit die sachliche Auseinandersetzung zu ersparen. Vermes schreibt nicht nur in der Sache engagiert, ja geradezu innerlich beteiligt, sondern auch mit genauer Kenntnis der neutestamentlichen Forschung. Diese hat allen Grund, seine Anstöße aufzunehmen und die darin enthaltenen Anfragen auch selbstkritisch zu bedenken.

Geboten wird keine Neuauflage veralteter psychologisierender Leben-Jesu-Darstellung. Vermes ist sich der Problematik eines solchen Unterfangens wohl bewußt. Den in der neutestamentlichen Evangelien-Forschung lange dominanten und auch heute durchaus noch virulenten historischen Skeptizismus hält er jedoch grundsätzlich für verfehlt. Die Jesusberichte der Evangelien, insbesondere der synoptischen, sind keineswegs nur kerygmatisch als Zeugnisse nachösterlich

[5] "Jewish Studies and New Testament Interpretation"; "Jewish Literature and New Testament Exegesis: Reflections on Methodology"; "The Present State of the 'Son of Man' Debate"; "The Impact of the Dead Sea Scrolls on Jewish Studies"; "The Impact of the Dead Sea Scrolls on the Study of the New Testament".

[6] Jesus der Jude, 5. Die fortan im Text angegebenen Seitenzahlen beziehen sich auf dieses Buch.

[7] Jesus der Jude, 213 A.6: „rudimentäre Kenntnis des (biblischen) Hebräisch"; 221: „keinen direkten und unabhängigen Zugang zu den hebräischen und aramäischen Quellen des nachbiblischen Judentums".

christlicher Glaubensverkündigung relevant, sondern vermittels ihrer biographischen Anlage auch historisch. Die „Meinung, daß wir vom Leben und von der Persönlichkeit Jesu so gut wie nichts mehr wissen können, weil die christlichen Quellen sich dafür nicht interessiert haben",[8] gilt als „schlichtes Fehlurteil" (220). Die Evangelisten wollten, indem sie die Lebensgeschichte Jesu erzählten, „auch Geschichte schreiben, wie laienhaft auch immer" und „was immer sonst noch in ihrer Absicht lag" (ebd.). Mit dieser Einschätzung stand Vermes zwar bereits 1973 nicht ganz allein da – es sei nur an Joachim Jeremias erinnert, für den die historische Erforschung des Auftretens und der Botschaft Jesu seit jeher ein, ja das Kernstück der wissenschaftlichen Arbeit am Neuen Testament war –, und inzwischen befindet er sich mit ihr durchaus in einer größeren Runde. Was seinen Versuch, historisch ein genaueres Bild von der Verkündigung und dem Auftreten Jesu zu erheben, bis heute von vergleichbaren Bemühungen abhebt, ist die Überzeugung, daß dies sachgemäß nur geschehen kann, wenn Jesus und die Evangelien als integraler Bestandteil und als genuines Produkt des palästinischen Judentums betrachtet werden (vgl. 213). Das ist deutlich gegen die in der neutestamentlichen Forschung lange herrschende und auch heute durchaus noch verbreitete Tendenz gerichtet, die jüdische Welt wesentlich nur als bloßen Rahmen bzw. dunklen Hintergrund für das Auftreten und die Botschaft Jesu zu behandeln, Jesus selbst davon abzuheben und seine Originalität dort zu suchen, wo es für sein Verhalten bzw. seine Lehre keine Parallelen im Judentum gibt.

Es ist also durchaus programmatisch gemeint, wenn Vermes seinen Versuch, einen Zugang zum historischen Jesus zu finden, unter die Überschrift „Jesus der Jude" gestellt hat. Damit wird nicht nur – wie inzwischen auch in den meisten christlichen Kreisen gängig – die jüdische Herkunft Jesu wahrgenommen, sondern seine durchgehend jüdische Verankerung und Prägung betont und als Grundlage gerade auch der Rückfrage nach dem historischen Jesus ausgewiesen. Vermes greift damit auf, was vor ihm bereits andere jüdische Autoren wie z.B. Joseph Klausner[9], Yechezkel Kaufmann[10], Martin Buber[11] und David Flusser[12] vertreten haben; was ihn von seinen Vorgängern[13] unterscheidet, ist die Konsequenz und Stringenz, mit der er diesen Ansatz verfolgt.

---

[8] *R. Bultmann*, Jesus, 1926 = Tübingen 1951, 11.

[9] Jesus von Nazareth, Berlin 1930 (deutsche Übersetzung von *Jeschu ha-Nozri*, Jerusalem 1922).

[10] Christianity and Judaism. Two Convenants, Jerusalem 1988 (englische Übersetzung der Kapitel 7–8 von *Golah we-nekhar*, Tel Aviv 1929–1930).

[11] Zwei Glaubensweisen, Zürich 1950.

[12] Jesus in Selbstzeugnissen und Bilddokumenten (rm 140), Reinbek bei Hamburg 1968 [s. jetzt die überarb. Neuausgabe: Jesus, dargestellt von *D. Flusser* (rm 50632), Reinbek bei Hamburg 1999, und die engl. Neubearbeitung: *D. Flusser* (in collaboration with *R.S. Notley*) Jesus, Jerusalem 1998² – die Hg.].

[13] Vgl. dazu auch *G. Lindeskog*, Die Jesusfrage im neuzeitlichen Judentum, Uppsala 1938 = Darmstadt 1973. – *W. Vogler*, Jüdische Jesusinterpretationen in christlicher Sicht, Weimar 1988.

Das methodische Verfahren, dessen Vermes sich dabei bedient, läuft im Kern auf ein Zusammenspiel von tendenzkritischer Textanalyse und religionsgeschichtlicher Kontextbetrachtung hinaus: Die Jesus-Überlieferungen der synoptischen Evangelien sind dort am ehesten ursprünglich, wo sie sich gegenüber offenkundig späteren, weil christologisch überhöhten Aussagen als sperrig erweisen und zugleich in die religiösen, politischen und sozialen Gegebenheiten jüdischen Lebens im zeitgenössischen Palästina einpassen lassen. Daneben werden durchaus auch die gängigen Mittel der Literar-, Form- und Redaktionskritik herangezogen, ihre Evidenz gilt aber nur als beschränkt hilfreich. Im Blick auf die jüdischen Quellen brandmarkt Vermes den unter Neutestamentlern verbreiteten selektiven Umgang mit rabbinischen Quellen an Hand des (Strack-)Billerbeck, zugleich votiert er aber ebenso vehement gegen die in der älteren Forschung namentlich durch Wilhelm Bousset und neuerdings insbesondere wieder durch Jacob Neusner vertretenen Bestrebungen, den Quellenwert rabbinischer Texte für das antike Judentum vor 70 nChr. grundsätzlich in Frage zu stellen. Auch hier vertritt er wie bei der Analyse der neutestamentlichen Texte eine Mittellinie, eine Art kritischen Pragmatismus.

In der Sache ist das von Vermes entworfene Bild des historischen Jesus entscheidend bestimmt durch seine Verankerung in der Welt jüdischer Charismatiker. Im palästinischen Judentum der Zeit des zweiten Tempels lassen sich wiederholt charismatisch begabte Männer nachweisen, die als Exorzisten und Wundertäter und auch als volkstümliche Prediger aufgetreten sind. In der rabbinischen Überlieferung werden sie teils als Gruppe unter der Bezeichnung „Chassidim rischonim" („die alten Frommen"), teils aber auch als Einzelpersonen namentlich (Choni der „Kreiszieher", Chanina ben Dosa, Abba Chilkia) erwähnt. Das ist seit langem I bekannt.[14] Und mehrfach ist auch bereits vermutet worden, daß zwischen ihnen und Jesus ein Zusammenhang bestehen könnte.[15] Vermes greift dies auf, beschränkt sich aber nicht nur auf punktuelle Vergleiche. Da die Übereinstimmungen über Randphänomene hinausgehen und elementare Züge betreffen, kann, ja muß s.E. von einem gemeinsamen Wurzelboden gesprochen werden: Wie Jesus wurden diese Chassidim „als Erben einer alten prophetischen Tradition behandelt", auch bei ihnen wurden „ihre übernatürlichen Kräfte ihrem direkten Verhältnis zu Gott zugeschrieben", und auch sie wurden „als ein von jeder institutionellen Vermittlung unabhängiges Verbindungselement zwischen Himmel und Erde verehrt" (65f). Sein Fazit: Nicht den Pharisäern, den Zeloten oder den Essenern ist Jesus zuzurechnen, sondern dieser vermutlich in Galiläa beheimate-

---

[14] *A. Büchler*, Types of Jewish-Palestinian Piety. The Ancient Pious Men (1922), New York 1968.

[15] Vermes verweist in Jesus der Jude, 58 A.65, als Vorgänger auf J. Bowman und D. Flusser; daneben ist vor allem *S. Safrai* zu nennen: Teaching of Pietists in Mishnaic Literature, in: JJSt 16, 1965, 15–31; Jesus und die Hasidim, in: Jerusalem Perspective 42–44, 1994, 3–22. Dazu s. jetzt auch *B. Kollmann*, Jesus und die Christen als Wundertäter (FRLANT 127), Göttingen 1996, 40ff.

ten Strömung frommer, charismatisch begabter, prophetisch gestimmter Prediger, Exorzisten und Krankenheiler. Jesus als galiläischer Chassid, das ist der Schlüssel für das Verständnis seines Auftretens und seiner Wirksamkeit. Die Art und Weise, in der Vermes diese These im ersten Band seiner Trilogie begründet und in den folgenden Bänden im Blick auf die Verkündigung Jesu weiter entfaltet hat, beeindruckt sowohl durch ihre konzeptionelle Geschlossenheit wie durch ihre substantielle Absicherung. Die im dritten Band vorgelegten Ausführungen zu zentralen Themen wie „Jesus und das Gesetz", „Jesus als Lehrer", „Jesus und die Königsherrschaft Gottes", „Abba Vater. Der Gott Jesu" bieten Kabinettstücke exegetischer und religionsgeschichtlicher Arbeit und ebenso die im ersten Band enthaltenen recht umfänglichen Erörterungen über die Grundlagen und Entwicklungen der christologischen Hoheitstitel (Prophet, Herr, Messias/Sohn Davids, Menschensohn, Sohn Gottes). Die souveräne Kennerschaft, mit der dabei die neutestamentlichen Texte von jüdischen Kontexten her beleuchtet und erhellt werden, fördert nicht selten Befunde zutage, die geeignet sind, gängige Sichtweisen in Frage zu stellen. Was Vermes z.B. über das Verhältnis Jesu zum „Gesetz" entfaltet, läßt für die übliche Ansicht einer ins Grundsätzliche führenden Abkehr Jesu von den traditionellen Bindungen an das Gesetz keinen Raum. Und was er etwa zu Hintergrund und Gebrauch der Anrede Jesu als „Herr" ausführt (mit dem Ergebnis, daß im Blick auf den vielfältigen, keineswegs nur hoheitlich verwendeten Gebrauch im zeitgenössischen Aramäisch „die Einwände gegen eine authentische Anrede des historischen Jesus" [112] nicht haltbar sind), läßt eine jahrzehntelange Diskussion geradezu obsolet erscheinen.

Freilich überzeugt nicht alles in gleicher Weise. Bei der Komplexität und der Kompliziertheit der Evangelienüberlieferung kann das kaum | überraschen. Namentlich in den Details steckt oft der sprichwörtliche Teufel. Das wird besonders deutlich an Vermes' Thesen zum durchgehend nichttitularen, unapokalyptischen Gebrauch der Bezeichnung „Menschensohn" in den Selbstaussagen Jesu, an denen sich, seit Vermes sie erstmals veröffentlichte,[16] ein nicht endender Streit entzündet hat.[17] Das Bemühen, auch für Nichtfachleute verständlich zu schreiben, fordert seinen Preis in sachlicher wie methodischer Hinsicht. Die Sachverhalte sind oft verwickelter, als aus Vermes' Darstellung erkennbar wird. Ein wirkliches Manko ist, daß Vermes sich mit dem Komplex der Herrenmahltradition so gut wie nicht auseinandersetzt. Im Blick auf das von Vermes entworfene Gesamtbild des Auftretens und der Verkündigung Jesu sind aus der Sicht des Rezensenten vor allem zwei Grundprobleme zu benennen.

Das erste Grundproblem betrifft die Rolle Galiläas in der Rekonstruktion der Lebenswelt und der Eigenart des historischen Jesus. Die galiläische Verankerung Jesu ist für Vermes ein konstitutives Element seines Jesusbildes. Dagegen ist

---

[16] Als Anhang zu *M. Black*, An Aramaic Approach to the Gospels and Acts, Oxford 1967[3], 310–328, deutsche Übersetzung: Die Muttersprache Jesu. Das Aramäische der Evangelien und der Apostelgeschichte (BWANT 115), Stuttgart 1982, 310–328.

[17] Vgl. Jesus and the World of Judaism, 89–99.

grundsätzlich nichts einzuwenden, das ist ein in der Forschung seit langem gängiges Verfahren. Die Art und Weise, in der Vermes die „galiläische Karte" einsetzt, wirft indes erhebliche Fragen auf. Vermes arbeitet hier mit mehrfach ungesicherten Konstrukten. Schon die These einer spezifisch galiläischen Verankerung der als Wurzelboden Jesu geltenden charismatischen Chassidim ist reine Vermutung. Von den namentlich bekannten Vertretern ist eine galiläische Herkunft eindeutig nur für Chanina ben Dosa und möglicherweise noch für Abba Chilkia bezeugt. Eine zentrale Gestalt der Chassidim wie Choni der „Kreiszieher" wird in der Überlieferung hingegen mit Jerusalem in Zusammenhang gebracht. Im übrigen gibt es keine klaren Lokalisierungen. Das heißt: die Verklammerung von Galiläa mit den charismatischen Chassidim, wie Vermes sie vornimmt, ist quellenmäßig keineswegs gesichert. Dieser Sachverhalt ist ihm selbst zwar durchaus bekannt, wird aber in seinen Ausführungen geradezu suggestiv überspielt.

Noch bedenklicher ist indes, daß Vermes nicht nur die charismatisch-chassidische Frömmigkeit dem ländlich einfachen Galiläa zuordnet, sondern daß er zugleich das städtisch geprägte Jerusalem/Judäa als Heimat schriftgelehrt-pharisäischer Frömmigkeit reklamiert und den Gegensatz so stilisiert, daß er zur Grundlage der historischen Rekonstruktion wird. Mit dieser Art des Vorgehens steht Vermes gewiß nicht ganz allein. In vielen Darstellungen urchristlicher Geschichte dient der Gegensatz Galiläa – Judäa/Jerusalem als historiographisches Grundmodell, um den Galiläer Jesus religiös (und u. U. – wie im Dritten Reich von deutschen Theologen vertreten – auch „rassisch") von dem etablierten Juden-/Judäertum abzuheben. Nun wird man in der Tat nicht bestreiten I können, daß die jüdische Lebenswelt in Galiläa ein eigenes Gepräge gegenüber der in Jerusalem und Judäa aufgewiesen hat. Fragwürdig ist es jedoch, wenn die vorhandenen Unterschiede derart typisiert historisch festgeschrieben und ausgemünzt werden, daß wie bei Vermes z. B. die galiläische Verankerung Jesu als Argument dient, um den Nazarener als ausschließlich charismatisch geprägten, in keiner Weise schriftbezogen und schriftgelehrt agierenden Lehrer darzustellen und alle dem entgegenstehenden Überlieferungen in den Evangelien als Fiktionen späterer christlicher Gemeinden abzuwerten.[18] An dieser Stelle hat Vermes als Historiker den Bogen überzogen. Die zugrundeliegende These, pharisäische Gruppen habe es zur Zeit Jesu wesentlich nur in und um Jerusalem gegeben, Galiläa sei damals „pharisäerfrei" und entsprechend unbeleckt von pharisäischer Schriftgelehrsamkeit gewesen[19], kann schwerlich als gesichert gelten.[20] Die Vorstellung, das jüdische Galiläa sei vor 70 nChr. in seinem religiösen Gepräge abgeschottet von den Verhältnissen in Jerusalem/Judäa geblieben, und es habe dort keinen spürbaren pharisäischen Einfluß gegeben, ist von vornherein wenig

---

[18] Vgl. Jesus der Jude, 235; The Religion of Jesus the Jew, 47–75.

[19] Jesus der Jude, 39ff; 233ff und A.8; The Religion of Jesus the Jew, 70.

[20] Auch *S. Freyne*, Galilee from Alexander the Great to Hadrian 323 B.C.E. to 135 C.E., Wilmington 1980, belegt das nicht, vgl. 373.388.

plausibel. Daß Pharisäer in Galiläa aufgetreten sind, wird zwar von Josephus[21] nur in einem Fall ausdrücklich erwähnt; aber das ist angesichts der Spärlichkeit konkreter Pharisäernotizen bei Josephus kein Gegenbeweis. Im übrigen gibt es sogar archäologische Befunde, die auf pharisäisch bestimmte Frömmigkeitspraxis auch in den ländlichen Bereichen Galiläas schließen lassen.[22] Kurz: Vermes hat es sich an dieser Stelle mit seiner Argumentation m.E. zu leicht gemacht. Das Bild, das er von Jesus als charismatisch geprägter Persönlichkeit entfaltet, beeindruckt zwar durch seine konzeptionelle Geschlossenheit, fußt aber auf historisch fragwürdigen Prämissen. So sehr Vermes in seinem Ansatz, den historischen Jesus der charismatischen Bewegung des antiken Judentums zuzuordnen, zuzustimmen ist, so fragwürdig ist die Einseitigkeit, ja Ausschließlichkeit, mit der dies geschieht. Es ist immer verdächtig, wenn historische Verhältnisse idealtypisch rekonstruiert werden. Ob es wirklich angeht, mit Vermes die Überlieferungen, die Jesus als schriftbezogen und schriftgelehrt argumentierenden Lehrer darstellen – die Streitgespräche mit Pharisäern über Fragen der Sabbatheiligung und Reinheitspraxis oder die Antithesen der Bergpredigt –, durch die Bank „später zu datieren und mit den Disputen zwischen den Führern der Jerusalemer Kirche … und ihren pharisäischen Gegnern zu identifizieren" (233), ist keineswegs ausgemacht. Mit der galiläischen Verankerung Jesu läßt sich dies in jedem Fall nicht begründen.

Das zweite Grundproblem in dem von Vermes entworfenen Jesus-Bild betrifft die Frage nach der historischen Verankerung des Bekenntnisses | zu Jesus als dem Messias/Christus. Nach Vermes hat Jesus bereits zu seinen Lebzeiten messianische Hoffnungen auf sich gezogen und kann „der Glaube der Apostel an Jesu Messianität als gesichert gelten" (129). Nicht nur das Petrus-Bekenntnis in Caesarea Philippi, sondern auch „der unverschämte und egoistische Anspruch des Jakobus und Johannes (oder deren Mutter, der Frau des Zebedäus) auf die Ehrenplätze im Reich des verherrlichten Jesus" (129) gelten als überzeugende Hinweise darauf. Dennoch hält er es für höchst fraglich, ob Jesus selbst sich tatsächlich als Messias gesehen und ausgegeben hat. Nach den Evangelienberichten zu urteilen, scheint „die Gestalt des Messias für die Lehre Jesu keine zentrale Rolle gespielt zu haben" und hat Jesus selbst allen Herausforderungen, sich als Messias zu bekennen, die Zustimmung verweigert oder es zumindest vermieden, sich an dieser Stelle deutlich zu erklären (vgl. 134). Vermes hat damit ebenso scharfsinnig wie zutreffend die Grundaporie benannt, in die jeder Versuch gerät, ein historisch plausibles Bild Jesu zu skizzieren, ohne ihm selbst messianische Konturen zuzuweisen. „Wenn Jesus den messianischen Titel zurückwies, wie konnte er dennoch an ihm haften bleiben? Warum ließen sich sowohl seine unmittelbaren Anhänger als auch die entfernte Gefolgschaft nicht davon abbringen, ihn als ‚Messias, Sohn Davids' anzunehmen und zu beschreiben?" (138) Daß

21 Vita 196f.
22 Vgl. *R. Deines*, Jüdische Steingefäße und pharisäische Frömmigkeit (WUNT II/52), Tübingen 1993, 145–153 (zu Galiläa). 278ff.

Vermes sich dieser Aporie in aller Deutlichkeit stellt, unterscheidet ihn von vielen neutestamentlichen Fachgenossen und zeichnet ihn als Historiker aus. Sein Versuch, diese Aporie aufzulösen, vermag jedoch in keiner Weise zu überzeugen. Die Auskunft, „es sei angesichts des eschatologischen, politischen und revolutionären Gärens im Palästina des ersten Jahrhunderts denkbar, daß Jesu Absage an messianische Ziele sowohl bei seinen Freunden wie bei seinen Gegnern auf taube Ohren stieß" (138), trägt alle Zeichen bleibender Ratlosigkeit. Auch Vermes weiß im Grunde keinen Weg aus dem Dilemma der von ihm aufgewiesenen Aporie. Sollte die Prämisse des „un- bzw. sogar antimessianisch" gestimmten Jesus verfehlt sein? Eigentümlicherweise hat Vermes Befunde, die dafür geltend gemacht werden könnten, wie z.B. die von ihm selbst als historisch eingestufte Einrichtung des Kreises der zwölf Jünger, in seine Überlegungen gar nicht einbezogen. Die Debatte darüber muß neu aufgenommen werden.

Wie immer man aber auch an diesen und anderen Stellen Vermes' Thesen im einzelnen beurteilen mag, insgesamt erweisen sich „Jesus der Jude" und die beiden Folgebände als höchst gewichtige Beiträge zur neueren Jesusforschung. Mit seiner Trilogie hat Vermes verschüttete, z. T. ungeahnte Zugänge zum Verständnis Jesu eröffnet. Die neutestamentliche Zunft hat allen Anlaß, sich der in ihr enthaltenen Herausforderung zu stellen, die Verankerung Jesu im Judentum als grundlegendes und durchgehendes Element seiner Geschichte und Verkündigung zu begreifen und sich von der historisch fragwürdigen und schon in ihrer Gewaltmetaphorik unangemessenen Vorstellung zu verabschieden, Jesus habe die Grundlagen des Judentums erschüttert oder den Rahmen des Judentums zerbrochen. Diese Herausforderung anzunehmen, bleibt eine der vornehmsten Aufgaben neutestamentlicher Wissenschaft und in ihrem Gefolge auch christlicher Theologie.

ZUM TEXTCHARAKTER DER HIOBZITATE
IM PAULINISCHEN SCHRIFTTUM[*]

Zum Gedenken an Joachim Jeremias

Die biblische Hiobdichtung hat – soweit das literarisch faßbar ist – in der urchristlichen Frömmigkeit und Theologie keine besondere Rolle gespielt. Unter
den neutestamentlichen Schriftstellern ist Paulus der einzige, der Kenntnis des
Hiobbuches selbst verrät[1]. Aber auch er hat von ihm nur ganz sporadisch Gebrauch gemacht, insgesamt an drei Stellen. Ausdrücklich als Zitat gekennzeichnet
begegnet nur Hi 5, 13 in 1 Kor 3, 19; daneben haben Hi 41, 3 in Röm 11, 35
sowie Hi 13, 16 in Phil 1, 19[2] Verwendung gefunden.

Diese wenigen Zitate erlauben schwerlich Rückschlüsse auf das Verständnis
des Hiobbuches bei Paulus[3], für die Frage nach dem Charakter des von Paulus
benutzten Hiobtextes sind sie jedoch von einigem Belang.

Aus der Wiedergabe von Hi 13, 16 in Phil 1, 19 läßt sich entnehmen, daß
Paulus eine Fassung der Septuaginta-Übersetzung des Hiobbuches vorgelegen
hat: |

Phil 1, 19	Hi 13, 16 Lxx	MT
ὅτι τοῦτό	καὶ τοῦτό	גם הוא
μοι ἀποβήσεται	μοι ἀποβήσεται	לי
εἰς σωτηρίαν	εἰς σωτηρίαν	לישועה

---

[*] Der Beitrag ist verfaßt worden im Gedenken an Joachim Jeremias, der als Vorsitzender der
Septuagintakommission der Göttinger Akademie der Wissenschaften die Editionsarbeit der Göttinger Septuaginta vielfältig gefördert und als neutestamentlicher Lehrer seine Schüler immer
wieder auf die Bedeutung der Septuaginta für Text und Theologie des Neuen Testaments hingewiesen hat.

[1] Beim Verfasser des Jakobusbriefes ist dies zumindest unsicher. Sein Hinweis (5, 11) auf
die Geduld Hiobs muß sich nicht auf das Hiobbuch selbst beziehen, sondern kann der Hiobhag-
gadah des antiken Judentums entnommen sein, vgl. TestHi 1, 5; 4, 6. 10 u.ö.; s. dazu B.
Schaller, Das Testament Hiobs, JSHRZ III, 3, Gütersloh 1979, 325f.

[2] In der neuen, 26. Auflage des Novum Testamentum Graece, Stuttgart 1979, ist im Gegensatz zu den vorhergehenden Auflagen der Zitatcharakter von Phil 1, 19 nicht mehr ausdrücklich
kenntlich gemacht. Dies ist zu bedauern, da es sich in diesem Fall kaum nur um eine bloße Anspielung handelt.

[3] Der Versuch von R. P. C. Hanson, St. Paul's Quotations of the Book of Job, Theology
53, 1950, 250–253, Paulus ein besonders kongeniales Verständnis des Hiobbuches zuzuschreiben, überzeugt nicht.

Im Hinblick auf die beiden anderen Zitate erscheint dies jedoch fraglich. Beide weichen im Wortlaut erheblich von den aus der Septuaginta-Überlieferung bekannten Textformen ab:

1 Kor 3, 19	Hi 5, 13 Lxx	MT
ὁ δρασσόμενος	ὁ καταλαμβάνων	לכד
τοὺς σοφοὺς	σοφοὺς	חכמים
ἐν τῇ πανουργίᾳ αὐτῶν	ἐν τῇ φρονήσει	בערמם

Röm 11, 35	Hi 41, 3 Lxx	MT
ἢ τίς	ἢ τίς	מי
προέδωκεν αὐτῷ	ἀντιστήσεταί μοι	הקדימני
καὶ ἀναποδοθήσεται αὐτῷ	καὶ ὑπομενεῖ	ואשלם

In der Forschung ist schon viel über den Hintergrund und die Herkunft dieser Zitate gerätselt worden. Vereinzelt hat man vermutet, Paulus greife hier unmittelbar auf den hebräischen Urtext zurück[4]. Überwiegend wurde die Ansicht vertreten, zugrunde liege eine mit den späteren jüdischen Übersetzungen des Aquila, Symmachos und Theodotion verwandte griechische Bibelfassung, deren Texte Paulus bisweilen anstelle der Septuaginta benutzt habe[5].

Der Rückgriff auf den hebräischen Hiobtext kann mit Sicherheit ausgeschlossen werden. Namentlich das Zitat von Hi 41, 3 in Röm 11, 35 läßt sich auf diese Weise nicht erklären[6]. Keineswegs gesichert ist aber auch die Benutzung einer von der Septuaginta unabhängigen griechischen Übersetzung. Sieht man einmal ganz von der Tatsache ab, daß von einem Vorläufer des Aquila, Symmachos oder Theodotion nichts bekannt ist, so spricht gegen diese Annahme schon der Umstand, daß im | unmittelbaren Kontext von 1 Kor 3, 19 und Röm 11, 35 je ein weiterer Schriftvers genau der Septuaginta entsprechend zitiert wird[7]. Noch gewichtiger ist indes die Beobachtung, daß die Textfassungen von Hi 5, 13 und 41, 3, wie Paulus sie bietet, den Übersetzungsgewohnheiten des Aquila, Symmachos oder Theodotion an keiner Stelle besonders nahestehen.

---

[4] So bereits J. A. Bengel, Gnomon Novi Testamenti, Tübingen ³1773, zu 1 Kor 3, 19; ferner A. Schlatter, Paulus der Bote Jesu, Stuttgart 1934, 140, Anm. 1; E. E. Ellis, Paul's Use of the Old Testament, Edinburgh–London 1957, 144, Anm. 3.

[5] So zuerst E. F. Kautzsch, De Veteris Testamenti locis a Paulo Apostolo allegatis, Leipzig 1869, 67ff.; ferner H. Vollmer, Die alttestamentlichen Zitate bei Paulus, Freiburg 1896, 22f.; G. Heinrici, Der erste Brief an die Korinther, Göttingen 1896, 134; H. Lietzmann, An die Römer, Tübingen ³1928, 107; L. Cerfaux, Vestiges d'un florilège dans I Cor. I, 18–III, 24?, RHE 27, 1931, 521 ff.; J. Héring, La première épître de Saint Paul aux Corinthiens, Neuchâtel 1959, 32; H. Conzelmann, Der erste Brief an die Korinther, Göttingen 1969, 99, Anm. 13 (mit Fragezeichen); W. F. Orr–J. A. Walter, I Corinthians, New York 1976, 170.

[6] Vgl. Vollmer (s.o. Anm. 5), 22ff.

[7] Röm 11, 34: Jes 40, 13 Lxx; 1 Kor 3, 20: Ps 93 (94), 11 Lxx.

1 Kor 3, 19 δράσσεσθαι ist als Wiedergabe von לכד einmalig, wenngleich sachlich durchaus passend[8]. Die Septuaginta verwendet das Verb gelegentlich, vor allem für קמץ[9], bei den anderen Übersetzern ist es überhaupt nicht nachgewiesen. – πανουργία = ערמה ist für Symmachos (Prov 8, 12) belegt, ebenso aber auch für die Septuaginta (Prov 1, 4; 8, 5; Jos 9, 4)[10].

Röm 11, 35 προδιδόναι findet sich bei Symmachos zweimal (Ex 32, 25; Jer 12, 6), aber nicht für קדם. Die Septuaginta bietet es im Übersetzungstext ausschließlich Ez 16, 34 als Variante (A 106 147 311 534) zu προσδιδόναι = נתן. – ἀνταποδιδόναι = שלם ist allen Übersetzungen geläufig, auch der Septuaginta[11].

Angesichts dieses Befundes wird man nicht ohne weiteres hinter den beiden Hiobzitaten des Paulus einen Vorläufer der Aquila-, Symmachos- oder Theodotion-Übersetzung suchen dürfen. Ehe man einen solchen – für die Geschichte der Bibelübersetzung ins Griechische weitreichenden – Schritt unternimmt, wird man zuvor zu prüfen haben, ob die Textfassungen nicht ebenso gut oder gar besser einem Ableger und nicht einem Konkurrenten der Septuaginta-Übersetzung des Hiobbuches entstammen können.

A. Deißmann[12] hat bereits vor 75 Jahren im Hinblick auf die von der Septuaginta abweichenden Formen des Jesaiazitates (25, 8) in 1 Kor 15, 54 und des Sacharjazitates (12, 10) in Joh 19, 37 die Annahme verfochten, als Vorlage komme am ehesten jeweils eine revidierte Fassung des Septuaginta-Textes in Frage. Diese These ist seither eindrücklich erhärtet worden. Unter den Texten, die seit 1947 in der Wüste Juda zutage gekommen sind, befinden sich Fragmente jüdischer Septuaginta- I Handschriften[13], die in geradezu überraschender Weise ans Licht gebracht haben, in welchem Maße bereits im Judentum die Septuagintatexte einer vornehmlich am hebräischen Kanontext orientierten Revision unterzogen worden sind und mancherlei Um- und Neugestaltungen erfahren haben. Die bislang vorhandenen Belege vorchristlicher, jüdischer Rezensionsarbeit an der Septuaginta betreffen zwar durchweg Texte aus dem Zwölfprophetenbuch, die anderen biblischen Bücher sind indes kaum von einer derartigen Bearbeitung unberührt geblieben. Für das Hiobbuch ist das von vornherein wahrscheinlich, da

---

[8] Wie die Lexika zeigen, liegen die Bedeutungsinhalte nicht weit auseinander.

[9] Lev 2, 2; 5, 12; Num 5, 26. – Ps 2, 12 Lxx bietet keinen Übersetzungstext.

[10] S. u. S. 159f. und Anm.20.

[11] Jer 25, 14 A Θ; Ps 30 (31), 23 Σ; 40 (41), 11 Σ; Prov 19, 17 Σ Θ; Hi 21, 19 Θ. – Für die Septuaginta sind bei E. Hatch–H. A. Redpath, A Concordance to the Septuagint, I, Oxford 1897 = Graz 1954, 108f. insgesamt 26 Fälle notiert.

[12] A. Deißmann, Die Septuaginta-Papyri und andere altchristliche Texte der Heidelberger Papyrus-Sammlung, Veröffentlichungen aus der Heidelberger Papyrus-Sammlung I, Heidelberg 1905, 69f., Anm. 6; vgl. dazu den Bericht von O. Michel, Paulus und seine Bibel, BFChTh II 18, Gütersloh 1929 = Darmstadt 1972, 66f.

[13] Vgl. D. Barthélemy, Redécouverte d'un chaînon manquant de l'histoire de la Septante, RB 60, 1953, 18–29; ders., Les devanciers d'Aquila, VT.S X, Leiden 1963; F. Dunant, Papyrus Grecs Bibliques, RAPH XXVII, Kairo 1966.

die Septuaginta sich hier besonders stark vom kanonischen Text der hebräischen Bibel unterscheidet[14], und läßt sich auch an einigen wenigen Zeugnissen ablesen. Beispiele hebraisierender Rezension bietet die im Testament Hiobs verarbeitete Fassung der Septuaginta-Hiob[15], ferner ein griechisches Papyrusfragment von Hi 33, 23.24 und 34, 10–15[16].

Daß die paulinischen Hiobzitate in 1 Kor 3, 19 und Röm 11, 35 einer revidierten Septuagintafassung des Hiobbuches entnommen sind, ist damit zwar noch nicht bewiesen, erscheint im Ansatz aber durchaus plausibel. Die Frage ist, ob es in den beiden Texten selbst Anhaltspunkte gibt, die dies stützen oder gar bestätigen. Wie weit lassen sich die Texte als Revision einer Septuagintafassung erklären? Auf den ersten Blick scheint nicht viel dafür zu sprechen, insbesondere nicht die singuläre Übersetzung von לכד durch δράσσεσθαι in Hi 5, 13 und von קדם durch προδιδόναι in Hi 41, 3. Geht man die beiden Texte indes genauer durch und vergleicht sie mit den jeweiligen Fassungen der Septuaginta und des hebräischen Grundtextes, so ändert sich das Bild nicht unwesentlich. Es zeigt sich, daß die Abweichungen von der Septuaginta stets mit deren textlicher Eigenart zusammenhängen und sich z.T. auch an Übersetzungsgewohnheiten orientieren, wie sie in anderen Textstellen der Septuaginta zu beobachten sind.

Hi 5, 13 Die Übersetzung von לכד durch καταλαμβάνειν (bzw. προ-καταλαμβάνειν) ist in der Septuaginta weit verbreitet[17]. Der Gebrauch des Verbums in Hi 5, 13 konnte aber dennoch als unpassend empfunden werden, da mit ihm gewöhnlich Akte kriegerischer Gewalt, z. B. die Ein- | nahme und Zerstörung von Städten[18], beschrieben werden. δράσσεσθαι war nicht in gleicher Weise vorbelastet und bot sich daher als Ersatz zum Ausdruck für das strafende Handeln Gottes an Menschen geradezu an. – Die Wiedergabe von בערמם durch ἐν τῇ φρονήσει trifft formal wie inhaltlich das hebräische Original nicht genau[19]. Mit ἐν τῇ πανουργίᾳ αὐτῶν erfolgt demgegenüber eine deutliche Verbesserung. πανουργία = ערמה entspricht der in der Septuaginta meist üblichen Übersetzung der Wurzel ערם[20]. Die Septuaginta Hiob selbst hat in 5, 12

---

[14] Vgl. G. Fohrer, Das Buch Hiob, Gütersloh 1963, 57ff.

[15] Vgl. B. Schaller, Das Testament Hiobs und die Septuaginta-Übersetzung des Buches Hiob, Bib 61, 1980, 377–406.

[16] Berliner Papyrusfragment P 11778; vgl. dazu O. Stegmüller, Berliner Septuagintafragmente, Berliner Klassikertexte VIII, Berlin 1939, 50ff.; J. W. Wevers, Septuaginta-Forschungen, ThR N.F. 22, 1954, 133f.

[17] Vgl. den Überblick bei E. C. dos Santos, An Expanded Hebrew Index for the Hatch–Redpath Concordance to the Septuagint, Jerusalem o.J., 100, s.v. לכד.

[18] Num 21, 32; Jos 11, 10; 19, 47; Ri 1, 8; 7, 24; 9, 45.50; Prov 16, 32; 2 Sam 5, 7 (A B); 12, 26f.29; 1 Reg 9, 16 (A); 2 Reg 18, 10; Jes 20, 1 (A S).

[19] Es fehlt das Suffix. φρόνησις ist in seiner Bedeutung neutraler als ערמה. Die Übersetzung ist auch sonst nicht belegt, nur Gen 3, 1 wird entsprechend das Adjektiv ערום φρόνιμος wiedergegeben.

[20] Vgl. Hatch–Redpath (s.o. Anm. 11), 1053 zu πανουργεύειν, πανουργία, πανουργός, ebd., 740 zu καταπανουργεύειν. Wie ערם wird πανουργός, -ία, -εύειν in der Septuaginta anders als sonst gewöhnlich im Griechischen z.T. (besonders in Proverbia) po-

das Adjektiv עָרוּם mit πανουργός übertragen. πανουργία in 5, 13 knüpft hier vermutlich unmittelbar an (übersetzungstechnische Angleichung).

Hi 41, 3 Die Septuaginta-Fassung ist abgesehen von der Einleitung in ihrer Beziehung zum hebräischen Kontext unklar bzw. unstimmig[21]. Die von Paulus gebotene Fassung deckt sich zwar mit ihm auch nicht völlig, steht ihm aber deutlich näher und läßt sich durchaus als Revision der Septuaginta auf Grund einer hebräischen Vorlage erklären. ἀνταποδιδόναι = שׁלם ist in der Septuaginta weithin üblich[22], auch im Hiobbuch belegt (21, 19.31). – Für die Übersetzung der Hiphil-Form von קדם gibt es in der Septuaginta wie auch in den anderen Übersetzungen allerdings keine Parallele. Das ist aber auch nicht verwunderlich, da קדם in dieser Stammform im biblischen Hebräisch neben Hi 41, 3 nur noch Am 9, 10 vorkommt und in beiden Fällen als ungewöhnlich gilt[23]. Die griechische | Übersetzung mit προδιδόναι ist dennoch nicht singulär. Wie die rabbinische Literatur zeigt, entspricht sie einem im nachbiblischen Hebräisch (und Aramäisch) gängigen Sprachgebrauch[24].

Darüber hinaus ist aber auch – wenigstens an einer Stelle – eine unmittelbare Berührung mit der Septuagintaübersetzung des Hiobbuches festzustellen. In der Einleitung ἢ τίς stimmt das Zitat von Hi 41, 3 in Röm 11, 35 im Wortlaut genau mit der Septuagintafassung dieses Verses überein. Daß der paulinische Hiobtext in diesem an sich nebensächlichen Zug mit der Septuaginta zusammentrifft, wird leicht übersehen, ist aber bemerkenswert, da die Eröffnung des Fragesatzes mit der einleitenden Partikel ἤ nicht durch die hebräische Vorlage (מִי) gedeckt ist, sondern zu den Eigenheiten der Septuaginta-Übersetzung des Verses gehört.

---

sitiv verwendet; vgl. O. Bauernfeind, πανουργία κτλ., ThWNT V, 1954, 721 f. Im sonstigen jüdisch-hellenistischen Schrifttum herrscht jedoch wie auch im Neuen Testament die negative Bedeutung vor, vgl. Bauernfeind, a.a.O., 722f. sowie K. H. Rengstorf, A Complete Concordance to Flavius Josephus III, Leiden 1979, 276f.

[21] Hinter ἀντιστήσεταί μοι könnte sich zwar הִקְדִּימַנִי verbergen, da קדם vereinzelt im Sinn von »entgegentreten« vorkommt (Ps 17, 13; 2 Reg 19, 32 = Jes 37, 33), das bleibt aber unsicher. Nach den Übersetzungen zu urteilen ist das zeitliche Element in קדם stets im Blick geblieben (vgl. Ps 16 (17), 13 Lxx; Jes 37, 33 A Σ Θ: προφθάνειν; s. auch Hi 30, 27 Lxx). Von der in der Septuaginta zu beobachtenden Übersetzungstechnik her erscheint ein Zusammenhang mit einer Verbform von קום naheliegender (vgl. Dtn 28, 7 Lxx; Jos 7, 13 Lxx; Mi 2, 8 Lxx; Nah 1, 6 Lxx), wenn nicht gar Hi 41, 3a Lxx eine Dublette zu Hi 41, 2b darstellt. – Statt וְאֲשַׁלֵּם setzt die Septuaginta in καὶ ὑπομενεῖ offenkundig וְיִשְׁלַם voraus (vgl. Hi 9, 4; 22, 21 Lxx), die Übersetzung selbst aber verändert den Sinn des Textes erheblich, vgl. Fohrer (s.o. Anm. 14), 198 zu Hi 9, 4.

[22] Vgl. den Überblick bei dos Santos (s.o. Anm. 17), 210, s.v. שׁלם.

[23] Vgl. die in den Lexika von Gesenius und Köhler–Baumgartner verzeichneten Konjekturen.

[24] Vgl. J. Levy, Neuhebräisches und chaldäisches Wörterbuch über die Talmudim und Midraschim IV, Berlin–Wien ²1924 = Darmstadt 1963, 246b; ders., Chaldäisches Wörterbuch über die Targumim II, Leipzig 1868 = Köln 1959, 345a. – Dieser Sprachgebrauch hat sich in der Auslegung von Hi 41, 3 niedergeschlagen, s. Pesikta r. 25 (126b); Lev r. 27, 2; Num r. 14, 2 (vgl. Billerbeck III, 295), ferner auch THi 41, 3 sowie vor allem Hi 41, 2 V (*Quis ante dedit mihi, ut reddam ei?*).

Zufall dürfte hier kaum im Spiel sein. Es ist erheblich wahrscheinlicher, daß sich hieran eine Abhängigkeit anzeigt und im Hiobtext von Röm 11, 35 ein Stück der ursprünglichen Septuagintafassung zum Vorschein kommt. Aber selbst wenn dies fraglich sein sollte, so reichen die übrigen Indizien vollauf aus, um die Hiobzitate des Paulus in 1 Kor 3, 19 und Röm 11, 35 in den Rahmen der rezensionellen Bearbeitung des Septuaginta-Textes in vorchristlicher Zeit hineinzustellen. In beiden Fällen handelt es sich um Verse, die in ihrer Septuagintaform sich stark vom hebräischen Kanonstext abheben und daher als revisionsbedürftig erscheinen konnten. In beiden Fällen weisen die paulinischen Textfassungen Züge auf, die übersetzungstechnisch offenkundig an der Septuaginta orientiert sind und daher durchaus einem an der Septuaginta geschulten Textbearbeiter zugeschrieben werden können. Kurz: Es ist keineswegs angebracht oder gar nötig, für die Hiobzitate im paulinischen Schrifttum eine andere griechische Übersetzung in Anschlag zu bringen als die der Septuaginta. Was Paulus benutzt hat, ist aller Wahrscheinlichkeit nicht eine gegenüber der Septuaginta neue Bibelübersetzung, sondern – wie möglicherweise auch noch später Justin[25] – eine revidierte Septuagintafassung des Hiobbuches.

---

25 Justin, Dial 79, 4: Hi 1, 6 (Lxx).

ΗΞΕΙ ΕΚ ΣΙΩΝ Ο ΡΥΟΜΕΝΟΣ
Zur Textgestalt von Jes 59:20f. in Röm 11:26f.

Neutestamentliche Schriftzitate können häufig nicht nur auslegungsgeschichtlich von Belang, sondern auch textgeschichtlich aufschlußreich sein. Dieser Sachverhalt ist allgemein anerkannt, im einzelnen aber noch keineswegs hinreichend erfaßt.

Zu den bislang übersehenen Fällen gehört das Mischzitat aus Jes 59:20f. und 27:9, das Paulus in Röm 11:26f. als Schriftbeweis an die apokalyptische Weissagung von der eschatologischen Rettung ganz Israels anfügt.

Röm 11:26f.	Jes 59:20f. LXX	MT
ἥξει	καὶ ἥξει	ובא
ἐκ Σιων	ἕνεκεν Σιων	לציון
ὁ ῥυόμενος	ὁ ῥυόμενος	גואל
ἀποστρέψει	καὶ ἀποστρέψει	ולשבי
ἀσεβείας	ἀσεβείας	פשע
ἀπὸ Ιακωβ	ἀπὸ Ιακωβ	ביעקב ...
καὶ αὕτη	καὶ αὕτη	ואני זאת
αὐτοῖς	αὐτοῖς	בריתי
ἡ παρ' ἐμοῦ διαθήκη	ἡ παρ' ἐμοῦ διαθήκη	אותם
	Jes 27:9	וזה כל פרי
ὅταν ἀφέλωμαι	ὅταν ἀφέλωμαι	הסר
τὰς ἁμαρτίας αὐτῶν	αὐτοῦ τὴν ἁμαρτίαν	חטאתו I

Die textliche Grundlage dieses Zitats bildet – wie auch sonst gewöhnlich bei Paulus – die griechische Übersetzung der Septuaginta.[1] Der von Paulus angeführte Text stimmt mit ihr in allen wesentlichen Zügen überein, mit einer Ausnahme: nach Röm 11:26f. kommt der Erlöser nicht ἕνεκεν Σιων, sondern ἐκ Σιων. Dies ist eine formal nur kleine, inhaltlich aber doch nicht unwesentliche

---

[1] LXXJes 59:20f. weicht ebenso wie LXXJes 27:9 erheblich vom MT ab, vermutlich auf Grund einer anderen hebräischen Textvorlage, vgl. B. Duhm, *Das Buch Jesaia* (Göttingen, 1922⁴) 192.446 z.St. – Die These Duhms, ἕνεκεν Σιων setze wie das paulinische ἐκ Σιων als hebräische Vorlage מציון voraus, trifft allerdings kaum zu, noch weniger seine von G. Bertram, ἀποστρέφω, *ThWNT* VII, 1964, 721 übernommene Annahme, dahinter verberge sich der ursprüngliche hebräische Text.

Änderung.[2] Das Prophetenwort erhält durch sie einen anderen Akzent. Nicht um Zions, d.h. des Gottesvolkes, willen erscheint der Erlöser, sondern vom Zion, d.h. von der Gottesstadt, her. Wie ist diese Textänderung zustande gekommen? Was verbirgt sich hinter ihr?

Hat Paulus sie bereits vorgefunden als Text seiner Septuagintavorlage? Oder stammt sie von ihm selbst? In der neutestamentlichen Forschung neigt man überwiegend letzterem zu. Teils ist man der Meinung, der Apostel habe aus Versehen den prophetischen Text geändert. Die Wendung ἐκ Σιων sei ihm zufällig, da auch sonst biblisch vorkommend, in die Feder geflossen.[3] Andere Ausleger hingegen nehmen an, es handele sich um einen absichtlich vorgenommenen Eingriff in den Text. Der Wechsel von ἕνεκεν Σιων zu ἐκ Σιων spiegele das christliche bzw. das christologische Verständnis des Apostels wider.[4]

Für die Vermutung paulinischer Urheberschaft läßt sich in der Tat einiges anführen. Die Verklammerung von Jes 59:20f. und 27:9 ist auffällig und könnte Paulus zugeschrieben werden. Das Fehlen der | Kopula καί jeweils vor den Verben weist auf freie Textgestaltung, ebenso wohl die Umgestaltung des Suffixes αὐτοῦ in αὐτῶν am Ende des Zitates.

Dennoch ist es beileibe nicht zwingend, auch die Lesart ἐκ Σιων auf Paulus zurückzuführen. Im Gegenteil. Daß Paulus absichtlich den Text geändert haben sollte, ist sachlich schwer einsichtig zu machen. Genau besehen würde sich die von der Septuaginta gebotene Lesart ἕνεκεν Σιων viel besser in den Gedankengang von Röm 11:26f. einfügen als ἐκ Σιων.[5] Dem Apostel geht es doch um den Nachweis, daß Israel, das Gottesvolk, vom eschatologischen Heil nicht aus-

---

[2] Gegen O. Kuss, *Der Römerbrief. Dritte Lieferung (8, 18–11, 36)* (Regensburg, 1978) 815; J. Murray, *The Epistle to the Romans* II (London–Grand Rapids, 1965) 99.

[3] So u.a. J. A. Bengel, *Gnomon Novi Testamenti* (Tübingen, 1773³) z.St.; H. A. W. Meyer, *Der Brief des Paulus an die Römer* (Göttingen, 1865⁴) 441; E. F. Kautzsch, *De Veteris Testamentis locis a Paulo Apostolo allegatis* (Leipzig, 1869) 85f.; B. Weiß, *Der Brief an die Römer* (Göttingen, 1891) 499; W. Sanday – A. C. Headlam, *The Epistle to the Romans* (Edinburgh, 1902⁵) 336; U. Luz, *Das Geschichtsverständnis des Paulus* (BEvTh 49; München, 1968) 294f.; C. E. B. Cranfield, *The Epistle to the Romans* II (Edinburgh, 1979) 577.

[4] Vgl. z.B. A. Tholuck, *Commentar zum Brief an die Römer* (Halle, 1856⁵) 631; J. Chr. K. von Hofmann, *Die heilige Schrift neuen Testaments, 3. Teil* (Nördlingen, 1868) 499f.; A. Clemen, *Der Gebrauch des Alten Testamentes in den neutestamentlichen Schriften* (Gütersloh, 1895) 183; J. Bonsirven, *Exégèse Rabbinique et exégèse Paulinienne* (Paris 1939) 331; J. Munck, *Christus und Israel* (Aarhus, 1956) 102; E. E. Ellis, *Paul's Use of the Old Testament* (Edinburgh–London, 1957) 123 Anm. 5. 140; E. Käsemann, *An die Römer* (Tübingen, 1973) 301; D. Zeller, *Juden und Heiden in der Mission des Paulus* (FzB 1; Stuttgart, 1973) 259 Anm. 78; U. Wilckens, *Der Brief an die Römer. 2. Teilband Römer 6–11* (Neukirchen–Zürich, 1979) 257.

[5] Das hat bereits H. A. W. Meyer (s. Anm. 3), 441 bemerkt. Neuerdings wieder von D. A. Koch, „Beobachtungen zum christologischen Schriftgebrauch in den vorpaulinischen Gemeinden," *ZNW* 71 (1980) 186ff. hervorgehoben. Koch vermutet, die Änderung sei theologisch bedingt und hänge mit der Christologie vorpaulinischer Gemeinde zusammen.

geschlossen ist. Daß das Heil vom Zion kommt, spielt in diesem Zusammenhang keine Rolle. Eher denkbar wäre eine zufällige Änderung des Textes. Die Wendung ἐκ Σιων kommt im biblischen Sprachgebrauch häufiger vor, z.T. wie in LXXPs 13(14):7 = 52(53):7; 19(20):3; 109(110):2 oder in Jes 2:3 = Mi 4:2 im Rahmen soteriologischer Aussagen. Indes, auch diese Erklärung bleibt ein Notbehelf, denn die Wendung ἕνεκεν Σιων in LXXJes 59:20 ist so einmalig, daß sie sich dem Gedächtnis eher einprägt als ihm verloren geht. Bevor man zu einer solchen Lösung greift, sollte zunächst zumindest geprüft werden, ob die Lesart ἐκ Σιων sich nicht als Textvariante der Septuaginta-Übersetzung von Jes 59:20f. erklären läßt.

Bislang ist, wenn ich recht sehe, ein Versuch in dieser Richtung nur einmal unternommen worden. Im Römerbriefkommentar von Frédéric Godet findet sich die Überlegung: „Vielleicht war die Präpos(ition) ἕνεκεν, ‚um ... willen,‘ in gewissen Handschriften der LXX abgekürzt, so daß sie leicht mit ἐκ, ‚aus,‘ verwechselt werden konnte.“[6] Wer mit Handschriften sich beschäftigt hat, wird diesen Einfall durchaus zu würdigen wissen; dennoch bleibt das ganze reine Vermutung. Godet führt keinen Beleg für die vermutete Abkürzung von ἕνεκεν an, nicht ohne Grund. In den Handschriften gibt es nichts entsprechendes. Immerhin, im Ansatz ist Godet vermutlich doch auf der richtigen Spur gewesen. Es gibt eine Möglichkeit, ἐκ Σιων als paläographisch bedingte Lesart zu erklären.

Der Vergleich der Textfassungen von Jes 59:20f. bei Paulus, in der | Septuaginta und in der Überlieferung der Masoreten zeigt, daß die Septuaginta-Übersetzung dem hebräischen Text keineswegs genau folgt. Die Wiedergabe von לְצִיּוֹן durch ἕνεκεν Σιων stellt eine Übertragung dar, die den Sinn des Textes zwar nicht verkehrt, aber doch verlagert: „für Zion“ – „um Zions willen.“ Genau übersetzt müsste לְצִיּוֹן im Griechischen entweder ἐν oder εἰς Σιων lauten. Die Lesart ἐκ Σιων ist damit zwar noch nicht gegeben, ein entscheidender Ansatz für sie aber doch erreicht. Paläographisch läßt sich ἐκ Σιων leicht aus εἰς Σιων ableiten. Bei der den alten Handschriften eigenen Majuskelschrift konnte I C und K unschwer vertauscht und entsprechend ЄIC in ЄK verlesen werden. Solche Verlesung lag besonders bei Eigennamen nahe, bei denen der Artikel fehlte und dadurch der Kasus nicht festgelegt war, sie ist aber auch darüberhinaus durchaus möglich gewesen. Bisher hat man der Verwechslung von I C und K kaum Beachtung geschenkt. Eine genaue Untersuchung dürfte jedoch mancherlei Belege zutage födern.[7] Für den vorliegenden Zusammenhang genügt es, die

---

[6] F. Godet, *Kommentar zu dem Brief an die Römer, Zweiter Teil* (Hannover, 1893) 226. – Auch O. Michel, *Der Brief an die Römer* (Göttingen, 1978[5]) 356 Anm. 10 vermutet einen vorgegebenen Septuagintatext, ohne dies aber zu begründen.

[7] Hier seien nur zwei Zufallsfunde angeführt, die R. Hanhart bzw. U. Quast zu verdanken sind:

Tob 8:6 ἐκ τούτων ἐγενήθη τὸ ἀνθρώπων σπέρμα] εις τουτων 402

Num 33:31 εἰς Βαν(α)ικαν] → εν υιοις Ιακαν → εν υοκ I. 321´.

Beispiele aus der Septuaginta-Überlieferung anzuführen, in denen ein Wechsel von εἰς Σιων zu ἐκ Σιων bzw. von ἐκ Σιων zu εἰς Σιων vorliegt.

LXXJes 35:10   ἥξουσιν εἰς Σιων μετ᾽ εὐφροσύνης] εκ Σιων 46
51:11   ἥξουσιν εἰς Σιων μετ᾽ εὐφροσύνης] εκ Σιων 90–130–311 239
LXXJer 3:14   εἰσάξω ὑμᾶς εἰς Σιων] εκ Σιων 26
27(50):28   τοῦ ἀναγγεῖλαι εἰς Σιων] εκ Σιων 91
LXXPs 134(135):21   εὐλογητὸς κύριος ἐκ Σιων] εἰς Σιων 43

Daß die Lesart ἐκ Σιων in Röm 11:26 entsprechend aus einer Vorlage εἰς Σιων hervorgegangen ist, liegt angesichts dieser Beispiele recht nahe. In den überkommenen Septuaginta-Handschriften ist eine solche Textform zwar nicht bezeugt – neben ἕνεκεν Σιων findet sich nur ἐκ Σιων, was zweifellos aber | eine Angleichung an das paulinische Zitat darstellt –, aus diesem Befund wird man jedoch kaum einen grundsätzlichen Einwand ableiten können. Daß bei Texten, in denen die Septuaginta von der inzwischen anerkannten hebräischen Form abweicht, bereits in vorchristlicher Zeit im Rahmen der jüdischen Septuaginta-Überlieferung Verbesserungen vorgenommen worden sind, gehört zu den Einsichten der neueren Septuagintaforschung und läßt sich nicht zuletzt auch bei Paulus an einigen Zitaten nachweisen.[8] Die postulierte Änderung von ἕνεκεν Σιων in εἰς Σιων paßt daher durchaus in das Bild der textgeschichtlichen Entwicklung der Septuaginta, die als hebraisierende Rezension beschrieben werden kann.

Gewiß kommt man auch an dieser Stelle über Mutmaßungen nicht hinaus. Die hier vorgeschlagene textgeschichtliche Ableitung der eigentümlichen Textfassung von Jes 59:20 in Röm 11:26 lässt sich ohne hypothetisches Zwischenglied nicht durchführen. Gegenüber den sonst vorgetragenen Erklärungen zeichnet sie sich aber dadurch aus, daß sie in sich stimmig und sachlich begründet ist.

Für die gegenläufige Annahme paulinischer Urheberschaft könnte zwar noch ins Feld geführt werden, der Zitattext in Röm 11:26f. weise in der aus Jes 27:9 entnommenen Schlußwendung ὅταν ἀφέλωμαι τὰς ἁμαρτίας αὐτῶν eine weitere textliche Abwandlung auf und diese sei offenkundig, da durch die Verklammerung von Jes 59:20f. mit 27:9 bedingt, nachträglich zustande gekommen. Indes, genau besehen, reicht auch diese Beobachtung nicht aus, um die Textfassung selbst Paulus zuzuschreiben. Dagegen spricht die pluralische Wendung τὰς ἁμαρτίας. Die Handschrift des Paulus würde gerade den Singular erwarten

---

[8] 1 Kor 15:54, vgl. A. Deißmann, *Die Septuaginta-Papyri und andere altchristliche Texte in der Heidelberger Sammlung* (Veröffentlichungen aus der Heidelberger Papyrus-Sammlung I; Heidelberg, 1905) 69f. Anm. 6; 1 Kor 3:19; Röm 11:35, vgl. B. Schaller, „Zum Textcharakter der Hiobzitate im paulinischen Schrifttum," *ZNW* 71 (1980) 21–6 [in diesem Band S. 156–161].

lassen.[9] So verdichtet sich auch von daher der Eindruck, daß die durch die Septuaginta-Überlieferung nicht gedeckten Formulierungen des Zitats in Röm 11:26f. nicht paulinische Textbearbeitung widerspiegeln, sondern auf einer Paulus bereits vorgegebenen Textfassung beruhen. Ob das Mischzitat als solches Paulus schon vorgelegen hat und etwa aus dem Florilegium einer Testimoniensammlung stammt oder ob es von Paulus erst zusammengesetzt ist, läßt sich mit Sicherheit kaum | beantworten. Das spielt für die Frage nach der Textgestalt des Zitats in Röm 11:26f. aber auch keine Rolle. Entscheidend ist, daß die Abweichungen vom gewöhnlichen Septuagintatext aller Wahrscheinlichkeit nach nicht paulinisch, sondern vorpaulinisch sind. Trifft das zu, dann muß die künftige Auslegung von Röm 11 darauf verzichten, die Lesart ἐκ Σιων als paulinisches Interpretament zu werten und ihr im Kontext von Röm 11:26f. ein besonderes theologisches Gewicht zuzuschreiben.[10] Die Septuagintaforschung könnte hingegen das Zitat ἥξει ἐκ Σιων ὁ ῥυόμενος in Röm 11:26f. als indirekten Beleg für eine nicht mehr erhaltene Lesart von Jes 59:20 vermerken, in der der Septuagintatext der hebräischen Grundfassung angenähert wurde.

---

[9] Der Plural ἁμαρτίαι kommt bei Paulus nur 6 mal vor (gegenüber 59 Fällen des singularischen Gebrauchs), überwiegend in vorgeprägten Texten: Röm 4:7, Zitat von LXXPs 31(32):1; 1 Kor 15:3, Bekenntnisformel; Gal 1:4, Bekenntnisformel; 1 Thess 2:16, traditioneller Topos; ferner Röm 7:5; 1 Kor 15:17.

[10] Vgl. z.B. die Auslegung durch E. E. Ellis (s. Anm. 4), 123 Anm. 5: "'Εκ Σιων, Paul's only important variation from the LXX ..., may arise from his contrast of Zion, true Israel, and Jacob, the nation Israel, and the resultant conviction that the Church as σῶμα Χριστοῦ and ναὸς θεοῦ is the *locus* (and perhaps the instrument) from which the Redeemer goes forth." Ähnlich bereits E. W. Hengstenberg, *Die Juden und die christliche Kirche* (Berlin, 1859) 102: „Der Apostel wollte den hohen Namen den Juden nicht beilegen, zur Herabsetzung der christlichen Kirche. Er weist daraufhin, daß das wahrhaftige Zion zu allen Zeiten vorhanden ist, auch vor der Bekehrung der Juden, und daß eben dorther, von dem in seiner Kirche gegenwärtigen Heiland den Juden das Heil kommen wird!"

1 KOR 10,1−10(13) UND DIE JÜDISCHEN VORAUSSETZUNGEN DER SCHRIFTAUSLEGUNG DES PAULUS[1]

"Unter den Persönlichkeiten des Neuen Testaments ... nimmt der 'Heidenapostel' Paulus die erste Stelle ein. Seine Bedeutung für die Entstehung der neutestamentlichen Schriften und für die Entwicklung der christlichen Theologie überhaupt ist eminent. Kein Wunder daher, daß die Forschung seit den ältesten Zeiten sich mit Paulus beschäftigt und seine Entwicklung und Bedeutung von den verschiedensten Seiten beleuchtet hat. ... Das Interesse für Paulus ist noch immer eher im Zunehmen als im Abnehmen begriffen. Paulus' Stellung zum Heiden- und Judenchristentum, Entstehungszeit und Entstehungsort seiner Briefe ... sind noch immer Gegenstand lebhafter Diskussion und eingehendster Prüfung."

Diese Sätze sind Zitat. Sie wurden bereits 1926 geschrieben und stammen aus der Feder von A. Filemon Puuko. Es sind die Einleitungssätze zu seinem kleinen Beitrag über "Paulus und das Judentum", den er 1928 in den Studia Orientalia der Societas Orientalis Fennica veröffentlichte und der in den seither verfaßten Untersuchungen zum Thema "Paulus und das Judentum" zu unrecht kaum beachtet worden ist[2].

Wenn ich meinen heutigen Beitrag damit beginne und so die Erinnerung an diesen großen gelehrten Bibelwissenschaftler Ihres Landes wecke, dann geschieht dies einmal, um vor Ihnen als Mitgliedern der Finnisch-exegetischen Gesellschaft meine Reverenz gegenüber der in Ihrem Land seit langem betriebenen exegetischen Wissenschaft zu bezeugen. Das geschieht aber vor allem auch, weil die Situation der Paulusforschung, wie sie Puuko beschrieben hat, sich auch heute noch − 65 Jahre danach − in ähnlicher, ja gleicher Weise darbietet. Im Blick auf Veröffentlichungen über Paulus besteht nach wie vor nicht Ebbe, sondern Flut. Paulus ist noch immer Gegenstand lebhaftester Diskussion. Das trifft nicht zuletzt auch für den Bereich des Paulus zu, zu dem ich mich heute äußern möchte: die Verwendung und die Deutung der "heiligen Schriften" bei Paulus und ihre jüdischen Voraussetzungen.

---

[1] Überarbeitete und durch Anmerkungen ergänzte Fassung eines am 27. 9. 1993 in Helsinki vor den Mitgliedern der Finnisch-exegetischen Gesellschaft gehaltenen Vortrags.

[2] In den thematisch einschlägigen Arbeiten von W.D. Davies: Paul and Rabbinic Judaism (1955), E.P. Sanders: Paul and Palestinian Judaism (1977), deutsch: Paulus und das palästinische Judentum (1985) und D.-A. Koch: Die Schrift als Zeugnis des Evangeliums (BHTh 69, 1986) fehlt jeder Hinweis. Ausnahmen sind bezeichnenderweise die jüdischen Paulus-Darstellungen von J. Klausner: Mi-Jeshu ad Paulus (1940), deutsch: Von Jesus zu Paulus (1950 = 1980) und H.-J. Schoeps: Paulus. Die Theologie des Apostels im Lichte der jüdischen Religionsgeschichte (1959), sowie J. Bonsirven's Arbeit über "Exégèse Rabbinique et Exégèse Paulinienne" (1939).

"Paulus und seine Bibel" oder "Paulus und das Alte Testament", wie die historisch verfehlte, dogmatisierende Bezeichnung lautet, gehört zu den Dauerthemen neutestamentlicher Forschung. Seit der grundlegenden Arbeit von Emil Kautzsch "De veteris Testamenti locis a Paulo Apostolo allegatis" (1869) sind zahlreiche Untersuchungen erschienen, die sich dazu geäußert haben.[3] Genannt seien nur einige herausragende Namen und Titel, aus dem vergangenen Jahrhundert: Hans Vollmer: Die alttestamentlichen Citate bei Paulus textkritisch und bibeltheologisch gewürdigt (1895); aus unserem Jahrhundert: Adolf von Harnack: Das Alte Testament in den paulinischen Briefen und in den paulinischen Gemeinden (SPAW.PH XII, 1928); Leonhard Goppelt: Typos. Die typologische Auslegung des Alten Testaments im Neuen (BFChTh 43, 1939 = 1969.1990); E. Earle Ellis: Paul's Use of the Old Testament (1957) sowie vor allem die letzte umfängliche Veröffentlichung von Dietrich-Alex Koch: Die Schrift als Zeuge des Evangeliums. Untersuchungen zur Verwendung und zum Verständnis der Schrift bei Paulus (BHTh 69, 1986).

Man könnte geradezu von einer Sättigung des Marktes sprechen. Wie in vielen anderen Bereichen des Neuen Testaments scheint die Hauptarbeit geleistet. Abgesehen vom Wiederauffrischen − um nicht zu sagen Wiederkäuen − und Überdenken bereits erarbeiteter Ergebnisse, scheint es höchstens noch Raum für Arbeiten am Detail zu geben. In der Tat, die Verwendung und das Verständnis der "Heiligen Schrift" bei Paulus kann in wesentlichen Fragen als geklärt bezeichnet werden. Das gilt für die Textgrundlage des paulinischen Schriftgebrauchs: es ist − auch dort, wo sie Besonderheiten aufweist − durchgängig eine der Übersetzung der Septuaginta verpflichtete Textfassung.[4] Das gilt für die angewandten hermeneutischen Regeln: sie verdanken sich alle dem weiten Feld jüdischer Schriftauslegung.[5] Das gilt nicht zuletzt auch für die theologische Bedeutung der Schrift: die Heilige Schrift ist neben, besser gesagt, zusammen mit dem urchristlichen Kerygma Grundlage paulinischer Theologie. Die Schrift gehört wesentlich zum Evangelium von Jesus Christus, sie ist "Zeuge des εὐαγγέλιον".[6]

Daneben gibt es aber gerade im Blick auf den Schriftausleger Paulus Fragenbereiche, die noch immer nicht befriedigend geklärt sind. In dem, was

---

[3] Auch bei Puuko findet sich ein entsprechender Abschnitt unter der Überschrift: "Paulus als Ausleger des Alten Testaments."

[4] Vgl. Koch (A.2), 48−81; ferner neuerdings F. Wilk: Die Bedeutung des Jesajabuches für Paulus, FRLANT 179, 1998, 17−42.

[5] Vgl. O. Michel: Paulus und seine Bibel, BFChTh 18, 1929 = 1972, 91−111; J. Jeremias: Paulus als Hillelit, in: E.E. Ellis − M. Wilcox (ed.), Neotestamentica et Semitica. Studies in Honour of Matthew Black, 1969, 88−94; K. Haacker: War Paulus Hillelit?, in: Das Institutum Judaicum der Universität Tübingen in den Jahren 1971−1972, 1972, 106−120; Koch (A.2), 199−232.

[6] Vgl. Koch (A.2), 322−353.

ich Ihnen heute vortrage, möchte ich auf einen solchen Fragenkreis näher zugehen. Es geht um die Frage nach den übergreifenden, insbesondere materialen Zusammenhängen und Voraussetzungen, die Paulus in der Auslegung biblischer Texte bestimmen. In der Forschung hat man sich dieser Frage bislang nur gelegentlich zugewandt; m.E. zum Nachteil, ja zum Schaden der Paulusforschung. Man hat sich − wie ich zu zeigen hoffe − damit einen entscheidenden Zugang zum Verständnis des Paulus als Schriftausleger verbaut und zugleich auch grundlegende Hinweise zur genaueren historischen Einordnung des Paulus im Kontext des antiken Judentums übersehen.

I

Ich möchte diesem Fragenkreis an Hand eines einzigen Textbeispiels nachgehen. Es ist der Text 1 Kor 10,1−10(13), der − wie Hans Conzelmann[7] präzis formuliert hat − "eine geschlossene, schriftgelehrte Abhandlung über Stellen aus der biblischen Exodus-Erzählung" bietet.

Ehe ich auf diesen Text selbst zugehe, zuvor kurz ein paar Hinweise zu seinem literarischen und sachlichen Rahmen. Im heute vorliegenden Textgefüge gehört der Abschnitt zu den Ausführungen des Paulus zum Thema "Götzendienst und Götzenopferspeise". Im Hintergrund steht ein in der Christengemeinde zu Korinth offensichtlich heftig geführter Streit über die Frage, wie sich Christen gegenüber heidnischem Kultwesen, insbesondere dem Essen von Opferfleisch zu verhalten haben. Dazu nimmt Paulus in 1 Kor 8−10 ausgiebig Stellung. Die innere Stringenz der Darlegungen läßt dabei aber einiges zu wünschen übrig. 1 Kor 8 beginnt mit einer grundsätzlichen Bemerkung (VV.1−6) über die Freiheit der Christen gegenüber den Götzen und entsprechend dem Essen von Götzenopfern. Darauf folgt eine Mahnung, dennoch Rücksicht auf die zu nehmen, die an dieser Stelle Probleme haben, und ihnen gegenüber die Erkenntnis in die eigene Freiheit nicht zu mißbrauchen (VV.7−13). Und 1 Kor 9 bringt Paulus sich plötzlich selbst ins Spiel. Er verweist auf sein Apostolat und dessen Selbständigkeit (VV.1−14), erwähnt zugleich aber auch seine Verzichtsleistungen im Dienst des Evangeliums bis hin zu einem Vergleich mit sportlicher Askese (VV.15−27). Danach greift Paulus in Kapitel 10 − erneut etwas unvermittelt − auf eine Reihe von Geschichten der Exoduszeit (VV.1−10) zurück, die er zunächst in die allgemeine Ermahnung zur Standhaftigkeit (VV.11−13) und dann in die spezielle Warnung vor Götzendienst und den Verzehr von Götzenopferfleisch einmünden läßt (VV.14−22). Und zum Abschluß wird das bereits eingangs verhandelte Verhältnis von "Freiheit und Verantwortung beim Essen von Opferfleisch"[8] nochmals zur Sprache gebracht.

---

[7] Der erste Brief an die Korinther, KEK V, 1969, 194; 1981[2], 201.

Es ist kein besonders stringentes Verfahren, das hier eingeschlagen worden ist. Etwas überraschend kommt vor allem der Verweis auf die biblischen Episoden zu Anfang von Kap. 10. Welchen Platz haben sie im Rahmen des ganzen? In der neutestamentlichen Forschung ist diese Frage viel diskutiert worden. Manche Exegeten sehen überhaupt keinen sachlichen Zusammenhang und trennen daher 1 Kor 10,1−13(22) als ursprünglich nicht dazugehöriges, eigenständiges Überlieferungsstück vom übrigen Textzusammenhang ab.[9] Ob das zutrifft, sei zunächst offen gelassen. Ich komme darauf später noch zurück. Im Zusammenhang meiner Ausführungen spielt dieses literarkritische Problem nur eine untergeordnete Rolle. Im Vordergrund meines Interesses steht der Text von 1 Kor 10,1−10(13) in seiner Bedeutung für die Frage nach der Eigenart und den Voraussetzungen paulinischer Schriftauslegung. Was verraten diese Verse über Paulus als Ausleger der Heiligen Schrift? Sehen wir uns zunächst den Gesamtduktus des Textes genauer an.

Die kompositorische Anlage ist offenkundig bedacht ausgeführt. Die übereinstimmenden Satzeinleitungen in V.6 und V.11 (ταῦτα δὲ τύποι ἡμῶν ἐγενήθησαν / ταῦτα δὲ τυπικῶς συνέβαινεν ἐκείνοις) markieren eine Dreiteilung des Gesamttextes: I. VV.1−6 / II. VV.7−11 / III. VV.12−13. Die beiden Verse haben eine Art Scharnierfunktion. Sie bilden den Abschluß des jeweils vorhergehenden Abschnitts, leiten zugleich aber zum folgenden über. Alle drei Textteile sind im übrigen aber auch miteinander verzahnt und zwar teils durch Stichwortverknüpfung, teils durch grammatisch entsprechende Konstruktion[10]. Die beiden ersten Abschnitte sind darüber hinaus vor allem aber in der Sache verbunden, in beiden Fällen stehen Verweise auf Episoden der biblischen Exodusgeschichte im Mittelpunkt. Von einer symmetrisch durchgeführten Gestaltung kann dabei zwar nicht die Rede sein − weder in der Form[11] noch in der Sache[12] −, dennoch ist die Reihung der Schriftbezüge nicht beliebig vorgenommen, sondern durchaus aufeinander abgestimmt, ja geradezu kunstvoll angelegt. Das wird deutlich, wenn wir uns den einzelnen Ausführungen zuwenden.

---

[8] Chr. Wolff: Der erste Brief des Paulus an die Korinther, ThHK VII, 1996, 235.

[9] So u.a. J. Weiß: Der erste Korintherbrief, KEK V, 1910, 212f.249; W. Schmithals: Die Gnosis in Korinth, FRLANT 66, 1956 = 1969[3], 86f.; Conzelmann (A.7), 194 = 202 ("ein schon vor der Abfassung des Briefes einigermaßen geprägtes Lehrstück" des Paulus); G. Sellin: Hauptprobleme des Ersten Korintherbriefs, ANRW II 25.4, 1987, 2972ff.

[10] I/III: V.5 εὐδόκησεν ὁ θεός − V.13 πιστὸς ὁ θεός; I/II: V.6 εἰς τὸ μὴ εἶναι ... καθώς ... − V.7−10 μήδε (+ Verb), καθώς/καθάπερ ...; II/III: V.8 ἔπεσαν − V.12 πέσῃ; V.9 ἐκπειράζωμεν − V.13 πειρασμός/πειρασθῆναι.

[11] Der erste Abschnitt ist erzählerisch, der zweite paränetisch-argumentativ ausgerichtet.

[12] So W.A. Meeks: "And rose up to play": Midrash and Paraenesis in 1 Corinthians 10:1−22, JSNT 16, 1982, 65.67−71 mit der These, es handle sich um die Gegenüberstellung von je fünf positiven und fünf negativen Beispielen.

II

Zum ersten Abschnitt (VV.1–6): Mit der Einleitungsformel οὐ θέλω ὑμᾶς ἀγνοεῖν deutet Paulus an, daß er einen neuen, gewichtigen Gedanken einbringen will.[13] Am Anfang steht der Verweis auf οἱ πατέρες ἡμῶν, "unsere Väter". Damit sind nicht die "Erzväter" gemeint, sondern – wie bereits im biblischen Sprachgebrauch vorgegeben und dann auch in nachbiblischen Quellen verbreitet[14] – das Israel der Wüstengeneration. Das wird im folgenden unmittelbar deutlich. Verschiedene Episoden der Exodusgeschichte kommen zur Sprache.

Zunächst (VV.1–4) werden Geschichten der Wüstenwanderung in Form eines Summariums dargeboten. Auch hier bewegt sich Paulus ganz in den Bahnen jüdischer Tradition. Summarische Zusammenstellungen von Ereignissen, die Israel auf seinem Weg durch die Wüste widerfahren sind, finden sich bereits mehrfach in biblischen Texten, und zwar meist in Form von Bußgebeten: in den Psalmen 78, 105, 106, 136 – den sogenannten "historischen Psalmen" – sowie in Neh 9,9–37, sie waren aber auch nachbiblisch durchaus geläufig[15].

Das Summarium, das Paulus bietet, variiert in der Einzelausführung, ist formal aber streng gegliedert. Es besteht aus 5 Sätzen, die jeweils mit dem Wort πάντες "alle" beginnen[16]: Die Väter alle, sie waren unter der Wolke, sie zogen durch das Meer, sie wurden auf Mose im Meer und in der Wolke

---

[13] Die Formel begegnet mehrfach in den Paulusbriefen (1 Thess 4,13; 1 Kor 12,1; 2 Kor 1,8; Röm 1,13; [6,3; 7,1]; 11,25). In erster Linie handelt es sich um ein rhetorisches Mittel, das darauf abzielt, Aufmerksamkeit zu erwecken. Daß mit ihr ein den Lesern/Hörern unbekannter Sachverhalt eingeleitet wird, ist möglich, aber nicht ohne weiteres ausgemacht.

[14] Das ist in der Forschung bislang unbeachtet geblieben, läßt sich aber vielfach belegen: vgl. Jos 24,6.17; Ri 6,13; 1 Sam 12,6.8; 1 Kön 8,21.53.57.58; Ps 78(LXX 77),5 (.12); 106(LXX 105),7; Neh 9,16. – Bar 1,19.20; 1 Makk 4,9; Philo, SpecLeg II,199; ParJer 7,18; MTaanit 2,4; 4,6. – Mt 23,30; Joh 6,31; Apg 3,25; 7,38.39.44.51; Hebr 3,9. – Bemerkenswert ist insbesondere das Vorkommen in Ps 78(LXX 77),5 und Neh 9,16, Texten, die ähnliche Zusammenfassungen der Exodusgeschichte bieten wie 1 Kor 10.
Angesichts dieses Sachverhalts ist es höchst fraglich, ob aus dem Umstand, daß Paulus in dem vornehmlich an nichtjüdische Christusgläubige gerichteten Brief von "unseren Vätern" redet, ohne weiteres geschlossen werden kann, der Apostel stelle hier "die Kirche als das wahre Israel" dar (so u.a. Weiß [A.9], 249; Conzelmann [A.7], 194 = 202); dagegen spricht im übrigen auch die Kennzeichung der Wüstengeneration als "Israel nach dem Fleisch" in V.18 sowie die vergleichbare Bezeichnung Abrahams als "unser Vorvater nach dem Fleisch" in Röm 4,1.

[15] Vgl. Philo, SpecLeg II,199; LibAnt 10,7; 20,8; 53,8; ferner ähnliche Auflistungen in rabbinischen Texten: MAbot 5,4; ARN A 9,2; 34,1; ARN B 38; bArakin 15a; Targum Jeruschalmi I/Neofiti zu Num 14,22; Midrasch Tehillim zu Ps 95,3 (ed. Buber, 420f.).

[16] Auch dieses betonte πάντες verdankt sich den einschlägigen biblischen Berichten, vgl. neben Ex 13,22(LXX); 16,1f.; 17,1; 32,3 ("das ganze Volk") vor allem das gehäufte Vorkommen in Num 14,2.10.23.39: "alle Israeliten", Num 14,22: "alle Männer", Num 14,1f.7.10: "die ganze Gemeinde".

getauft, sie aßen dieselbe geistliche Speise, sie tranken denselben geistlichen Trank.

Genau besehen sind es vier Episoden biblischer Geschichte, auf die Paulus hier zurückgreift:
1) die Erzählung von der Wanderung des Volkes in Begleitung der Wolke (Ex 13,21; 14,19; vgl. Ps 105[LXX 104],39)
2) die Erzählung vom Durchzug durch das Rote Meer (Ex 14,21ff.)
3) die Erzählung vom Mannawunder (Ex 16,4ff.), sowie
4) die Erzählung vom Wasserwunder (Ex 17,5ff.; Num 20,2–13).

Diese vier Episoden aus der Geschichte des Gottesvolkes in der Wüste werden genau dem biblischen Erzählduktus folgend aufgeführt. In der Sache werden sie mit zwei Phänomenen aus dem Leben der christlichen Gemeinde in Zusammenhang gebracht: die Wanderung unter der Wolke und der Durchzug durch das Meer mit der Taufe, das Manna- und Wasserwunder mit dem Herrenmahl. Bemerkenswert ist dabei: nicht die christlichen Phänomene werden von den biblischen Episoden her gedeutet, sondern die biblischen Episoden von den christlichen Phänomenen her. Der Vergleichspunkt liegt in dem hier wie dort offenbaren und erfolgten Heilsgeschehen, der göttlichen Errettung.

Wie sind diese Vergleiche zustande gekommen? Wie ist Paulus darauf verfallen, diese biblischen Episoden derart zu deuten? Läßt sich etwas über die materialen Voraussetzungen ermitteln? Das ist nicht in allen Fällen ohne weiteres möglich, aber die meisten Zusammenhänge lassen sich doch aufdecken.

Schwierigkeiten bereitet in Sonderheit die Deutung des Durchzugs durch das Meer und der Wanderung unter der Wolke auf die Taufe. Daß Paulus von einer Wanderung "unter" der Wolke spricht, während nach Ex 13f. die Wolke dem Volk voran- bzw. nachgeht, wirkt eigentümlich, läßt sich aber durchaus erklären. Es gibt vergleichbare rabbinische Überlieferungen[17], die selbst wiederum offensichtlich an sachlich entsprechende Formulierungen in Num 14,14 bzw. Ps 105(LXX 104),39 anknüpfen. Nicht ganz so einfach ist es, die Deutung des Durchzugs durch das Meer auf die Taufe zu erklären. Nach Joachim Jeremias fußt der Apostel auch hier auf jüdischer Tradition, und zwar auf rabbinischen Überlegungen zur Legitimation der Proselytentaufe.[18] Das scheint auf den ersten Blick recht einleuchtend, bleibt aber problematisch, nicht zuletzt, da es keineswegs ausgemacht ist, daß die Taufe von Proselyten bereits im 1.Jh. üblich war.[19] Im übrigen ist diese Deutung aber

---

[17] Vgl. MekhJ Wajᵉhi Bᵉschallach Pᵉtichta (zu Ex 13,21, ed. Horowitz 81,1ff., Billerbeck III, 405); Targum Jeruschalmi I Ex 13,20 (Billerbeck ebd.). Zum Motiv der Bedeckung durch die Wolke s. auch Sap 10,17; 19,7.

[18] Der Ursprung der Johannestaufe, ZNW 28, 1929, 312–320; vgl. ders.: Paulus als Hillelit (A.5), 90ff., weiteres bei A.J. Bandstra: Interpretation in 1 Corinthians 10,1–10, CTJ 6, 1971, 6 A.3.

[19] Vgl. G. Delling: Die Taufe im Neuen Testament, 1963, 30–38.

auch in der Sache nicht ohne weiteres durchsichtig. Es liegt nahe, beim Durchzug durch das Meer an die Verbindung mit dem Element des Wassers zu denken. Doch der Vergleich hinkt, denn nach der biblischen Erzählung sind die Israeliten damals ja gerade nicht naß geworden. Ist reiner Symbolismus im Spiel, oder könnte doch auch hier eine rabbinisch belegte Vorstellung im Hintergrund stehen, nach der "das Meer gespalten und wie eine Art Wölbung wurde"[20]? Noch unklarer ist, worauf die Wolke Bezug nimmt. Sollte hier eine Analogie zur Geistverleihung bei der Taufe im Spiel sein, wie bereits in der Alten Kirche[21] vermutet wurde?

Kurz: hier bleibt einiges rätselhaft. Daß im Hintergrund durchaus schlüssige Vorstellungen und Überlegungen gestanden haben, bleibt dennoch wahrscheinlich, nur können wir sie heute wegen unserer beschränkten Kenntnisse nicht mehr ohne weiteres nachvollziehen.[22]

Im Hinblick auf den Zusammenhang zwischen Herrenmahl und Mannawunder sowie Wasserwunder läßt sich das eindeutig belegen. Die wunderbare Speisung des Volkes mit Manna ist im antiken Judentum vielfach theologisch überhöht und z.T. eschatologisch zugespitzt ausgelegt worden. Das Manna, das Brot vom Himmel, das dem Volk einst zur Rettung gegeben wurde, versinnbildlicht die himmlische Nahrung, die für das Gottesvolk bereit steht. In Kreisen des hellenistischen Judentums[23] hat man entsprechend das Manna allegorisch auf die wahre Gotteserkenntnis und im palästinischen Judentum[24] eschatologisch auf die zukünftige Heilsspeise bezogen. Letzteres entspricht genau der paulinischen Deutung. Die Kürze, mit der Paulus diese Deutung einbringt – genau besehen sind Deutung und Erzählung eines – dürfte darauf hinweisen, daß hier eine gängige, geradezu sakramental angelegte Auslegung des Manna zugrundeliegt. Der Umstand, daß im Johannesevangelium (6,53 – 58) ebenfalls Mannaspeise und Herrenmahl aufeinander bezogen werden, macht dies sogar so gut wie sicher.

Beim Wasserwunder versieht Paulus die sakramentale Deutung eigentümlicherweise mit einer langen Erläuterung. Dabei fällt zweierlei auf: a) in der Erzählung wird ein Motiv eingebracht, das so nicht im biblischen Text steht. Es ist von der ἀκολουθοῦσα πέτρα, dem nachfolgenden Felsen, die Rede. Eine höchst bizarre Vorstellung. Und dann wird b) der Fels zudem noch christologisch interpretiert, mit Christus gleichsetzt bzw. auf Christus bezogen.

---

[20] So MekhJ Waj^ehi B^eschallach 4 (zu Ex 14,16, ed. Horowitz 100,11f., Billerbeck III, 405).

[21] S. z.B. Theodoret, Interpretatio Primae Epistolae ad Corinthios, 10,1–4 (MPG 82, 302).

[22] Weiterer Erklärungsversuch bei M. Kline: By Oath Consigned: A Reinterpretation of the Covenant Signs of Circumcision and Baptism, 1968, 55ff., s. auch Bandstra (A.18), 8f.

[23] Vgl. Philo, MutNom 253–263; LegAll III,162–168; Congr 173f.; s. dazu P. Borgen: Bread from Heaven, NT.S 10, 1965 = 1981.

[24] Belege bei J. Jeremias: Die Abendmahlsworte Jesu, 1960³, 53f.

Was steckt hinter diesen eigentümlichen Befunden? In beiden Fällen lassen sich die Vorgaben genau ermitteln. Beide Male liegen jüdische Auslegungstraditionen zugrunde.

Das bizarre Bild vom nachfolgenden wasserspendenden Felsen ist ein mehrfach belegtes Motiv altjüdischer Haggadah zur Geschichte des Exodus. Es findet sich in so unterschiedlichen Quellen wie der Tosefta und dem ps.-philonischen Liber Antiquitatum Rerum Biblicarum. Im Traktat Sukka der Tosefta heißt es: "Der Brunnen, der mit Israel in der Wüste war, ... ging mit ihnen hinauf auf die Berge und stieg mit ihnen hinab in die Täler."[25] Im Liber Antiquitatum ist sogar wie bei Paulus vom Nachfolgen des Wasserbrunnens die Rede.[26] Diese surreal anmutende Vorstellung ist das Ergebnis schlichter Schriftauslegung. Grundlage ist der Umstand, daß in der biblischen Überlieferung das Wunder des wasserspendenden Felsens zweimal berichtet wird, Ex 17,1 – 7 zu Beginn und Num 20,1 – 11 (vgl. Num 21,17f.) am Ende der Wüstenwanderung. Um diese Konstellation zu verstehen, blieb den Auslegern kaum ein anderer Weg, als zur Konstruktion des mitwandernden Felsens zu greifen.[27]

Die Deutung des Felsens auf Christus hat theologisch die sicherlich erst christlich geprägte Idee der Präexistenz Christi zur Voraussetzung. Ihr sachlich-hermeneutischer Hintergrund ist aber wieder bereits jüdisch verankert. Bei Philo wird der wasserspendende Fels ausdrücklich mit der Weisheit Gottes, der $\sigma o \phi \acute{\iota} \alpha$, gleichgesetzt. "Die $\mathring{\alpha} \kappa \rho \acute{o} \tau o \mu o \varsigma$ $\pi \acute{\epsilon} \tau \rho \alpha$ ist die Weisheit Gottes, die er als höchste und erste schied von seinen Kräften, aus der er die gottliebenden Seelen tränkt."[28] Auch die Sapientia Salomonis könnte eine entsprechende Deutung voraussetzen.[29] Daß Paulus auf Philo zurückgreift, ist fraglich — darauf soll später noch eingegangen werden —, offenkundig ist aber, daß er eine Auslegung kennt, die den Felsen als göttliches Wesen deutet, und diese auf Christus anwendet.

Unklar bleibt dabei, wie das Verhältnis von Fels und Christus gedacht ist. Schwerlich im Sinne einer schlichten Identität. Sicherlich ist Paulus nicht der Ansicht, die Israeliten hätten damals bereits dieselben sakramentalen Heilsgaben empfangen wie die Christen zu seiner Zeit. Worum es ihm geht, ist nicht eine Gleichsetzung, sondern ein Vergleich des in Herrenmahl und Taufe erfahrenen Heils mit den Heilsereignissen der Wüstenwanderung. Grundlegend für diesen Vergleich ist die Erfahrung von heilsamen, lebensrettenden Gaben, bevor das eigentliche Heilsziel erreicht ist. Auf dem Weg

---

[25] TSukka III,11 (ed. Zuckermandel, 196,26ff.; Billerbeck III, 406).

[26] LAB 10,7: [Dominus ..] puteum aquae consequentis eduxit eis. — Ein weiterer Beleg dürfte LAB 11,15 vorliegen, vgl. dazu Chr. Dietzfelbinger: Pseudo-Philo: Antiquitates Biblicae, JSHRZ II,2, 1975 = 1979, 132 A. zu 15g; H. Jacobson: A Commentary on Pseudo-Philo's Liber Antiquitatum Biblicarum, AGAJU 31, 1996, 479.

[27] Gegen Bandstra (A.18), 11ff.

[28] LegAll II,86; vgl. ferner Det 118.

[29] Sap 11,4.

durch die Wüste in das gelobte Land hatte Israel bereits Zuwendungen des göttlichen Heils erfahren. Ebenso geht es der christlichen Gemeinde. Sie ist gleichfalls auf dem Weg zur Heilsvollendung und hat in Taufe und Herrenmahl ebenfalls bereits gleichsam als Angeld die Zuwendung göttlichen Heils erfahren. Auch mit dieser Art des Vergleichs bewegt sich Paulus im Rahmen jüdischen Denkens. In der Exoduszeit ein Vorbild der eschatologischen Heilszeit zu sehen, ist ein unter Juden verbreiteter Gedanken.[30]

V.5 fährt Paulus fort, auf eine weitere Episode der Wüstenwanderung Israels Bezug zu nehmen. Das einleitende antithetische ἀλλά ("aber") deutet an, daß hier ein neuer, anderer Sachverhalt zur Sprache kommt. ἀλλ᾽ οὐκ ἐν τοῖς πλείοσιν αὐτῶν εὐδόκησεν ὁ θεός, κατεστρώθησαν γὰρ ἐν τῇ ἐρήμῳ. "Aber Gott fand kein Wohlgefallen an der Mehrzahl von ihnen, denn sie wurden in der Wüste niedergestreckt."

Dieser Satz ist ein schönes Beispiel für die rhetorische Kunst des Paulus. In οὐκ ἐν τοῖς πλείοσιν αὐτῶν bedient er sich der sogenannten Litotes, "der Umschreibung einer Steigerung durch die Negation des Gegenteils"[31]. Mit πλείονες wird das vorher so betont herausgestellte πάντες aufgenommen und konterkariert[32]. Gott fand an den meisten kein Wohlgefallen, d.h. er hat sie nahezu alle verworfen[33], sie wurden von ihm[34] in der Wüste niedergestreckt.

Was Paulus hier in Erinnerung bringt, sind nun nicht mehr wie bisher die Heilstaten Gottes an den "Vätern", sondern das Gericht Gottes an ihnen. In den Blick kommt Num 14, ein Kapitel der Exodusgeschichte, das in besonders krasser Weise der ganzen 1. Generation der Auszugsgemeinde – abgesehen von ganz wenigen Ausnahmen[35] – den Tod in der Wüste androht dafür, daß sie gegen Gott gemurrt haben[36]. Mit κατεστρώθησαν ἐν τῇ ἐρήμῳ wird eine Formulierung aus Num 14,16 aufgegriffen[37], die dort bezeichnenderweise in einem auf die Völker zurückgeführten Wort enthalten ist und die Vernichtung Israels und damit das Scheitern der Erwählung Israels beschwört. Es ist dieses Gerichtshandeln Gottes, auf das Paulus im folgenden Abschnitt in mehreren Beispielen Bezug nimmt.

---

[30] Vgl. z.B. PsSal 17; sBar 29,8; weitere Beispiele bei W. Wiebe: Die Wüstenzeit als Typus der messianischen Heilszeit, Diss.theol. Göttingen 1939, 21–92.
[31] BDR § 495,2. Vgl. dazu die weiteren Ausführungen von F. Rehkopf: Grammatisches zum Griechisch des Neuen Testaments, in: E. Lohse – Chr. Burchard – B. Schaller (hg.), Der Ruf Jesu und die Antwort der Gemeinde (FS J. Jeremias), 1970, 213–225: 220–225.
[32] Vgl. A.16.
[33] Zu οὐκ εὐδοκεῖν vgl. Hab 2,4; Hebr 10,31.
[34] Hinter dem Passiv κατεστρώθησαν verbirgt sich ein passivum divinum.
[35] Als Ausnahmen werden genannt in Num 14,24 ausschließlich Kaleb, in Num 14,30 Kaleb und Josua.
[36] Vgl. Num 14,12.22f.29f.
[37] Textgrundlage ist dabei der LXX-Text: κατέστρωσεν αὐτοὺς ἐν τῇ ἐρήμῳ.

Als Überleitung gibt er aber zunächst eine Art hermeneutischen Hinweis: ταῦτα δὲ τύποι ἡμῶν ἐγενήθησαν "Das sind Vorbilder für uns geworden" (V.6). Wie Paulus auf den terminus τύπος verfallen ist, woher er ihn bezogen hat, ob er auch damit jüdischer Tradition verhaftet ist, läßt sich nicht sagen. In den vorhandenen Quellen ist entsprechendes nicht greifbar.[38] Aber in der Sache ist jüdische Verankerung durchaus gegeben. Der Vorbildcharakter biblisch bezeugter Ereignisse und Geschehnisse – insbesondere aus der Zeit der Wüstengeneration – gehört zu den elementaren Zügen jüdischer, apokalyptischer, aber auch rabbinischer Schriftauslegung und -verwendung.[39]

III

Mit diesem hermeneutischen Hinweis ändert sich der Duktus der paulinischen Aussagen. Was Paulus nun zur Sprache bringt, läßt zwar erneut Texte der Exodusgeschichte laut werden, geschieht aber nicht mehr narrativ, sondern im Stil argumentativer Paränese. Diese setzt mittelbar[40] bereits in dem noch zum ersten Abschnitt gehörigen V.6 ein und prägt dann durchgehend die syntaktische und sachliche Abfolge des zweiten Abschnitts (VV.7–11).

In diesem folgt auf einen paränetisch ausgerichteten Satz jeweils als Abschluß mit καθώς bzw. καθάπερ eingeleitet ein Verweis, in dem die anvisierten biblischen Bezüge benannt werden.[41] Zusammen mit der paränetischen Schlußfolgerung in V.6 sind es fünf biblische Episoden, auf die Bezug genommen wird. Fünf Sündenfälle des Volkes, die das Gericht Gottes auf sich gezogen haben, werden stichwortartig benannt:

1) V.6: Begierde nach Bösem
2) V.7: Götzendienst
3) V.8: Hurerei
4) V.9: Versuchung Gottes
5) V.10: Murren

Was verbirgt sich hinter dieser Zusammenstellung? Deutlich ist: Paulus spielt auch hier erneut auf bestimmte Geschichten der biblischen Überlieferung von der Wüstenwanderung des Gottesvolkes an. Im Blick sind:

---

[38] Vgl. L. Goppelt: τύπος κτλ., ThWNT VIII, 1969, 246ff.; der Gebrauch von τύπος bei Philo läßt sich kaum ohne weiteres mit dem bei Paulus vergleichen; anders jetzt Chr.-B. Julius: Die ausgeführten Schrifttypologien bei Paulus, EHS.T XXIII/668, 1999, 100–141.

[39] Vgl. dazu U. Luz: Das Geschichtsverständnis des Paulus, BEvTh 49, 1968, 54ff. – Auch der in MPesachim X,5 festgehaltene Grundsatz "In jedem Geschlecht ist man verpflichtet, sich selbst so anzusehen, wie wenn man selbst aus Ägypten ausgezogen wäre," dürfte in diesen Zusammenhang gehören.

[40] In der Form des substantivierten Infinitivs mit vorangestellter Präposition: εἰς τὸ μὴ εἶναι.

[41] Daß Paulus dabei teils wie in V. 6 von "wir" (V.8.9), teils aber von "ihr" (V.7.10) spricht, fällt auf, ist sachlich aber schwerlich von Belang.

1) V.6: die Geschichte vom Aufbruch des Volkes vom Sinai (Num 11)
2) V.7: die Geschichte vom Goldenen Kalb (Ex 32)
3) V.8: die Geschichte der Hurerei des Volkes mit den Moabitern (Num 25)
4) V.9: die Episode der Schlangenplage (Num 21)
5) V.10: die Episode vom Murren des Volkes gegen Mose und Aaron (Num 14 [vgl. 17]).

Warum Paulus gerade diese Episoden heranzieht, ist auf den ersten Blick nicht erkennbar. Die Reihe erscheint in der Aufeinanderfolge zufällig und in der Sache zudem wenig spezifisch. Die Abfolge stimmt im Unterschied zum vorhergehenden Erzählteil nicht mit der biblischen Anordnung überein. Von Num 11 springt Paulus zunächst zurück nach Ex 32, um dann auf Num 25, Num 21 und Num 14 zuzugehen. Aber nicht nur das. Auffällig ist auch, daß Paulus das leitende Thema "Götzenopferdienst und -speise" nur ein Mal ausdrücklich zur Sprache bringt: in der mit der Geschichte vom Goldenen Kalb verbundenen Mahnung (V.7). Ansonsten geht es anscheinend um ganz andere, allgemein ethisch-religiöse Themen: Begierde, Hurerei, Gottversuchen, Murren gegen Gott. Der Eindruck, als ob Paulus hier nur beschränkt die ihn eigentlich beschäftigende Sache im Visier hat, drängt sich auf. In der Forschung ist dieser Sachverhalt schon oft vermerkt worden und hat Anlaß zu weiteren traditionsgeschichtlichen bzw. literarkritischen Überlegungen gegeben. Der vorliegende Abschnitt wird entweder als ein von Paulus "ohne sachliche Korrekturen, nur in konkreter Abzweckung"[42] übernommenes Stück christlicher Schultradition eingestuft oder zusammen mit dem vorhergehenden Abschnitt gar einem anderen Paulusbrief zugeordnet.[43]

So verbreitet und auch — zumindest was die traditionsgeschichtlichen Überlegungen anlangt — so verständlich das ist, mit dieser Einschätzung wird man den Gegebenheiten des Textes schwerlich gerecht. Die Zusammenstellung der von Paulus angeführten Episoden ist nicht beliebig erfolgt, sondern stellt das Ergebnis eingehender, an den Gesamttexten orientierter exegetischer Reflexion dar. Das ist in der Forschung bislang eigentümlicherweise kaum wahrgenommen worden, zeichnet sich jedoch deutlich ab, wenn man die biblische Bezüge durchgeht und ihre jeweiligen Kontexte mitbeachtet sowie dazu auch einschlägige jüdische Auslegung berücksichtigt.

Die fünf biblischen Geschichten, die Paulus anvisiert, weisen in Einzelheiten manche Querverbindungen auf, sie gehören vor allem aber auch in der Gesamtanlage eng zusammen. Bei allen handelt es sich um Geschichten, die übereinstimmend durch zwei Grundmotive geprägt sind: a) das Motiv des Murrens und Aufstands der Generation der Wüstenwanderung gegen Gott[44] und b) das Motiv der daraufhin über das Volk in Form von Plagen verhäng-

[42] Luz (A.39), 119.
[43] So z.B. W. Schenk: Der 1.Korintherbrief als Briefsammlung, ZNW 60, 1969, 219–243; W. Schmithals: Die Korintherbriefe als Briefsammlung, ZNW 64, 1973, 263–288.
[44] Num 11,1.4.10.13; Ex 32,1.7.9; Num 25,2f.; Num 21,5.7; Num 14,1f.11.27.29.

ten Strafe.[45] Bei fast allen (einzige Ausnahme Num 21) fällt in diesem Zusammenhang bezeichnenderweise das Stichwort "Zorn Gottes".[46] Schon diese strukturellen Gemeinsamkeiten in den Grundmotiven lassen unschwer erkennen, daß die Schriftbezüge in 1 Kor 10,6ff. kein zufälliges Konglomerat bilden, sondern aus schriftgelehrter Sicht zusammengehören. Darüberhinaus gibt es zwischen den betreffenden biblischen Geschichten aber noch eine weitere thematische Verbindung. Sie haben entweder unmittelbar mit dem Thema Götzenopfer und Götzenopfermahlzeiten zu tun oder lassen sich zumindest mittelbar darauf beziehen.

Auf letzteres hat vor geraumer Zeit bereits Charles Perrot[47] nachdrücklich hingewiesen, bei den meisten Fachgenossen hat er damit aber wenig Zustimmung gefunden. Man hat seine Überlegungen höchstens partiell berücksichtigt, insgesamt aber als "überspitzte These" abgetan.[48] Daß dies m.E. zu unrecht geschehen ist, soll im folgenden für jede der fünf "Warnungen" bzw. der daran angeschlossenen fünf Episoden der biblischen Exodusgeschichten gezeigt werden.

Der erste paränetische Topos betrifft das "Begehren nach Bösem" (V.6): εἰς τὸ μὴ εἶναι ἡμᾶς ἐπιθυμητὰς κακῶν. Das klingt recht allgemein und wird daher meist auch als freischwebende Paränese gedeutet, hat aber einen konkreten biblischen Hintergrund. Im Blick ist Num 11, wo das Motiv der Begierde gleich mehrfach explizit vorkommt. Es ist das Rahmenmotiv und das Hauptmotiv des ganzen Kapitels. Es begegnet am Anfang (V.4) in der Bemerkung "das hergelaufene Volk war voller Begierde" und am Ende in der Feststellung (V.34) "Daher heißt der Ort 'Grab der Begierde', weil man dort das begierige Volk begrub." Auf diesen Zusammenhang bezieht sich Paulus. Das kommt in dem Nachsatz καθὼς κἀκεῖνοι ἐπεθύμησαν zum Ausdruck, macht sich aber vor allem auch im Wortlaut der Warnung selbst bemerkbar. Die eigentümliche, weil singuläre Wendung ἐπιθυμητὰς κακῶν nimmt mit ἐπιθυμητάς wörtlich ein spezifisches Stichwort aus LXXNum 11,34 auf.[49]

Warum Paulus in 1 Kor 10 ausgerechnet auf Num 11 Bezug nimmt, ist damit aber noch nicht geklärt. Der Anlaß zeichnet sich indes ab, wenn man sich den Gesamttext ansieht. Num 11 schildert, wie die Israeliten nach dem Abzug vom Sinai sich beklagen, daß es ihnen schlecht geht. Das Volk murrt über seine einseitige Ernährung mit Manna, fordert Fleisch und die sonstigen in Ägypten gewohnten Nahrungsmittel. Das erregt den Zorn Gottes, der

---

[45] Num 11,33; Ex 32,35; Num 25,9; Num 21,6; Num 14,12.37.

[46] Num 11,1.10f.33; Ex 32,10f.; Num 25,3f.; Num 14,34.

[47] Les Exemples du Désert (1 Cor 10.6–11), NTS 29, 1983, 437–452.

[48] P. von der Osten-Sacken: Die Heiligkeit der Tora. Studien zum Gesetz bei Paulus, 1989, 66 A.21.

[49] LXXNum 11,34: ἐκεῖ ἔθαψαν τὸν λαὸν τὸν ἐπιθυμητήν. In der Septuaginta kommt ἐπιθυμητής sonst nur noch Prov 1,22 vor.

darin zum Ausdruck kommt, daß der Wunsch nach Fleisch durch die Sendung von Wachteln zwar erfüllt wird, aber die Wachteln in ihrer Überfülle zur tödlichen Plage werden. In diesen Zusammenhang gehört das Motiv des Begehrens. Es betrifft das Verlangen nach besserer Speise als das Manna, das Begehren nach Fleisch aus den Töpfen Ägyptens.

Wenn man das alles im Blick hat, bekommt das Verfahren des Paulus in 1 Kor 10 mit der kurzen Anspielung auf das Motiv des Begehrens aus Num 11 schärfere Konturen. In Num 11 sind Begierde und Fleischessen miteinander verknüpft und als solche Gegenstand des Zorngerichtes Gottes. Und um beides geht es auch im Rahmen von 1 Kor 10. Zwar ist in Num 11 nicht ausdrücklich vom Fleisch als Götzenopferfleisch die Rede, aber der textliche Zusammenhang legt dies durchaus nahe. Das bestätigt nicht zuletzt auch ein Blick in die jüdische Auslegung von Num 11. Im Targum Jeruschalmi I zu Num 11 wird das "zusammengewürfelte", "hergelaufene" (LXX ἐπίμικτος) Volk, das die Begierde entfacht, ausdrücklich (V.4) als Fremdstämmlinge, גיוריא, bezeichnet und wird das Vergehen des Volkes ausdrücklich (V.33) als Vergehen von "Gottlosen" bezeichnet, die "von dem Fleisch aßen und keine Danksagung darbrachten dem, der es ihnen gegeben hat."

Das alles zeigt: Hinter 1 Kor 10,6 steht eine Auslegung von Num 11, die den Duktus des gesamten Textes im Blick hat. Die Warnung vor der Begierde ist nur scheinbar ganz allgemein gehalten, im Rahmen der von Paulus benannten biblischen Episode hängt sie unmittelbar zusammen mit der Paulus beschäftigenden spezifischen Frage des Essens von Götzenopferfleisch.

In der folgenden Warnung wird der Zusammenhang mit dem Götzendienst gleich zu Anfang explizit benannt (V.7): μηδὲ εἰδωλολάτραι γίνεσθε. In der angefügten Erläuterung läßt die Geschichte vom Goldenen Kalb (Ex 32) grüßen. Paulus bringt in diesem Fall sogar ein wörtliches Zitat. Angeführt wird Ex 32,6b (und zwar wieder genau nach der Fassung der Septuaginta), wo vom Essen und Trinken und Spielen bzw. Tanzen die Rede ist. Auch hier ist der Kontext von Belang. In ihm sind Essen und Trinken Ausdruck von Götzendienst. Essen und Trinken hängen mit den Opfern zusammen, die das Volk dem goldenen Kalb dargebracht hat (V.6a). In jüdischen Auslegungen wird dieser Aspekt sogar im Text von Ex 32,6b selbst festgemacht. Die Wiedergabe in Targum Jeruschalmi I und II sowie in Targum Neofiti lautet: "Und das Volk lagerte sich, um zu essen und zu trinken, und sie standen auf, zu spielen in fremdem Dienst." Und im Midrasch Schemot (Exodus) rabba 41,10 heißt es sogar: "und sie standen auf, um zu spielen mit den Götzen". Der Bezug auf das Grundthema "Götzendienst und Götzenopferfleisch-Essen" ist in dieser zweiten von Paulus angeführten biblischen Episode also besonders evident.

Daneben ist aber auch das für Paulus im Zusammenhang des ganzen Abschnittes wesentliche Zorn-Gottes-Motiv in Ex 32 verankert. Nach Ex 32,10 kündet Gott in seinem Zorn an, das halsstarrige Volk zu vernichten. Und nach Ex 32,28 wird auch wenigstens partiell diese Drohung ausgeführt.

Wie sieht das in den folgenden Fällen aus? Hier hat man zunächst wieder wie bei dem ersten paränetischen Topos den Eindruck, als ob Paulus sich ganz unspezifisch äußern würde. Die ausgesprochenen Warnungen richten sich gegen Unzucht, das Versuchen Gottes und das widergöttliche Murren, alles allgemeine Phänome. Aber auch hier läßt sich zeigen, daß dieser Eindruck trügt.

Im Zusammenhang mit der Warnung vor der Unzucht – μηδὲ πορνεύωμεν (V.8) – verweist Paulus auf Num 25. Mit καθώς τινες αὐτῶν ἐπόρνευσαν καὶ ἔπεσαν μιᾷ ἡμέρᾳ εἴκοσι τρεῖς χιλιάδες greift er zwei Verse aus diesem Kapitel auf: Zunächst V.1: "Als Israel sich in Sittim niederließ, fing das Volk an mit den Töchter der Moabiter Unzucht zu treiben." Und dann V.9: "Die Zahl aber derer, die an der Plage starben, betrug 24000."

Es sind explizit das Vergehen des Volkes und die darauf erfolgende Zornesstrafe Gottes, auf die Paulus sich hier bezieht. Bei der Darstellung der Strafe gibt es allerdings zwischen dem bib-lischen Text und der paulinischen Wiedergabe zwei kleine Abweichungen: In Num 25 ist vom Sterben, bei ·Paulus vom Fallen die Rede, und in Num 25 wird die Zahl von 24000 Toten, bei Paulus von 23000 Toten benannt. Das sind im Grunde Lappalien, aber diese lassen sich sogar erklären. Beide Male liegt eine schlichte Verwechslung bzw. Verknüpfung mit anderen Texten vor. Das Motiv des "Fallens" kommt in der von Paulus unmittelbar vorher erwähnten Geschichte vom Goldenen Kalb vor (Ex 32,28: "So fielen an jenem Tage von dem Volk."). Und die Zahl 23000 findet sich in dem auf Num 25 folgenden Kapitel Num 26 (V.62). Für die Eigenart der paulinischen Rezeption des Textes ist das kaum von Bedeutung. Aber in einem anderen Zusammenhang dürfte dies doch von Belang sein, im Blick auf die Frage, auf welche Weise Paulus den biblischen Text heranzieht: mittels einer schrift-lichen Vorlage oder aus dem Gedächtnis? Darauf werde ich später noch zu-rückkommen.

Für den paulinischen Umgang mit dem biblischen Text gewichtiger ist ein anderer Befund: Im Kontext von Num 25 steht das Motiv der Hurerei des Volkes nicht für sich da, sondern ist unmittelbar mit dem Motiv des Götzendienstes und des Götzenopfer-Essens verbunden. Die Erzählung in Num 25 fährt nach dem eben zitierten Vermerk über die Unzucht des Volkes mit den Töchtern der Moabiter fort mit der Aussage (V.2): "Diese (die Moabiter) luden das Volk zu den Opferfesten ihres Gottes ein, und das Volk aß und betete ihren Gott an." Es bestätigt sich also erneut: Wenn Paulus in 1 Kor 10 im Zusammenhang mit dem Thema "Götzendienst" und "Götzenopferfleisch-Essen" vor der Unzucht warnt und dazu auf das Beispiel der Unzucht Israels in der Wüste und seiner Bestrafung nach Num 25 verweist, dann hat er weder dieses Thema aus dem Auge verloren noch gar die "Teilnahme von Hetären an Opferfeiern im Blick"[50]. Bestimmend ist der biblische Text mit seiner Verklammerung von Unzucht und Götzenopfer — Götzendienst. In der Sache bewegt Paulus sich im übrigen auch wieder ganz im Rahmen jüdischer Tradition. In ihr ist die Verklammerung von Unzucht und Götzendienst ein gängiger Topos — "Hurerei führt zu den Götzen" heißt es im Testament Ruben (4,6) —, und nicht nur das. Die Verklammerung von Unzuchttreiben und Götzenopferfleisch-Essen begegnet mehrfach geradezu als Quintessenz der Auslegung von Num 25.[51] D.h., Paulus bleibt also auch bei der Warnung vor Hurerei bei seinem Grundthema. Der Verweis auf Num 25 zeigt erneut, wie genau und umfänglich er den biblischen Text insgesamt kennt und berücksichtigt.

Das gleiche gilt auch für die Warnung V.9: $\mu\eta\delta\grave{\varepsilon}\ \grave{\varepsilon}\kappa\pi\varepsilon\iota\rho\acute{\alpha}\zeta\omega\mu\varepsilon\nu$. Ob das dazugehörige Objekt ursprünglich $\tau\grave{o}\nu\ X\rho\iota\sigma\tau\acute{o}\nu$ oder $\tau\grave{o}\nu\ \kappa\acute{u}\rho\iota o\nu$ gelautet hat, sei dahingestellt.[52] Im Zusammenhang unserer Fragestellung ist das nur begrenzt von Belang. Unverkennbar ist indes wiederum der biblische Bezug. Der Nachsatz $\kappa\alpha\theta\acute{\omega}\varsigma\ \tau\iota\nu\varepsilon\varsigma\ \alpha\grave{u}\tau\hat{\omega}\nu\ \grave{\varepsilon}\pi\varepsilon\acute{\iota}\rho\alpha\sigma\alpha\nu\ \kappa\alpha\grave{\iota}\ \grave{u}\pi\grave{o}\ \tau\hat{\omega}\nu\ \check{o}\phi\varepsilon\omega\nu\ \grave{\alpha}\pi\acute{\omega}\lambda\lambda\upsilon\nu\tau o$ zeigt, daß Paulus die Geschichte von der Bestrafung des Volkes durch eine Schlangenplage aus Num 21 anspricht. Eigentümlich ist dabei freilich, daß das für die Warnung grundlegende Stichwort $(\grave{\varepsilon}\kappa)\pi\varepsilon\iota\rho\acute{\alpha}\zeta\varepsilon\iota\nu$ dort gerade nicht vorkommt. Der von Paulus mit $(\grave{\varepsilon}\kappa)\pi\varepsilon\iota\rho\acute{\alpha}\zeta\varepsilon\iota\nu$ angesprochene Sachverhalt ist dort (V.5.7) mit "[Gott] widerreden" (LXX: $\kappa\alpha\tau\alpha\lambda\alpha\lambda\varepsilon\hat{\iota}\nu$) bezeichnet. Vom "Versuchen Gottes" ist indes vor allem an einer anderen Stelle der Wüstenwanderung Israels die Rede, Ex 17,1ff.: Dort fragt Mose das Volk, das sich über fehlendes Wasser beklagt: "Was hadert ihr mit mir? Was versucht (LXX: $\pi\varepsilon\iota\rho\acute{\alpha}\zeta\varepsilon\tau\varepsilon$) ihr den Herrn?" (V.2) Und der Ort dieses Geschehens wird am Ende dann entsprechend als Ort des Versuchens und Haderns (Massa und Meriba, LXX: $\pi\varepsilon\iota\rho\alpha\sigma\mu\acute{o}\varsigma$ und $\lambda\omega\iota\delta\acute{o}\rho\eta\sigma\iota\varsigma$) bezeichnet. Bereits innerbiblisch ist darauf mehrfach Bezug genommen worden, unmittelbar in Dtn 6,16 und dann vor allem in Ps 78(LXX 77),18f. Und dies sind auch die einzigen biblischen Texte, an denen das Motiv des Gott-Versuchens sonst noch auftaucht, in der Übersetzung der Septuaginta in beiden Fällen bezeichnenderweise unter Verwendung des präpositionalen Kompositum $\grave{\varepsilon}\kappa\pi\varepsilon\iota\rho\acute{\alpha}\zeta\varepsilon\iota\nu$. Wie kommt es, daß Paulus dieses Motiv nun ausgerechnet im Zusam-

---

[50] So Wolff (A.8), 219.

[51] Vgl. Philo, VMos I,298.302–304; Josephus, Ant IV,129f.; Apc 2,14; Origenes, Hom in Num XX.1 (MPG 12, 726f.).

[52] Von den äußeren Textzeugen her ist das kaum zu entscheiden. Ich neige aus inneren Gründen dazu, mit dem alten Nestle gegen die neuen Auflagen des Nestle-Aland die Lesart $\tau\grave{o}\nu\ \kappa\acute{u}\rho\iota o\nu$ für ursprünglich zu halten. Der Wechsel von $\kappa\acute{u}\rho\iota o\nu$ zu $X\rho\iota\sigma\tau\acute{o}\nu$ ist naheliegender (Einfluß von V.4) als umgekehrt der Wechsel von $X\rho\iota\sigma\tau\acute{o}\nu$ zu $\kappa\acute{u}\rho\iota o\nu$ (vgl. auch die weitere Variante $\theta\varepsilon\acute{o}\nu$). Zum ganzen s. C.D. Osburn: The Text of I Corinthians 10:9, in: E.J. Epp —

menhang mit der Geschichte von der Schlangenplage verwendet? Man könnte vermuten, es liege hier erneut eine Textverwechslung vor. Das ist aber höchst wahrscheinlich nicht der Fall. Die Episoden aus Ex 17 und Num 21 sind bereits vor Paulus miteinander verknüpft worden. Das läßt sich deutlich an Ps 78(LXX 77) zeigen. In diesem Psalm, der eine Vorstufe zur Darstellung der Wüstenwanderung Israel in 1 Kor 10 liefert – in ihm sind ähnlich wie 1 Kor 10 die Heilsgaben Gottes an Israel und die Sünden Israels gegen Gott in Form eines Summariums einander gegenübergestellt –, in diesem Psalm sind die beiden Episoden aus Ex 17 und Num 21, die Erzählungen vom Quellwunder und von der wunderbaren Speisung, unmittelbar zusammengestellt als Illustration für das Aufbegehren des Volkes gegen Gott.[53] Gewiß nicht zufällig. Da in beiden Fällen die Klage des Volkes sich auf mangelnde Ernährung bezieht – Ex 17 ist von Mangel an Wasser, Num 21 von Mangel an Wasser und Brot die Rede –, lag es nahe, beide Geschichten aufeinander zu beziehen. Gleiches hat vermutlich auch Paulus getan. Ob dabei unmittelbare Kenntnis von Ps 78(LXX 77) eingewirkt hat, läßt sich schwer ausmachen. Die Aufnahme des Kompositum ἐκπειράζειν könnte darauf hinweisen. Möglich ist aber auch der Einfluß einer anderen, damit in Zusammenhang stehenden Auslegungstradition. Wie dem auch sein mag, der für die paulinische Verwertung von Num 21 ausschlaggebende Punkt zeichnet sich hier deutlich ab: in Num 21 hat die Versuchung Gottes durch das Volk entscheidend mit der Frage von Essen und Trinken zu tun.[54] Essen und Trinken sind dabei zwar nicht ausdrücklich als götzendienerische Elemente bezeichnet, der Rückblick auf Ägypten (V.4) legt einen solchen Bezug aber durchaus nahe. Und von daher gesehen paßt Num 21 genau in die Reihe.

Wie steht es bei der letzten Warnung (V.10): μηδὲ γογγύζετε? Der biblische Bezugstext wird von Paulus beschrieben mit καθάπερ τινὲς αὐτῶν ἐγόγγυσαν καὶ ἀπώλοντο ὑπὸ τοῦ ὀλοθρευτοῦ. Worauf er sich dabei bezieht, ist nicht ohne weiteres erkennbar. Das Murren des Volkes wird biblisch im Zusammenhang der Wüstenwanderung gleich mehrfach erwähnt: Ex 16,2ff.; Ex 17,3; Num 11,1f.; Num 14,2.36 und Num 17,3.5.10. An keiner dieser Stellen ist dabei explizit von einem von Gott zur Strafe gesandten "Verderber" die Rede. Indes, das Motiv des Zorngerichtes Gottes kommt in diesen Texten in Num 14 (V.34) und Num 17 (V.11) zur Sprache. Einer von diesen beiden Texte müßte also im Blick sein. Oder gar beide? In erster Linie ist wohl an Num 14 zu denken. Dafür spricht einmal, daß das in 1 Kor 10,10 verwendete Motiv des "Ausrottens" (ἀπώλοντο) nur in Num 14 (V.12) vor-

---

G.D. Fee (ed.), New Testament Textual Criticism. Its Significance for Exegesis (FS. B.M. Metzger), 1980, 201–212.

[53] Ps 78(LXX 77),15: Ex 17,6; Ps 78(LXX 77),18: Ex 17,2; Ps 78(LXX 77),19: Num 21,5.7; Ps 78(LXX 77),20a: Ex 17,6.

[54] S. Num 21,5.

kommt, und ferner, daß Paulus bereits vorher am Ende des 1. Abschnitts seiner Ausführungen in der Reihe der Gerichtsepisoden vorbereitenden Bemerkung κατεστρώθησαν ... ἐν τῇ ἐρήμῳ (1 Kor 10,5) sich eindeutig auf Num 14 bezieht. Der Hinweis auf die Gestalt eines Verderberengels macht wahrscheinlich, daß Paulus auch an dieser Stelle ein Stück haggadischer Ausgestaltung von Num 14 aufgreift.[55] D.h. von Num 14 her läßt sich gut verstehen, daß Paulus in 1 Kor 10 das Murren des Gottesvolkes als abschreckendes Beispiel angeführt wird. Freilich ist der Bezug auf das Grundthema "Götzendienst" oder gar "Götzenopferspeise" auch dort explizit nicht verankert. Von den anderen biblischen Texten her gesehen, die vom Murren des Volkes in der Wüste sprechen und sich sachlich auch sonst mit Num 14 berühren, ist das aber durchaus der Fall. In Ex 16 und Ex 17 wird das Murren des Volkes jeweils ausdrücklich mit Essen[56] bzw. Trinken[57] in Äygpten in Zusammenhang gebracht. Ähnlich verhält es sich in Num 11, ein Text, der selbst wiederum eng mit Ex 16 verzahnt ist.[58] Besonders aufschlußreich ist in dieser Hinsicht vor allem aber eines der Psalmsummarien, das an den Widerspruch zwischen den Heilserfahrungen und den Sündenfällen Israels bei der Wüstenwanderung erinnert: Ps 106(LXX 105) werden als Beispiele für die Sündhaftigkeit des Volkes zunächst "das Murren des Volkes in den Zelten" (V.25) und dann die Verehrung des Baal Peor und das Essen von Totenopfern (V.28) genannt. Wir stoßen hier offenkundig bereits biblisch verankert auf eine Überlieferung, in der Num 14 und Num 25 so miteinander verknüpft sind, daß das Murren des Volkes in der Wüste unmittelbar in einem Zusammenhang mit seinem götzendienerischen Verhalten und dem Essen von Totenopfern zu stehen kommt. Von daher gesehen ist es durchaus naheliegend, daß auch die Anspielung auf die Geschichte vom Murren des Volkes in der Wüste nach Num 14 das Thema Götzendienst und Götzenopferspeise mit im Blick hat.

---

[55] Im Hintergrund dürfte Ex 12,23 stehen, wo im hebräischen Text abstrakt vom Verderben (משחית) gesprochen wird, in den Übersetzungen sowohl der Septuaginta wie der Targumim konkret vom Verderber die Rede ist: LXX: ὁ ὀλεθρεύων, Targum Onkelos, Jeruschalmi I: מחבלא; dazu vgl. auch Hebr 11,28, ferner Sap 18,15.

Daß diese Art der personalen Konkretisierung auch in andere biblische Texte Eingang gefunden hat, läßt sich mehrfach im Zusammenhang mit Num 17 belegen; vgl. 4 Makk 7,11; Targum Neofiti[Marg] Num 17,11.12; bSchabbat 89a; Tanchuma Tetzawe 15, dürfte aber nicht darauf beschränkt geblieben sein.

[56] Vgl. Ex 16,2f.

[57] Vgl. Ex 17,3.

[58] Vgl. Num 11,1 – 9.18 – 23.31 – 33.

IV

Ich breche hier ab. Auf die folgenden Verse gehe ich nicht mehr eigens ein, auch wenn erst mit ihnen das Ziel der Ausführungen des Paulus erreicht ist und obgleich Paulus auch in ihnen nochmals auf einen thematisch sogar einschlägigen biblischen Text Bezug nimmt.[59] Mein Ziel war es, die biblischen Anspielungen und Ausführungen des Paulus in 1 Kor 10,1 – 10 auf ihre Eigenart und ihre Voraussetzungen hin zu befragen. Für diese spezifische Fragestellung reicht das Bisherige aus. Ich kann mich nun daran machen, die Ergebnisse zu sichten und auszuwerten.

Die Analyse des Textes hat, abgesehen von Einzelheiten, vor allem zwei grundlegende Befunde zutage gefördert:

1. Die beiden, das Ganze prägenden Reihen biblischer Verweise sind trotz formal unterschiedlicher Gestaltung eng aufeinander bezogen und mehrfach miteinander verzahnt. Das zeichnet sich insbesondere in der Funktion von V.6 als Abschluß der ersten und Übergang zur zweiten Reihe ab.

2. Die Zusammenstellung der biblischen Verweise ist in beiden Fällen erkennbar textbezogen erfolgt: die 1. Episodenreihe entspricht in ihrer Anlage genau dem biblischen Erzählduktus, die 2. Episodenreihe ist durch die sachlich-thematische Zusammengehörigkeit der herangezogenen biblischen Texte bestimmt.

Beide Befunde sind von einigem Gewicht, und zwar sowohl im Blick auf die Frage nach der literarischen Eigenart von 1 Kor 10 als auch insbesondere hinsichtlich der Frage nach dem Gepräge der Schriftgelehrsamkeit des Paulus.

Der Umstand, daß die Ausführungen des Paulus in 1 Kor 10,1 – 10 ein in sich geschlossenes Argumentationsstück bilden und sich als solches sachlich in den übergreifenden Gedankenduktus von 1 Kor 8 – 10 einpassen lassen, und vor allem die Tatsache, daß die als abschreckende Beispiele angeführten biblischen Episoden alle strukturell wie inhaltlich dem gleichen Grundmuster folgen und bei allen zudem − unmittelbar oder mittelbar − ein Zusammenhang mit dem in 1 Kor 8 – 10 zur Diskussion stehenden Grundthema des

---

[59] In V.20 und V.22 ist je ein Abschnitt aus dem Moselied Dtn 32 verarbeitet: V.20 ἃ θύουσιν, δαιμονίοις καὶ οὐ θεῷ θύουσιν nimmt wörtlich Dtn 32,17 (LXX ἔθυσαν δαιμονίοις καὶ οὐ θεῷ) auf; V.22 παραζηλοῦμεν hat Dtn 32,21 (LXX παρεζήλωσάν με) zur Grundlage. In gleicher Weise hat der Verfasser des Baruchbuches Dtn 32 ausgeschrieben (Bar 4,5ff.).

Diese Zusammenhänge sind schon lange erkannt (bereits von H. Grotius: Annotationes in Novum Testamentum II, 1756, 432f.). Bislang ist dabei jedoch kaum beachtet worden, daß es in Dtn 32 um die gleiche Grundthematik wie in den vorher von Paulus angeführten Bibeltexten geht: die Abkehr der Wüstengeneration von Gott durch Götzenopfer (Dtn 32,15ff.21.37f.) und ihre Bestrafung durch Gottes Zorngericht (Dtn 32,19.21f.), und daß bei aller thematischen Eigenständigkeit sogar mehrfach dasselbe Vokabular benutzt wird: V.16 παρώξυνάν με, vgl. Num 14,11.23; V.17: ἔθυσαν δαιμονίοις, vgl. Ex 32,8; V.19 ἐζήλωσεν, vgl. Num 25,11.13; δι' ὀργήν, vgl. Ex 32,10ff., Num 11,1.10f., Num 25,4; V.21 παρώγισάν με, vgl. Ex 32,22, Num 25,3.

Götzendienstes und der Götzenopferspeise erkennbar ist, liefern zunächst einmal ein gewichtiges Argument gegen alle Versuche, innerhalb von 1 Kor 8–10 literarkritische Schnitte vorzunehmen. Darüberhinaus bereiten diese Befunde aber auch erhebliche Schwierigkeiten für die Annahme, Paulus habe hier ein bereits vorgegebenes Lehrstück christlicher (oder jüdischer) Tradition aufgenommen und für seine Zwecke umgearbeitet. Bei einem Text, der in sich formal wie sachlich in seinen verschiedenen Teilen derart aufeinander abgestimmt ist und dabei zugleich thematisch so eindeutig mit seinem weiteren Kontext zusammenhängt, ist das recht unwahrscheinlich. Gerade das Zusammentreffen der genannten Binnen- und Außenaspekte ist eher ein Hinweis dafür, daß es sich bei 1 Kor 10,1–10 nicht um ein von Paulus aufgegriffenes, überarbeitetes Versatzstück exegetischer Schultradition handelt[60], sondern daß hier ein Text vorliegt, der von Paulus selbst spezifisch auf den konkreten Anlaß der innergemeindlichen Auseinandersetzung in Korinth bezogen formuliert wurde.[61] Sicherlich hat Paulus dabei hermeneutisch wie motivlich sich traditioneller Elemente bedient, aber wie er sie exegetisch aufnimmt und entfaltet, spiegelt schriftgelehrte Kenner- und Könnerschaft und trägt seine eigene Handschrift.

Angesichts dessen von einem "Grenzfall"[62] paulinischer Exegese zu reden, ist höchst fraglich. Ein solches Urteil konnte nur zustande kommen, weil das schriftgelehrte und das damit gegebene sachliche Gepräge nicht wirklich erfaßt wurde. 1 Kor 10,1–10(13) ist ähnlich wie Gal 4,21–31, 1 Kor 15,21f.35–49 und 2 Kor 3,7–18 ein herausragendes Beispiel eigenständiger paulinischer Bibelauslegung und -anwendung. Ja, ich wage sogar zu behaupten, daß es kaum einen anderen Paulustext gibt, der uns so umfassend Einsicht vermittelt in die hermeneutischen und materiellen Eigenheiten und Voraussetzungen des Paulus als Schriftausleger.

Wenn ich recht sehe, lassen sich aus 1 Kor 10,1–10 in Sonderheit folgende Befunde erheben:

1. Paulus zeigt sich im Umgang mit den biblischen Texte als ausgeprägter Schriftkenner. Für seine Auslegung ist bezeichnend, daß er sich keineswegs nur isoliert auf den jeweils zitierten bzw. anvisierten Text bezieht, sondern in entscheidendem Maß den jeweiligen näheren Kontext berücksichtigt und darüberhinaus sogar auch gesamtbiblische Kontexte im Blick hat.[63]

Dieser Sachverhalt ist in 1 Kor 10,1–10 die Grundlage für die Zusammenstellung der einzelnen biblischen Episoden. In der Anreihung der vier

---

[60] Vgl. Conzelmann (A.7), 194 = 202; Luz (A.39), 117ff.; R.L. Jeske: The Rock was Christ: The Ecclesiology of 1 Corinthians 10, in: D. Lührmann – G. Strecker (hg.), Kirche (FS G. Bornkamm), 1980, 251; Meeks (A.12), 65; Koch (A.2), 215f.

[61] Dafür spricht auch der Befund in den Versen 20.22, s. dazu oben A. 59.

[62] Vgl. Luz (A.39), 122.

[63] Zur Rolle des Kontextes im Rahmen paulinischer Schriftauslegung s. jetzt insbesondere Wilk (A.4), 207–266.

Heilsepisoden orientiert sich Paulus genau am biblischen Erzählduktus. In der Abfolge der fünf Unheilsepisoden geschieht dies zwar nicht in gleicher Weise, ihre Zusammenstellung ist aber dennoch nicht beliebig vorgenommen. Sie ist Ergebnis übergreifender kontextueller Exegese: Die angeführten Beispiele entsprechen sich strukturell in der Motivverklammerung 'Auflehnung des Volkes gegen Gott − Zorn und Strafgericht Gottes gegen das Volk'[64], und sie haben darüberhinaus − teils explizit[65], teils implizit[66] − mit den Motivkomplexen Essen (und Trinken) und Götzendienst zu tun. Im übrigen bestehen auch sonst mehrfach wechselseitige Verklammerungen in weiteren Einzelmotiven.[67]

2. Die Auslegung des Paulus ist freilich nicht nur text- und kontextbestimmt, sondern weist materiell vielfach auch Einflüsse traditioneller midraschartiger Auslegung auf. Dazu gehören die in den biblischen Texten noch nicht enthaltenen Motive wie das "Wandern unter der Wolke", der nachfolgende Fels (V.4) und die Gestalt des Verderbers (V.10), ebenso auch die Deutung des Felsens auf Christus (V.4) und die "sakramentale" Auslegung des Mannawunders. Z.T. scheinen auch bereits innerbiblisch vorgegebene Auslegungen eine Rolle zu spielen[68].

3. Der Auslegung des Paulus liegt als textliche Grundlage ein Bibeltext zugrunde, der der griechischen Übersetzung der Septuaginta entspricht. Das einzige wörtliche Zitat im Text aus Ex 32,6 entspricht genau der Septuaginta-Fassung. Auch in einigen Anspielungen sind spezifische Septuaginta-Elemente vorhanden: V.6 ἐπιθυμητής nach Num 11,4; V.10 ὀλοθρεύτης nach Ex 12,23. Es gibt keinen Hinweis, daß Paulus einer anderen Bibelfassung gefolgt ist.

4. Die Textverweise des Paulus erfolgen aller Wahrscheinlichkeit nach nicht an Hand einer schriftlichen Vorlage, sondern aus dem Gedächtnis, gleichsam "freihändig". Darauf lassen die mehrfach vorkommenden Verwechslungen und Überschneidungen bzw. Kompilationen in der Textwiedergabe schließen.

5. Die Auslegungen des Paulus treffen sich materiell wie hermeneutisch in den meisten Fällen mit Auslegungen, wie sie aus palästinisch-rabbinischen Quellen bekannt sind. Mehrfach ist besondere Nähe zu targumischen Über-

---

[64] S.o. zu A.44.45.46.

[65] Ex 32; Num 25

[66] Num 11.14.21.

[67] κλαίειν: Num 11,4.10.13; 14,1; γογγύζειν: Num 11,1; 14,27.29; πατάσσειν: Ex 32,35; Num 11,33; 14,12; Zeit in Ägypten: Num 11,5.18; 14,3; 21,5; Auszug aus Ägypten: Ex 32,4.7f.11; Num 11,20; 21,5; Manna als elende Speise: Num 11,6; 21,5; Sterben in der Wüste: Num 14,3; 21,5; Heilsweissagung an Mose: Ex 32,10; Num 14,12.

[68] S.o. zu Ps 78(LXX 77) und Ps 106(LXX 105).

lieferungen vorhanden.[69] Spezifisch jüdisch-hellenistische Parallelen gibt es hingegen eigentümlicher- und bezeichnenderweise fast gar nicht. Die einzige Ausnahme bildet die auf Christus bezogene allegorische Deutung des Felsen. In ihr trifft sich Paulus mit Philo. Vermutlich schöpft er aus einer ähnlichen Quelle wie dieser, aber darin erschöpft sich dann auch schon ihre Gemeinsamkeit. Die Art, wie Paulus in 1 Kor 10 die biblischen Texte verarbeitet, hat sonst keine Parallelen bei Philo oder einem der anderen jüdisch-hellenistischen Autoren und entspricht vor allem auch im hermeneutischen Ansatz nicht deren Form allegorisierender Schriftauslegung. Mit seiner "typologisierenden" Auslegung[70] der biblischen Erzählungen, die deren Geschichtlichkeit nicht aufhebt, sondern bewahrt, steht der Apostel der in den rabbinischen Quellen greifbaren Form aktualisierender Schriftauslegung erheblich näher.[71] Dieser Sachverhalt, den u.a. auch bereits A. Filemon Puuko nachdrücklich geltend gemacht hat, ist in der Forschung freilich nur begrenzt wahrgenommen worden. Überwiegend besteht nach wie vor die Neigung, Paulus als Vertreter jüdisch-hellenistischer Diasporafrömmigkeit und -bildung einzustufen und auch seine Schriftauslegungen dort zu verankern.[72] Für diese Sicht werden in Sonderheit drei Sachverhalte ins Feld geführt: a) die durch Lukas (Apg 22,3) bezeugte Herkunft des Paulus aus dem kleinasiatischen Tarsos, b) die flüssige Handhabung der griechischen Sprache durch Paulus sowie c) die Benutzung der Septuaginta als Textbasis der Schriftbezüge des Paulus. Hier scheint in der Tat für alle, die Paulus gerade in seiner Schriftauslegung nicht ohne weiteres im Umkreis hellenistischen Diasporajudentums verankern, ein gewisses Dilemma zu bestehen: Der griechisch schreibende und die griechische Bibel benutzende Paulus auf der einen Seite und der mit rabbinisch-palästinischer Überlieferung eher als mit hellenistisch-alexandrinischer Überlieferung verbundene Paulus auf der anderen Seite, wie paßt das zusammen?

Damit sind wir bei dem grundlegenden und nach wie vor offenen Rätsel dieses Mannes: Wo war der Jude Paulus beheimatet? Wo ist er aufgewachsen, welche Erziehung hat er durchlaufen? Wo liegen seine geistigen, seine religiösen Quellen? Die biographische Notiz in der Apostelgeschichte des Lukas enthält in dieser Hinsicht interessanterweise nicht nur einen, sondern zwei, ja genau genommen sogar drei Hinweise. Neben dem Vermerk

---

[69] Ähnliches gilt auch für die Verwendung biblischer Textabschnitte in Gal 4,28f. (vgl. Targum Jeruschalmi I Gen 22,1) und Phil 3,3b (vgl. Targum Jeruschalmi I/Neofiti Gen 40,23 in Aufnahme von Jer 17,5); dazu s. R. le Deaut: Traditions targumiques dans le Corpus Paulinum?, Biblica 42, 1961, 28-48.

[70] Zur Problematik dieser Bezeichnung s. H.-J. Klauck: Allegorie und Allegorese in synoptischen Gleichnistexten, NTA NF 13, 1978, 123ff.

[71] So mit Recht bereits Klauck (A.70), 121.

[72] So jetzt wieder die Arbeit von Julius (A.38), in der Paulus ausschließlich vor dem Hintergrund "frühjüdischer Schriftauslegungen im Bereich des alexandrinischen Judentums" (S.11.41) abgehandelt wird.

über die Geburt des Paulus in Tarsos nennt Lukas Jerusalem als den Ort, in dem Paulus aufgewachsen und ausgebildet worden sei. Was ist davon zu halten? Handelt es sich hier um historische Fakten oder um historisierende Fiktionen? Die Meinungen in der neutestamentlichen Fachwelt sind an dieser Stelle eigentümlich gespalten. Im Blick auf den Geburtsort des Paulus besteht ein durchgehender Konsens, die Angabe als zutreffend einzustufen. Die Mitteilung über das Aufwachsen und die Erziehung des Paulus in Jerusalem gilt demgegenüber bei sehr vielen Fachleuten als lukanische Erfindung. Diese Art selektiver Auswertung halte ich indes für höchst problematisch. Was zu ihrer Begründung angeführt wird, taugt schwerlich. Aus der Notiz des Paulus in Gal 1,22, die Gemeinden in Judäa hätten ihn persönlich nicht gekannt[73], läßt sich kaum ein Beweis gegen Apg 22,3 entnehmen. Und die Behauptung, die bei Paulus vorhandenen Kenntnisse griechischer Sprache und seine durchgehende Benutzung der griechischen Bibelfassung sowie ferner seine Vertrautheit mit Elementen hellenistischer Kultur und Religiosität hätten ihm so im jüdischen Mutterland nicht vermittelt werden können,[74] liefert erst recht kein stichhaltiges Argument. Das jüdische Mutterland ist in Sachen kultureller und sprachlicher Hellenisierung kein Freiraum gewesen. Neben der nichtjüdischen ist davon auch die jüdische Bevölkerung in einem erheblichen Maße geprägt gewesen, auch sprachlich. Darauf hat Saul Lieberman[75] bereits seit den vierziger Jahren mehrfach mit Nachdruck verwiesen, und das ist in den letzten Jahrzehnten durch zahlreiche Funde in Gestalt von Inschriften, Urkunden, Briefen und auch literarischen Texten bestätigt worden.[76] Nicht nur in der Diaspora, sondern auch im "Land Israel", in Galiläa und ebenso in Judäa, war in der jüdischen Bevölkerung Griechisch durchaus geläufig, haben sich jüdische Kreise z.T. sogar durchgehend oder zumindest in erster Linie dieses Sprachidioms bedient, und zwar nicht nur geschäfts- oder berufsbedingt, sondern auch im Rahmen ihres religiösen und gottesdienstlichen Lebens. Auf letzteres weisen namentlich Fragmente griechischer Bibelhandschriften hin, die in Höhlen des judäischen Berglandes entdeckt worden sind und eine spezifische, dem hebräischen Bibeltext angeglichene Fassung

---

[73] So z.B. R. Bultmann: Paulus, RGG[2] IV, 1930, 10,20f.

[74] Ein Paradebeispiel für diese Sicht liefert E. Haenchen: Die Apostelgeschichte, KEK 3. Abt., 1968[6], 554.

[75] Hellenism in Jewish Palestine, 1942 = 1962[2]; Greek in Jewish Palestine, 1950 = 1965[2]; How much Greek in Jewish Palestine? in: A. Altman (ed.), Biblical and other Studies, Lown Institute of Advanced Judaic Studies. Texts and Studies 1, 1963, 123–141 = Id., Texts and Studies, 1976, 216–234.

[76] S. dazu die umfänglichen Nachweise durch M. Hengel: The 'Hellenization' of Judaea in the First Century after Christi, 1989; überabeitete Fassung: Das Problem der "Hellenisierung" Judäas im 1. Jahrhundert nach Christus, in: Ders., Judaica et Hellenistica. Kleine Schriften I, WUNT 90, 1996, 1–90.

der Septuaginta-Übersetzung bieten.[77] Dieser "rehebraisierende" Rezensionstext der Septuaginta, der offenkundig im jüdischen Mutterland verankert war und vermutlich auch dort entstanden ist[78], verdeutlicht besonders eindrücklich, daß in der dort heimischen jüdischen Bevölkerung Griechisch nicht nur als Fremdsprache, sondern z.T. auch als Eigensprache benutzt wurde. Daß Jerusalem das Zentrum dieser Kreise griechisch sprechender Juden war und daß die Stadt u.a. auch eine Stätte schriftgelehrter Ausbildung für diese Gruppen beherbergte, wird in den uns überkommenen Quellen zwar nicht eigens erwähnt. Die Wahrscheinlichkeit dafür ist jedoch recht groß. Wo anders hätte die philologisch subtile rezensionelle Bearbeitung der Septuaginta sich bewerkstelligen lassen? Und wie sonst wäre der Jerusalemer Priester Josephus an die Grundelemente seiner griechischen Sprachkenntnisse und Bildung gekommen? Das alles spricht dafür, daß die Angaben des Lukas über die schriftgelehrte Ausbildung des Paulus in Jerusalem nicht pure Fiktion sind, sondern verdienen, historisch ernst genommen zu werden.

Wie eine derartige Jerusalemer Schriftgelehrtenschule ausgesehen hat, ob es eine griechischsprachige Klasse der von dem Helleniten Gamaliel geleiteten Schule war, entzieht sich freilich unserer Kenntnis. Daraus wird man aber keinen grundsätzlichen Einwand ableiten können. Die lukanische Überlieferung von der schriftgelehrten Schulung des Paulus in Jerusalem paßt zweifellos in das allgemeine Bild der dortigen zeitgenössischen Verhältnisse. Aber nicht nur das. Sie wird auch durch einen innerpaulinischen Befund gestützt: Unter den biblischen Zitaten, die Paulus in seinen Briefen einfließen läßt, gibt es eine ganze Reihe von Textfassungen, die typische Züge der eben erwähnten, im jüdischen Mutterland beheimateten "rehebraisierenden" Rezension tragen.[79] In der Forschung hat man diesem Sachverhalt im Blick auf die Frage nach dem Ort der Ausbildung des Paulus bislang nur wenig Beachtung geschenkt. Zu unrecht. Daß die griechische Bibelübersetzung der Septuaginta und nicht eine Fassung der hebräischen Bibel die Grundlage der von Paulus angeführten Texte der Heiligen Schrift bildet, kann angesichts dessen schwerlich länger noch als Argument gegen die Verortung des Paulus im Rahmen des palästinischen Judentums angeführt werden. Im Gegenteil, der Nachweis, daß in den Schriftzitaten des Paulus Elemente rehebraisierender Rezension der Septuaginta zutage treten, wie sie offenkundig spezifisch im palästinischen Bereich verwendet wurde, ist ein gewichtiges Argument dafür, daß

---

[77] Vgl. dazu D. Barthélemy: Les devanciers d'Aquila, SVT 10, 1963; ferner O. Munnich: Contribution à l'étude de la première révision de la Septante, ANRW II, 20.1, 1987, 190−220.

[78] Vgl. dazu Munnich (A.77), 198f.

[79] Vgl. B. Schaller: Zum Textcharakter der Hiobzitate im paulinischen Schrifttum, ZNW 71, 1980, 21−26 [in diesem Band S.156−161]; ΗΞΕΙ ΕΚ ΣΙΩΝ Ο ΡΥΟΜΕΝΟΣ. Zur Textgestalt von Jes 59:20f. in Röm 11:26f., in: Pietersma, A. − Cox, C. (ed.): De Septuaginta. Studies in Honour of John William Wevers, 1984, 201−206 [in diesem Band S.162−166]; ferner Koch (A.2), 57−81 sowie Wilk (A.4), 19−42.

die religiöse und geistige Heimat des Paulus im jüdischen Mutterland zu suchen ist. Und von dorther läßt sich dann auch am ehesten erklären, daß die schriftgelehrten Äußerungen des Paulus sich methodisch-hermeneutisch und material-motivlich bei allen Besonderheiten am ehesten mit Äußerungen rabbinisch-palästinischer Schriftgelehrsamkeit berühren. Wenn nicht alles täuscht, liefern die Art und Weise, wie Paulus in 1 Kor 10 Texte der biblischen Exoduserzählung zusammenstellt und auswertet, dafür ein besonders herausragendes Beispiel.

JESUS DER JUDE
Gekürzte Fassung eines Vortrages am 2. Februar 1994
in der Marktkirche (Hannover)

Im Sommer letzten Jahres war in manchen Städten unserer Republik ein Plakat
ausgehängt, mit dem gegen die bei uns sich ausbreitende Ausgrenzung und Bedrohung von Ausländern Front gemacht wurde. Auf ihm stand eine Reihe von
Blocksätzen zu lesen, die den Widersinn von Ausländerfeindlichkeit verdeutlichen
sollten, z.B.: „Dein Auto ... ein Japaner". Der erste Blocksatz lautete er-
staunlicher- und bezeichnenderweise: „Dein Christus ... ein Jude".
  Ob dieses Plakat auch hier bei Ihnen vor Ort zu sehen war, weiß ich nicht. Es
ist keineswegs überall und insgesamt nur kurze Zeit verbreitet worden. Immerhin,
es verdeutlicht: Der Satz „Jesus war ein Jude!" ist nicht bloß „eine Banalität",
wie kürzlich ein namhafter Neutestamentler in einem Aufsatz über „Das Christliche im jüdisch-christlichen Dialog" vermerkt hat (G. Strecker, Lutherische
Monatshefte 32, 1993, 29a). Das Judesein des Jesus von Nazareth ist mehr als
nur eine historisch zufällige und deswegen banale Angelegenheit. Hier steht mehr
auf dem Spiel. Das läßt sich auch noch an einem anderen Sachverhalt ablesen.
Vor 50 Jahren wäre es kaum möglich gewesen, in einer deutschen Stadt einen
Vortrag unter der Überschrift „Jesus der Jude" in aller Öffentlichkeit zu halten.
Vermutlich wäre das selbst in Kirchenräumen sogar verboten oder zumindest ver-
mieden worden. Damals – das liegt genau besehen noch gar nicht so lange zurück
– gab es namhafte deutsche Neutestamentler und Theologen, die sich um den
Nachweis bemüht haben, daß Jesus kein Jude gewesen sei, sondern arischer
Herkunft, und die entsprechend dann auch darauf gedrängt haben, den Einfluß
des Judentums auf das deutsch-christliche Leben und Denken zu beseitigen, das
Christentum zu entjuden – wie sie es nannten. Gewiß, auch damals haben sich
nicht alle so geäußert. Dagegen standen ja auch die Berichte der Evangelien, die
Jesus als Sohn jüdischer Eltern, vor allem einer jüdischen Mutter, darstellen und
ihn in jüdischer Umwelt aufwachsen und wirken lassen. Aber dennoch ist man
damals in Theologie und Kirche dem Judesein Jesu eher aus dem Weg gegangen.
Der von Martin Luther stammende und als Titel seiner ersten Schrift über die Juden gewählte Satz „Daß Jesus Christus ein geborener Jude gewesen sei" wurde
zwar nicht einfach über Bord geworfen, aber nur wenige haben ihn damals als
grundlegend und bleibend angesehen. Man war eher bemüht, das Nicht-Jüdische
in Jesu Lehre und Leben zu betonen, seinen Ausstieg aus dem Judentum, seine
Abgrenzung vom Judentum, seinen Bruch mit dem Judentum herauszustellen.
Und entsprechend haben es nur wenige gewagt, die damals verfolgten, entrechte-

ten Juden und Jüdinnen als Brüder und Schwestern Jesu zu bezeichnen und für sie einzutreten … .

In den Jahren nach dem Ende des NS-Regimes, nach der Befreiung von seiner Unrechtsherrschaft hat sich in unseren Kirchen im Blick auf das Verhältnis zum Judentum ein Prozeß des Umdenkens und der Umkehr angebahnt. Heute werden die Gemeinsamkeiten, die uns Christen mit Israel als dem Volk Gottes verbinden, die Verwurzelungen der Christenheit in der Erwählungsgeschichte Israels deutlicher als früher gesehen und betont. In diesem Zusammenhang ist auch die jüdische Herkunft und Prägung Jesu wieder stärker beachtet worden. |

Aber ob der als Jude geborene Jesus auch Jude geblieben, als Jude gestorben ist, ist keineswegs ausgemacht. Bei vielen einfachen Gemütern gilt er als der erste Christ. Und selbst dort, wo man es nicht ganz so schlicht sagt, besteht vielfach doch die Neigung, Jesus vom Judentum abzukoppeln. Es ist weder ein Zufall noch ein Einzelfall, daß der eingangs erwähnte Neutestamentler, der den Satz „Jesus war ein Jude" als Banalität eingestuft hat, den historischen Jesus zugleich wesentlich nur als Kritiker jüdischen Denkens und Lebens beschreibt, d.h. seinen äußeren und inneren Abstand vom Judentum betont. Es ist bis heute gängig, die Besonderheit, die Einzigartigkeit Jesu zu unterstreichen, indem man eine Trennungslinie zwischen Jesus und dem Judentum zieht, ihn von seiner jüdischen Umwelt abhebt und in Gegensatz dazu stellt. Unter den Worten, die in den Evangelien Jesus in den Mund gelegt werden, werden diejenigen in erster Linie als echte Jesusworte angesehen, für die es im Judentum keine Entsprechungen gibt. D.h. der unjüdische Jesus ist der wahre Jesus.

Wie weit war Jesus Jude? Ist er bis zu seinem Ende Jude geblieben? Das ist bis heute durchaus strittig, und zwar strittig vor allem im christlichen Lager. Jüdische Kreise, denen lange Jesus als eine verdächtige, ja verhaßte Gestalt galt – aus verständlichen Gründen –, haben seit einiger Zeit damit begonnen, die Jüdischkeit Jesu wieder zu entdecken, Jesus als Juden zu verstehen, Jesus ins Judentum „heimzuholen", wie es einer von ihnen – Schalom ben Chorin – genannt hat.

Was ist dran an der Jüdischkeit des historischen Jesus, an Jesus dem Juden? Ich möchte versuchen, dieser Frage etwas genauer nachzugehen, auf den Grund zu gehen. Das ist freilich leichter gesagt als getan. Über Jesus gibt es zwar im Unterschied zu den meisten anderen Gestalten seiner Zeit eine große Fülle von Nachrichten und Berichten. Die vier Evangelien sind voll von Geschichten über ihn und Worten von ihm. Und dennoch ist es gar nicht so einfach, genaueres über diesen Mann und sein Leben zu ermitteln. Das hängt mit der Eigenart der Evangelien zusammen. Diese sind keine Geschichtsbücher im ei- | gentlichen Sinn des Wortes. Ihre Verfasser sind keine unmittelbaren Zeitgenossen Jesu gewesen.

Was sie über das Leben Jesu und sein Auftreten zu berichten wissen, verdanken sie älteren Gewährsleuten. Was sie erzählen, betrifft nur Ausschnitte des Lebens Jesu, im Vordergrund stehen die letzten Tage Jesu. Wie sie davon erzählen, spiegelt fromme Begeisterung und nicht sachlich distanzierte Neugierde. Und wozu sie es erzählen, dient nicht historischer Aufklärung, sondern geistlicher Aufmunterung und Erbauung. Das heißt nicht, daß sie im Grunde nur Legenden oder gar bloß Erdichtetes bieten. Die historische Nachfrage an das in den Evangelien enthaltene Material der Jesusüberlieferung fördert durchaus historisch verwertbare Ergebnisse über Jesus als Juden und seine Stellung im damaligen Judentum zutage.

Ich möchte in vier Schritten vorgehen, an Hand von vier Fragen:
1) Was läßt sich über Herkunft und Verankerung Jesu im Judentum sagen?
2) Was ist über die Stellung Jesu zur Praxis und Lehre jüdischer Frömmigkeit zu erfahren?
3) Was ist über das Verhältnis Jesu zu anderen jüdischen Kreisen auszumachen?
4) Was läßt sich als Kern der Botschaft Jesu bezeichnen?

1. Herkunft und Verankerung Jesu im zeitgenössischen Judentum

In den Geschichten von der Geburt Jesu bei Matthäus und Lukas wird Bethlehem als Geburtsort genannt. Das ist sicherlich fromme Legende. Die Heimat lag gewiß nicht in dieser judäischen Kleinstadt südlich Jerusalem oder sonst in Judäa, sondern in Galiläa. Die Überlieferung nennt Nazareth als Herkunftsort und insbesondere Kapernaum als Aufenthaltsort. Nazareth war ein kleines, unscheinbares Dorf in Untergaliläa – man wird durchaus von einem Kaff sprechen können – und Kapernaum eine Kleinstadt am See Genezareth. Jesus war also ein galiläischer Jude. Was besagt das? Zwei Sachverhalte sind hier wichtig:

a) Galiläa war ein Gebiet, in dem nicht nur Juden ansässig waren, sondern auch sogenannte Heiden. Letztere wohnten im Unterschied zu den ersteren überwiegend in den größeren Städten, und sie waren kulturell griechisch geprägt. Das hat aber auch auf die jüdische Bevölkerung in Galiläa abgefärbt. Zweisprachigkeit – Griechisch und Aramäisch – war weit verbreitet, auch unter Juden. Selbst die Leute in Nazareth dürften da keine Ausnahme gemacht haben. In der Nähe – Luftlinie keine 10 km – lag die damalige Hauptverwaltungsstadt Galiläas, Zippori/Sepphoris. Das war, wie neue Ausgrabungen zeigen, kein Provinznest, sondern eine gut ausstaffierte Stadt. Selbst ein Theater dürfte es damals dort bereits gegeben haben.

b) Die jüdische Bevölkerung Galiläas war in ihrem religiösen Zuschnitt besonders vielgestaltig. Oft wird behauptet, die Judenheit Galiläas sei in ihrer Mehrheit religiös weniger streng gewesen als die Bewohner Jerusalems und Judäas. Aber das ist keineswegs ausgemacht. Sicherlich hat es besonders unter den einfachen Land-Bauern Leute gegeben, die die religiösen Bräuche nicht strikt eingehalten haben. Aber zweifellos waren auch Gruppen mit betont religiöser Prägung vorhanden. Daß es Angehörige der pharisäischen Bewegung gegeben hat, ist sicher; ob auch Essener, ist hingegen unklar. Deutlich erkennbar ist indes neben den Pharisäern eine Gruppe von Frommen mit besonders charismatischen Zügen: Leute, die als Wundertäter einen Namen hatten, deren Frömmigkeit I auch anerkannt war, sich aber nicht so sehr in der Befolgung der Ritualgesetze zeigte wie bei den Pharisäern, sondern in einem besonders ausgeprägten, unmittelbaren Gottvertrauen.

2. Die Stellung Jesu zu Praxis und Lehre jüdischer Frömmigkeit

Schaut man sich an, was die Evangelien über die Frömmigkeit Jesu berichten, dann begegnet überwiegend das Bild eines frommen Mannes:

Jesus geht danach am Sabbat zum Gottesdienst in die Synagoge (Lk 4,16ff; Mk 1,21ff; 3,1ff), er beteiligt sich dabei an der öffentlichen Schriftlesung und Schriftauslegung, beides Aufgaben, die besonders geachteten und auch in gewisser Weise gebildeten Gemeindegliedern übertragen wurden. Er zieht zu den großen religiösen Festen des Judentums nach Jerusalem, zum Passafest (Mk 14,12ff) und zum Laubhüttenfest (Joh 7,2). Er feiert mit seinen Jüngern das Passamahl in Jerusalem.

Er bricht zum Essen das Brot mit einer Beracha, einer Danksagung (Mk 8,6.19; Mt 14,19; 15,36) und pflegt wie jeder fromme Jude zu beten, bei Sonnenaufgang (Mk 1,35) und am Abend (Mk 6,46).

Es ist vor allem die Überlieferung vom Beten Jesu, die erkennen läßt, wie stark Jesus in die Praxis jüdischer Frömmigkeit eingebunden war. Das läßt sich bis in die Gebetsformulierungen hinein ablesen. In den Gebeten, die im Munde Jesu überliefert werden, gibt es Formulierungen, die genau mit gängigen jüdischen Gebeten übereinstimmen: Das trifft z.B. für die Anrede Gottes als „Herr des Himmels und der Erde" (Mt 11,25) zu. Am deutlichsten ist dieser Zusammenhang aber besonders in dem Gebet, das Jesus für seine Jünger als ihr besonderes Gebet formuliert hat und das als „Herrengebet" in unsere christliche Frömmigkeitspraxis eingegangen ist: das „Vater-Unser".

Das „Unser Vater" ist von der ersten bis zur letzten Zeile ein jüdisches Gebet, ein Gebet, das im Grunde jeder fromme Jude heute noch mitbeten könnte, wenn es nicht inzwischen im allgemeinen Bewußtsein den Stempel des Christlichen trüge.

Wie gängig das „Vater-Unser" für jüdische Ohren ist, wird hörbar, wenn man das sogenannte Kaddischgebet, ein zeitgenössisches jüdisches Gebet, daneben stellt. Das „Kaddisch", das wie das „Vater-Unser" im Unterschied zu den meisten anderen jüdischen Gebeten nicht hebräisch, sondern aramäisch verfaßt ist, beginnt folgendermaßen:

„Erhoben und geheiligt werde sein großer Name in der Welt, die er nach seinem Willen erschaffen. Er lasse sein Reich kommen in eurem Leben und in I euren Tagen und in dem Leben des ganzen Hauses Israel bald und in naher Zeit. Darauf sprecht Amen."

Die Nähe besonders zum Anfang des „Vater-Unser" ist unverkennbar. Was fehlt, ist freilich die Anrede Gottes als „Unser Vater". Man könnte daraus schließen und hat daraus geschlossen, in der Anrede Gottes als Vater komme das besondere Gottesverhältnis Jesu zur Sprache. Aber selbst das trifft nicht zu. Gerade die Anrede „Unser Vater im Himmel" ist eine verbreitete jüdische Gebetsanrede: avinu schä-ba-schamajim. Sie ist noch heute überall im Gebrauch. Etwas anderes ist es mit der einfachen Anrede Gottes als „Vater", wie sie der Text des „Vater-Unser" bei Lukas enthält (Lk 11,2) und hinter der sehr wahrscheinlich das aramäische „abba" steht, auf das Paulus in Gal 4,6 und Röm 8,15 Bezug nimmt. „Abba", so bezeichnen bis heute jüdische Kinder ihren Vater, die Kleinkinder, aber auch die erwachsenen. Daß Juden und Jüdinnen Gott in dieser besonders familiären Form angeredet haben, dafür gibt es – bislang wenigstens – in jüdischen Gebeten keine direkten Belege. Das könnte also eine Eigentümlichkeit der Gebetssprache Jesu sein. Aber mit dieser Schlußfolgerung wird man vorsichtig sein müssen; denn es haben sich keineswegs alle Gebete der damaligen Zeit erhalten. In keinem Fall wird man behaupten können: die Gottesanrede „Abba" sei jüdisch unmöglich. Die Bezeichung und die Anrede Gottes als Vater ist in jedem Fall durch und durch jüdisch.

Und das gilt, wie gesagt, für jede Bitte des „Vater-Unser": für die Bitte um die Heiligung des Namens Gottes, das Kommen des Reiches, das Geschehen seines Willens, die Vergebung, das tägliche Brot, und auch für die Schlußwendung „denn dein ist das Reich und die Kraft und die Herrlichkeit". Dies ist ein typisch jüdischer Gebetsschluß.

Fazit: Nach den Evangelien zu schließen, war Jesus ein durch und durch frommer Mann. Insbesondere mit seinem Beten stand er mitten im frommen jüdischen Brauchtum seiner Zeit.

Freilich läßt sich nun aber auch nicht übersehen und darf keineswegs verschwiegen werden, daß Jesus nach den Evangelien an einigen Stellen von frommen Bräuchen abweicht, sich nicht an sie hält. Alle vier Evangelien zeigen uns auch einen Jesus, dessen Praxis für Fromme seiner Zeit anstößig war, den insbesondere Pharisäer wegen seiner Praxis angreifen.

Es gibt ja eine ganze Reihe von Geschichten über Konflikte zwischen Jesus und anderen jüdischen Zeitgenossen in Sachen Sabbatheiligung. Ferner wird auch von Auseindersetzungen berichtet, in denen es um die kultische Reinheit oder gar den Tempelkult selbst geht. Zweifellos sind das nicht alles erst später erfundene Konfliktgeschichten. Jesus hat sich mit anderen Frommen seiner Zeit auseinandergesetzt und diese sich mit ihm. Aber in diesen Auseinandersetzungen hat er an keiner Stelle grundsätzlich den Rahmen des im Judentum damals Möglichen verlassen oder gar gesprengt.

Das läßt sich sehr schön an den Auseinandersetzungen um die rechte Praxis der Sabbatheiligung ablesen. Jesus hat am Sabbat offensichtlich als Wundertäter gewirkt und mehrfach bewußt Kranke geheilt und damit den Protest pharisäischer Kreise auf sich gezogen. Aus diesem Sachverhalt haben viele Exegeten geschlossen, Jesus habe sich in eigener Machtfülle über das Gebot der Heiligung des Sabbat hinweggesetzt, um seine Unabhängigkeit von den Geboten der Tora zu demonstrieren. Sieht man sich die Geschichten indes genauer an, dann kann davon in keiner Weise die Rede sein. I Das wird besonders deutlich an dem Wort, mit dem Jesus seine Haltung an dieser Stelle grundsätzlich begründet hat. Es findet sich in Mk 2,27f und lautet: „Der Sabbat ist um des Menschen willen geworden und nicht der Mensch um des Sabbat willen. Daher ist auch der Sohn des Menschen, der Mensch, Herr über den Sabbat." Das hört sich wie eine Parole zur Aufhebung des Sabbatgebotes an. Aber genau betrachtet, trifft das nicht zu. Auch in diesem Wort ist am Sabbat als Gebot, als Satzung Gottes festgehalten. Wenn es in der Einleitung heißt „der Sabbat ist geworden", dann ist damit die Einsetzung des Sabbat bei der Schöpfung im Blick. Daß diese Einsetzung keinen Zweck an und für sich hat, sondern wie alle Gebote Weisungen um des Menschen willen, für das Leben des Menschen sind, mit dieser Ansicht steht Jesus keineswegs allein. Andere fromme Juden haben sich genau so oder ähnlich geäußert. Im Fall des Jesuswortes aus Mk 2 läßt sich das sogar unmittelbar belegen. Es gibt einen rabbinischen Spruch, der inhaltlich wie formal ihm genau entspricht. Er bezieht sich auf den Satz aus Ex 31,13 „Beobachtet den Sabbat, denn er ist heilig für euch" und lautet: „Für euch ist der Sabbat gegeben und nicht ihr für den Sabbat." Ähnlich konnten sich Juden nebenbei auch im Blick auf den Tempelkult äußern, wenn sie wieder formal wie sachlich genau entsprechend formuliert haben: „Der Herr hat auserwählt nicht wegen des Tempels das Volk, sondern wegen des Volkes den Tempel." (2 Makk 5,19) In all solchen Äußerungen geht es nicht darum, die genannten Einrichtungen wie Sabbat oder Tempel grundsätzlich in Frage zu stellen, sondern als Einrichtungen mit dienender, auf den Menschen ausgerichteter Funktion zu kennzeichnen. Und darum geht es auch in den Sabbatkonflikten. D.h. die Auseinandersetzungen, die sich zwischen Jesus und anderen frommen Zeitgenossen abgespielt haben, sind Auseinandersetzungen um eine gemeinsame Sache und auf einem gemeinsamen Boden.

Der gemeinsame Boden ist die Zugehörigkeit zu und die Ausrichtung auf Israel. Es gehört zu den besonders eigentümlichen und viel zu wenig beachteten Tatbeständen des Lebens Jesu, daß dieser sich schon rein äußerlich, geradezu geographisch, wesentlich nur an Juden als Glieder des erwählten Volkes gewandt hat.

Das spiegelt sich in einem Wort wider, das er über sich selbst gesagt hat (Mk 7,27; Mt 15,24): „Ich bin nur zu den verlorenen Schafen des Hauses Israel gesandt." – Das spiegelt sich in einem Wort wider, mit dem er die Jünger zum Weitersagen seiner Botschaft auffordert (Mt 10,5): „Geht nicht auf die Straßen der Heiden." Mit Heiden hat er sich nur in ganz besonderen Ausnahmefällen abgegeben und dies dann eigens betont. Die Heiden als Gesamtheit kommen bei ihm nur als Größe am Ende der Tage vor. Das ist umso auffälliger, als er, wie schon erwähnt, schon in seiner galiläischen Heimat durchaus auch auf Heiden treffen konnte.

Und von diesem gemeinsamen Boden her versteht sich auch die gemeinsame Sache: Es ist der Heilswille Gottes, wie er in der Tora zur Sprache kommt, in den dort niedergelegten Lebensweisungen und Erwählungszeugnissen.

Daß Jesus die Tora selbst kritisiert habe, sich über sie gestellt habe, wird von christlichen Exegeten zwar immer wieder behauptet, läßt sich aber bei genauer Kenntnis der jüdischen Verhältnisse schwerlich aufrecht erhalten. Man verweist dazu besonders gern auf die sogenannten Antithesen der Bergpredigt. Diese werden immer wieder angeführt als Belege für eine torakritische Haltung Jesu, ja für seine Kritik an der Tora. Angeblich widersprechen die mit dem souveränen „Ich aber I sage euch" eingeleiteten ethischen Radikalismen Jesu der Tora (Strecker, a.a.O.).

In den Antithesen der Bergpredigt geht es aber, wie im übrigen gerade die Formel „Ich aber sage euch" deutlich zeigt, nicht um Kritik an Texten der Tora, sondern um Kritik an bestimmten Auslegungen der Tora, d.h. um Auseinandersetzungen zwischen konkurrierenden Schriftauslegern.

Kurz: Der Streit zwischen Jesus und seinen Gegnern ist ein Streit im Inneren des Judentums, kein Streit gegen das Judentum. Das ist ein ganz wichtiger Sachverhalt. Die in den Evangelien überlieferten Kampf- und Konflikttexte bekommen einen ganz anderen Stellenwert, wenn man sie als Zeugnisse von Gegnern ohne einen gemeinsamen Boden und ohne eine gemeinsame Sache versteht.

Der Kampf, den Jesus geführt hat, ist ein Kampf gegen eine jüdische Frömmigkeit, die in Äußerlichkeiten zu ersticken drohte, aber kein Kampf gegen jüdische Frömmigkeit an und für sich. Daß dies nicht der Fall ist, läßt sich im übrigen auch daran sehen, daß wir von anderen Juden neben und nach Jesus wissen, daß sie einen solchen Kampf geführt haben. Solche Kämpfe wurden sogar innerhalb der einzelnen Frömmigkeitsbewegungen geführt, z.B. unter Pharisäern.

Naheliegender Einwand: Wenn es bei den Auseinandersetzungen Jesu mit frommen jüdischen Zeitgenossen wesentlich um innerfamiliäre Auseinandersetzungen geht, wie ist dann aber sein gewaltsamer Tod zu erklären? Spricht dieser nicht doch dafür, daß der Konflikt mit Jesus tiefgreifender gewesen ist? Frage: Was läßt sich über das Verhältnis Jesu zu anderen jüdischen Gruppen ausmachen? Und worin bestand das Besondere seiner Bot- I schaft, hatte sie noch einen jüdischen Kern oder nur noch jüdische Schalen?

3. Das Verhältnis Jesu zu anderen jüdischen Kreisen

Gehörte Jesus einer der bekannten jüdischen Gruppierungen an? Das wird häufig behauptet. Neuerdings ist besonders die Beziehung Jesu zu den Essener bzw. zu den Qumranleuten im Schwange. „Jesus von Qumran", so lautet der Titel eines vor kurzem auch auf Deutsch erschienen Buches von Barbara E. Thiering (1993), das den Lesern mal wieder die neuesten Enthüllungen über die bislang verborgene Wahrheit über Jesus bietet. Danach lebte und wirkte Jesus nicht in

Galiläa, sondern „in Qumran als Mitglied der essenischen Gemeinschaft. Er starb auch nicht am Kreuz, sondern er war verheiratet, hatte Kinder und lebte bis ins hohe Alter in mönchischer Abgeschiedenheit." Wer auf ein solches Buch herein-fällt und das glaubt, ist selbst schuld. Mit dem, was wir aus den Quellen der Qumranschriften über die Qumran-Leute bzw. Essener wissen können, und mit dem, was wir aus den Quellen der Evangelien über Jesus wissen können, hat das alles nicht zu tun. Es ist pure Phantasie. Zum Glück gibt es inzwischen ein paar Veröffentlichungen, die auch dem Nichtfachmann bzw. der Nichtfachfrau sach-lich fundierte Informationen dazu vermitteln:

Ich nenne zwei im vergangenen Jahr erschienene Bücher: Klaus Berger, Qumran und Jesus. Wahrheit unter Verschluß?, Quell Verlag, Stuttgart 1993, sowie Hartmut Stegemann, Die Essener, Qumran, Johannes der Täufer und Jesus. Ein Sachbuch, Herder, Freiburg/Basel/Wien 1993.

Aus Jesus einen Essener zu machen oder ihn von den Essenern herkommen zu lassen, verrät völlige Unkenntnis dessen, was sowohl die Essener wie auch Jesus selbst ausgemacht hat.

Problematisch ist es aber auch, Jesus nun im Gegenzug einfach den Pharisäern oder den Schriftgelehrten zuzuzählen. Die heute besonders durch Pinchas Lapide verbreitete These von Jesus als dem „Rabbi aus Nazareth" wirkt auf den ersten Blick recht eindrücklich. Denn es gibt ja in der Tat in den Evangelien viele Texte, die Jesus in der Auseinandersetzung mit Schriftgelehrten schildern und ihn als durchaus schrift-, d.h. bibelkundigen Mann darstellen. Er hat sich sicherlich in der Heiligen Schrift ausgekannt und war sicherlich auch in der Lage, selbständig biblische Texte auszulegen und anzuwenden. Aber das alles macht ihn noch nicht zu einem professionellen Schriftgelehrten.

Am nächsten dürfte Jesus den Pharisäern gestanden haben. Dafür spricht schon der Umstand, daß die Pharisäer offensichtlich seine Hauptgegner waren. Das klingt paradox, widersinnig, ist es aber nicht. Enge Gegnerschaften spiegeln immer zugleich auch enge Beziehungen. Und in der Tat gibt es mancherlei Ele-mente pharisäischer Frömmigkeit, die sich bei Jesus wiederfinden lassen. In der Ethik z.B. die Betonung des Liebesgebotes oder die Bemühung, die jeweilige Situation des Menschen zu berücksichtigen, ferner auch der Gedanke der Heili-gung des profanen Lebens. Und dennoch war Jesus schwerlich ein Pharisäer. Was ihn von diesen unterschied, war vor allem die Stellung zur kultischen Welt, zum Tempel, zu den kultischen Ritualen wie Speise- und Reinheitsgesetzen. Für die Pharisäer war Frömmigkeit in besonderer Weise kultisch orientiert. Sie waren eine Laienbewegung, die das Prinzip des Priestertums aller Gläubigen vertrat. Deswegen waren für sie Fragen der kultischen Reinheit im alltäglichen Leben so entscheidend – beim Essen, im Verkehr der Geschlechter. Und deswegen grenz-ten sie sich auch von allen anderen ab, die nicht in derselben Weise sich um sol-che Reinheit im Alltag bemühten. Für Jesus waren Fragen der kultische Reinheit beim Essen u.ä. nicht so entscheidend. Deswegen konnte er sich Menschen zu-

wenden – den sogenannten Zöllnern und Sündern, sogar den Aussätzigen –, die
von den Pharisäern wegen ihrer mangelnden Frömmigkeitspraxis, wegen ihrer
Verstöße gegen die Reinheits- und Kultvorschriften abgewiesen wurden. Die
Frömmigkeit Jesu war in ihrem Kern nicht ritualistisch geprägt.

4. Der jüdische Kern der Botschaft Jesu

Häufig wird als Kern der Frömmigkeit Jesu ihre ethische Ausrichtung benannt.
Jesus der große Weisheitslehrer, Jesus der Verkünder ethischer Maximen, insbesondere des Liebesgebotes, Jesus ein radikaler Wanderprediger der Mitmenschlichkeit. Dieses Jesusbild ist weit verbreitet und erfreut sich heute zunehmender
Aufnahme. Freilich auch hier muß man sagen: Dieses Bild hat nur begrenzt mit
dem zu tun, was in den ältesten Jesusnachrichten zu finden ist.

Der Kern des Wirkens Jesu ist nicht die Verkündigung eines neuen radikalen
Ethos, der Kern ist die Verkündigung der Herrschaft Gottes, des unmittelbar be-
vorstehenden, ja des bereits sich ereignenden Anbruchs dieser Herrschaft.

Daß Gott der Herr der Welt, der Schöpfung und der | Geschichte dieser Welt
ist, das war und ist eine allen Juden gemeinsame Überzeugung. Auch zur Zeit
Jesu warteten viele Juden darauf, daß diese Herrschaft sich endlich durchsetzen
würde gegen die Macht des Bösen, das und der offenkundig die Welt beherrscht.
Jesus war einer von ihnen. Was ihn von den meisten unterschied, war die Überzeugung, daß die Wende von der Satansherrschaft zur Gottesherrschaft unmittelbar bevorstehe und daß er selbst dazu bestimmt sei, den Anbruch der Herrschaft
Gottes in Wort und Tat zu verkündigen. In diesem Bewußtsein, das auch ein
großes Stück Selbstbewußtsein enthielt, unterschied er sich von den meisten seiner Zeitgenossen. Und mit diesem Bewußtsein war er auch vielen Zeitgenossen
unbequem. Denn die von Jesus erwartete und verkündigte Gottesherrschaft
schloß Gericht und Heil Gottes ein, und deswegen verband Jesus seine Verkündigung mit dem Ruf zur Umkehr. Kern, Mitte seiner Botschaft ist aber nicht der
Ruf zur Umkehr, sondern die Ankündigung und Verwirklichung von Gottes
Herrschaft. Das ist der Kern seiner Botschaft, ein urjüdischer Kern.

Für das heutige traditionelle jüdische Denken ist eine solche Gestalt wie dieser
Jesus mit seinem Bewußtsein einer unmittelbaren Beziehung zu Gott sicherlich
anstößig. Und das war diese Gestalt wohl auch für viele seiner frommen Zeitgenossen. Und dennoch ist er durch und durch ein Jude geblieben, hat er sich von
seinem Volk nicht trennen wollen und auch nicht getrennt.

Liest man die Evangelien unvoreingenommen, nicht schon mit einer später gefertigten christlichen Brille, dann kommt man nicht darum herum festzustellen:
Was die Evangelien historisch und sachlich von Jesus widerspiegeln, ist die Jüdischkeit dieses Mannes: Jesus als Jude.

Die Frage ist, was wir damit machen. Es gibt zwei Möglichkeiten:

1) Wir können den irdischen, den historischen Jesus aus unserem Glauben verbannen und unseren Glauben allein mit dem auferstandenen Christus bestreiten. D.h. Jesus den Juden überlassen.

2) Wir können aber auch Jesus als Juden, das Judesein Jesu als wesentlich für den christlichen Glauben und die christliche Theologie ansehen und festhalten.

Ich bin der Überzeugung, daß nur diese zweite Möglichkeit sachgemäß ist. Ohne den irdischen Jesus, und d.h. Jesus als Juden, verliert christlicher Glaube den Boden unter den Füßen, wird dieser Glaube zum Glauben an ein Phantom und damit weltlos, geschichtslos und entsprechend verantwortungslos. Wie leicht das geschehen kann, hat die Haltung in unseren Kirchen unter dem NS-Regime gezeigt.

Trifft das zu, dann hat das einige Konsequenzen. Ich möchte drei nennen und damit abschließen:

1) Um des eigenen Glaubens willen müssen Christen wieder mehr von den jüdischen Wurzeln Jesu und seiner ersten Anhänger und damit des Christentums verstehen.

2) Um des eigenen Glaubens willen müssen Christen mehr ihr geschichtliches und aktuelles Verhältnis zum Judentum überdenken.

3) Um des eigenen Glaubens willen müssen Christen die bei und mit ihnen lebenden Juden und Jüdinnen neu als Brüder und Schwestern Jesu achten lernen. Letzteres bedeutet keine Gleichmacherei, aber neue Beziehung und Gemeinsamkeit.

Schalom ben Chorin hat das Verhältnis von Christen und Juden mit dem Satz beschrieben: „Der Glaube Jesu verbindet uns, der Glaube an Jesus trennt uns!" M.E. ist es die Aufgabe unserer Generation, diesen Satz durchzubuchstabieren, und zwar nicht nur nach einer Seite, sondern nach beiden Seiten hin.

JÜDISCHE UND CHRISTLICHE MESSIASERWARTUNGEN
Vortrag im Pastoralkolleg „Jesus in jüdischer und christlicher Sicht"
Loccum 3.2.1993

„Höchst unsinnig streiten Juden und Christen gegeneinander. Denn ihr Disput über einen/den Christus ist nichts anderes als der sprichwörtliche Streit um des Esels Schatten. Nichts an sich Bedeutendes betrifft die Auseinandersetzung zwischen Juden und Christen, denn beide glauben, daß vom göttlichen Geist ein künftiger Retter der Menschheit verheißen ist. Darin aber stimmen sie nicht mehr miteinander überein, ob der Verheißene bereits gekommen sei oder nicht."

Diese Äußerung ist der älteste uns bekannte Kommentar über das Verhältnis von Christen und Juden in Sachen „Messiaserwartung" aus der Perspektive eines Außenbetrachters. Er stammt von dem gegen Ende des 2. Jh.u.Z. lebenden alexandrinischen Philosophen Kelsos und findet sich in dessen in erster Linie durch Exzerpte des Origenes erhaltenen Schrift ἀληθὴς λόγος „Die wahre Lehre" (Griechischer Text bei M. Stern: Greek and Latin Authors on Jews and Judaism, II, 1980, 246).

Dieser griechische Philosoph weiß, daß Christen und Juden sich heftig hinsichtlich eines bzw. des Christus streiten. Er kann dem ganzen aber keinen Sinn abgewinnen. Für ihn gleicht diese Auseinandersetzung dem sprichwörtlichen Streit um des Esels Schatten bzw. – wie wir sagen würden – um des Kaisers Bart. Denn Christen wie Juden stimmen darin überein, daß sie beide mit einem von Gott der Menschheit verheißenen Retter rechnen. Der Gegensatz zwischen ihnen betrifft nur eine Bagatellfrage, den Termin: Ist der Verheißene bereits gekommen oder steht seine Ankunft noch aus. Von seiner philosophischen Warte her macht das nicht allzuviel aus. Für sein Verständnis ist die Erwartung einer derartigen Rettergestalt so oder so skurril, ja geradezu abstrus.

Wie Kelsos zu dieser Sicht gekommen ist, was er von den Auseinandersetzungen zwischen Juden und Christen wirklich zu Gesicht bekommen hat, wie weit ihm nicht nur christliche, sondern auch jüdische Quellen zur Verfügung standen, ist unbekannt. Deutlich ist aber in jedem Fall, daß für ihn Christen und Juden in der Sache eng beieinander stehen und die Auseinandersetzungen zwischen ihnen für ihn keinen Sinn machen.

Seine jüdischen und ebenso seine christlichen Zeitgenossen werden ihm darin sicherlich kaum gefolgt sein. Für beide Seiten ging es in diesem Streit gewiß nicht bloß um des Esels Schatten, sondern um das Licht der Wahrheit. Und im Blick auf die weitere geschichtliche Entwicklung des Verhältnisses zwischen Christen und Juden mit ihren bis in unsere Zeit hinein wirkenden Folgeerscheinungen dürfte es noch schwerer fallen, die traditionelle, wesentlich an der Messiasfrage orientierte christlich-jüdische Streitge- I schichte bloß als Lappalie zu werten. Hier ging es nicht nur um ein paar Bart-Haare, sondern – zumindest was den jüdischen Part anlangt – häufig um Kopf und Kragen. Bis heute geht es hier nicht um eine Nebenfrage, sondern um eine Kernfrage.

So richtig und wichtig das ist, die Äußerungen des Kelsos sind in der Sache damit noch nicht völlig gegenstandslos. In ihnen kommen Aspekte und Fragen zur Sprache, die auch heute noch nicht erledigt sind, die zu bedenken sich lohnt, ja nach wie vor nötig ist.

Wie steht es mit dem Zusammenhang von jüdischer Messiaserwartung und christlichem Christusglauben? Läßt sich der christliche, zumindest der ur- und frühchristliche Christusglaube als eine Spielart jüdischer Messiaserwartung einstufen? Und liegt der Unterschied im wesentlichen oder gar ausschließlich bei der Frage nach der schon erfolgten oder der noch ausstehenden Ankunft? Stehen Judentum und Christentum als messianisch ausgerichtete Bewegungen am Ende doch ganz nah beieinander? Bindet gar der Christus-Glaube das Christentum entscheidend an das Judentum?

Oder hat christlicher Christus-Glaube mit jüdischer Messias-Erwartung höchstens in historischer Perspektive etwas zu tun, aber nicht mehr in der Sache und im Wesen? Und markiert der Unterschied zwischen beiden nicht nur die Distanz, sondern geradezu den Bruch zwischen Judentum und Christentum? Kann man überhaupt von christlicher „Messiaserwartung" sprechen? Ist nicht Christus „des Messias Ende"? Sind nicht die messianischen Erwartungen des Judentums „in ihrer irdisch-nationalen, ,judaistischen Art' durch Christus" geistlich erfüllt und dadurch aber auch „zerbrochen und abgetan" (P. Althaus)?

Von „jüdischen und christlichen Messiaserwartungen" zu sprechen, versteht sich keineswegs von selbst. Das kann, das muß geradezu provozierend wirken, und zwar auf Juden wie Christen. Kann man überhaupt jüdische messianologische Erwartung auf eine Ebene mit christlicher Erwartung stellen, und kann man die christliche Erwartung als messianologisch bezeichnen? Geht das überhaupt?

Das ist unter uns keineswegs ausgemacht. Im Gegenteil. Wir befinden uns in diesen Fragen bis heute auf höchst umstrittenem und z.T. sogar heftig umkämpftem Gelände, wobei die Fronten keineswegs einlinig verlaufen. Das läßt sich eindrücklich an der Debatte über den rheinischen Synodalbeschluß und seinen christologischen Spitzensatz ablesen. Das dort formulierte Bekenntnis „zu Jesus Christus, dem Juden, der als Messias Israels der Retter der Welt ist" hat bekanntlich heftige Kritik auf sich gezogen und zwar im Blick auf den Gebrauch des Messiasbegriffes. Von zwei unterschiedlichen Positionen aus, aber im Ergebnis ähnlich, wird nicht nur die Rede vom „Messias Israels" als unbiblisch abgelehnt, sondern auch grundsätzlich die Anwendung dieses Begriffes auf die Person Jesu beanstandet.

Die eine Position, vertreten z.B. durch christliche Alt- und Neutestamentler wie F. Hesse und H. Hübner, wendet sich dagegen, Jesus als „Messias" zu bezeichnen, weil mit die- I sem Begriff eine rein nationale, partikulare und irdisch begrenzte Endzeiterwartung verknüpft sei und die Funktion Jesu als universaler Heilsbringer gerade nicht zum Ausdruck gebracht werden könne.

Die andere Position, vertreten namentlich durch jüdische Gelehrte, u.a. nachdrücklich von P. Lapide, hält es für unangemessen, von Jesus als Messias zu sprechen, in erster Linie weil nach jüdischer Vorstellung messianisches Wirken am Ende der Tage in der Offentlichkeit der Geschichte sich vollzieht, ferner weil der Begriff „Messias" im Judentum keineswegs einheitlich festgelegt sei und schließlich weil mit dem christlichen Bekenntnis zu Jesus als Messias nicht nur jüdische Messiaserwartung usurpiert werde, sondern auch das Judentum wieder christlich vereinnahmt sei und damit unter der Hand erneut die Überlegenheit der Kirche gegenüber Israel zum Ausdruck gebracht werde.

Man wird sich all diesen Einwänden, namentlich den zuletzt genannten, nicht leichthin entziehen können. In den letzten Jahren sind manche Versuche gemacht worden, vor allem von systematischer Seite her, sich ihnen zu stellen. Ich nenne nur die christologischen Entwürfe, die P. van Buren: A Theology of Jewish Christian Reality. III: Christ in Context, 1988; J. Moltmann: Der Weg Jesu Christi. Christologie in messianischen Dimensionen, 1989; F.-W. Marquardt: Das christliche Bekenntnis zu Jesus dem Juden. Eine Christologie I, 1990, II, 1991 und H.-J. Kraus: Perspektiven eines messianischen Christusglaubens, in: ders.: Rückkehr zu Israel. Beiträge zum christlich-jüdischen Dialog, 1991, 146–166 vorgelegt haben. Auch die Zeitschrift „Kirche und Israel" hat sich im vergangenen Jahr eigens mit dem Thema „Christologie und Messianologie" beschäftigt. Die einschlägigen Beiträge stammen von Michael Wyschogrod (Christologie ohne Antijudaismus), Ulrich Kellermann (Jesus – das Licht der Völker. Lk 2,25–33 und die Christologie im Gespräch mit Israel) und von E. Stegemann (Welchen Sinn hat es, von Jesus als Messias zu reden?). Hier ist offensichtlich vieles im Fluß. Zur Debatte stehen vor allem zwei Fragen:

1) Kann christliche Theologie sich christologisch äußern, ohne zugleich antijudaistisch zu sein?

2) Kann die Rückbesinnung auf die messianischen Grundlagen der Christologie dabei eher behilflich oder hinderlich sein?

Der folgende Beitrag steht im Zusammenhang dieser zweiten Frage. Er ist eine Art historischer Geländeerforschung und Geländebeschreibung. Ohne historische Rückfragen kommen wir m.E. im Bereich gerade auch der Theologie nicht aus. Nur wenn wir die theologischen Details, das historische Terrain einigermaßen im Blick haben, werden wir die theologischen Sachfragen sinnvoll aufarbeiten und beantworten können. Hat der eingangs erwähnte Kelsos recht, wenn er davon spricht, daß Christen und Juden in bezug auf ihre Erlösererwartung ganz nah beinander stehen? Wie weit ist es sachgemäß, von christlicher Messiaserwartung analog zu jüdischer Messiaserwartung | zu sprechen? Wie weit gehören die christologischen Aussagen zumindest der ur- und frühchristlichen Gemeinden in den Rahmen jüdischer Messianologie? An welcher Stelle wurde dieser Rahmen verlassen?

Um diese Fragen beantworten zu können, muß zunächst das Terrain jüdischer Messiaserwartungen abgeschritten werden. Erst dann ist es möglich, die christlichen Erwartungen und Vorstellungen damit zu vergleichen.

1. Jüdische Messiaserwartungen

Wie sieht das Terrain „jüdische Messiaserwartungen" aus? Um das Ergebnis gleich vorweg zu nehmen: Es ist ein reichlich zerklüftetes, vielschichtiges und in vielem auch noch gar nicht hinreichend erschlossenes Terrain. Die Ursprünge liegen weithin im Dunkeln. Die ersten Ansätze und Anfänge lassen sich in nachexilischen, spätprophetischen Texten verorten (z.B. bei Deutero- und Trito-Jesaja, bei Ezechiel, Sacharja, Haggai). Und auch danach fließen die einschlägigen Quellen zunächst nur sehr spärlich. Noch für das 2. und 1. Jh. v.u.Z. sind direkte Zeugnisse messianischer Erwartung höchst dünn gesät. Sie beschränken sich auf die beiden letzten Psalmen, den 17. und den 18., der sogenannten Psalmen Salomos und auf einige in den Höhlen bei Qumran gefundenen Schriften, vermutlich essenischer Herkunft. Das Gros der jüdischen Schriften aus vorchristlicher Zeit schweigt sich in Sachen Messiaserwartung aus. Daraus wird man nicht unbedingt schließen dürfen, daß eine derartige Erwartung im damaligen Judentum nur ein Randphänomen gewesen ist. Aber der Befund verbietet in jedem Fall, für das damalige Judentum eine allseits verbreitete messianische Grundströmung anzunehmen. Es hat offensichtlich damals (und das gilt auch für spätere Zeiten) nichtmessianisch orientierte Formen des Judentums gegeben. Messiaserwartungen waren keineswegs, wie das oft behauptet wird, ein religiöses Band aller jüdischen Gruppen. Aber nicht nur das. Auch dort, wo in den jüdischen Gruppen messianische Erwartungen gehegt wurden, waren diese keineswegs einheitlich geprägt. Was wir in den Quellen zu fassen bekommen, zeigt, daß im Judentum der hellenistisch-römischen Zeit Messiaserwartung nie in eine lehrmäßig institutionalisierte, schablonisierte und kanalisierte Messianologie eingegangen ist. Es gibt kein einheitliches, scharf umrissenes Bild „des Messias", seiner Eigenart und Aufgaben. Das antike (aber auch das spätere) Judentum kennt „keinen Messias schlechthin, dessen Kräfte und Funktionen von eindeutigen, unveränderlichen Vorstellungskomplexen umgrenzt worden wären. Es gibt vielmehr stark divergierende, sich dauernd ändernde Vorstellungen darüber, wie ein Messias auszusehen und zu wirken hätte." (C. Thoma) Er wird bald als priesterliche, bald als königliche, bald als prophetische Gestalt gezeichnet; z.T. wird – so z.B. in Qumrantexten – auch von mehreren (meist zwei) Messiassen gesprochen. Neben Hoheits- und Machtattributen können ihm ebenso Attribute der Niedrigkeit (Leiden; Verborgenheit) zugeschrieben werden. Selbst von einer durchgehend politisch geprägten | Ausrichtung kann nicht die Rede sein. Messianische Erwartungen verbinden sich bald mit restaurativen, bald mit utopischen Tendenzen, teils sind sie partikular beschränkt, teils universal geöffnet.

Im antiken Judentum (vor allem Palästinas) scheint zwar die Erwartung eines königlichen Messias aus dem Haus Davids besonders verbreitet gewesen zu sein. Dabei haben neben den vielfältigen biblischen Verheißungen über die Herrschaft eines Nachkommens Davids (vgl. 2. Sam. 7,11–14; Am. 9,11; Jes. 11,1ff.; Jer. 23,5ff.; 33,15f.; Ez. 34,23f.; 37,24f.) wohl insbesondere die Erfahrungen von politischer Unterdrückung und Fremdherrschaft eine große Rolle gespielt. Aber selbst in diesem Zusammenhang ist keine fest umrissene Form national-politischer Messianologie entwickelt worden. Die Gestalt des königlichen Messias, des Sohnes Davids, wird zwar stets auf das Volk Gottes bezogen, aber er wird dabei keineswegs bloß als dessen politischer Befreier und Führer vorgestellt, sondern auch als Lehrer und Mahner, als Helfer in religiösen und sozialen Fragen und Notständen. Und darüber hinaus werden ihm ebenso auch universale Aufgaben und Funktionen für die Völker beigelegt.

In diesem Zusammenhang ist das Zeugnis des 17. Psalms der Psalmen Salomos besonders aufschlußreich. In ihm werden unverkennbar biblisch verankerte Motive königlich-politischer Messiaserwartung herangezogen: der künftige Messiaskönig wird die Feinde des Gottesvolkes wie Töpfergeschirr zerschlagen (V. 22–24). Aber genau besehen sind dies – nebenbei ähnlich wie in den entsprechenden christologischen Aussagen der Johannesapokalypse (Apk. 2,26f.; 12,5; 19,15) – nur „literarisch-ornamentale und traditionell hinweisende" Elemente (C. Thoma). Das für den Verfasser des Psalms grundlegende messianische Konzept kommt jedoch darin gerade nicht zum Ausdruck. Dieses Konzept ist weithin apolitisch, ja geradezu antipolitisch ausgerichtet. V. 33 wird der ersehnte Gesalbte als Antityp politischer Macht dargestellt. Gewaltlosigkeit ist sein Merkmal. Er wirkt durch die Macht des Wortes (V. 36). Weisheit zeichnet ihn aus (V. 29.35). Er tritt als priesterliche Gestalt auf und reinigt Jerusalem (V. 30), „so daß auch die Heiden kommen von den Enden der Erde, um seine Herrlichkeit zu sehen" (V. 30f.). „Er ist rein von Sünden, um über ein großes Volk zu herrschen" (V. 36). „Seine Worte sind wie die Worte von Heiligen (d.h. Engeln) inmitten geheiligter Völker" (V. 43). „Gott hat ihn stark gemacht mit heiligem Geist" (V. 37). Der Messias Gottes erscheint hier unverkennbar als „Stellvertreter und Agent Gottes und hat als solcher Anteil an göttlichen Qualitäten" (G. Nickelsburg). In seiner Herrschaft verwirklicht sich die Herrschaft Gottes auf Erden. Der Messias bekommt hier geradezu himmlische Qualitäten.

Die Psalmen Salomos stehen damit keineswegs allein. In anderen Texten finden sich z.T. noch deutlicher Züge, die auf eine weitergehende Transzendierung und Universalisierung der königlichen Messiaserwartung hinweisen. In den Bilderreden des 1. Henochbuches und in der sogenannten 4. Esra-Apokalypse werden in einem eigentümlichen Amalgam die irdische Gestalt des Messiaskönigs mit der himmlischen Gestalt des sogenannten Menschensohnes verwoben. In den Bilderreden des 1. Henochbu- | ches zieht der vor Erschaffung der Welt von Gott erwählte und zur himmlischen Welt gehörige „Menschensohn" Eigenschaften und Funktionen auf sich, die üblicherweise teils für die messianische Gestalt königlicher Prägung, teils für Gott selbst geltend gemacht werden (vgl. z.B. 1. Hen. 46,3.4: „Dies ist der Menschensohn, der die Gerechtigkeit hat und bei dem die Gerechtigkeit wohnt [s. Jes. 9,9f.; 11,3ff.; Jer. 23,5; Sach. 9,9], der alle Schätze des Verborgenen offenbart ... Und dieser Menschensohn, den du gesehen hast, wird die Könige und Mächtigen hochreißen von ihren Ruhelagern und die Starken von ihren Thronen; er wird die Zügel der Starken lösen und die Zähne der Sünder zerschlagen [s. Ps. 3,8; 58,7].“). Dieser gelegentlich selbst als Messias, als „Gottes Gesalbter“, bezeichnete Menschensohn nimmt darüber hinaus auch Züge der Gestalt des prophetischen Gottesknechtes an. „Er wird das Licht der Völker und die Hoffnung derer sein, die in ihrem Herzen Kummer haben“ (48,4: s. Jes. 42,6; 61,1). In ähnlicher Weise werden auch im 4. Esra Messias und Menschensohn identifiziert. Der auf Erden erwartete Messias ist nicht nur von Gott erwählt, er kommt aus der Tiefe des Meeres wie ein außerirdisches Wesen, er fliegt wie ein himmlisches Wesen mit den Wolken des Himmels. Im Gefälle solcher Aussagen wird es dann auch verständlich, daß in der syrischen Baruchapokalypse sogar von der „Rückkehr“ des Messias „in die Herrlichkeit“ und im Zusammenhang damit dann von der Auferstehung derer, die „in der Hoffnung auf ihn entschlafen sind“ (sBar. 30,1), die Rede ist.

Das alles zeigt: Selbst im Rahmen der augenscheinlich vorherrschenden Erwartung eines königlichen Messias (aus dem Hause Davids) hat es im antiken Judentum keine konstante und kohärente Messianologie gegeben. Die erhaltenen jüdischen Quellen spiegeln eine erstaunliche Vielfalt in der Gestaltung der messianischen Heilserwartung. Das vorhandene, vor allem durch biblische Überlieferung vorgegebene Arsenal an Vorstellungen wird recht freizügig verwendet. Die Bilder weisen entsprechend sehr unterschiedliche Akzente, Konturen und auch Perspektiven auf.

Daß sich darin bestimmte gruppenspezifische Aspekte und Interessen niederschlagen und daß dabei auch bestimmte historische, politische Erfahrungen und soziale Bedingungen eine Rolle spielen, steht zu vermuten. Aber darüber auch nur annähernd genaueres zu sagen, ist ein schwieriges Geschäft. Zu welchen Ergebnissen man dabei auch immer kommen mag, festzuhalten bleibt in jedem Fall als grundlegender Befund: Weder die These einer einheitlichen, in sich konformen Messiaserwartung noch die These einer übergreifenden, kohärenten messianischen Grundströmung läßt sich – zumindest für das antike Judentum der hellenistisch-römischen Zeit – aufrecht erhalten. Gerade für diese Zeit liegt sowohl die Vielfalt messianischer Erwartungen auf der Hand wie auch deren Begrenztheit. Der US-amerikanische Theologe Morton Smith hat diesen Befund bereits vor einiger Zeit etwas zugespitzt zusammengefaßt in einem Bonmot, das sich in seiner Prägnanz im Deutschen kaum wiedergeben läßt. Es lautet: "There are messiahs without ends and ends without messiahs." Es gibt Messiaswartungen ohne Zahl, aber zugleich auch Enderwartungen ohne Messias. Beides ist für die Einschätzung der ur- und frühchristlichen christologischen Äußerungen zweifellos von einiger Bedeutung.

Wie weit die ur- und frühchristlichen Gemeinden mit ihrer Christologie bzw. ihren Christologien in diesen Rahmen der vielfältigen jüdischen Messiaserwartungen hineinpassen, das ist die Frage, die sich für uns in Sonderheit stellt. Sie ist zunächst historisch, dann aber auch theologisch zu bedenken.

2. Christliche Messiasvorstellungen

Blickt man vom Befund in den erhaltenen jüdischen Zeugnissen auf das Vorkommen messianisch geprägter Äußerungen im Neuen Testament, so ist zunächst eine quantitative Asymmetrie festzustellen. Das läßt sich allein schon am Gebrauch des Terminus χριστός, der griechischen Übersetzung des hebräischen ‚maschiaḥ' bzw. aramäischen ‚mᵉschiḥa' ablesen. Χριστός wird im Neuen Testament über 500mal benutzt, und zwar mit einer unwesentlichen Ausnahme (3. Joh.) in allen Schriften.

Zu dieser quantitativen Asymmetrie kommen drei weitere Besonderheiten: Im Neuen Testament wird

a) Χριστός überwiegend absolut gebraucht. Die durch die biblische Tradition vorgegebene und in den jüdischen Quellen ebenfalls geläufige Verbindung „der Gesalbte Gottes" kommt demgegenüber nur selten vor.

b) Χριστός wird nahezu durchgängig auf eine konkrete historische Person, den Jesus von Nazareth, bezogen verwendet.

c) Χριστός wird haufig dabei nicht mehr als Prädikat, sondern als Name benutzt.

Die Verlagerung vom Prädikat χριστός zum Namen Χριστός ist besonders eigentümlich. Sie hängt aller Wahrscheinlichkeit damit zusammen, daß griechische Ohren im allgemeinen mit χριστός als Übersetzung des biblisch-jüdischen Prädikats ‚maschiaḥ'/‚mᵉschiḥa' nichts rechtes anzufangen wußten, da χριστός eher an einen „Gefärbten" als an einen „Gesalbten" denken ließ. Sie läßt sich schon früh, bereits in den Briefen des Paulus, nachweisen und markiert formal einen grundlegenden Einschnitt, den Beginn des „Auseinandergehens der Wege" zwischen Juden und Christen. In der frühen Christenheit ist sie aber keineswegs durchgängig erfolgt. Der Gebrauch als Prädikat und als Name gehen lange nebeneinander her, so daß die in der Umsetzung als Name angelegte Entfernung vom zugrundeliegenden biblisch-jüdischen Kontext und die damit verbundene sachliche Umdeutung bzw. Entleerung in ur- und auch in frühchristlicher Zeit nie voll zum Zuge kommt.

Nicht nur Paulus, sondern auch viel spätere neutestamentliche Autoren wie z.B. die Evangelisten – Markus, Matthäus, Lukas, Johannes – und die Verfasser des Hebräerbriefes und der Johannesapokalypse kennen den titularen Gebrauch und stellen die Person und das Wirken Jesu entsprechend betont in Farben und Linien traditioneller | messianischer Vorstellungen dar. Die in den jüdischen Zeugnissen nachweisbaren Variationen, Kombinationen und Transformationen sind dabei in gleicher oder ähnlicher Weise vorhanden. Am weitesten verbreitet ist – wie in den jüdischen Quellen – bemerkenswerterweise die Deutung Jesu im Licht der königlichen Messiaserwartungen. Jesus als Sohn Davids ist ein prägendes Element urchristlicher Bekenntnisbildung und hat in einem starken Maße auch in den Jesusdarstellungen der Evangelien seinen Niederschlag gefunden. In den Evangelien sind daneben vor allem auch Motive der apokalyptischen Menschensohntradition herangezogen worden, ferner mehrfach auch Motive der prophetischen Messiaserwartung (s. z.B. Lk. 2,25–33). Elemente der Erwartung eines priesterlichen Messias haben betont im Hebräerbrief Aufnahme gefunden.

So groß die Unterschiede im einzelnen auch sind, im Blick auf die Hauptzeugen der ur- und frühchristlichen Gemeinden kann, ja muß von einem durchgehend messianischen Gepräge ihrer religiösen Vorstellungs- und Gedankenwelt gesprochen werden. Wie es dazu gekommen ist, vor allem ob die Ansätze dazu bereits im Auftreten und Wirken Jesu selbst gelegen haben, gehört zu den viel verhandelten und bis heute noch immer umstrittenen Fragen. Wie immer man an dieser Stelle urteilen mag, sicher ist in jedem Fall, daß die frühen christlichen Gemeinden in den Kreis messianisch bewegter und orientierter Gruppen des antiken Judentums gehören, daß ihre Christologie bzw. Christologien wesentlich Anteil haben an den damals im Judentum vorhandenen Messiaserwartungen.

Anteil haben besagt freilich nicht völlige Deckungsgleichheit. Es gibt spezifische Eigenheiten. Zu diesen Eigenheiten, d.h. zu den Elementen, für die es in den uns bekannten jüdischen Messias-Überlieferungen keine Parallelen gibt, gehören:

a) In erster Linie und entscheidend die Rede vom gekreuzigten und auferweckten Christus.

b) Damit zusammenhängend die soteriologische Deutung seines Todes.

c) Die universale, ja kosmische Ausweitung der Rolle des Christus in seiner Einstufung als Mittler der Schöpfung, als Mittler der Auferweckung, und auch als Retter der Welt.

d) Damit zusammenhängend seine Einstufung als göttliches Wesen, als göttliche „Weisheit" (σοφία) bzw. göttliches „Wort" (λόγος).

e) Der Vergleich und die Gegenüberstellung mit dem ersten Menschen, Adam.

f) Die Vorstellung der übernatürlichen Zeugung und Geburt des Christus.

g) Die ekklesiologische Bezeichnung der Christusanhänger als „Leib des Christus".

h) Vermutlich auch die Bezeichnung „Herr" (κύριος) für den Christus. Freilich ist das nicht ganz eindeutig, denn es gibt zwei Belege für κύριος als Messiasprädikat, die möglicherweise jüdischer Herkunft sind (PsSal. 17,32; Lk. 2,11).

In fast all diesen Fällen läßt sich zwar nachweisen, daß diese christologisch gewendeten Motive und Vorstellungen in jüdischer Überlieferung durchaus vorkommen und d.h. ohne jüdische Einflüsse kaum zustande gekommen wären. Aber im Zusammen- | hang jüdischer Messiaserwartung sind sie sonst nicht greifbar. Angesichts dessen stellt sich die Frage, ob und inwieweit diese christologischen Züge noch im Rahmen der an sich vielfältigen jüdischen Messianologie bleiben oder mit ihnen dieser Rahmen verlassen, ja aufgebrochen ist.

Wenn Paulus die Verkündigung des gekreuzigten Christus als „Ärgernis" (σκάνδαλον) in den Augen der Juden bezeichnet (1. Kor. 1,23), dann markiert er die auch in seinen Augen wohl entscheidende Grenzlinie. Daß er selbst, obgleich von Haus aus Jude und sich offenkundig noch immer als Jude verstehend, diese Grenzlinie überspringen kann, ändert daran nichts, sondern weist darauf hin, daß hier spezifisch Neues in die Vorstellung und Rede vom Messias/Christus eingebracht ist. Für die Judenheit in ihrer Mehrheit galt (und gilt) dieses Neue nicht als eine mögliche, sondern als eine unmögliche, fragwürdige, ja verfehlte Variation der Messiaserwartung. Für Paulus und für andere Juden seiner Zeit war das erlebte oder verkündigte Zeugnis der Auferweckung der Grund, über die herkömmliche Messiaserwartung hinauszugehen, freilich in der Meinung, ihr damit doch gerade treu zu bleiben und treu bleiben zu können. Letzteres zeigt sich bei Paulus z.B. im betonten Rückbezug der Christologie auf die biblischen, insbesondere die davidischen Messiasüberlieferungen und in der an entscheidenden Stellen stets durchgehaltenen Unterordnung des Christus und seiner Herrschaft unter Gott und seine Herrschaft (vgl. 1. Kor. 15,23–28; ferner Phil. 2,11; Röm. 1,1–7; 9,5).

Die weitere Entwicklung des christologischen Bekenntnisses und dann der christologischen Lehre hat die Verankerung in der biblisch-jüdischen Messiaserwartung formal zwar vielfach beibehalten, in der Sache aber nahezu durchgehend aus den Augen verloren. Sie hat damit die Kirche nicht nur von ihren biblisch-jüdischen Wurzeln entfernt, sondern sie auch in ihrer Gegnerschaft gegenüber dem Judentum bestärkt. Der von Kelsos beschriebene Streit in der Messias-Christus-Frage ist kein Streit um des Kaisers Bart geblieben. Im geschichtlichen Gefälle hat er die Verfolgung und Unterdrückung, ja z.T. auch die Vernichtung des Judentums durch die Kirche befördert.

Angesichts dieser historischen Entwicklungen und Verwicklungen stellt sich uns heute die Frage, wie wir mit unserer Christologie weiter umgehen. Ist es möglich, zu einer Christologie zu gelangen, die dem Antijudaismus in der Kirche keinen Boden mehr bietet, sondern im Gegenteil Nähe und Bindung der Kirche an Israel bezeugt und so Israel auch verhilft, ein neues Verhältnis zur Kirche zu gewinnen? Hilft uns dabei eine Rückführung und Aufhebung der Christologie in jüdische Messianologie? Oder sollten wir statt dessen gar zu einer messiaslosen Jesulogie greifen?

Ich denke, beides wäre zu simpel. Das Auseinandergehen der Wege läßt sich nicht rückgängig machen. Die Geschichte ist weiter gegangen, und zwar bei Christen wie Juden. |

Im Judentum ist es mehrfach – zuletzt insbesondere im Zusammenhang mit dem messianischen Auftreten des Sabbatai Zwi (1626–1676) – zu grundlegenden Krisen der messianischen Erwartungen gekommen. Und diese haben – von wenigen Ausnahmen abgesehen, für die es gegenwärtig in einer chassidischen

Gruppe wieder ein Beispiel gibt – zu einer weitreichenden Entfremdung jüdischer Frömmigkeit gegenüber konkreten Messias-Erwartungen geführt.

Im Christentum hat die klassische Christologie der altkirchlichen Bekenntnisse offiziell zwar noch Bestand, aber in der religiösen Wirklichkeit stellen auch sie keine festen Bastionen mehr dar. Auch hier kann von einer weitreichenden Entfremdung gesprochen werden.

Daß die Theologen der Alten Kirche das Bekenntnis zu Jesus Christus als dem Sohn Gottes in Formeln gefaßt haben, die mehr dem Geist griechischer Philosophie als dem Geist biblisch-jüdischer Prophetie verpflichtet waren, war historisch wohl unvermeidlich, in seinen Folgen aber verhängnisvoll. Denn damit war die Bahn gelegt für eine Form des Bekenntnisses, die den christlichen Glauben in ein allumfassendes und abgeschlossenes System gezwängt und damit ebenso zur Erstarrung wie zur Überheblichkeit, zum sogenannten „Heilstriumphalismus", der christlichen Kirche beigetragen hat.

Eine Rückbesinnung auf die Ursprünge und die geschichtliche Entwicklung, auf die Verankerung der Christologie in den Messiaserwartungen des Judentums, könnte hier hilfreich sein und einen Ansatz zur Neubesinnung bieten. Die frühjüdischen und die dazu gehörigen frühchristlichen Messiaserwartungen bieten mit ihrer Vielfalt, ihrer Beweglichkeit, ihrer Aufgeschlossenheit und Unabgeschlossenheit ein Potential an Erfahrungen, Einsichten und Überzeugungen, das zu unrecht vergessen wurde.

Das eingangs zitierte Votum des Heiden Kelsos hat mit seiner Einschätzung, daß Christen und Juden in Sachen Messiaserwartung sich um des Kaisers Bart streiten, die Lage schon damals sicherlich nicht voll erfaßt. Aber seine Bemerkung, daß Juden und Christen in der Erwartung eines von Gott verheißenen Erlösers nah beieinander stehen, dürfte durchaus hellsichtig gewesen sein. Wenn wir das zunächst einmal wahrnehmen – auf beiden Seiten, aber vor allem auf unserer christlichen Seite –, dann werden die Unterschiede nicht einfach eingeebnet, aber dann gibt es die Möglichkeit, aufeinander zu hören, was der eine dem anderen zu sagen hat im Blick auf die Erlösung unserer Welt und von uns Menschen, und dann gibt es auch die Möglichkeit, nebeneinander, ja miteinander für Versöhnung und Frieden in unserer Welt einzutreten.

Und dann könnte vielleicht auch einmal der viel beschworene, aber bislang nur beschränkt in Theologie und Kirche wahr und ernst genommene Satz Dietrich Bonhoeffers „Das Judentum hält die Christusfrage offen" ergänzt werden durch den Satz „Das Christentum hält die Messiasfrage wach", aber nur dann.

BIBLIOGRAPHIE BERNDT SCHALLER 1961–2000

Abkürzungen richten sich nach Theologische Realenzyklopädie. Abkürzungsverzeichnis, zusammengestellt von S.M. SCHWERTNER, Berlin/New York ²1994.

1961

Gen. 1.2 im antiken Judentum. Untersuchungen über Verwendung und Deutung der Schöpfungsaussagen von Gen. 1.2 im antiken Judentum, Diss. theol. (masch.), Göttingen 1961.

1962

Gen. 1.2 im antiken Judentum. Untersuchungen über Verwendung und Deutung der Schöpfungsaussagen von Gen. 1.2 im antiken Judentum, Diss. Göttingen, 1961 [Autoreferat], ThLZ 87 (1962), 784–786.

Rez. G. KLEIN, Die Zwölf Apostel. Ursprung und Gehalt einer Idee, 1961, ZRGG 14 (1962), 287–289.

Rez. U. WILCKENS, Die Missionsreden in der Apostelgeschichte, 1961, ZRGG 14 (1962), 289–292.

1963

Hekataios von Abdera über die Juden. Zur Frage der Echtheit und der Datierung, ZNW 54 (1963), 15–31.

1967

Art. ‚Feste: πάσχα‘, TBLNT I (1967), 324–326.
Art. ‚Gadara‘, KP II (1967), 654.
Art. ‚Hannas‘, KP II (1967), 933–934.
Art. ‚Iakobos‘, KP II (1967), 1302–1303.
Art. ‚Iosephos‘, KP II (1967), 1440–1444.
Art. ‚Iotapata‘, KP II (1967), 1444.
Art. ‚Ituraea‘, KP II (1967), 1492.
Art. ‚Iucundus‘, KP II (1967), 1495.

1968

Rez. J. COLIN, Les villes libres de l'orient gréco-romain et l'envoi au supplice par acclamations populaires, 1965, ZDPV 84 (1968), 88–90.

1969

Art. ‚Kallirhoe‘, KP III (1969), 85.
Art. ‚Kana‘, KP III (1969), 103.
Art. ‚Libias‘, KP III (1969), 625.
Art. ‚Machairus‘, KP III (1969), 852.
Art. ‚Magdala‘, KP III (1969), 872–873.
Art. ‚Malichos‘, KP III (1969), 932.
Art. ‚Manaemos‘, KP III (1969), 940–941.
Art. ‚Mariamme‘, KP III (1969), 1024.
Art. ‚Marion‘, KP III (1969), 1029.
Art. ‚Masada‘, KP III (1969), 1061.
Art. ‚Mattathias‘, KP III (1969), 1085.
Art. ‚Matthias‘, KP III (1969), 1086.
Art. ‚Monobazos‘, KP III (1969), 1411–1412.

1970

Die Sprüche über Ehescheidung und Wiederheirat in der synoptischen Überlieferung, in: Der Ruf Jesu und die Antwort der Gemeinde. Exegetische Untersuchungen J. Jeremias zum 70. Geburtstag gewidmet von seinen Schülern, hg. v. E. LOHSE mit C. BURCHARD/B. SCHALLER, Göttingen 1970, 226–246.
Art. ‚Phasael‘, PRE.S XII (1970), 1084–1086.

1972

"Commits Adultery with Her" not "against Her", Mk 10[11], ET 83 (1972), 107–108.
Targum Jeruschalmi I zu Deuteronomium 33,11. Ein Relikt aus hasmonäischer Zeit?, JSJ 3 (1972), 52–60.
Art. ‚Nazareth‘, KP IV (1972), 27.
Art. ‚Nehemia‘, KP IV (1972), 38–39.
Art. ‚Nerabos‘, KP IV (1972), 66.
Art. ‚Onias‘, KP IV (1972), 303–304.
Art. ‚Phasael‘, KP IV (1972), 718–719.
Art. ‚Phasaelis‘, KP IV (1972), 719.
Art. ‚Pheroras‘, KP IV (1972), 731–732.

Art. ‚Philon [der Ältere]‘, KP IV (1972), 771.
Art. ‚Philon von Alexandreia‘, KP IV (1972), 772–776.
Art. ‚Rabbinische Literatur‘, KP IV (1972), 1323–1327.
Rez. E. JANSSEN, Das Gottesvolk und seine Geschichte, 1971, LR 22 (1972), 110–111.

1973

Rez. Ch. ALBECK, Einführung in die Mischna, übers. v. T. u. P. GALEWSKI, 1971, ThLZ 98 (1973), 28–33.

1975

Art. ‚Sepphoris‘, KP V (1975), 121–122.
Art. ‚Simon der Gerechte‘, KP V (1975), 202–203.
Art. ‚Sodom‘, KP V (1975), 246–247.
Übersetzung: Art. ‘Feast: πάσχα’, NIDNT I (1975), 632–635.

1976

Rez. O. BETZ/K. HAACKER/M. HENGEL (Hg.), Josephusstudien. Untersuchungen zu Josephus, dem antiken Judentum und dem Neuen Testament. FS O. Michel, 1974, ThBeitr 7 (1976), 123–124.

1979

Das Testament Hiobs, JSHRZ III/3, Gütersloh 1979 [303–387].
Zur Überlieferungsgeschichte des ps.-philonischen *Liber Antiquitatum Biblicarum* im Mittelalter, JSJ 10 (1979), 64–73.

1980

Zum Textcharakter der Hiobzitate im paulinischen Schrifttum, ZNW 71 (1980), 21–26.
Das Testament Hiobs und die Septuaginta-Übersetzung des Buches Hiob, Bib. 61 (1980), 377–406.
Art. ‚Ἀδάμ‘, EWNT I (1980 [= ²1992]), 65–67.
Art. ‚βῆμα‘, EWNT I (1980 [= ²1992]), 517–518.

1981

Jesus und die Tora. Erwägungen zu den Antithesen der Bergpredigt, in: FS Chr. Burchard (masch.), Heidelberg 1981, 133–160.

1983

Philon von Alexandreia und das „Heilige Land", in: Das Land Israel in biblischer Zeit. Jerusalem-Symposion 1981 der Hebräischen Universität und der Georg-August-Universität, Vorwort N. KAMP, hg. v. G. STRECKER, GTA 25, Göttingen 1983, 172–187.
Art. ‚Israel: A. Sprachgebrauch', TRT[4] II (1983), 342–343.
Art. ‚Israel: C. Exilische bis römische Zeit; D. Von der Spätantike bis zur Neuzeit' [mit L.M. PÁKOZDY] , TRT[4] II (1983), 353–368.
Art. ‚Synagoge', TRT[4] V (1983), 127–130.

1984

ΗΞΕΙ ΕΚ ΣΙΩΝ Ο ΡΥΟΜΕΝΟΣ. Zur Textgestalt von Jes 59:20f. in Röm 11:26f., in: De Septuaginta. Studies in Honour of John William Wevers on his Sixty-Fifth Birthday, hg. v. A. PIETERSMA/C. COX, Mississauga, OT 1984, 201–206.

1989

Zur Komposition und Konzeption des Testaments Hiobs, in: Studies on the Testament of Job, hg. v. M.A. KNIBB/P.W. VAN DER HORST, SNTS.MS 66, Cambridge/New York/Port Chester/Melbourne/Sidney 1989, 46–92.
Der Reichspogrom 1938 und unsere Kirchen, KuI 4 (1989), 123–148.
Grabinschriften vom jüdischen Friedhof in Nörten, Northeimer Jahrbuch 54 (1989), 140–152.
Art. ‚Hasmonäer', EKL[3] II (1989), 389–390.
Art. ‚Henoch', EKL[3] II (1989), 489–490.
Art. ‚Herodes/Herodianer', EKL[3] II (1989), 502–503.
Art. ‚Hoherpriester', EKL[3] II (1989), 550–551.

1990

Das 4. Makkabäerbuch als Textzeuge der Septuaginta, in: Studien zur Septuaginta – Robert Hanhart zu Ehren. Aus Anlaß seines 65. Geburtstages hg. v. D. FRAENKEL/U. QUAST/J.W. WEVERS, AAWG.PH 190, Göttingen 1990, 323–331.
Art. ‚Hiob', EdM VI (1990), 1060–1064.
100 Jahre deutscher Rassismus, Skript, Druck Stadt Göttingen.
Übersetzung: Art. ‚Ἀδάμ', Exegetical Dictionary of the New Testament I (1990), 27–28.
Übersetzung: Art. ‚βῆμα', Exegetical Dictionary of the New Testament I (1990), 215–216.

1991

Ein jüdischer Grabstein aus der Stadtmauer von Hofgeismar, in: Juden – Hessen – Deutsche. Beiträge zur Kultur- und Sozialgeschichte der Juden in Nordhessen, hg. v. H. BURMEISTER/M. DORHS, Die Geschichte unserer Heimat 8, Hofgeismar 1991, 20–21.

Die Fürbitte des Christus. Predigt über Lk 22,31.32, in: Gott lieben und seine Gebote halten – Loving God and Keeping his Commandments. In memoriam Klaus Bockmühl, hg. v. M. BOCKMUEHL/H. BURKHARDT, Gießen/ Basel 1991, 344–348.

1992

Die Grabinschriften des jüdischen Friedhofs von Hedemünden [mit A. MARKUS], in: Hedemünden. Aus der Geschichte einer kleinen Ackerbürgerstadt bis zu ihrem Verzicht auf die Stadtrechte 1930, hg. v. H. HAMPE, Hann. Münden – Oberrode 1992, 258–277.

„Judenmission" und christliches Zeugnis. Anmerkungen zu einem unzeitgemäßen, aber nötigen Streit, RKZ 133 (1992), 253–257.

Judenmission und christliches Zeugnis. Anmerkungen zu einem nötigen Streit, EvKomm 25 (1992), 638–641.

Nicht in der Abstraktion theologischer Glasperlenspiele. Das Gespräch zwischen Juden und Christen: Stand und Aufgabe, Evangelische Aspekte 2 (1992), 4–7.

Art. ‚Pharisäer', EKL[3] III (1992), 1777–1778.

1993

Jüdische und christliche Messiaserwartungen. Vortrag im Pastoralkolleg „Jesus in jüdischer und christlicher Sicht" Loccum 3.2.1993, FÜI 76 (1993), 5–14.

1994

Jesus und der Sabbat. Franz-Delitzsch-Vorlesung 1992, FDV Heft 3, Münster 1994.

Probleme und Ergebnisse der Erforschung jüdischer Friedhöfe und ihrer Grabinschriften. Bericht aus der Arbeit im Göttinger Umfeld, in: Juden in Südniedersachsen, hg. v. R. SABALLEK, Schriftenreihe des Landschaftsverbands Südniedersachsen 2, Hannover 1994, 179–184.

Philo, Josephus und das sonstige griechisch-sprachige Judentum in ANRW und weiteren neueren Veröffentlichungen, ThR 59 (1994), 186–214.

Jesus der Jude. Gekürzte Fassung eines Vortrages am 2. Februar 1994 in der Marktkirche (Hannover), Marktkirche 1993/1994, hg. v. Kirchenvorstand der Marktkirchengemeinde, 22–30.

1995

Art. ‚Baeck, Leo‘, Deutsche Biographische Enzyklopädie (DBE) I (1995), 254–255.
Art. ‚Buber, Martin‘, Deutsche Biographische Enzyklopädie (DBE) II (1995), 177–179.
Die Erwählung Israels und das Selbstverständnis der Kirche, in: Juden und Christen, hg. v. R. BEMBENNECK, Falkenburger Blätter 16, 32–50.
Übersetzung: Art. ‚Ἀδάμ‘, Dizionario esegetico del Nuovo Testamento I (1995), 71–74.
Übersetzung: Art. ‚βῆμα‘, Dizionario esegetico del Nuovo Testamento I (1995), 570–571.

1996

Orte des Lehrens und Lernens: Cheder, Bet ha-Midrasch, Jeschiwa, Jüdische Hochschule, in: Jüdischer Glaube – Jüdisches Leben. Juden und Judentum in Stadt und Universität Göttingen, hg. v. E. MITTLER/B. SCHALLER, Göttingen 1996, 54.
Jüdisches Schrifttum, in: Jüdischer Glaube – Jüdisches Leben. Juden und Judentum in Stadt und Universität Göttingen, hg. v. E. MITTLER/B. SCHALLER, Göttingen 1996, 66–83.
Juden und Judentum an der Georgia Augusta, in: Jüdischer Glaube – Jüdisches Leben. Juden und Judentum in Stadt und Universität Göttingen, hg. v. E. MITTLER/B. SCHALLER, Göttingen 1996, 84–106.
Fragmente von Bibelhandschriften aus Göttingen, in: Jüdischer Glaube – Jüdisches Leben. Juden und Judentum in Stadt und Universität Göttingen, hg. v. E. MITTLER/B. SCHALLER, Göttingen 1996, 127–128.
Ein verschollenes und vergessenes Dokument jüdischen Lebens aus dem mittelalterlichen Arneburg, in: Theologisches geschenkt. Festschrift für Manfred Josuttis, hg. v. C. BIZER/J. CORNELIUS-BUNDSCHUH/H.-M. GUTMANN in Zusammenarbeit mit R. KEUNECKE/F. PRITZKE/U. TIMMERBERG-SCHUTT, Bovenden 1996, 205–208.
Aarons Segen. Predigt über 4. Mose 6,22–27, RKZ 137 (1996), 525–528.
Art. ‚Sabbat‘, EKL³ IV (1996), 1–6.
Art. ‚Sadduzäer‘, EKL³ IV (1996), 9–10.
Übersetzung: Art. ‚Ἀδάμ‘, Diccionario exegético del Nuevo Testamento I (1996), 81–84.

Übersetzung: Art. ‚βῆμα‘, Diccionario exegético del Nuevo Testamento I (1996), 646–647.

1997

„Judenmission" und Neues Testament. Die Rolle biblischer Texte im Streit über Auftrag und Absage, in: „Räumet die Steine hinweg". Beiträge zur Absage an die Judenmission, hg. v. S. VON KORTZFLEISCH/R. MEISTER-KARANI-KAS, Hamburg 1997, 10–35.

Häuser des Lebens. Von der Beredsamkeit jüdischer Friedhöfe, in: Herausgeforderte Kirche. Anstöße – Wege – Perspektiven. Eberhard Busch zum 60. Geburtstag, hg. v. C. DAHLING-SANDER/M. ERNST/G. PLASGER, Wuppertal 1997, 133–139.

Jesus, ein Jude aus Galiläa. Zur Trilogie von Geza Vermes, EvTh 57 (1997), 552–559.

Art. ‚Feste: πάσχα‘, TBLNT (Neubearbeitung) I (1997), 456–458.

1998

Paralipomena Jeremiou, JSHRZ I/8, Gütersloh 1998 [659–777].

Art. ‚Sabbat: III. Neues Testament‘, TRE XXIX (1998), 525–527.

Art. ‚Antisemitismus/Antijudaismus: III. Neues Testament (Ur- und Frühchristentum); IV. Christliche Antike bis zum Beginn des Mittelalters‘, RGG⁴ I (1998), 558–565.

Art. ‚Rosenzweig, Franz‘, Deutsche Biographische Enzyklopädie (DBE) VIII (1998), 402.

Art. ‚Schürer, Emil‘, Deutsche Biographische Enzyklopädie (DBE) IX (1998), 172.

Art. ‚Hannas‘, Der Neue Pauly (DNP) V (1998), 151.

Art. ‚Iotapata‘, Der Neue Pauly (DNP) V (1998), 1092–1093.

1999

4000 Essener – 6000 Pharisäer. Zum Hintergrund und Wert antiker Zahlenangaben, in: Antikes Judentum und Frühes Christentum. Festschrift für Hartmut Stegemann zum 65. Geburtstag, hg. v. B. KOLLMANN/W. REINBOLD/A. STEUDEL, BZNW 97, Berlin/New York 1999, 172–182.

Zukünftige Aufgaben der Gesellschaften für christlich-jüdische Zusammenarbeit, in: Der Dialog zwischen Juden und Christen, hg. v. H. ERLER/A. KOSCHEL, Frankfurt/New York 1999, 234–244.

Eröffnungsansprache zur Woche der Brüderlichkeit in Potsdam, in: bedenken,
was trägt! Dokumentation der zentralen Eröffnung der Woche der Brüderlichkeit 1999, Deutscher KoordinierungsRat der Gesellschaften für Christlich-Jüdische Zusammenarbeit, Themenheft 1999, Bad Nauheim 1999, 16.
Art. ‚Christlich-jüdische Zusammenarbeit‘, RGG⁴ II (1999), 265–266.

2000

Is the Greek Version of the Paralipomena Jeremiou Original or a Translation?,
JSPE 22 (2000), 51–89.
Paralipomena Jeremiou. Annotated Bibliography in Historical Order, JSPE 22
(2000), 91–118.

STELLENREGISTER

1. Hebräische Bibel / Altes Testament (ohne Apokryphen)

Genesis

1,3ff	139[57]
1,26ff	139[58]
1,27	116[45]
2,1ff	139[58]
2,7	139[58]
2,24	116[45]
3,1	159[19]
6,1 LXX	77[77]
7,11 LXX	87
8,2 LXX	87
8,6–12	89, 97
12,1–3	15[7], 15[8]
12,1–6	14
12,11.14	77[77]
15,7	15[8]
15,8	15[8]
15,16	15[8]
15,18	15[7], 15[8]
16,7 LXX	80[94]
17,1 'A	86[134]
17,17 LXX	80[99]
20,2–18	86
21,22–33	86
22,11.15 LXX	80[94]
26,1–31	86
26,2f	15[7], 15[8]
28,11	15[7], 17[15]
28,13	15[8]
28,13f	15[7]
28,20 LXX	78[83]
43,14 Αλλ	86[134]
48,3 Αλλ	86[134]
49,25 Αλλ	86[134]

Exodus

3,5	15[7], 17[15]
3,7 LXX	79[91]
4,4f	89, 98, 102

6,1 LXX	79[91]
6,3 'A Αλλ	86[134]
6,4 LXX	81[112]
12,23	183[55], 186
13,11	15[7]
13,19 LXX	78[82]
13,21	172
13,22 LXX	171[16]
14,19	172
14,21ff	172
15,26 LXX	81[111]
16	182f
16,1f	171[16]
16,4ff	172
17	182f
17,1–7	174
17,1ff	182f
17,1	171[16]
17,5ff	172
23,20	15
23,20f	15[7], 15[8]
22,27 LXX	18[21]
31,13	196
32	177–180, 184[59], 186[67]
32,3	171[16]
32,6	179f, 186
32,10	179f
32,25 Σ	158
32,28	180

Leviticus

2,2 LXX	158[9]
5,12 LXX	158[9]
12,4 LXX	86[135]
19,23ff	15[8]
20,5	118[57]
20,10	112[28], 119[60]
20,10 LXX	118[51]

2. Targumim

Ex 12,23   183[55]
Ex 13,20   172[17]
Ex 32,6   180
Lev 20,10   120[69]
Num 11,4.33   179
Num 14,22   171[15]

Targum Jeruschalmi II
(= Fragmententargum)
Ex 32,6   180

Targum Jonathan
Hos 7,4   120[68]

Targum Neofiti
Gen 40,23   187[69]
Lev 20,10   120[68]
Num 14,22   171[15]
Num 17,11f[Marg]   183[55]

Targum Onkelos
Ex 12,23   183[55]
Lev 20,10   120[69]

Samaritanischer Targum
Lev 20,10   120[66]

3. Alttestamentliche Apokryphen und Pseudepigraphen

Apokalypse Abrahams
5,7ff   18[21]

Apokalypse Esras
2,22   75[62]

Apokalypse Sedrachs
8,3   75[63]

Apokryphon Jeremiae (kopt.)
22,39   102[149]

Aristeasbrief
81–120   14[4]
142   86[136]

(1.) Baruch   75[53]
1,19f   171[14]
2,22.29   92
2,35   81[112]
4,5ff   184[59]

2. Baruch (syr. Baruch-Apokalypse)
6,8   92
14,18   140[63]
29,8   175[30]
30,1   206
77,26   98

3. Baruch (gr. Baruch-Apokalypse)
Einl. 1   75[61]
1,2   102[149]
1,3   75[61]
4,15   80[95]
15,4   80[95]
16,1   80[95]

3. Esra (= 1. Esra LXX)
8,8f.19   87
9,39.42.49   87

4. Esra
13   206

1. (= äth.) Henoch
39,12   99
46,3f   205f
48,4   206

Joseph und Aseneth
10,12f   18[21]
11,7   74[45]
21,10 v.l.   86[136]
21,13   74[45]

Jubiläen
2,1ff   139[60]
12,12   18[21]
18,16   81[106]

7,2	80
7,6	80
7,8	82
7,9	81
7,10	88f, 97
7,12	82, 88f, 98
7,13	84
7,15	83
7,16	78
7,17	88f, 98, 102
7,18	171[14]
7,23	84
7,24	83
7,25	73f, 85
7,26	74, 83
7,28	81
7,29	74, 85, 88f, 99
7,30	82
7,31	74[47]
7,32	83f, 86
8,4–8	102
8,4	78, 82
8,5	85
8,6	78
8,7	78, 81, 83
9,1	84
9,2	78, 81
9,3	88f, 99
9,5	84
9,6	79, 83
9,7	81, 83
9,8	78, 84
9,10	82
9,19	83

Psalmen Salomons

2	75[52]
8	75[52]
8,7 (10 RAHLFS)	118[51], 119
11	75[52]
17	75[52], 175[30], 204f
17,32	208
18	204

Pseudo-Philon, Liber Antiquitatum Biblicarum

10,7	171[15], 174[26]
10,11	120[70]
11,15	174[26]
20,8	171[15]
25,10	120[70]
42,1	107[7]
53,8	171[15]
60,2	139[57]

Sapientia Salomonis

10,17	172[17]
11,4	174[29]
12,3ff	14[5], 19[25]
18,15	183[55]
19,7	172[17]

Sibyllinische Orakel

III,732–735	14[5]
V,281	14[5]

Sirach (Ben Sira)

17,12	81[112]
23,23c	113[31]
33,7ff	139[60]
36,18	75[50]
40,29	86[136]
50,27	75[50]

Testament Abrahams
Rezension A

3,3	99
20,12	99

Rezension B

1,1	77[77]

Testament Hiobs (in Auswahl)

1,1	36
1,2	37
1,3	37
1,4	37
1,5	156[1]
1,6	37, 38, 51
2,1f	36
3,1	50
3,2	38
3,4	38
3,6	38
3,7	38

4,1	38	17,6	53
4,3	80[95]	18,1	39, 44, 53
4,4	38, 39	18,5	39, 53
4,5	39	18,6–8	30, 53
4,6	156[1]	19,1	39, 50, 53, 62
4,8	40, 60	20,1	39, 50, 53
4,10	40, 156[1]	20,2	39, 53
4,11	40, 60	20,3	81[105]
5,1ff	53	20,4	40
5,2	38, 51	20,6f	35, 53
5,3	34	20,8	44
6,1	51	21,1	35, 53, 55, 58
6,2	35	21,2	38
6,4	40, 50	21,3	44, 63
7,8	41	22,1	55, 58
7,11	51	22,2	45
7,12	54	23,1	40
7,13	39	23,4	38
8,1ff	37	24,1	45, 63
8,2f	39, 53	24,3	44
8,3	35, 41, 60	24,4f	45
9,1	35, 37, 51	24,6	45
9,2f	41, 60	24,9	45, 60
9,4f	42, 60	25,1–8	30, 56, 61
9,6	42	25,1	45, 61
10,1	42, 56, 60	25,4	42, 60
10,2	43	25,5	42, 60
10,3	43	25,7	45, 61, 63
10,5f	43, 60	25,8	45, 60f
10,12f	18[21]	25,9	50
11,1	43	25,10	45, 60
12,1	43	26,1	44, 53, 55, 58
12,3	43	26,2	45
13,4	43	26,3	39, 40, 41, 53, 60
14,1f	43	26,6	35
14,2	51	27,1	35, 53
15,1.4	43	27,2	53
16,1ff	37, 51	27,3–6	30
16,1	39, 50, 55	27,3	40
16,2	52	27,4	40, 51
16,3	41ff, 60	27,5	35, 53
16,5f	55	27,6	54
16,7	39, 53f	27,7	51
17,2	40	28	54f
17,3	42, 44	28,1	35, 53, 55, 58
17,4	38, 55	28,2	45
17,5	37, 52	28,5	41, 56, 60

4. Qumrantexte

5. Hellenistisch-jüdische Autoren

6. Neues Testament

7. Neutestamentliche Apokryphen und Pseudepigraphen, altkirchliches Schrifttum

8. Rabbinische Literatur

Schemot (Exodus) Rabba
41,10   179

Sifre Bemidbar (zu Num)
137 (zu 27,14)   113[28]

Sifre Devarim (zu Dtn)
26 (zu 3,23)   113[28], 113[33]

Sifra
zu Lev 20,10   120[70]

Tanchuma
T^esawwe 15   183[55]

Wajjiqra (Leviticus) Rabba
27,2   160[24]
31,4   113[28], 113[33]

9. Papyri und Inschriften

Berliner Papyrus-Fragment
P 11778   159[16]

Corpus Inscriptionum Judaicarum
CIJ 476   26[54]
CIJ 1448   99

Oxyrhynchos-Papyrus
P. Oxy. 1,8–11   127

Papyrus Florenz
P. Flor. 36,6   85[133]

Zenon-Papyrus
PCZ 59202,7ff   85[132]

10. Griechisch-römische Autoren

Achilles Tatius
II 37,3   85[132]

Appian
Mithr II,8.29   85[132]
Bella civilia II,90   85[132]

Diodorus Siculus
XVII.46,4   85[132]

Herodot
VII.194,1f   85[132]
IX.120   85[132]

Homer
Ilias 4,131   101[145]
Odyssee 1,364   101[145]

Iamblichus
De mysteriis   85[131]

Juvenal
Saturae 3,14   101[145]
Saturae 6,542   101[145]

Lukian von Samosata
Dialogi Deorum   85[133]

Platon
Leges 784e   85[133]

Plutarch
Caesar 2,2   85[132]

Sallustius Neoplatonicus
De Deis
   et mundo 19   85[131]

PERSONENREGISTER

Studien zum antiken Judentum und Christentum

Gerhard Delling
Studien zum Frühjudentum

Gesammelte Aufsätze 1971-1987.
Herausgegeben von Cilliers Breytenbach und Karl-Wilhelm Niebuhr.
2000. 503 Seiten, Leinen
ISBN 3-525-53647-X

Die materialreichen Untersuchungen von G.Delling zu den griechischen Zeugnissen des Judentums in hellenistisch-römischer Zeit werden hier in einem Band zusammengestellt. Das Buch enthält die drei größeren und grundlegenden Studien, in denen Delling die je spezifische Weise der Begegnung und Auseinandersetzung zwischen Judentum und Hellenismus in Diaspora und Palästina herausarbeitet und die vielfältigen Ausprägungen frühjüdischen Glaubens darstellt. Die weiteren Aufsätze sind einzelnen hellenistisch-jüdischen Schriften wie „Joseph und Aseneth" und insbesondere Philon und Josephus gewidmet.

Gottesverständnis, Geschichtsauffassung und Zukunftserwartung sind die drei wesentliche Themenkreise, mit denen Delling das Frühjudentum für die neutestamentliche Exegese erschließt. Beobachtungen zum Vokabular, zum Einfluss der Septuaginta und zum Judentum zum Beispiel in Alexandrien geben einen genauen Einblick in die Texte des hellenistischen Judentums.

E. P. Sanders
Paulus und das palästinische Judentum

Ein Vergleich zweier Religionsstrukturen.
Übersetzung aus dem Amerikanischen von Jürgen Wehnert.
1985. XV, 737 Seiten, Leinen
ISBN 3-525-53371-3

In dieser umfassenden Untersuchung, die in der englischsprachigen Welt längst zu einem Standardwerk geworden ist, arbeitet E.P.Sanders die „Religionsstruktur" der spätantiken jüdischen Literatur und der paulinischen Briefe heraus, um beide einem angemessenen Vergleich unterziehen zu können. Dabei erschüttert Sanders vertraute Positionen der protestantischen deutschen Forschung: Weder sei das spätantike Judentum eine Religion von „Werkgerechtigkeit" noch sei für das paulinische Denken die „Rechtfertigung aus dem Glauben" zentral; in ihnen kämen vielmehr zwei völlig verschiedene soteriologische Konzeptionen („Bundesnomismus" bzw. „Christusteilhabe") zum Ausdruck.

V&R
Vandenhoeck & Ruprecht